FAITH FOOD
Devotions

Kenneth E. Hagin

FAITH FOOD
by Kenneth E. Hagin

ⓒ 1988 RHEMA Bible Church
AKA Kenneth Hagin Ministries, Inc.
P. O. Box 50126 Tulsa, OK 74150-0126 U.S.A.
All Rights Reserved.

2007 / Korean by Word of Faith Company, Korea.
Translated and published by permission
Printed in Korea.

믿음의 양식

발행일 2007. 9. 11 1판 1쇄 발행
        2020. 4. 28 1판 4쇄 발행

지은이 케네스 해긴
옮긴이 김진호
발행인 최순애
발행처 믿음의말씀사
2000. 8. 14 등록 제 68호
우) 16934 경기도 용인시 기흥구 신정로 301번길 59
Tel. 031) 8005-5483 Fax. 031) 8005-5485
http://faithbook.kr

ISBN 89-90836-50-6 03230
값 16,000원

본 저작물의 한국어판 저작권은 케네스 해긴 목사님을 통해
FAITH LIBRARY와의 독점 협약으로 '믿음의 말씀사'가 소유합니다.
저작권법에 의해 한국 내에서 보호를 받는 저작물이므로 무단 전재와 복제를 금합니다.

믿음의 양식

케네스 해긴 지음 | 김진호 옮김

믿음의말씀사

역자 서문

배운 것을 강화합시다

위글스워스 목사님과 가까이 지냈던 조지 스토몬트가 쓴 「스미스 위글스워스: 하나님과 동행했던 사람」을 보면 그는 식사를 한 다음에는 반드시 성경말씀을 한 부분 읽었다고 합니다. "자 우리 몸을 먹였으니 이제는 우리 혼도 먹여야 합니다." 이렇게 말한 후 그는 늘 몸에 지니고 다니는 신약 성경을 펴서 읽고 그날 자기에게 하나님께서 말씀하신 것을 말했다고 합니다. 해긴 목사님의 책들을 통해서 믿음으로 사는 삶에 큰 도움을 얻은 분들은 이 책을 통해 배운 것들을 다시 강화시키는 데 많은 도움을 얻을 것입니다.

우리도 위글스워스 목사님과 같은 성령의 사람 능력의 사람이 되기를 바란다면 그 목사님처럼 말씀을 먹고, 말씀대로 믿음으로 행동하도록 해야 할 것입니다. 케네스 해긴 목사님은 늘 성경과 자신이 체험한 하나님과 말씀을 간증하는 것 외에는 위글스워스 목사님의 일화를 즐겨 인용하였습니다. 목사님의 책에서 중요한 내용들을 365개로 정리하여 최소한 하루 한 끼씩 가족들이 함께 하는 식탁에서 나눌 수 있도록 "믿음의 양식"이 나왔습니다.

그리스도인은 믿음으로 말미암아 하나님의 자녀로 거듭났을 뿐만 아니라, 하나님의 계획을 발견하고 그것을 이루려면, 날마다 믿음으로 승리하며 살아야 합니다. 아침에 눈을 뜨고 의식이 드는 순간부터, 아직 피곤한 몸의 불평이나,

날씨나 대부분 나쁜 뉴스와, 부정적인 환경으로부터 받는 오감 지식을 거절하고, 하나님의 말씀과 영에서 말하는 말씀으로 살아야 합니다. 성경은 새로운 피조물인 그리스도인들은 "믿음으로 행하고 보는 것으로 행하지 않는다"(고후 5:7)라고 말하고 있습니다.

한 끼라도 굶으면 몸에 힘이 약해지는 것을 느낄 수 있듯이, 우리 영도 이렇게 한 끼라도 말씀을 거르면 영으로 약해지는 것을 민감하게 느끼게 되고, 반대로 영의 양식을 공급할 때, 내 영이 몸의 느낌을 지배하고, 하나님의 말씀이 아직 말씀으로 변화되지 않은 혼의 생각을 다스릴 수 있게 될 것입니다. 오늘도 믿음으로 바라볼 환경, 믿음의 눈으로 귀하게 여겨야할 사람, 믿음의 눈으로 잡아야 할 기회, 믿음으로 거절해야할 부정적인 말과 생각들, 느낌이 아니라 믿음으로 선포해야할 기회가 많이 있을 것입니다. 이 책이 성경 말씀을 통해 믿음으로 동이 트는 아침의 창을 열고, 하루를 그리고 순간순간을 믿음으로 승리하고, 저녁에는 감사하며 침실의 불을 끄는 최고의 하루하루를 살게 하는 성령의 검을 예리하게 하는 도구가 되기를 바랍니다.

2007년 5월 1일

김진호 목사
그리스도의 대사들 서울/용인교회 담임
예수선교사관학교장

서문

날마다 당신의 믿음을 먹이십시오. 이것은 주님과 동행하는 데 있어서 가장 중요한 것입니다. 내가 이런 한 입 크기의 "믿음의 양식"을 쓰는 것은 당신이 믿음을 매일 먹일 수 있도록 돕기 위해서입니다.

F.F. 보즈워스는 이렇게 말했습니다. "대부분의 그리스도인들은 하루에 세 끼 따뜻한 음식으로 그들의 육체를 먹이면서도, 그들의 영에게는 일주일에 한 번 차가운 간식만 먹인다. 그러면서 왜 자신들의 믿음이 그리도 약한지 의아해 한다."

각 페이지의 맨 밑에 실린 고백들을 소리 내어 말하십시오. 눈을 감고 여러 번 반복하십시오. 그 고백들은 하나님의 말씀에 근거하고 있습니다. 당신이 고백하는 것을 당신 자신이 들을 때, 그것들은 당신의 영에 새겨질 것입니다. 그리고 하나님의 말씀이 당신의 영에 들어가게 되면, 그 말씀이 당신의 삶을 지배하게 될 것입니다!

– 케네스 E. 해긴

1월 1일

성장하기로 굳게 결심하라

믿음의 선한 싸움을 싸우라… (딤전 6:12)

그리스도인이 싸우도록 부르심을 받은 유일한 싸움은 믿음의 싸움입니다.

만일 당신이 다른 종류의 싸움 중에 있다면, 당신은 잘못된 싸움을 하고 있는 것입니다! 마귀와 싸울 필요가 없습니다. 예수님이 이미 그들을 꺾으셨습니다. 죄와 싸울 필요가 없습니다. 예수님이 죄의 해결책이십니다. 그러나 믿음에는 싸움(그리고 그로 인한 적들 또는 방해들)이 있습니다.

믿음의 가장 큰 적은 하나님의 말씀에 대한 이해가 부족한 것입니다. 사실 믿음을 방해하는 모든 것들의 중심에는 지식의 부족이 자리하고 있는데, 그것은 하나님의 말씀을 아는 실제적인 지식 그 이상의 것을 믿을 수는 없기 때문입니다.

그러나 하나님의 말씀을 아는 지식이 자람에 따라 당신의 믿음도 자동적으로 자라게 됩니다(롬 10:17). 만약 당신의 믿음이 자라지 않는다면, 그것은 하나님의 말씀을 아는 당신의 지식이 자라지 않고 있기 때문입니다. 그리고 믿음이 자라지 않는다면, 당신은 영적으로 자라거나 발전하지 못합니다.

새해가 시작되는 오늘 당신이 할 수 있는 최선의 해결책은 하나님의 말씀을 아는 당신의 지식이 자라도록 하는 것입니다. 하나님의 말씀을 공부하는 데에 헌신하십시오! 그러면 자동적으로 당신의 믿음은 자라게 될 것이고, 따라서 당신은 영적으로 성장하고 발전할 것입니다.

고백 새해에는 나의 믿음이 자랄 것이다. 나는 하나님의 말씀을 아는 나의 지식이 자라도록 할 것을 굳게 결심한다. 하나님의 말씀을 아는 나의 지식은 자랄 것이다. 그러면 믿음이 생길 것이다. 나의 믿음이 자랄 것이다. 올해 나는 영적으로 성장하고 발전할 것이다!

1월 2일

믿음은 빛을 따라온다

주의 말씀을 열면 빛이 비치어… (시 119:130)

내가 십대였을 때, 병상에 눕게 되었습니다. 의사들은 내가 죽을 것이라고 했습니다. 당시 나는 평생 거듭남에 대해서 들어왔습니다. 나는 구원에 관한 그것이 하나님의 뜻이라는 것은 알고 있었습니다. 그리고 내가 병상에서 주님께 나아왔을 때, 나는 주님께서 내 기도를 들으시는 것을 조금도 의심하지 않았습니다. 나는 그 방면에서는 지식이 모자라지 않았습니다. 그래서 나는 구원에 관한 어떤 의심이나 불신도 없었습니다. 나는 구원을 받았고, 나는 내가 구원받은 것을 알았습니다.

그러나, 나는 여전히 병상에 누워있었습니다! 나는 확실히 신유, 기도, 그리고 믿음에 관한 하나님의 말씀을 아는 지식이 부족했던 것입니다. 내가 들은 것이라고는 목사님들이 "그것은 주님께 맡겨라. 주님께서 가장 좋은 것을 알고 계신다"라고 하던 것들입니다. (맞는 말입니다. 그러나 말씀에는 하나님께서 우리도 그분의 최고를 가질 수 있도록 우리에게 공급하신다고 되어있습니다!)

결국 시간이 흘러 성경을 많이 공부한 후에 나는 기도할 때 취해야 할 정확한 단계들을 알게 되었고, 믿음을 풀어놓는 방법들을 알게 되었습니다. 내가 이러한 것들을 더 일찍 알았더라면, 나는 몇 달 빨리 병상에서 일어날 수 있었을 것입니다. 하나님께서는 내가 치유 받을 "정해진 시간"을 정해 놓으시지 않았습니다. 아닙니다! 주님은 언제나 늘 동일하신 분이십니다! 문제는 나의 한계에 있습니다. 내가 치유에 관한 하나님의 말씀을 발견하고 그것에 근거해서 행동했을 때, 나는 결과를 얻었습니다! 빛이 비취자마자, 믿음이 생겼습니다.

고백 나는 하나님의 말씀이 말하는 바를 발견하고 그것에 근거해서 행동할 것이다. 나는 결과를 얻을 것이다. 나는 하나님의 말씀이 내 영에 들어오는 것을 당연히 여길 것이다. 빛이 비칠 것이고, 믿음이 따라올 것이다.

1월 3일

당신이 새롭다는 것을 알라

그런즉 누구든지 그리스도 안에 있으면 새로운 피조물이라 이전 것은 지나갔으니 보라 새 것이 되었도다 (고후 5:17)

오늘의 성경 구절은 내가 가장 좋아하는 구절입니다. 나는 십대 시절, 아직 병상에 누워 있을 때 이 성경 구절을 붙잡았습니다. 그리고 내가 치유 받고 병상에서 일어났을 때, 내가 만나는 사람마다 "나는 새로운 피조물이다!"라고 말했습니다.

오늘 이 구절을 묵상하십시오. 만일 새로운 탄생이 어떤 것인지 그 진리를 이해하지 못한다면, 당신의 믿음은 방해를 받아 하나님께서 당신에게 주려고 하시는 축복들을 받지 못하게 될 것이기 때문입니다.

인간의 영적 본성은 당신도 알다시피 타락한 본성 즉, 마귀의 본성입니다. 인간은 아담이 죄를 범했을 때 사탄으로부터 그의 본성을 받았습니다. 어느 누구도 자신의 본성을 변화시킬 수 없습니다. 그러나 하나님은 하실 수 있습니다!

당신이 거듭났을 때, 무언가가 당신 안으로 들어왔습니다. 순식간에 말입니다! 옛 마귀의 본성은 당신에게서 나갔습니다. 그리고 하나님의 바로 그 생명과 본성이 당신 안으로 들어왔습니다! 하나님은 당신을 완전히 신제품으로, 새로운 피조물로 창조하셨습니다. 당신의 속사람, 즉 영의 사람인 진정한 당신은 이미 그리스도 안에서 새로운 사람이 되었습니다.

그러므로 당신 자신을 볼 때, 육체적인 면이나 겉모습이나 선천적인 면을 바라보지 마십시오. 당신 자신을 영적인 관점에서 바라보십시오. 당신 자신을 그리스도 안에 있는 새로운 피조물로 보십시오. 하나님께서는 당신을 그렇게 보십니다!

고백 나는 새로운 피조물이다. 내 속의 옛 것들은 이미 다 사라져버렸다. 내 속의 모든 것은 새롭게 되었다. 나는 새로운 생명을 가지고 있다. 나는 새로운 본성을 가지고 있다. 나는 하나님의 생명을 가지고 있다!

1월 4일

당신이 새롭다는 것을 말하라

내가 그리스도와 함께 십자가에 못 박혔나니 그런즉 이제는 내가 사는 것이 아니요 오직 내 안에 그리스도께서 사시는 것이라 이제 내가 육체 가운데 사는 것은 나를 사랑하사 나를 위하여 자기 자신을 버리신 하나님의 아들을 믿는 믿음 안에서 사는 것이라 (갈 2:20)

내가 치유 받은 것은 화요일이었습니다. 그 주 토요일에 나는 시내로 걸어갔는데, 내 친구 한 명을 만나게 되었습니다. 우리는 절친한 사이였습니다. 그러나 내가 앓아누운 16개월 동안 우리는 단 한 번밖에 만나지 못했습니다.

그는 늘 그랬듯이 여전히 변함없는 옛 피조물이었습니다. 그러나 나는 새 피조물이 되었습니다. 그는 우리가 했던 짓들을 이야기 하며 웃었습니다. 길 아래쪽의 건물 하나를 가리키며 말했습니다. "그날 밤 기억나지…" 그러면서 친구들이 들어가서 사탕을 훔칠 수 있도록 내가 문의 자물쇠를 비틀어 열었던 얘기를 했습니다. 나는 마치 그가 하는 이야기가 도통 무슨 소리인지 모르겠다는 투로 무표정한 얼굴로 앉아있었습니다. (나는 그 때 일을 충분히 잘 기억하고 있었습니다. 그러나 나는 이 상황을 그에게 간증을 나눌 수 있는 기회로 삼으려고 했던 것입니다.)

"뭐야? 너 생각 안나? 네가 주동자였잖아." 마침내 그가 말했습니다.

"이봐, 네가 그날 밤 같이 있던 그 친구는 죽었어."

"넌 안 죽었어! 네가 거의 죽을 뻔 했던 것은 나도 알아. 그러나 너는 죽지 않았잖아! 그럼 여기 앉아있는 사람은 도대체 누구냐!"

나는 말했습니다. "오, 넌 지금 내가 살고 있는 집, 내 몸을 보고 있구나. 그날 밤, 내 몸이 그 자물쇠를 비틀어 열도록 허락했던 속사람은 이미 죽어버렸어. 그리고 지금 이 속사람은 이제 그리스도 예수 안에 있는 새 피조물이라고."

 나는 그리스도 예수 안에 있는 새 피조물이다. 나는 내가 새 피조물이라는 고백을 단단히 붙잡고 있다.

1월 5일

완전히 새로운 사람

갓난아기들 같이 순전하고 신령한 젖을 사모하라 이는 그로 말미암아 너희로 구원에 이르도록 자라게 하려 함이라 (벧전 2:2)

죄인이 예수님께 나아왔을 때, 그의 죄들은 면제됩니다. 완전히 지워지는 것입니다. 그러나 그의 죄들만 완전히 지워지는 것이 아니라 그의 본질 자체가, 영적으로 말한다면 하나님이 보시기에, 완전히 지워지는 것입니다. 그의 죄들은 더 이상 존재하지 않습니다. 그는 그리스도 예수 안에서 새로운 사람이 됩니다. 하나님께서는 거듭난 그 순간 이전의 삶은 어떤 것도 보시지 않습니다!

오늘의 구절에서 베드로는 그리스도 안에서 새로워진 사람들에 대해서 기록하고 있습니다. 당신도 보면 알겠지만, 성경은 육체적인 성장과 영적인 성장의 유사성에 대해서 가르치고 있습니다. 다 자란 어른으로 태어나는 사람은 아무도 없습니다. 우리가 아기로 태어나 자라가는 것은 자연스러운 일입니다. 이와 같이 성숙한 그리스도인으로 태어나는 사람은 아무도 없습니다. 그리스도인은 영적인 아기로 태어나 성장합니다. 엄마의 품에 있는 갓 태어난 아기를 보십시오. 아기의 가장 두드러진 특성은 순수함입니다. 사람들은 아기를 보며 "어쩜 이렇게 작고 예쁘고 순수할까"라고 말합니다. 아무도 그 아기에게 과거가 있었다고는 생각하지 않습니다! 하나님께서 베드로를 통해 무엇을 말씀하시고자 하는지 알겠습니까? 하나님께서는 거듭나 그리스도 안에서 갓난아기인 사람들에게 말씀하고 계십니다. "갓난아기들 같이…" 다른 말로 하면, 하나님께서는 "너는 새로운 피조물이 되었다! 갓 태어난 아기가 되었다! 너의 과거는 사라졌다! 나는 네게 불리한 어떤 것도 기억하지 않는다!"라고 말씀하고 계십니다.

고백 나는 완전히 새로운 존재이다. 나는 완전히 새로운 사람이다. 하나님의 자녀로 거듭나기 전의 나라는 존재는 완전히 지워져 버렸다. 나는 하나님의 자녀이다. 나는 그분의 아기이다. 나는 그분의 친아들[또는 딸]이다.

1월 6일

다시는

주께서 이르시되 그 날 후로는 그들과 맺을 언약이 이것이라 하시고 내 법을 그들의 마음에 두고 그들의 생각에 기록하리라 하신 후에 또 그들의 죄와 그들의 불법을 내가 다시 기억하지 아니하리라 하셨으니 (히 10:16,17)

하나님께서는 당신을 보실 때 당신에게 과거가 있었다는 것을 기억하지 않으시는데, 당신은 무엇 때문에 자신의 과거를 기억해야 합니까? 그런 것은 당신의 믿음을 방해합니다.

사람들과의 대화들 가운데 많은 사람들이 내게 이렇게 말했습니다. "해긴 목사님, 제가 구원 받기 전에는 참 끔찍한 삶을 살았어요." 그리고 그들은 구원받기 전에 그렇게 죄 많은 생활을 했기 때문에 주님께서 치유라든가 기도응답 같은 것들을 그들에게 주실 것이라고는 믿지 않는다고 말했습니다. 그들은 새로운 탄생에 관해서, 그리고 그들이 변화된 새로운 피조물에 관해서 전혀 이해하지 못한 것입니다.

죄인이 그리스도께 나아올 때, 그의 죄는 면제, 즉 완전히 지워지는 것입니다. 그리고 그리스도인이 된 후에 죄를 저질렀더라도 용서 받을 수 있습니다. "만일 우리가 우리 죄를 자백하면 그는 미쁘시고 의로우사 우리 죄를 사하시며 우리를 모든 불의에서 깨끗하게 하실 것이요"(요일 1:9) 하나님께서 당신을 용서하시는데 얼마나 걸린다고 생각합니까? 십 분? 십 년? 아닙니다. 하나님께서는 우리를 그 즉시 용서하십니다. 그리고 우리가 이 성경 말씀에 따라 주님께 나아오면 주님께서는 그 즉시 우리를 깨끗하게 하십니다.

고백 나의 아버지는 나의 죄들과 허물들을 기억하지 않으신다. 나도 그것들을 기억하지 않는다. 나는 한 번도 죄를 짓지 않은 것처럼 하나님 앞에 서 있다.

1월 7일

안에서부터 밖으로

내가 내 몸을 쳐 복종하게 함은 내가 남에게 전파한 후에 자신이 도리어 버림을 당할까 두려워함이로다 (고전 9:27)

그리스도인으로서 안에 있는 새사람이 겉사람을 지배하도록 하는 것을 배우십시오. 겉사람은 새사람이 아닙니다. 육신은 거듭나지 않았습니다. 육신은 이제까지 늘 해왔던 잘못된 것들을 계속 원할 것입니다. 바울의 육신도 그랬습니다. 만일 육신이 잘못된 것을 원하지 않았다면 이 위대한 사도는 그의 육신을 통제하려 하지 않았을 것입니다. 그러므로 당신의 육신이 잘못된 것을 원한다 해도 놀라지 마십시오.

우리는 이 세상과 싸우기 위해 육신을 가지고 있습니다. 마귀는 육신을 통해서 역사합니다. 우리가 육신을 통해 시험과 유혹들을 경험하기 때문에 마귀는 그리스도인들에게 이렇게 말을 합니다. "너는 구원받지 못한 게 틀림없어. 네가 구원받았다면, 그런 일들을 원할 리가 없지." 진짜 "당신"인 속사람, 즉 새사람은 잘못된 것을 원하지 않지만 사탄은 잘못된 일을 원하는 사람이 "당신"이라고 교묘하게 속일 것입니다.

습관을 깨는 것이 필요합니까? 오래된 유혹들을 이기길 원합니까? 육신을 정복하고 승리의 삶을 살길 원하십니까? 바울이 한 대로 하십시오. 바울이 말한 대로 말하십시오. 바울은 "나는 내 육신이 나를 지배하도록 하지 않는다"라고 말했습니다. 여기서 "나"는 누구입니까? "나"는 바로 속사람입니다. 바울은 자신의 육신을 가리켜 "그것"이라고 했고, 자기 자신, 즉 속사람을 "나"라고 했습니다. 바울은 "내가 내 몸을 쳐서 그것(몸, 육신)을 복종하게 함은…"이라고 말했습니다. 누구에게 복종하게 한다고요? 속사람에게 복종하도록 하는 것입니다.

 나는 내 육신을 통제한다. 나는 내 육신이 나를 지배하도록 하지 않는다. 나는 나의 육신을 나에게 복종하도록 한다.

1월 8일

보통 사람이 아닙니다!

형제들아 내가 신령한 자들을 대함과 같이 너희에게 말할 수 없어서 육신에 속한 자 곧 그리스도 안에서 어린 아이들을 대함과 같이 하노라 … 너희는 아직도 육신에 속한 자로다 너희 가운데 시기와 분쟁이 있으니 어찌 육신에 속하여 사람을 따라 행함이 아니리요 (고전 3:1–3)

유감스럽게도 대부분의 그리스도인들의 경우 속사람이 겉사람을 다스리지 못하고 살아갑니다. 도리어 육신이 속사람을 지배합니다. 그리고 그것이 바로 육신에 속한 그리스도인이 되는 이유입니다. 어떤 성경은 '육신에 속한' 이라는 말 대신 '육신이 지배하는' 이라고 번역하고 있습니다. 육신에 지배되는 사람이 바로 육신에 속한 그리스도인입니다.

바울은 고린도 교회를 향해 말합니다. "너희는 아직도 육신에 속한 자로다 … 사람을 따라 행함이 아니리요." 다른 말로 하면, 그들은 거듭나지 못한 사람들처럼 살고 있었다는 것입니다. 나는 확대번역 성경의 번역을 좋아합니다. 3절에, "… 너희 가운데 시기와 질투, 말다툼과 파벌이 있는 한, 너희는 영적이지 못하고 육신에 속하여 사람의 규범을 따르며 변화 받지 못한 보통 사람과 같지 않겠는가?"

그렇게 하지 마십시오! 그냥 보통 사람들처럼 사는 것을 거절하십시오! 당신의 본질인 새로운 피조물처럼 사십시오! 그리스도 안의 새 사람이 그에게 속한 모든 것으로 당신의 본성을 지배하도록 결심하십시오.

고백 나는 보통 사람처럼 사는 것을 거절한다. 나는 변화되었다. 나는 그리스도 안에서 새로운 피조물이다. 나는 그리스도 안에서 성장할 것이다. 나는 영적으로 성장할 것이다. 속사람인 "나"는 나의 본성을 지배할 것이다. 나는 영적인 사람의 방식대로 살겠다. 나는 하나님의 말씀의 규범을 따라 스스로 행동할 것이다. 나는 사랑 안에서 살아갈 것이다. 나는 믿음 안에서 살아갈 것이다!

1월 9일

영적 예배

> 그러므로 형제들아 내가 하나님의 모든 자비하심으로 너희를 권하노니 너희 몸을 하나님이 기뻐하시는 거룩한 산 제물로 드리라 이는 너희가 드릴 영적 예배니라 (롬 12:1)

"당신"은 당신의 몸에게 뭔가 조치를 취해야 합니다. 만약 당신이 그렇게 하지 않으면 몸에는 아무 일도 일어나지 않을 것입니다. 속사람인 "당신"은 그리스도 안에서 새 사람이 되었습니다. "당신"은 영원한 생명을 받았습니다. 하나님의 생명과 본성인 영생이 당신의 영에 전해졌을 때, 그것은 "당신"을 변화시켰습니다.

"당신"에게는 아무런 문제가 없을 것이지만, 당신의 육신에는 문제가 있을 것입니다. 사람들은 말합니다. "당신은 옛 자아에 대해 죽어야만 합니다." 아닙니다. 그렇지 않습니다. 그 옛 자아는 이미 죽었고, 당신은 그 대신 새로운 자아를 가지고 있습니다. 당신이 죽어야만 하는 것은 당신의 육신에 대해서입니다.

육신이 바로 옛 자아가 아닌가요? 아닙니다. 그렇지 않습니다. 당신의 육신은 당신의 겉사람인 몸입니다. 그리고 그것은 당신이 구원받기 전의 그 옛 자아와 같은 것이 아닙니다!

당신의 몸은 당신이 살고 있는 집입니다. 그리고 그 집의 관리인은 하나님이 아니라 "당신"입니다. "당신"이 당신의 몸에 뭔가 조치를 취하는 것입니다. 당신이 그것을 "하나님이 기뻐하시는 거룩한 산 제물로" 하나님께 드리는 것입니다. 그리고 이 구절은 이렇게 끝맺고 있습니다. "이는 너희가 드릴 영적 예배니라."

고백 나는 그리스도 안에서 새로운 피조물이다. 나는 이 고백을 굳게 잡고 있다. 그리고 내 속의 새 사람은 나의 육신을 통해 밖으로 드러나고 있다. 내 몸은 내가 지배하고 있다. 나는 나의 몸을 하나님이 기뻐하시는 거룩한 산 제물로 하나님께 드린다. 그것이 나의 영적 예배이다.

1월 10일

그 안에서

찬송하리로다 하나님 곧 우리 주 예수 그리스도의 아버지께서 그리스도 안에서 하늘에 속한 모든 신령한 복을 우리에게 주시되 (엡 1:3)

 하나님께서는 당신이 거듭났을 때부터 영원한 세계로 들어가기 전까지 당신에게 공급하실 모든 것을 이미 그리스도 예수 안에 마련해 두셨습니다. 당신에게 필요한 모든 것은 이미 주님께서 복 주셨습니다. 하나님께서는 그것이 당신 것이라고 생각하십니다!

 사람들은 종종 어떻게 성경공부를 해야 하는지 제게 물어봅니다. 여러 가지 많은 제안들을 할 수 있겠지만, 제가 가는 곳마다 소개하는 방법이 여기 있습니다. 믿는 사람으로서, 그리스도인으로서, 신약 성경을 읽을 때, 특히 서신서를 읽을 때 이 방법을 따르기 바랍니다. (나는 서신서에 가장 많은 시간을 투자할 것을 권유합니다. 왜냐하면 그것은 믿는 자인 당신에게 쓴 편지이기 때문입니다. 물론 구약성경도 공부하십시오. 그러나 대부분의 시간을 거기에 투자하지는 마십시오. 신약에 집중하십시오. 왜냐고요? 우리는 옛 언약 아래 살고 있지 않기 때문입니다. 우리는 새 언약 아래 살고 있습니다.) 교회를 향해 쓰인 서신서에서 "그리스도 안에서", "그리스도를 통하여", "그 안에서" 등의 표현들이 나온 곳들을 찾아 밑줄을 그으시기 바랍니다. 그리고 그 구절들을 쓰십시오. 그 구절들을 묵상하십시오. 그 구절들을 당신의 입으로 고백하기 시작하십시오. 하나님에 관한 한 그리스도 안에서 당신의 본성이나 당신이 가진 것들은 이미 그렇게 된 것입니다. 하나님께서는 그리스도 안에서 이미 그렇게 다 해 두셨습니다. 그러나 실제로 그것이 당신에게 적용되는 것은 당신의 믿음과 당신의 고백에 달려 있습니다.

 나는 그리스도 안에서 새로운 피조물이다. 하나님 아버지께서는 그리스도 안에서 하늘에 속한 모든 신령한 복을 이미 나에게 주셨다.

1월 11일

마음(Heart)과 입

사람이 마음(heart)으로 믿어 의에 이르고 입으로 시인하여 구원에 이르느니라 (롬 10:10)

사람이 믿는 것은 항상 마음(heart)으로 하는 것이고, 그 고백이 "이루어지는 것은" 항상 입으로 하는 것입니다. 당신이 어떤 것을 마음(heart)으로 믿고 그것을 입으로 고백하면 그것은 당신에게 실제로 이루어집니다. 믿음의 고백이 현실을 창조합니다!

예를 들어 히브리서 9장 12절에는 "염소와 송아지의 피로 하지 아니하고 오직 자기의 피로 영원한 속죄를 이루사 단번에 성소에 들어가셨느니라"라고 되어있습니다. 예수님께서는 다시 또 그렇게 하실 필요가 없습니다. 주님께서는 단번에 또한 영원히 그것을 이미 이루셨습니다. 그리고 로마서 10장 10절은 우리가 어떻게 구원의 실제를 얻을 수 있는지 말해주고 있습니다. 마음(heart) 즉 속사람으로 믿고 입으로 고백하는 것입니다.

말씀 중에서 "그리스도 안에서", "그 안에서" 등의 표현이 있는 곳을 읽게 되었을 때, 성경에서는 당신이 이미 가졌다고 말하고 있을지라도, 그것들이 실제적인 것으로 여겨지지 않을 수도 있습니다. 그러나 당신이 "이것은 내 것이야, 이것이 바로 나야, 이것이 내가 가진 것이야"라고 고백하기 시작한다면, (당신은 마음으로 하나님의 말씀을 믿기 때문에) 그것은 당신에게 실제적인 것이 될 것입니다. 그것은 영적인 세계에서는 이미 실제적인 것입니다. 그러나 당신이 원하는 것은 당신이 살고 있는 이 물질 세계에서 그것이 실제가 되는 것입니다.

고백 나는 하나님의 말씀을 마음(heart)으로 믿는다. 그리고 나는 그 약속들과 공급하심을 내 입으로 고백한다. 나의 믿음의 고백은 이 약속들과 공급하심이 내 삶에 실제로 이루어지도록 만든다. 나는 하나님께서 나에 대해 말씀하시는 그대로이다. 바로 지금! 나는 하나님께서 내가 가졌다고 말씀하시는 그것을 가지고 있다. 바로 지금!

1월 12일

나음을 얻었나니!

친히 나무에 달려 그 몸으로 우리 죄를 담당하셨으니 이는 우리로 죄에 대하여 죽고 의에 대하여 살게 하려 하심이라 그가 채찍에 맞음으로 너희는 나음을 얻었나니 (벧전 2:24)

몇 년 전, 예배 가운데 사람들이 한 여자를 데려왔습니다. 그녀는 4년 동안 전혀 걷지 못했으며, 의사들은 그녀가 다시는 걸을 수 없다고 했습니다. 나는 그녀의 옆에 앉아 내 성경을 펴서 그녀의 무릎 위에 놓았습니다. "자매님, 이 구절을 소리 내서 읽어 보시겠어요?" 내가 말했습니다. 그녀는 베드로전서 2장 24절을 소리 내서 읽었습니다. 그리고 그녀가 "그가 채찍에 맞음으로 너희는 나음을 얻었나니"하고 끝맺었을 때 나는 그녀에게 물었습니다. "'나음을 얻었나니' 라는 것은 과거시제입니까, 현재시제입니까, 아니면 미래시제입니까?" 나는 그녀의 반응을 잊을 수가 없습니다. 그녀는 "얻었다는 것은 과거시제이군요"라고 외쳤습니다. "그리고 만일 우리가 나음을 얻었다면, 나도 나음을 얻은 겁니다!" 그녀는 어린 아이처럼 열광하며 곧이곧대로 하나님의 말씀을 받아들였습니다. 우리도 그래야만 합니다.

그리고 그것이 하나님의 말씀에 기록된 방식입니다. 주님께서는 우리를 치유하신다고 약속하지 않으셨습니다. 왜냐하면 2000년 전에 이미 우리에게 치유를 주셨기 때문입니다! 치유는 그리스도 안에서 우리가 이미 가진 것 중의 하나입니다.

그녀는 얼굴에 빛이 나면서 손을 들고 말했습니다. "하나님을 찬양합니다! 주님, 나는 내가 나았다는 것이 너무 기뻐요! 주님, 나는 내가 다시 걸을 수 있다는 것이 너무 기뻐요! (아직 그녀는 한 발자국도 걷지 않은 상태였습니다.) 나의 몸이 더 이상 부자유스럽지 않다는 것이 너무 기뻐요! 내가 스스로 나 자신을 챙길 수 있다는 것이 너무 기뻐요…" 내가 말했습니다. "일어나 걸으세요!" 그녀는 두 다리로 껑충 뛰어 올랐습니다!

 그가 채찍에 맞음으로 우리는 나음을 얻었다. 우리가 얻었다면, 나도 얻은 것이다. 나는 나았다. 치유는 나의 것이다. 나는 지금 치유를 가졌다!

1월 13일

저주에서 속량 받다

네가 만일 네 하나님 여호와의 말씀을 순종하지 아니하여 내가 오늘 네게 명령하는 그의 모든 명령과 규례를 지켜 행하지 아니하면 이 모든 저주가 네게 임하며 네게 이를 것이니… 네가 만일 이 책에 기록한 이 율법의 모든 말씀을 지켜 행하지 아니하고 네 하나님 여호와라 하는 영화롭고 두려운 이름을 경외하지 아니하면… 또 이 율법책에 기록하지 아니한 모든 질병과 모든 재앙을 네가 멸망하기까지 여호와께서 네게 내리실 것이니 (신 28:15,58,61)

그리스도께서 우리를 위하여 저주를 받은 바 되사 율법의 저주에서 우리를 속량하셨으니 기록된 바 나무에 달린 자마다 저주 아래에 있는 자라 하였음이라 (갈 3:13)

　성경은 질병과 고통이 율법의 저주라고 말하고 있습니다. 신명기 28장에서는 특별히 11가지 질병을 율법의 저주라고 말하고 있고, 또 61절에서는 모든 질병과 고통을 저주에 포함시키고 있습니다.
　그러나 그리스도께서는 우리를 율법의 저주에서 속량하셨습니다. 그리스도께서 우리를 '속량하실 것이다' 가 아니라, 이미 우리를 속량하셨습니다.
　베드로는 갈보리의 희생을 되돌아보며 "그가 채찍에 맞음으로 너희는 나음을 얻었나니"라고 했습니다. '얻을 것이다' 가 아니라 이미 '얻었다' 입니다!
　하나님께서는 자신이 우리의 죄와 허물 뿐 아니라 우리의 질병과 고통 또한 예수님께 담당시켰다는 것을 기억하고 계십니다(사 53:4,5). 예수님께서는 자신이 우리 대신 죄와 질병을 담당하셨다는 것을 기억하고 계십니다(마 8:17). 그러므로 성령께서 베드로에게 영감을 주셔서 기록하게 하신 것입니다. "그가 채찍에 맞음으로 너희가 나음을 얻었나니"

고백 신명기 28장에 따르면 모든 질병과 고통은 율법의 저주이다. 그러나 갈라디아서 3장 13절에 따르면 그리스도께서 나를 율법의 저주에서 속량하셨다. 그러므로 나는 질병에서 속량 받은 것이다!

1월 14일

화목 되다

세상을 자기와 화목하게 하시고 그분과의 우호관계로 회복되게 하시며, 사람들의 죄를 그들에게 돌리거나 계속 적대적인 상태로 두지 않으시고 그 죄들을 취소하시고, 우리에게 화목하게 하는 말씀을 맡기신 것은 그리스도 안에 친히 나타나신 하나님이십니다. (고후 5:19 확대번역)

"해긴 형제님", 한 여인이 내게 질문했습니다. "왜 나는 치유 받지 못하나요? 저는 하나님께서 저를 치유하신다고 약속하셨다고 알고 있는데요."

나는 그녀의 문제를 이해했고, 그녀를 도와주려고 했습니다. "아닙니다. 하나님께서 잃어버린 영혼들을 구원하시겠다고 약속하지 않으신 것과 마찬가지로 당신을 치유하시겠다고도 약속하지 않으셨습니다. '하나님께서 너를 구원하시겠다고 약속하셨다'라는 구절은 성경 어디에도 없습니다. 그게 아니라, 하나님의 말씀에는 분명히 하나님께서 당신의 구원에 대해 이미 뭔가를 하셨다고 되어 있습니다. 하나님께서는 당신의 죄들과 부정들을 예수님께 담당시키셨습니다."

하나님께서는 그리스도를 통해 이미 우리를 그분과 화목하게 하셨습니다. 그리고 하나님께서는 우리에게 화목하게 하는 직무를 맡기셨습니다. 우리는 하나님께서 예수 그리스도 안에 친히 나타나셔서 세상을 자신과 우호관계로 화목하게 하셨다고 말해야 합니다. 하나님께서는 더 이상 사람들의 죄를 그들에게 전가하거나(돌리거나) 계속 적대적인 상태로 두지 않으십니다.

사람들은 말합니다. "그렇다면, 우리는 모두 구원을 받은 것이네요, 그렇죠?" 아닙니다. 사람들은 하나님께서 제공하신 화목을 받아들여야만 합니다. 우리는 본질상 마귀의 자식들입니다. 그렇기 때문에 거듭나야 하는 것입니다!

고백 나는 그리스도로 인해 하나님과 화목 되었다. 나는 하나님과의 우호관계로 회복 되었다. 그리고 하나님께서는 내게 화목하게 하는 직무를 맡기셨다.

1월 15일

강력한 무기

우리의 싸우는 무기는 육신에 속한 것이 아니요 오직 어떠한 진도 무너뜨리는 하나님의 능력이라 (고후 10:4)

우리가 새로운 피조물이 되었음에도 불구하고, 즉 우리가 그리스도 예수 안에서 하나님에 의해 창조되었음에도 불구하고, 우리가 사탄의 권세 아래에서 빠져 나왔음에도 불구하고, 우리는 여전히 사탄이 지배하는 세상 가운데 살고 있습니다.

성경은 사탄을 가리켜 "이 세상의 신"(고후 4:4)이라고 말씀하고 있습니다. 사탄은 또한 "공중의 권세 잡은 자"(엡 2:2)라고도 불립니다. 그리스도께서는 사탄을 "이 세상의 임금"(요 12:31, 14:30, 16:11)이라고 부르셨습니다.

하나님의 말씀에 따르면 우리 주위의 공중에는 하나님 아버지와 우리 사이의 교제를 방해하며, 우리로 하여금 주인을 잘 섬기지 못하도록 방해하는 적대적인 세력들로 가득 차 있다고 합니다.

그러나 우리 아버지 하나님께서는 그분의 놀라운 공급하심과 속량의 계획 가운데 우리가 사탄을 대적할 수 있는 무기를 주셨습니다. 그 무기는 우리 자신만을 위해서 주신 것이 아니라, 우리 주변에 사탄의 지배를 받고 있는 사람들을 위해서이기도 합니다. 그 무기는 예수님의 이름입니다!

고백 나의 싸우는 무기는 육신에 속한 것이 아니라, 어떠한 요새도 무너뜨리는 하나님의 능력이다. 사탄의 군대가 요새를 세운 곳에서 나는 예수님의 이름으로 그것을 무너뜨릴 수 있다. 사탄은 그 이름에 상대가 되지 않는다. 그리고 그 이름은 원수의 세력들을 대적하는데 사용하라고 내게 주신 강력한 무기이다.

1월 16일

상속 받아

옛적에 선지자들을 통하여 여러 부분과 여러 모양으로 우리 조상들에게 말씀하신 하나님이 이 모든 날 마지막에는 아들을 통하여 우리에게 말씀하셨으니 이 아들을 만유의 상속자로 세우시고 또 그로 말미암아 모든 세계를 지으셨느니라 이는 하나님의 영광의 광채시요 그 본체의 형상이시라 그의 능력의 말씀으로 만물을 붙드시며 죄를 정결하게 하는 일을 하시고 높은 곳에 계신 지극히 크신 이의 우편에 앉으셨느니라 그가 천사보다 훨씬 뛰어남은 그들보다 더욱 아름다운 이름을 기업으로 얻으심이니 (히 1:1-4)

예수님께서 창조자이신 하나님으로부터 그 이름을 상속받았다는 사실을 깨닫지 못한다면, 예수님의 이름 안의 능력과 권세가 얼마나 광대한지 가늠할 수 없습니다.

예수님은 하나님의 영광의 광채이십니다.

예수님은 하나님의 본체의 형상이십니다. 하나님 아버지의 바로 그 광채이십니다.

예수님은 모든 만물의 상속자이십니다. 그리고 예수님은 그의 이름을 상속받았습니다. 그 이름의 위대함은 그분의 아버지로부터 상속받은 것입니다. 그러므로 그 이름의 능력에 필적할 만한 것은 오직 하나님의 능력밖에 없습니다.

그리고 모든 믿는 자들은 예수님의 이름을 사용할 수 있는 합법적인 권리를 상속받았습니다.

> **고백** 나는 예수님의 이름 안에 창조자의 능력과 권세가 있다는 것을 알고 있다! 나는 예수님의 이름 안에 있는 능력에 필적할 만한 것은 오직 하나님의 능력밖에 없다는 것을 알고 있다. 그리고 나는 그 이름을 사용할 수 있는 합법적인 권리를 가지고 있다는 것을 알고 있다!

1월 17일

정복함으로써

통치자들과 권세들을 무력화하여 드러내어 구경거리로 삼으시고 십자가로 그들을 이기셨느니라 (골 2:15)

이 구절은 어둠의 군대들과 싸우시는 그리스도를 묘사한 것입니다!

킹 제임스 성경의 난외주를 보면, "통치자들과 권세자들로부터 벗어나셨다"라고 되어있습니다. 마귀의 군대가 예수님을 그들의 권세아래 두었다고 생각했을 때, 그들은 그분을 에워싸서 묶어 붙잡아 두려고 했던 것이 분명합니다. 그러나 예수님께서 공의가 요구하는 바를 모두 만족시키셨다는, 외침이 즉 죄의 문제가 모두 지불되어 해결되었고 사람의 속량이 사실이 되었다는 외침이 하나님의 보좌로부터 나왔을 때, 예수님께서는 마귀의 군대들과 사탄 자신을 내던져버리셨습니다.

로더램(Rotherham) 번역판에 실린 히브리서 2장 14절은 이것을 더 분명하게 설명 해줍니다. "… 자신의 죽음을 통하여 죽음을 지배하는 자, 곧 대적하는 자를 마비시키려고 하신 것이라." 예수님께서는 사탄을 마비시키셨습니다! 예수님께서는 그를 보잘것없는 녀석으로 만들어 버리셨습니다!

예수님의 이름 안에 권세가 있습니다. 그것은 예수님께서 사탄을 정복함으로써 그 이름의 권세를 얻으셨기 때문입니다.

고백 예수 그리스도께서는 통치자들과 권세들을 무력화하셨다. 예수님께서는 그들을 정복하는 장면을 공개적인 볼거리로 만드셨다. 예수님께서는 사탄과 그 무리들을 마비시키셨다. 그러므로 예수님의 이름 안에는 권세가 있다. 그리고 나는 원수의 세력들을 대적하여 승리하신 그 이름을 사용할 합법적인 권리를 가졌다!

1월 18일

부활의 위대함

그가 천사보다 훨씬 뛰어남은 그들보다 더욱 아름다운 이름을 기업으로 얻으심이니 하나님께서 어느 때에 천사 중 누구에게 너는 내 아들이라 오늘 내가 너를 낳았다 하셨으며 또 다시 나는 그에게 아버지가 되고 그는 내게 아들이 되리라 하셨느냐 (히 1:4,5)

곧 하나님이 예수를 일으키사 우리 자녀들에게 이 약속을 이루게 하셨다 함이라 시편 둘째 편에 기록된 바와 같이 너는 내 아들이라 오늘 너를 낳았다 하셨고 (행 13:33)

　예수님께서는 언제 그 이름을 상속 받으셨습니까? 언제 예수님께 주어졌습니까?
　그것은 예수님께서 영적인 죽음에서 다시 살아나신 그 때였습니다. 그것은 예수님께서 부활하신 그 때였습니다.
　하나님께서 "너는 내 아들이라 오늘 내가 너를 낳았다"라고 말씀하신 것은 예수님이 부활하셨을 때였습니다. 그리고 예수님께서 하늘과 땅의 모든 권세가 자신에게 있다는 것을 드러내신 것은 예수님의 부활 이후였습니다.
　성경에서 예수님의 이름이 상속되었다거나 예수님께 주어졌다라고 하는 사실이 언급되는 곳은 어디에나 예수님께서 예수님의 부활 이후에 그분의 이름의 위대함을, 그리고 그 충만함을 받으셨다는 것을 보여주고 있습니다.

고백 　예수님은 주님이시다. 그분은 죽음에서 부활하셨고, 그분이 주님이시다. 능력과 권세가 주께서 내게 주신 이름 안에 있는 부활 가운데 나타난다.

1월 19일

하나님이 주신

이러므로 하나님이 그를 지극히 높여 모든 이름 위에 뛰어난 이름을 주사 하늘에 있는 자들과 땅에 있는 자들과 땅 아래 있는 자들로 모든 무릎을 예수의 이름에 꿇게 하시고 모든 입으로 예수 그리스도를 주라 시인하여 하나님 아버지께 영광을 돌리게 하셨느니라 (빌 2:9-11)

이것은 그리스도께서 높이 들리시고 하나님께서 그리스도를 그분의 오른 편, 모든 정사와 권세와 능력과 통치보다 훨씬 높이 앉으셨을 때 벌어진 일입니다. 빌립보서 2장 10절에 "하늘에 있는 자들과 땅에 있는 자들과 땅 아래 있는 자들로(천사들과 사람들과 귀신들을 나타냅니다) 모든 무릎을 예수의 이름에 꿇게 하시고"라고 되어 있습니다.

왜 이 이름이 예수님께 주어졌습니까? 왜 이 이름에 그러한 권세와 통치가 부어졌습니까? 예수님을 위해서였습니까? 아닙니다. 예수님께서 부활하시고 승천하셔서 아버지의 오른편에 앉으신 후 약 2,000년 동안, 정작 예수님 본인은 한 번도 그 이름을 사용하신 적이 없습니다. 사실 성경에는 예수님께서 그 이름을 사용하셨다는 기록이 아무런 흔적조차도 없습니다! 예수님께서는 그럴 필요가 없으십니다. 그분은 그분의 말씀으로 피조물들을 다스리십니다. 그러나 성경은 예수님의 이름이 그리스도의 몸 된 교회가 사용하도록 주어졌다는 것을 밝히 말씀하고 있습니다!

 그리스도의 몸의 지체로서, 믿는 자로서, 나는 예수님의 이름을 사용할 권리를 가지고 있다. 그 이름은 모든 이름위에 뛰어난 이름이다!

1월 20일

그분의 몸 된 교회를 위하여

그의 힘의 위력으로 역사하심을 따라 믿는 우리에게 베푸신 능력의 지극히 크심이 어떠한 것을 너희로 알게 하시기를 구하노라 그의 능력이 그리스도 안에서 역사하사 죽은 자들 가운데서 다시 살리시고 하늘에서 자기의 오른 편에 앉히사 모든 통치와 권세와 능력과 주권과 이 세상뿐 아니라 오는 세상에 일컫는 모든 이름 위에 뛰어나게 하시고 또 만물을 그의 발 아래에 복종하게 하시고 그를 만물 위에 교회의 머리로 삼으셨느니라 교회는 그의 몸이니 만물 안에서 만물을 충만케 하시는 이의 충만함이니라 (엡 1:19-23)

성경에 예수님의 이름이 언급된 곳은 어디에나, 그 이름이 또한 그분의 몸 된 교회에 주어졌다고 말씀하고 있습니다. 그 이름이 예수님께 주어진 것은 교회가 그것을 사용할 수 있게 하기 위해서였기 때문입니다.

그 이름을 사용해야할 사람들은 예수 그리스도와 공동 상속자가 된 사람들, 그리고 사탄으로부터 해방되어야 할 사람들과 접촉하고 있는 사람들입니다.

예수님이 상속 받은 것은 전부 다 그 이름 안에 있습니다! 예수님께서 싸워 이긴 모든 것들이 그 이름 안에 있습니다! 그리고 그 이름은 그리스도의 몸에 속해있습니다. 그것은 당신과 내게 속한 것입니다! 하나님께서는 교회를 위해서 이것을 투자하셨습니다. 교회는 모든 필요마다 그 저축된 것에서 끄집어내 사용할 권리를 가졌습니다. 그 이름은 그 안에 하나님의 충만함을 가지고 있습니다.

고백 나는 원수를 대적해서 예수님의 이름을 사용할 권리를 가지고 있다. 나는 그 이름으로 기도할 권리를 가지고 있다. 나는 그 이름으로 찬양하며 경배할 권리를 가지고 있다.

1월 21일

만물이

… 만물이 다 너희 것임이라 … 너희는 그리스도의 것이요 그리스도는 하나님의 것이니라 (고전 3:21, 23)

대부분의 사람들은 고린도의 교인들이 하나님으로부터 아무것도 받지 못했다고 생각합니다. 그들은 매우 육신적인 사람들이었기 때문입니다. 바울은 3장을 시작하면서 그들이 육신에 속한 자들이라고 했음에도 불구하고, "만물이 다 너희 것임이라"라고 덧붙여 말했습니다.

당신이 하나님의 가족 안에 태어나는 순간, 예수님의 이름을 사용할 수 있는 권리와 특권은 당신의 것이 되었습니다. 예수님께서 지불하시고 사신 모든 것은 자동적으로 당신의 것이 되었습니다. 그러나 당신에게 속한 것을 사용하는 것은 당신에게 달린 일입니다.

탕자의 이야기를 생각해 보십시오. 탕자가 죄인이나 타락한 사람을 비유한 것이라면, 아버지는 하나님을 나타내는 것이고, 맏아들은 나쁜 길에 빠지지 않은 그리스도인들을 나타냅니다. 맏아들이 들에서 집으로 돌아왔을 때, 그는 음악과 춤추는 소리를 들었습니다. 한 종이 그에게 말합니다. "당신의 동생이 돌아와서 당신의 아버지가 살진 송아지를 잡았습니다." 맏아들은 화가 나서 들어가지도 않고 잔치에 참여하려고도 하지 않았습니다. 그래서 그 아버지가 밖으로 나와 아들에게 간청했습니다. 그러나 그는 이렇게 말했습니다. "아닙니다, 나는 들어가지 않을 겁니다. 나는 지금까지 여러 해 동안 아버지를 신실하게 섬겨왔습니다. 나는 멀리 간 적도 없습니다. 나는 떠나지도 않았고 아버지의 돈을 허비하지도 않았습니다. 그런데 아버지는 내게 한번도 잔치를 열어준 적이 없습니다." "아들아," 아버지가 말했습니다. "내 것이 다 네 것이다"(눅 15:31).

하나님께서 당신이 필요한 그것을 가지고 계십니까? 만일 하나님께서 가지고 계시다면, 그것은 이미 당신의 것입니다. 단지 당신은 그것을 적절히 사용해야 하는 것입니다.

고백 만물이 다 나의 것이다. 나는 그리스도의 것이고, 그리스도는 하나님의 것이다. 예수님의 이름은 내게 속했다. 나는 그것을 사용할 수 있다. 나는 그것을 사용할 것이다. 아버지께서 가지신 모든 것이 나의 것이다!

1월 22일

기도할 때

그 날에는 너희가 아무 것도 내게 묻지 아니하리라 내가 진실로 진실로 너희에게 이르노니 너희가 무엇이든지 아버지께 구하는 것을 내 이름으로 주시리라 지금까지는 너희가 내 이름으로 아무 것도 구하지 아니하였으나 구하라 그리하면 받으리니 너희 기쁨이 충만하리라 (요 16:23,24)

이러한 특권적인 기도의 약속은 아마도 예수님의 입에서 나온 말 중 가장 망설여지는 말일 것입니다.

예수님께서 "그 날에는"이라고 하신 것은 무슨 뜻입니까? 예수님께서는 미래를 내다보시며 사실상 이렇게 말씀하고 계신 것입니다. "나는 떠날 것이다. 나는 갈보리로 간다. 나는 죽을 것이다. 그러나 나는 죽은 자들 가운데서 살아날 것이다. 그리고 나는 높이 들려 올라갈 것이다. 나는 아버지의 오른편에 앉게 될 것이다. 그리고 새 날이 올 것이다. 새로운 언약, 또는 신약이 시작될 것이다! 그리고 그 날에는 너희가 아무 것도 내게 묻지 않을 것이다." 우리가 살고 있는 오늘날이 바로 그 새 날입니다!

"지금까지는 너희가 아무 것도 구하지 아니하였으나 …" 제자들은 예수님이 이 땅에 계신 동안에는 예수님의 이름으로 기도하지 않았습니다. 그렇게 해도 역사하지 않았을 것입니다. 그리고 예수님께서 그들과 함께 계신 동안에는 그럴 필요도 없었습니다. 주님께서는 모든 필요를 채워주셨습니다. 그러나 예수님께서 그들을 떠날 날이 다가오고 있었습니다. 그 날이 오면 그들은 그의 이름이 필요하게 될 것입니다. 예수님의 이름은 몸소 계신 예수님을 대신하여 기적을 행하며, 사탄의 권세에서 해방하며, 하나님의 모습을 나타낼 것입니다.

고백 나는 새 언약의 그리스도인이다. 나는 예수님의 이름으로 아버지께 기도한다. 나는 예수님의 이름으로 구한다. 나는 받고, 내 기쁨이 충만해진다.

1월 23일

요구하라

> 내가 진실로 진실로 너희에게 이르노니 나를 믿는 자는 내가 하는 일을 그도 할 것이요 또한 그보다 큰 일도 하리니 이는 내가 아버지께로 감이라 너희가 내 이름으로 무엇을 구하든지 내가 행하리니 이는 아버지로 하여금 아들로 말미암아 영광을 받으시게 하려 함이라 내 이름으로 무엇이든지 내게 구하면 내가 행하리라 (요 14:12-14)

  오늘의 성경 구절들은 기도와는 전혀 관계가 없습니다. 어제 날짜의 '믿음의 양식'에서는 아버지께 기도할 때 예수님의 이름을 사용하라고 주님께서 말씀하신 것을 보았습니다. 그러나 여기서는 예수님의 이름을 다르게 사용하는 것을 볼 수 있습니다. 여기서 "구하다"라고 번역된 헬라어는 "요구하다"라는 뜻도 지니고 있습니다.

  성전 미문 앞에서 벌어졌던 일이 예수님의 이름을 사용한 예 중의 하나입니다. 베드로가 문 앞에 앉아있는 앉은뱅이에게 말했습니다. "… 나사렛 예수 그리스도의 이름으로 일어나 걸으라"(행 3:6).

  "내 이름으로 너희가 무엇을 요구하든지 내가 행할 것이다." 좀 더 깊이 이해해 봅시다. 그들은 기도하지 않았다는 것을 주목하여 보십시오. 우리가 예수님의 이름을 사용할 때, 그것은 마치 예수님께서 친히 여기 계신 것과 같습니다. 예수님께 주어진 모든 능력과 권세가 그분의 이름 안에 있습니다!

  아버지께 뭔가를 요구하고 있는 것이 아닙니다. (그 앉은뱅이를 묶고 있던 것은 하나님이 아니었습니다. 그를 묶고 있던 것은 마귀였습니다.) 예수님의 이름으로 마귀에게 물러가라고 요구하는 것입니다!

고백   예수님의 이름이 내게 속해 있다. 예수님의 이름으로 내가 무엇을 요구하든지, 그것이 하나님의 말씀에 일치하기만 한다면, 주님께서 그것을 행하신다!

1월 24일

위임하셨다

> … 너희는 온 천하에 다니며 만민에게 복음을 전파하라 … 믿는 자들에게는 이런 표적이 따르리니 곧 그들이 내 이름으로 귀신을 쫓아내며 새 방언을 말하며 뱀을 집어올리며 무슨 독을 마실지라도 해를 받지 아니하며 병든 사람에게 손을 얹은즉 나으리라 하시더라 (막 16:15-18)

예수님께서는 그 이름 안의 능력과 권세를 "믿는 자들"에게 위임하셨습니다. 어떤 사람들은 영적인 권세를 하나님께 크게 쓰임 받는 설교자들에게만 있는 것으로 전락시켜 버렸습니다. 그러나 이 구절은 단지 전도자나 목사나 또는 다른 사역자들에 대해서만 말하고 있지 않습니다. 이 구절은 그리스도의 몸 전체에 관해 말하고 있습니다. 바로 믿는 자들 말입니다.

권세는 예수님의 이름에 주어졌습니다. 그리고 권세는 그리스도의 몸 된 이 땅의 교회 위에 주어졌습니다. 우리 중 몇몇이 그 권세에 가끔 손을 대곤 하지만, 하나님께서 원하시는 만큼 그 안에 거하는 사람은 아무도 없습니다.

어쨌든 저는 예수님께서 오시기 직전인 말세의 이 때에, 자신들에게 속한 예수님의 이름 안에 있는 모든 것들을 어떻게 사용하는 지 배우게 될, 믿는 사람들의 무리가 일어날 것이라고 분명하게 확신하고 있습니다. 그 이름은 모든 이름 위에 뛰어난 이름입니다!

고백 나는 믿는 자이다. 그러므로 이런 표적이 따른다. 나는 나에게 속한, 모든 이름 위에 뛰어난 그 이름을 어떻게 사용하는지를 배우고 알게 될 것이다.

1월 25일

지식

내 아들아 네가 만일 나의 말을 받으며 나의 계명을 네게 간직하면 … 여호와 경외하기를 깨달으며 하나님을 알게 되리니 대저 여호와는 지혜를 주시며 지식과 명철을 그 입에서 내심이며 (잠 2:1-6)

진정한 믿음은 하나님의 말씀을 아는 지식에서 비롯됩니다. 믿음을 갖기 위해 지성이나 의지에 노력을 쏟는 것은 효과가 없습니다. 믿음은 지식과 함께 있습니다. 지식의 빛이 임한 그 순간 믿음이 생기게 됩니다. 오래된 시편의 기자는 "주의 말씀을 열면 빛이 비치어…"(시 119:130)라고 했습니다.

사람들은 종종 믿음을 위해 기도합니다. 그러나 그들에게 정말 필요한 것은 하나님의 말씀을 아는 지식입니다! 하나님의 말씀을 아는 지식이 당신에게 임한다면, 믿음은 자동적으로 생기게 됩니다. 믿음을 갖기 위해 영원토록 기도한다고 해도, 하나님의 말씀을 아는 지식이 없다면, 당신은 결코 믿음을 갖지 못합니다.

그러므로 하나님의 말씀을 먹으십시오. 하나님의 말씀을 묵상하십시오. 이 말씀을 기억하십시오. "그러므로 믿음은 들음에서 나며 들음은 그리스도의 말씀으로 말미암았느니라"(롬 10:17).

고백 나는 하나님의 말씀을 받을 것이다. 나는 그것을 내 안에 숨겨둘 것이다. 그러면 나는 하나님의 지식을 발견하게 될 것인데, 그것은 주님의 입에서 지식이 나오기 때문이다. 나는 하나님의 말씀을 아는 지식을 받을 것이다. 그리고 믿음은 그것을 따라올 것이다. 믿음은 들음에서 나며 들음은 하나님의 말씀으로 말미암는다.

1월 26일

행동하는 믿음

> 너희는 말씀을 행하는 자가 되고 듣기만 하여 자신을 속이는 자가 되지 말라 (약 1:22)

어떤 사람들은 일종의 갈등을 겪고 있습니다. 그들은 믿음을 가지려고 애쓰고 있다고도 하고, 믿으려고 노력하는 중이라고도 말합니다. 그러나 그들에게 필요한 것은 단지 하나님의 말씀에 근거하여 행동하는 것입니다.

저는 "믿음을 갖다"라든지 "믿다"라는 말 대신에 "하나님의 말씀에 근거하여 행동하다"라는 표현을 쓰는데, 그것이야말로 바로 믿음이기 때문입니다.

오래 전 치유 사역에서 하나님께 강력하게 쓰임 받았던 레이몬드 리치(Raymond T. Richey)에게 어떤 사람이 질문했습니다. "믿음이란 무엇입니까?" 리치가 대답했습니다. "믿음은 하나님의 말씀에 근거하여 행동하는 것입니다."

스미스 위글스워스(Smith Wigglesworth)는 이렇게 말했습니다. "믿음은 행동이다."

하나님의 말씀에 근거하여 행동하는 것, 그것이 바로 믿음입니다.

고백 나는 말씀을 행하는 사람이다. 나는 하나님의 말씀을 아는 지식을 얻었다. 나는 그분의 말씀을 듣는다. 그리고 나는 그에 따라 행동한다. 나는 하나님의 말씀에 근거해서 행동한다!

1월 27일

실재

주님의 말씀은 모두 진리이며, 주님의 의로운 규례들은 모두 영원합니다 (시 119:160)

사람들은 종종 지적 동의 또는 지적 합의로 믿음을 대신하곤 합니다. 그들은 하나님의 말씀이 진리라는 것을 지적으로 동의하면서 그것을 믿음이라고 부릅니다. 그러나 지적으로 말씀에 동의하는 것은 믿음이 아닙니다. 당신은 성경이 진리라는 것을 지적으로 동의할 수 있지만, 당신이 성경이 말씀하는 바에 근거하여 행동할 때까지는 당신에게 아무 일도 일어나지 않습니다. 그것이 실재가 되는 것은 당신이 하나님의 말씀에 근거하여 행동할 때입니다.

예를 들어, 당신은 부활의 진리를 하나의 위대한 교리로 믿을 수 있습니다 (어떤 그룹에서는 그저 교리와 신조일 뿐이라고 하는 곳도 있습니다). 그러나 당신이 "예수님께서 나를 위해 죽으셨다! 예수님께서 죽음과 지옥과 무덤을 이기시고 부활하셨다. 그리고 그것은 나를 위해서였다! 예수님께서는 사탄을 이기시고 부활하셨다! 예수님께서는 나를 위해 사탄을 정복하셨다! 그러므로 사탄은 더 이상 나를 지배하지 못한다! 나는 자유다!"라고 말할 수 있기까지는 그 진리도 이 세상에서 아무런 의미가 없습니다.

부활은 당신이 이러한 말들을 말하기 전까지는 당신에게 아무런 의미도 없을 것입니다. 그렇다면 하나님의 말씀 안에 있는 부활의 진리는 단지 교리나 신조, 어떤 주의나 이론이 아니라 그 이상입니다. 그것은 실재가 될 것입니다!

고백 나는 말씀을 행하는 사람이다. 나는 말씀에 내 것이라고 되어있는 것에 근거하여 행동한다. 말씀은 진리이다. 나는 그것이 참되다는 것을 알고 있다. 그러므로 나는 그것이 진리인 것처럼 행동할 것이고, 말씀은 내 삶에 실재가 될 것이다.

1월 28일

그런 것처럼 행동하라

그들을 진리로 거룩하게 하옵소서 아버지의 말씀은 진리니이다 (요 17:17)

누구에게나 인생의 위기가 있습니다. 만약 당신에게 위기가 닥쳐올 때 어떻게 하나님의 말씀대로 행동하는지 모른다면, 당신은 불이익을 당할 것입니다.

어떤 문제이든 상관없이, 하나님의 말씀에는 그 문제에 대한 어떤 해결책이 있습니다. 하나님의 말씀은 답을 가지고 있습니다. 말씀이 말하고 있는 바를 찾으십시오. 그리고 그것이 진리인 것처럼 행동하십시오.

누군가가 "우리는 지금 이 세상에서 무엇을 해야 할까요?"라고 묻는다면 미소 지으며 이렇게 대답하십시오. "우리는 성경이 진리인 것처럼 행동하면 됩니다."

많은 사람들이 성경이 진리라고 머리로는 동의하지만 그것만으로는 충분하지 않습니다. 당신은 반드시 성경이 진리인 것처럼 행동해야 합니다. 만약 당신이 하나님의 말씀이 진리인 것을 알고 말씀대로 행한다면, 그 말씀은 당신 삶에 실제적으로 나타날 것입니다. 당신은 당신의 삶의 현장에 하나님을 모시게 될 것입니다.

고백 하나님의 말씀은 진리이다. 나는 하나님의 말씀이 진리인 것처럼 행동한다. 나는 요한일서 4장 4절 말씀이 진리인 것처럼 행동한다. 나는 마태복음 6장 25-34절 말씀이 진리인 것처럼 행동한다. 나는 히브리서 13장 5-6절 말씀이 진리인 것처럼 행동한다. 나는 빌립보서 4장 19절 말씀이 진리인 것처럼 행동한다. 나는 마태복음 8장 17절과 베드로전서 2장 24절이 진리인 것처럼 행동한다. 나는 성경구절 중 "그 안에서"란 구절이 모두 진리인 것처럼 행동한다. 나는 말씀대로 그렇게 행동하고 그것들은 내 삶에 실재가 된다.

1월 29일

일하시는 주님

··· 전쟁은 여호와께 속한 것인즉 ··· (삼상 17:47)

"아무 문제에도 말려들지 말거라." 내가 가족의 위기에 마주쳤을 때, 나의 어머니가 내 뒤에서 내게 말했습니다. "아무개가 더브를 심하게 때렸단다."

"아무 문제도 없을 거예요." 나는 대답했습니다. "아무 문제도 없을 거예요. 나는 주님께서 일하시도록 할 거예요."

문제를 많이 일으키던 어떤 사람의 부인과 차고 앞에서 만난 적이 있습니다. 그녀는 고래고래 소리치며 날뛰면서 옛 텍사스의 저주의 말을 중얼거리기 시작했습니다. 나는 생각하기를, '주님, 여기 증오와 이기심으로 가득한 늙고 불쌍한 한 영혼이 있습니다. 이 여자는 이런 식일 수밖에 없습니다. 이 여자는 마귀의 자녀이기 때문에, 그 안에 마귀의 본성을 가지고 있을 수밖에 없습니다.' 나는 그녀에게 한마디도 하지 않고, 심령 안에서 주님께만 말씀 드렸습니다. "하나님 감사합니다. 더 크신 분이 내 안에 계십니다." 그리고 나는 더 크신 분이 내 안에 계신 것처럼 행동했습니다(요일 4:4). 그리고 그분은 더 크십니다. 그분은 그 여자 안에 있는 마귀보다 더 크신 분입니다!

그녀는 내 안에서 일어나던 동정심을 감지했던 것이 틀림없습니다. 왜냐하면 그녀가 갑자기 나를 올려다보더니 침 튀기며 얘기하던 것을 멈추는 것이었습니다. 그러더니 그녀는 나의 손을 잡고 무릎을 꿇더니 울기 시작하는 것이었습니다. "맙소사, 당신의 손을 내 머리에 얹고 나를 위해 기도해주세요. 나처럼 늙고 불쌍한 영혼은 뭔가 도움이 필요해요. 오, 이런, 나를 위해 기도해줘요!"

나는 한 마디도 하지 않았습니다. 내가 한 것이라고는 단지 성경이 진리인 것처럼 행동한 것뿐이었습니다.

고백 더 크신 분이 내 안에 계신다. 그리고 나는 그처럼 행동할 것이다.

1월 30일

그분께 속한 전쟁

> 너희는 이 큰 무리로 말미암아 두려워하거나 놀라지 말라 이 전쟁은 너희에게 속한 것이 아니요 하나님께 속한 것이니라 (대하 20:15)

나는 내 안에 계신 더 크신 분을 믿습니다(요일 4:4). 나는 예수님께서 마귀보다 더 크시다는 것을 믿습니다. 나는 하나님의 말씀이 그렇게 말하고 있는 것을 알고 있습니다. 그러므로 나는 그것이 진리인 것처럼 행동합니다. 그 때가 바로 말씀이 실제가 되는 순간이고, 그 때가 바로 더 크신 분께서 나를 위해 일하기 시작하시는 순간입니다.

내가 만일 자제심을 완전히 잃고, 전쟁에서 내가 싸우려고 애쓰고 있는 것처럼 행동한다면, 더 크신 분은 그 전쟁에서 싸우지 않으십니다. 그렇게 되면 더 크신 분과 그분께서 나를 위해 행하시는 일들에 대해 전혀 유리할 것이 없습니다. 그러므로 나는 상황을 파악하려고 애쓰지 않습니다. 나는 무슨 일이 벌어지든 그냥 내려놓고 자러 가버립니다.

내가 목회를 한 수년 간, 주님께서 나를 보낸 교회는 거의 모두 문제가 많은 곳들이었습니다. 그 중 하나가 참 특이했는데, 아무도 목사가 되려고 하지 않았던 곳이었습니다. 그들이 제안을 하기 전에 하나님께서 나를 다루셨기 때문에, 나는 그 제안을 받아들였습니다. 그러나 나는 아무 문제가 없었습니다. 나는 교회와 그 문제들을 더 크신 분께 맡겨 버렸습니다. 나는 사람들에게 말하곤 했습니다. "나는 그 일에 관해서는 고민하지 않겠습니다." 그 말은 집사들이 교회 앞마당에서 난투극을 벌일지라도 나는 걱정하지 않겠다는 뜻이었습니다. 그런 일이 벌어진다면, 나는 그들로 싸우게 내버려 뒀다가, 후에 그들에게 찾아가 함께 기도하고 계속 그들로 하나님과 동행할 수 있도록 정돈할 것입니다.

고백 나는 전쟁을 거절한다. 전쟁은 내가 아니라, 하나님께 속한 것이다. 그분이 더 크신 분이고, 나는 그분의 말씀을 알고 있고, 그것이 진리인 것처럼 살면서 그분이 내 대신 일하시도록 한다.

1월 31일

안식

이미 믿는 우리들은 저 안식에 들어가는도다 (히 4:3)

몇 년 동안, 나는 주님께서 나를 위해 일하시는 최고의 시간을 가졌습니다. 그냥 그 분께서 역사하시도록 했던 것입니다.

반세기 동안 나는 믿음에 대해서, 그리고 성경이 "… 이미 믿는 우리들은 저 안식에 들어가도다"라고 말하는 것에 대해 가르쳐왔습니다. 나는 안식에 들어간 상태입니다. 이 구절이 말하고 있는 것을 붙잡으십시오! 이 구절은 우리가 두렵거나 안달이 난 상태, 압박을 받거나 걱정하는, 또는 싸움이 벌어진 상태에 들어갔다고 말하고 있지 않습니다. 이 구절은 우리가 안식에 들어갔다고 말하고 있는 것입니다.

나는 50년이 넘도록 싸움을 보지 못했습니다. 누군가 내게 "싸움이 어떻게 되어가고 있습니까?"라고 물을 때마다 나는 항상 이렇게 대답합니다. "승리는 너무나 멋집니다!" 거기엔 어떤 싸움도 없습니다. 나는 승리 가운데 있습니다. 믿음은 언제나 좋은 보고만을 합니다!

고백 나는 믿었다. 나는 믿는 사람이다. 그러므로 나는 이미 안식에 들어갔다. 나는 안식에 들어간 상태이다. 나는 내가 안식의 상태에 있는 것처럼 행동한다. 나는 두려워하거나 초조해하지 않는다. 나는 걱정하지 않는다. 나는 고민하지 않는다. 나는 싸우지 않는다. 싸움은 주님께 속한 것이다. 승리는 나의 것이다. 나는 승리 가운데 살고 있다.

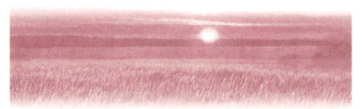

2월 1일

너희 안에 계신 그리스도

… 너희 안에 계신 그리스도시니 곧 영광의 소망이니라 (골 1:27)

성령님의 능력으로, 그리스도께서 당신 안에 사십니다.
당신 안에 계시는 그리스도는 이 땅에 사셨던 그리스도보다 부족한 분이십니까?
아닙니다! 그분은 동일한 그리스도이십니다. 그는 그의 모든 힘을 가지고 계십니다! 그는 그의 모든 능력을 가지고 계십니다! 그는 그의 모든 영광을 가지고 계십니다! 그는 그의 모든 기적을 행하는 힘을 가지고 계십니다! 그는 그의 모든 능력을 가지고 계십니다!
그리고 그리스도께서 당신 안에 계십니다! 당신은 그저 그분을 어떻게 풀어놓아야 하는지 알기만 하면 됩니다.
누군가가 스미스 위글스워스 목사님께 말했습니다. "당신은 대단한 사람인 것이 분명해요"
"아닙니다." 위글스워스 목사님이 대답했습니다. "나는 단지 성경에 '내 안에 계신 분이 세상에 있는 자보다 크시도다' 라고 나와 있는 것을 기억할 뿐입니다. 나는 단지 내 안에 위대한 분이 살고 계시고 그 분이 일하신다는 것을 알고 있을 뿐입니다."
어떻게 당신 안에 계신 그리스도를 풀어놓을 수 있을까요? 어떻게 위대한 분이 일하시도록 할 수 있을까요?
믿음으로 그렇게 할 수 있습니다.

고백 내 안에 계신 그리스도는 영광의 소망이다. 모든 권세와 모든 능력과 모든 영광을 지니신 그리스도께서 내 안에 사신다. 그리스도는 이미 원수의 모든 권세를 멸하셨고 내 안에 살고 계신다. 나는 내 안에 계신 그리스도를 풀어놓는다. 나는 그가 내 안에 살고 있는 것처럼 행동한다. 나는 나의 믿음으로 그분이 일하시도록 허락한다.

2월 2일

맡기라

너희 염려를 다 주께 맡기라 이는 그가 너희를 돌보심이라 (벧전 5:7 개역개정)

너희 모든 염려를(모든 근심, 모든 걱정, 모든 고민들 전부다 한꺼번에) 다 주께 맡기라 이는 그가 애정을 다하여 너를 돌보며 너를 주의 깊게 돌보심이라 (벧전 5:7 확대번역)

어떤 사람들은 하나님께서 다 알고 계시며 이해하신다고 생각하는 것으로 평안을 찾으려는 듯이 보입니다. 그러나 그러면서도 자신의 염려는 꼭 쥐고 있습니다. 그들은 결코 자신들의 염려로부터 자유하지 못합니다.

하나님께서 이해하시고 돌보신다는 것을 아는 것만으로는 부족합니다. 만약 자신의 염려로부터 자유하길 원한다면 당신은 반드시 당신의 모든 염려, 모든 고민, 모든 근심, 모든 걱정을 다 주님께 맡겨야만 합니다. 그분이 당신을 돌보시기 때문입니다.

이것은 당신이 매일 해야 하는 일이 아닙니다. 단 한 번 주님께 맡겨드림으로 당신은 염려를 제거할 수 있습니다. 염려를 하나님의 손에 맡겨 드리는 것입니다.

나는 그렇게 했습니다. 하나님께서 나의 염려를 가지고 계십니다. 그분이 그 문제의 해답을 찾아내시고 해결하십니다. 하나님께서 일하실 때 나는 환호합니다. 하나님께서는 일하시고 나는 환성을 지릅니다.

 나는 나의 모든 염려, 모든 근심, 모든 걱정, 모든 고민을 전부 다 하나님께 맡겨버린다.

2월 3일

넘겨 드림

네 길을 여호와께 맡기라 그를 의지하면 그가 이루시고 (시 37:5)

   킹 제임스 번역의 난외주를 보면 "너의 길을 주님께 넘겨 드려라"라고 되어 있습니다. 맡기십시오. 위임하십시오. 넘겨 드리십시오. 그냥 당신의 염려, 무거운 짐들, 근심, 걱정거리를 주님께 넘겨 드리십시오. 말씀에 그렇게 하라고 되어 있지 않습니까?
   하나님께서 당신에게서 염려를 가져가 버리시는 것이 아닙니다. 몇몇 사람들이 나에게 이렇게 요청한 적이 있습니다. "내가 가지고 있는 이 짐을 주님께서 가볍게 해주시도록 기도 부탁드려요." 하나님께서는 그렇게 하지 않으십니다. 하나님께서는 당신이 당신의 짐에 대해 뭔가를 해야 한다고 하셨습니다. 그리고 만약 당신이 아무런 일도 하지 않는다면, 아무런 일도 일어나지 않을 것입니다.
   "당신"이 오늘 본문의 주체라는 것을 이해하십시오. 당신이 주님께 당신의 길을 위임해야 합니다. 당신이 주님께 당신의 길을 내어드려야 합니다. 당신이 주님께 당신의 모든 염려를 맡겨야 합니다.
   어떤 사람들은 그들의 기도에 대해 응답을 받지 못하는데, 그것은 그들이 하나님의 말씀에 따라 기도하지 않기 때문입니다. 그들은 하나님이 염려, 근심, 걱정 등에 대해 어떻게 하라고 말씀하신 대로 행동하지 않습니다. 염려에 대해 하나님께서 하라고 하신 대로 하지 않는다면, 당신의 기도는 아무런 효과가 없을 것입니다.
   당신은 하나님께서 말씀하신대로 할 수 있습니다.

 나는 나의 길을 주님께 맡긴다. 나는 나의 길을 주님께 넘겨 드린다. 나는 주님을 신뢰한다. 그리고 그분이 이루실 것이다!

2월 4일

염려

목숨을 위하여 무엇을 먹을까 무엇을 마실까 몸을 위하여 무엇을 입을까 염려하지 말라 (마 6:25)

거듭나고 얼마 지나지 않아, 나는 하나님께 이렇게 약속했습니다. "나는 하나님의 말씀에 있는 것은 어떤 것도 결코 의심하지 않겠습니다. 그리고 하나님의 말씀을 실행에 옮기겠습니다."

마태복음 6장 25절에 이르기 전까지는 말씀의 모든 구절들이 내게 빛이 되고 축복이 되었습니다. 나는 헬라어 각주에서 "내일에 대해 근심하지 말라"라고 한 것을 보았습니다. 상호 참조에는 하나님께서 "염려하지 말라"고 말씀하신 것을 강조했습니다. 그러나 나는 염려로 가득 차 있었습니다. 심장병으로 거의 죽은 것과 다름없었던 내 상태뿐 아니라, 나는 무덤을 향해 가는 나머지 인생길에 대해서도 걱정하고 있었습니다. 나는 주님께 말씀드렸습니다. "주님, 염려하지 말고 살아야 한다면, 나는 그리스도인이 될 수 없겠습니다!" 갑자기 말씀에 있는 모든 것이 어둡고 모호해 보였습니다. 나는 말씀으로부터 더 이상의 빛을 얻을 수 없었습니다. 갑자기 내가 말씀을 따라 행하지 않는다는 생각이 나를 강타했습니다.

마침내 1933년 7월 4일 저녁 6시에, 나는 주님께 모든 염려를 맡겼습니다. 내가 말했습니다. "주님, 제가 걱정하고 염려로 가득 차 있고, 초조해하고, 낙심해있고, 우울해있고, 제 자신에 대해 한심하게 생각한 것을 용서해주세요. 저는 주님이 저를 용서해주실 것을 압니다. 왜냐하면 주님께서 말씀하시길 제가 자백할 때 주님께서 용서하시겠다고 하셨기 때문입니다. 주님께서 용서해주셨기 때문에 오늘부터 제가 사는 마지막 날까지 다시는 걱정하지 않겠다고 주님께 약속드립니다."

고백 나는 내일에 대해 염려하지 않는다. 나는 근심, 걱정이 없다. 나는 그것들을 하나님께 맡겼다. 나는 절대 우울해하지 않는다. 나는 절대 낙심하지 않는다!

2월 5일

나는 할 수 있다

내게 능력 주시는 자 안에서 내가 모든 것을 할 수 있느니라 (빌 4:13)

내가 주님께 나의 모든 염려를 맡긴 이래로 오랜 세월동안 심한 유혹을 받아왔지만 걱정한 적은 없었다고 고백할 수 있습니다. 나는 초조해 하지 않았습니다. 나는 우울해 하지도 않았습니다. 나는 어떤 문제이건 간에 낙심한 적이 없었습니다. (어떤 사람들은 내겐 염려하는 감각이 없다고 말하더군요. 그러나 하나님께 감사드립니다. 나는 염려에 대해서는 성경적 감각으로만 충만해 있습니다!)

염려는 내가 포기하기에는 가장 어려운 죄였습니다. 염려는 당신이 당면할 수 있는 가장 강력한 유혹입니다. 그러나 당신은 그것에게 저항할 수 있습니다. 그리고 반드시 그렇게 해야 합니다.

당신의 최악의 적은 육체입니다. 육체와 자연적인 인간의 논리는 당신 자신의 능력을 제한합니다. 당신은 환경과 영향력, 문제들, 걱정거리들, 시험들, 폭풍 그리고 바람을 바라봅니다. 그리고 이렇게 말합니다. "나는 할 수 없어."

의심과 육체와 감각과 사탄의 언어는 "나는 할 수 없어. 내겐 능력도, 기회도, 힘도 없어. 이게 내 한계야"라고 말하는 것입니다.

그러나 믿음의 언어는 이렇게 말합니다. "나는 내게 능력 주시는 그리스도 안에서 모든 것을 할 수 있어."

 나는 할 수 있다! 나는 내게 능력 주시는 그리스도 안에서 모든 것을 할 수 있다.

2월 6일

능력 받아

여호와는 내 생명의 능력이시니 내가 누구를 무서워하리요 (시 27:1)

믿는 자는 부끄러움을 당하지 아니하리라 (롬 9:33)

믿음의 말은 이렇게 말합니다. "나는 그리스도 안에서 모든 것을 할 수 있다." 주님께서 내게 능력을 주십니다. 나는 적에게 정복당할 수 없습니다. 나는 패배할 수 없습니다. 만약 자연적인 힘이 나를 대적한다 해도 그것은 나를 좌절시킬 수 없습니다. 왜냐하면 이 세상에는 내 안에 살고 계신 그리스도를 정복할만한 어떤 자연적인 힘도 존재하지 않기 때문입니다!

"내 안에 계신 이가 세상에 있는 자보다 크심이라." 나는 그 말씀을 확증 받았습니다. 나는 어떻게 그리스도로 하여금 나를 위해, 내 안에서 일하시게 하는지 배웠습니다. 나는 예수님을 죽음에서 일으키신 그의 성령을 내 안에 모시고 삽니다! 나는 하나님의 지혜와 힘, 능력을 내 안에 가졌습니다. 지금 나는 또한 그분의 지혜가 어떻게 나의 이성을 지배할 수 있는지를 배워가고 있습니다. 나는 하나님이 내 입술을 통해 말씀하시도록 허락하고 있습니다. 나는 하나님의 생각대로 따라가려고 도전하고 있습니다.

그가 나의 생명의 능력이신데 내가 누구를 두려워하겠습니까? 하나님은 나를 나의 적들보다 더 강하게 만드셨습니다. 하나님은 내가 약함과 두려움과 무능력의 목덜미에 나의 발꿈치를 올려놓도록 하셨습니다. 나는 서서 믿는 자는 누구든지 부끄러움을 당하지 않을 것이라고 선포합니다. 그러므로 나는 절대 부끄러움을 당할 수 없습니다.

 오늘의 본문과 믿음의 생각으로 당신 자신의 고백을 해보십시오.

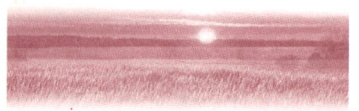

2월 7일

여유롭게 매달려 있기

끝으로 너희가 주 안에서와 그 힘의 능력으로 강건하여지고 (엡 6:10)

   1932년 어느 날, 2백 명의 선원들이 샌디에고에 있는 (비행선의) 계류기둥에 USS 에이크론이라는 거대한 비행기구를 잡아매려고 그 기구에 달린 줄을 붙잡고 있었습니다. 그런데 갑자기, 그 기구가 하늘로 치솟았습니다. 기구와 함께 휩쓸려가 매달려 있던 몇 사람이 이내 땅에 떨어졌고 대부분이 사망했습니다. 그 후에 나머지 사람들도 다 떨어졌고 한 사람만이 계속 매달려 있었습니다. 기구는 하늘로 높이 올라가고 있었습니다. 사람들은 비명을 질러대며 어쩔 줄을 몰라하고 있었습니다. 사람들은 그 선원이 얼마 못 버텨서 몇 분 안에 떨어져 죽을 것이라고 생각했습니다.

   그러나 1시간 45분이 지났을 때 사람들은 그 기구를 다시 잡아끌어 맬 수 있었고, 그 선원은 여전히 매달려 있었습니다. 앰뷸런스가 그를 병원에 데리고 가려고 대기하고 있었지만 그는 괜찮다고 말했습니다. 사람들은 그에게 어떻게 매달려 있을 수 있었냐고 물었습니다. 그가 말하길 1미터가 조금 넘는 로프가 있는 걸 발견하고 한 손으론 줄을 붙잡고 다른 한 손으로는 그 로프를 허리에 묶어 그 로프가 자신을 지탱하게 했노라고 했습니다. 그는 내내 여유롭게 매달려 있었던 것입니다!

   많은 그리스도인들이 주님께 맡기는 대신 스스로가 꼭 붙잡고 버티려고 애를 씁니다. 어떤 사람들은 떨어져버립니다. 그러나 우리가 정말 해야 할 일은 하나님의 약속들로 우리 자신을 동여매는 것이고, 그 선원처럼 여유롭게 매달려 경치를 즐기는 것입니다!

나는 주 안에서 그의 힘의 능력으로 강건하다. 나는 주님의 힘과 능력 안에 여유롭게 매달려 있다!

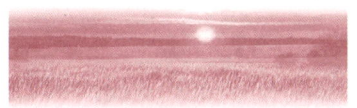

2월 8일

믿음으로

오직 의인은 믿음으로 말미암아 살리라 함과 같으니라 (롬 1:17)

　믿음의 삶은 이 세상에서 가장 아름다운 삶입니다! 이것은 하나님께서 우리에게 원하시는 삶이며 우리가 걸어가길 바라시는 길입니다(고후 5:7).
　당신의 말과 행동을 일치하도록 만드십시오. 만약 당신이 믿음을 말한다면, 반드시 믿음으로 걸어가야 합니다. 반드시 믿음으로 행동해야 하는 것입니다. 당신의 행동과 말, 이 두 가지 모두 당신이 믿는 자라는 사실에 일치해야 합니다. 만약 당신이 믿음으로 행하지 않는다면 당신이 말하는 믿음은 아무런 효과가 없습니다. 그리고 당신이 믿음으로 말하지 않으면서 믿음으로 행동한다는 것은 불가능한 것이며, 마찬가지로 그것은 아무런 효과가 없습니다. 왜냐하면 당신의 말과 행동 모두 일치해야 하기 때문입니다.
　어떤 사람들은 1분 동안은 이렇게 선포합니다. "나는 하나님께서 나의 필요를 채우시는 것을 믿습니다." 그리고는 금방 이렇게 말합니다. "글쎄요, 내 차를 팔아야 될 것 같아요. 지출을 감당할 수가 없어요." 1분 동안은 믿음을 말한 것처럼 보이지만 몇 분 안에 그들의 행동은 믿음의 반대를 증명해보였습니다.
　어떤 사람들은 하나님의 말씀까지 인용하면서 이렇게 말합니다. "나는 빌립보서 4장 19절에 '나의 하나님이 그리스도 예수 안에서 영광 가운데 그 풍성한 대로 너희 모든 쓸 것을 채우시리라'라고 주님께서 말씀하신 것을 알고 있어요. 그리고 나는 하나님께서 나의 필요를 채우실 것을 믿어요. 그러나 전화가 끊길 것 같아요. 전화비 낼 돈이 없거든요." 그들은 이 구절이 진리임을 머리로는 동의하지만 그렇게 행동하지는 않았습니다.
　하나님의 말씀이 진리인 것처럼 행동하기 시작하십시오.

 나는 믿음으로 산다. 그 믿음은 살아계신 하나님의 말씀을 믿는 믿음이다. 나는 하나님의 말씀이 진리인 것처럼 행동한다.

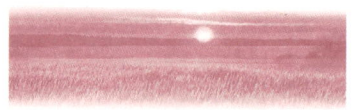

2월 9일

하나님의 말씀 지키기

이는 내가 내 말을 지켜 그대로 이루려 함이라 하시니라 (렘 1:12)

　당신은 당신이 하나님의 말씀을 받아들이고 행동에 옮긴다면 하나님이 당신 삶에서 말씀이 선한 일을 행하도록 지키실 것이라고 확신할 것입니다. 당신이 해야 할 일은 오직 말씀에 근거해서 행하는 것입니다. 당신이 이 작고 간단한 교훈을 배우는 것은 매우 중요합니다. 말씀에 근거해서 행하는 것은 고군분투해야 하는 일이 아닙니다. 그것은 울부짖는 것도 아닙니다. 그것은 기도하는 것도 아닙니다. 단지 하나님께서 말씀하신 말씀에 근거해서 행하는 것이고, 그것은 결과를 가져옵니다.

　몇 년 전에 나는 재정문제와 나의 가족을 위해 몇 시간동안 애쓰며 기도하고 나서, 교회의 넓은 강단 위에 탈진하여 누워있었습니다. 마침내 내가 조용해지자, 하나님께서 말씀하실 수 있었습니다.

　"지금 뭐하고 있니?" 하나님께서 물으셨습니다. "저는 기도로 끝장내기 위해서 여기 왔습니다." 내가 대답했습니다. "기도로 끝장을 내다니 무슨 말이냐?" "전 어떤 감정을 느끼거나 이러한 필요들이 충족되었다는 증거를 얻기 전까지 기도해야겠다고 생각했습니다. 전 지금 집에서 365 마일이나 떨어져 있습니다. 저는 우리 아이들이 다 나았는지 그리고 우리 재정의 필요가 다 채워졌는지 알 수 있었으면 좋겠다고 생각했습니다." "내 말로는 충분하지 않니? 너는 나의 말 그대로 행동하고 있지 않구나." 주님께서 말씀하셨습니다. "사실, 너는 나의 말이 그렇지 않은 것처럼 행동하고 있구나. 너는 네가 기도를 충분히 오래, 그리고 크게 해야만 내가 거짓말쟁이가 되지 않고 내 말을 지키게 될 것이라고 생각하는 것처럼 행동하고 있구나."

 나는 하나님을 믿는다. 그리고 나는 그분을 믿는 것처럼 행동한다.

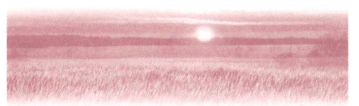

2월 10일

사랑으로부터 태어나다

… 하나님은 사랑이심이라 (요일 4:8)

우리에게 주신 성령으로 말미암아 하나님의 사랑이 우리 마음에 부은 바 됨이니 (롬 5:5)

당신이 거듭났을 때 하나님은 당신의 아버지가 되셨습니다. 하나님은 사랑의 하나님입니다. 당신은 사랑의 하나님의 사랑의 자녀입니다. 당신은 하나님으로부터 태어났고 하나님은 사랑이시므로, 당신은 사랑으로부터 태어난 것입니다. 당신 안에 하나님의 본성이 있는데 그것은 사랑입니다.

사실상, 당신은 이러한 하나님의 사랑을 가지고 있지 않다고 말할 수가 없습니다. 왜냐하면 하나님의 가족에 속한 모든 이들은 이 사랑을 가졌기 때문입니다. 그렇지 않다면 하나님의 가족에 속하지 않은 것입니다. 그들은 그 사랑을 실천하지 않습니다. 그들은 마치 자신이 받은 한 달란트를 냅킨에 싸서 땅에 묻은 사람과도 같습니다(마 25:25). 그러나 성경은 말하기를 성령님으로 말미암아 하나님의 사랑이 우리 마음에 부은 바 되었다고 했습니다. 그것은 하나님과 같은 종류의 사랑이 이미 우리 마음에, 우리 영에, 우리의 속사람에 부어졌다는 것을 뜻합니다.

로마서 5장 5절은 성령세례에 대해서 말하고 있는 것이 아닙니다. 이것은 새로운 탄생, 즉 하나님의 영으로 당신이 거듭났을 때를 말하고 있는 것입니다. 그때 하나님의 사랑이 당신 안에 들어간 것입니다. 당신의 영이 거듭났을 때 당신은 하나님의 생명과 본성을 가지게 된 것입니다.

고백 하나님은 사랑이시다. 나는 하나님으로부터 태어났다. 그러므로 나는 사랑으로부터 태어난 것이다. 나는 사랑의 하나님의 사랑의 자녀이다. 하나님의 사랑이 성령님으로 말미암아 내 마음에 부은 바 되었다. 나의 본성은 사랑이다. 사랑 안에 걷는 것이 내게는 자연스러운 일이다.

2월 11일

성숙한 열매

오직 성령의 열매는 사랑과… (갈 5:22)

나는 포도나무요 너희는 가지라 그가 내 안에, 내가 그 안에 거하면 사람이 열매를 많이 맺나니… (요 15:5)

사랑은 재창조된(거듭난) 인간의 영이 생산해내는 열매인데, 그것은 그리스도의 생명이 그 안에 있기 때문입니다.

열매를 맺은 나무를 그려보십시오. 어디에서 열매가 자랍니까? 열매는 가지에서 자랍니다. 예수님은 나무를 비유로 드셨습니다. 누가 가지들입니까? 우리들입니다.

어떻게 가지에서부터 열매가 자라게 됩니까? 열매는 나무의 줄기에서부터 영양분을 공급받습니다. 줄기로부터 생명이 가지들에게로 흘러가는 것입니다. 영적인 영역에서도 마찬가지입니다. 하나님은 생명이십니다. 하나님은 사랑이십니다. 그의 생명과 사랑이 가지들인 믿는 자들에게로 흘러가는 것입니다.

열매는 자랍니다. 열매가 완벽하게 익어서 나오는 것이 아닙니다. 성경은 말하기를, "누구든지 그의 말씀을 지키는 자는 하나님의 사랑이 참으로 그 속에서 온전하게 되었나니"(요일 2:5)라고 했습니다. "온전한"이란 단어는 성숙함을 의미합니다. 사도 요한은 사랑의 열매가 성숙하는 것을 말하고 있습니다. (나는 우리 중의 어느 누구도 아직 그 안에서 완벽하게 성숙하였다고는 생각하지 않습니다. 다만, 우리 중의 몇몇은 성장하고 있는 중입니다.)

고백 성령의 열매는 사랑이다. 예수 그리스도는 포도나무요, 나는 가지이다. 나는 그리스도 안에 거하고 그리스도는 내 안에 거한다. 그러므로 나는 열매를 맺는다. 내가 하나님의 말씀을 지킬 때 나의 사랑의 열매가 익어간다. 나는 성장하고 있는 중이다.

2월 12일

사랑의 계명

새 계명을 너희에게 주노니 서로 사랑하라 내가 너희를 사랑한 것 같이 너희도 서로 사랑하라 (요 13:34)

　하나님의 가족은 사랑의 가족입니다. 그리고 하나님 가족의 사랑의 계명은 "… 서로 사랑하라 내가 너희를 사랑한 것 같이 …" 입니다.
　하나님은 어떻게 우리를 사랑하셨습니까? 우리가 그럴 만하기 때문에 주님께서 우리를 사랑하셨습니까? 아닙니다. 하나님께서는 우리가 전혀 사랑스럽지 않았을 때에 우리를 사랑하셨습니다. 하나님께서는 우리가 아직 죄인이었을 때에 우리를 사랑하셨습니다! (이것에 관하여 생각해보십시오. 만일 하나님께서 우리가 아직 죄인이고 사랑스럽지 못할 때에, 즉 우리가 주님의 원수였을 때 우리를 그 크신 사랑으로 사랑하셨다면, 지금은 그분의 자녀인 우리를 하나님께서 조금이라도 덜 사랑하신다고 생각합니까? 아닙니다. 백 번이고 천 번이고 아닙니다!)
　사랑의 가족의 유일한 계명은 사랑입니다. 만일 당신이 다른 사람을 사랑하면 당신은 그에게서 아무것도 훔치지 않을 것입니다. 만일 당신이 누군가를 사랑한다면, 그를 죽이지 않을 것입니다. 당신은 그의 집을 탐내지 않을 것입니다. 당신은 그에 관하여 거짓말하지 않을 것입니다. 그러므로 신령한 사랑은 율법을 완성합니다.
　하나님의 가족의 계명은 사랑이기 때문에, 사랑 밖으로 한 발자국 나가는 것은 죄 안으로 한 발자국 들어가는 것입니다. 만일 당신이 그렇게 한 발 내딛었다면, 회개하고 돌아와 사랑 안에 행하십시오. 당신의 아버지와 교제하고 하나님과 동행하기 위해서는, 그리고 하나님의 영역 안에서 살아가기 위해서는 사랑 안에 행해야합니다. 하나님은 사랑이시니까요.

고백 나는 그리스도께서 나를 사랑하신 것 같이 다른 사람들을 사랑한다. 나는 사랑의 계명 아래 있다. 나는 사랑 안에 행한다. 그러므로 나는 사랑이신 나의 아버지와 교제하며 살아간다.

2월 13일

우리의 사랑으로써 알려진다

너희가 서로 사랑하면 이로써 모든 사람이 너희가 내 제자인 줄 알리라 (요 13:35)

어떻게 세상이 우리를 알게 될까요?

우리의 사랑을 통해서입니다. 이 신령한 사랑을 통해서입니다. 이러한 하나님의 사랑을 통해서입니다. 이러한 이기적이지 않은 사랑을 통해서입니다. "하나님이 … 이처럼 사랑하사 … 주셨으니 …"

주님의 사랑은 자연적인 인간의 사랑이 아닙니다. 자연인의 사랑은 이기적입니다. 어머니의 사랑이라 하더라도 다른 보통의 것들과 마찬가지로 자연인의 사랑입니다. 그것은 이기적입니다. "내 아기예요!"

그러나 만일 우리가 우리 심령 안에 흘러들어온 하나님의 신령한 사랑이 우리를 지배하도록 한다면, 그것은 우리의 삶을 정말 달라지게 할 것입니다. 그것은 우리의 가정 안의 상처들을 치료할 것입니다. 자연인의 사랑은 그것이 방해받을 때는 증오로 돌변할 수 있습니다. 싸우고 야단치고 할퀴고 트집 잡고 헐뜯고 비열하게 됩니다. 신령한 사랑은 욕을 먹어도 욕으로 되갚지 않습니다. 하나님의 사랑은 내가 얻을 수 있는 것에 관심이 없고 내가 줄 수 있는 것에 관심이 있습니다. 당신은 당신 가정의 모든 문제들을 어떻게 해결할 수 있는지 알겠습니까?

하나님의 자녀로서, 하나님의 본성이 우리 안에 있습니다. 그리고 하나님의 본성은 사랑입니다. 그러므로 사랑이 우리 영 안에, 우리 심령 안에 있는 것은 자연스러운 것입니다. 그러나 우리가 우리의 겉 사람과 우리의 생각이 우리를 지배하도록 허락한다면, 우리 심령 안에 있는 사랑의 본성은 갇혀버리게 됩니다. 우리 가운데 있는 하나님의 사랑을 풀어 놓읍시다!

 세상은 나의 사랑으로써 나를 알게 될 것이다. 나는 내 안의 사랑의 본성을 풀어놓을 것이다!

2월 14일

사랑의 분위기

> 사랑하는 자들아 우리가 서로 사랑하자 사랑은 하나님께 속한 것이니 사랑하는 자마다 하나님으로부터 나서 하나님을 알고 사랑하지 아니하는 자는 하나님을 알지 못하나니 이는 하나님은 사랑이심이라 … 만일 우리가 서로 사랑하면 하나님이 우리 안에 거하시고 그의 사랑이 우리 안에 온전히 이루어지느니라 (요일 4:7,8,12)

남편과 아내는 자연인의 사랑뿐 아니라 하나님의 사랑이 그들을 지배하도록 해야 합니다. 자연적인 사랑은 매우 피상적이기 때문입니다.

그리스도인들은 다른 사람들이 가지지 못한 이점을 가지고 있습니다. 그들은 그들의 자연적인 애정으로 사랑할 수 있을 뿐 아니라 자신의 유익을 구하지 않고 늘 다른 사람의 행복을 구하는 신령한 사랑을 추가로 가지고 있습니다.

60년이 넘는 결혼 생활 동안 아내와 나는 사랑 안에서 살아왔습니다. 나는 내 자신이나 내가 원하는 것을 고려한 적이 없습니다. 나는 오레타가 원하는 것을 고려합니다. 나는 내 자신만 추구하려고 한 적이 없습니다. 나는 항상 그녀에게 우선을 두었습니다. 그리고 오레타도 보답해 주었습니다. 우리는 사랑 안에서 더 잘해주려고 항상 노력합니다. 그리고 그것이 얼마나 복된 것인지요! 하나님을 찬양합니다! 우리의 가정은 이 땅의 천국과 같습니다.

한 번은 문제를 겪고 있는 한 사람이 우리 집을 방문한 적이 있었습니다. "당신 집을 방문하면 마치 천국 같습니다." 그 집에 들어간 그 순간 그곳의 현장감을 느낄 수 있습니다.

우리는 우리 가정의 분위기를 만들어 냅니다.

고백 나는 내가 사랑하는 사람들을 향해 신령한 사랑 가운데 살아갈 것입니다. 나는 사랑의 분위기를 만들어 하나님의 이타적인 사랑이 나를 통해 그들에게 부어지게 합니다!

2월 15일

형제들

우리는 형제를 사랑함으로 사망에서 옮겨 생명으로 들어간 줄을 알거니와 사랑하지 아니하는 자는 사망에 머물러 있느니라. 그 형제를 미워하는 자마다 살인하는 자니 살인하는 자마다 영생이 그 속에 거하지 아니하는 것을 너희가 아는 바라 (요일 3:14,15)

한 사모님이 고민에 사로잡혀 나를 찾아왔습니다. "해긴 목사님, 저는 천국에 갈 수 없어요. 나는 시어머니를 미워하고 있어요!"

안절부절 못하는 그녀가 조금 진정된 후에야 나는 그녀를 도울 수 있었습니다. 나는 그녀에게 내 눈을 똑바로 쳐다보면서 "나는 내 시어머니가 미워요"라고 말해보라고 했습니다. 그리고 그렇게 말할 때 그녀의 속에서, 즉 그녀의 영 안에서 어떤 일이 벌어지는 지를 확인해 보라고 했습니다.

그녀는 "나는 내 시어머니가 미워요"라고 말했습니다. 그리고 그녀는 "왠지 뭔가가 내 안에서 부대끼는 것 같아요!"라고 했습니다.

내가 말했습니다. "그렇지요. 그것이 바로 거듭난 사람의 영 안에 있는 모든 사람을 사랑하는 하나님의 사랑입니다. 당신의 실체는 시어머니를 미워하지 않습니다. 그러나 당신은 겉사람이 상황을 지배하도록 내버려 두고 있는 것입니다."

"맞아요. 내가 시어머니를 진심으로 미워하고 있는 것은 아니에요." 그리고 그녀는 사랑이 살고 있는 속사람에 영적으로 일치시켜 그 속사람이 겉사람을 지배하게 하였습니다.

고백 나는 내가 죽음에서 생명으로 이미 옮겨갔다는 것을 알고 있다. 왜냐하면 나는 형제를 사랑하기 때문이다. 그리고 나는 그 사랑이 나의 존재를 지배하도록 한다. 나는 모든 사람을 향한 사랑 안에 살아간다!

2월 16일

사랑을 설명함

사랑은 오래 참고 인내하며 친절합니다. 사랑은 시기하거나 질투로 끓어오르지 않습니다. (고전 13:4 확대번역)

하나님의 사랑은 어떤 것입니까?
그 사랑의 특성은 어떤 것입니까?
고린도전서 13장에 그것이 잘 나와 있습니다. 킹 제임스 성경에서 헬라어 '아가페'를 번역할 때 자선(Charity)으로 번역한 것은 참 유감입니다. 사랑의 해설 중 내가 가장 선호하는 번역은 확대번역 성경입니다. 나는 모든 그리스도인들은 고린도전서 13장을 확대번역 성경으로 매일은 아니더라도 며칠에 한 번씩은 꼭 읽어야한다고 생각합니다. 그리고 그것을 실행해야 합니다!
우리 함께 4절부터 읽어봅시다.
"사랑은 오래 참고 인내하며 친절합니다 …" 오래 참는 사람들은 많지만, 그들이 그렇게 하는 동안 그렇게 친절하지는 않습니다! 그들은 어쩔 수 없이 사람들이나 일들을 단지 견디는 것입니다. 아내가 남편을 참기는 하겠지만 참는 동안 그렇게 친절하지는 않습니다. (반대의 경우도 마찬가지입니다.)
"… 사랑은 시기하거나 질투로 끓어오르지 않습니다" 자연인의 사랑은 질투로 끓어오르는 그런 사랑입니다. 하나님의 사랑은 질투로 끓어오르지 않습니다.

 나는 사랑의 사람이다. 그러므로 나는 오래 참고 인내하며 친절하다. 나는 결코 시기하지 않으며 질투로 끓어오르지도 않는다.

2월 17일

사랑이 일어나다

사랑은 자랑하거나 허영을 부리거나 거만하게 자신을 드러내지 않습니다. 사랑은 우쭐대지(거드름을 피우고 자만으로 부풀어 오르지) 않으며, 무례하지(교양 없지) 않으며, 부적절하게 행하지 않습니다 (고전 13:4,5 확대번역)

자랑하거나 거만하거나 우쭐대거나 거드름을 피우거나 자만으로 부풀어 오르거나 무례하거나 교양 없는 것은 늘 언제나 육체입니다.

당신은 자신의 의지로 말미암아 육체의 충동에게 주도권을 내어주지 않기로 결정할 수 있습니다. 오히려 당신은 사랑 안에서, 즉 성령 안에서 살아가기로 결정할 수 있습니다.

싸움이 벌어지는 곳은 당신의 영과 당신의 육체 사이에서입니다. 그러나 성경에는 "… 너희는 성령을 따라 행하라 그리하면 육체의 욕심을 이루지 아니하리라"(갈 5:16)라고 되어 있습니다.

당신의 영이 지배하도록 결정하십시오. 충동이 생길 때, 잠시 가만히 멈추고, 하나님의 말씀을 고백하기 시작하십시오. 이렇게 말하십시오. "나는 사랑으로 태어났다. 나는 내 안에 있는 하나님의 사랑이 지배하도록 허락한다."

그러면 하나님의 사랑이 당신 안에서 크게 일어날 것입니다.

고백 나는 사랑의 사람이다. 그러므로 나는 자랑하거나 허영을 부리지 않는다. 나는 내 자신을 거만하게 드러내지 않는다. 나는 우쭐대지 않는다. 즉 나는 거드름을 피우거나 자만으로 부풀어 오르지 않는다. 나는 무례하지 않다. 나는 교양 없지 않다. 나는 부적절하게 행하지 않는다. 나는 사랑 안에서 행한다.

2월 18일

가장 좋은 길

… 사랑[우리 안에 있는 하나님의 사랑]은 자신의 권리나 자신의 방식을 고집하지 않는데, 그것은 자신의 유익을 추구하지 않기 때문입니다… (고전 13:5 확대번역)

오늘의 성경 구절이 당신의 심령 깊숙이 자리 잡도록 하십시오.

너무나 많은 사람들이 오히려 "그렇지만 나는 내 것이 무엇인지 잘 알고 있어. 나는 이미 결정권을 가지고 있으니까, 나는 그것을 갖고야 말겠어. 나는 권리들을 가지고 있으니까, 나는 그것들을 갖고야 말겠어"라고 말합니다. 그리고 그의 행동들이 다른 사람들에게 얼마나 많은 상처를 주는지 상관없이 그들 자신의 방식을 고집합니다.

내가 두 번째 교회에서 목회를 하고 있을 때는 겨우 20세였고 아직 결혼 전이었습니다. 그래서 나는 교회의 한 부부로부터 방을 하나 세를 얻었습니다. 그 집의 남자는 성경을 잘 알고 있었고, 또 하나님의 놀라운 체험들을 가지고 있었습니다. 그러나 그 사람은 "나는 결정권을 가지고 있으니까 나는 그것을 갖고야 말겠어. 나는 다른 사람들과 마찬가지로 교회의 일원이고, 내게는 결정권이 있어"라고 말하는 타입의 사람이었습니다. 그는 물론 그의 결정권을 가지고 있고, 다른 사람들도 마찬가지입니다. 단지 그들이 그 교회를 파선시키기 전까지는 말입니다.

오늘의 이 구절은 사랑은 그 자신의 권리를 고집하지 않는다고 말하고 있습니다. 하나님을 믿고 사랑을 믿기 시작하십시오. 그것이 가장 좋은 길입니다. 그리고 그것이 바로 당신의 방식입니다.

고백 나는 하나님을 믿는다. 그리고 나는 사랑을 믿는다. 나는 사랑의 사람이다. 나는 내 자신의 권리들을 고집하지 않는다. 나는 내 자신의 방식을 고집하지 않는다. 나는 자신의 유익을 추구하는 사람이 아니다. 나는 사랑의 사람이다.

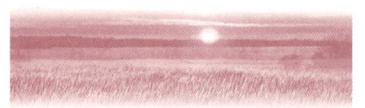

2월 19일

사랑 계측기

… 사랑은 … 신경질 내거나 성미 급하거나 남을 원망하지 않으며, 자신이 당한 악한 일들을 생각하지 않습니다[억울하게 당한 일들에 신경 쓰지 않습니다] (고전 13:5 확대번역)

여기 사랑의 온도계, 사랑의 계측기가 있습니다! 당신이 사랑 안에서 행하고 있는지 아닌지 알아내는 것은 매우 쉬운 일입니다. 당신이 당한 악한 일들을 생각하고 있을 때는 당신은 사랑 안에서 행하고 있는 것이 아닙니다. 당신이 하나님 안에서 살아가며 성령 충만한 상태로 있는 한, 당신은 당신이 당한 악한 일들을 생각하고 있지 않을 것입니다.

오랜 세월 동안 내게 부당한 일들이 생길 때, 사람들은 내게 "저 같으면 참지 않겠어요. 저 같으면 가만히 있지 않겠어요. 저 같으면 그러지 않을 거라고요!"라고 말했습니다. 그러나 나는 내 입을 다물고 한 마디도 하지 않고 미소를 지으며 행복한 채로 있었습니다. 내가 속상해 하는 것이 마땅하다고 사람들이 아무리 주장을 해도, 나는 그것을 거절하는데 주저하지 않습니다. 나는 그냥 계속 외칩니다. "할렐루야! 하나님을 찬양합니다! 하나님께 영광을!"

나는 당신도 당신을 부당하게 대우하는 사람들을 향해서도 사랑 안에서 행할 것을 제안합니다. 당신이 부당하게 당하는 고통들에 상관없이 사랑 안에서 행한다면, 긴 안목으로 볼 때 당신은 결국 최고의 자리에 앉게 될 것입니다!

물론 어떤 사람들은 당신의 태도를 보고 나약하다고 여길 수도 있습니다. 목사님들조차도 내게 말했습니다. "당신은 나약한 면이 있어요. 자신을 위해서 아무 변명도 하지 않는군요." 아닙니다. 그것이 바로 강함입니다! 사랑은 결코 실패하지 않습니다.

나는 어느 누구에게도 내 마음 속에 원한을 품고 있는 것을 단순히 거절할 뿐입니다.

고백 나는 사랑의 사람이다. 그러므로 나는 신경질 내거나 성미 급하거나 남을 원망하지 않는다. 나는 어느 누구에게도 마음속에 원한을 품고 있지 않는다.

2월 20일

다시 보기

… 사랑은 … 신경질 내거나 성미 급하거나 남을 원망하지 않으며, 자신이 당한 악한 일들을 생각하지 않습니다[억울하게 당한 일들에 신경 쓰지 않습니다] (고전 13:5 확대번역)

하나님의 사랑 안에서 행함이라는 주제는 너무도 중요하고, 또 그리스도인들이 간과하고 있기 때문에, 이 주제에 대해 추가로 연구하는 시간을 갖도록 했습니다.

"… 사랑은 … 자신이 당한 악한 일들을 생각하지 않습니다." 이것은 하나님의 사랑이 분명합니다. 왜냐하면 우리가 하나님의 원수였을 때, 하나님께서는 우리가 그분을 향해서 저질렀던 악한 일들을 생각하지 않으셨기 때문입니다. 그분은 우리를 속량하기 위하여 예수님을 보내셨습니다. 그분은 우리가 아직 죄인이었을 때 우리를 사랑하셨습니다.

"… 사랑은 … 억울하게 당한 일들에 신경 쓰지 않습니다." 우리는 하나님의 사랑을 가지고 있으면서도 그 안에서 살아가는 사람이 그렇게 많지 않다는 것을 당연히 여길 수도 있습니다. 아닙니다. 그들은 자연인의 사랑 안에서 살아가고 있으며, 억울하게 당한 일들에 신경 쓰고 있는 것이 분명합니다! 그들은 성질을 잘 냅니다. 남편과 아내가 둘 다 그리스도인일지라도 그 중 한 사람이 억울한 일을 당한다면 화가 나서 일주일 동안 서로 아무 말도 하지 않을 것입니다.

당신은 사랑이 어떻게 가정을 바르게 만들고 더 나아가 교회와 나라를 바르게 만들어 사람들로 하나님의 자녀가 되어 그들 안에 하나님의 사랑을 가질 수 있도록 해서 하나님의 자녀로서 하나님의 가족 안에서 살아가도록 할 수 있을지 알겠습니까?

고백 나는 사랑의 사람이다. 나는 신경질적인 사람이 아니다. 나는 성미 급하지 않다. 나는 남을 원망하지 않는다. 나는 내가 당한 악한 일들을 생각하지 않는다. 나는 억울하게 당한 일들에 신경 쓰지 않는다.

2월 21일

사랑의 특징

사랑은 부정과 불의를 기뻐하지 않고, 공의와 진리가 드러날 때 기뻐합니다. 그에게 닥치는 어떤 것들도 참아내는 사랑은 언제나 모든 사람의 최고를 믿을 준비가 되어 있습니다. (고전 13:6,7 확대번역)

"사랑은 그에게 닥치는 어떤 것들도 참아냅니다." 만일 당신이 당신 안에 하나님의 사랑을 가지고 있고, 하나님의 사랑 안에서 행하고 있다면, 당신은 언제나 그렇게 해 낼 수 있습니다.

"사랑은 언제나 모든 사람의 최고를 믿을 준비가 되어있습니다." 자연인의 사랑은 언제나 모든 사람의 최악을 믿을 준비가 되어 있습니다! 나는 오랫동안 사역을 위해 이 나라를 여러 차례 횡단했습니다. 나는 목사님들이나, 사람들, 또는 찬양 사역자들에 대해 놀라운 이야기들을 수없이 들었습니다. 그러나 나는 이런 이야기들에 조금도 주의를 기울이지 않았습니다. 나는 그들에 관한 말을 믿지 않았습니다. 나는 모든 사람의 최고를 믿습니다.

자녀들에게는 그들의 가정에서 이런 사랑의 분위기 가운데 자라날 권리가 있습니다. 그래야 그들이 인생의 싸움터에 나갔을 때 승리할 수 있습니다. 그러나 당신이 늘 자녀들의 최악을 보며 늘 그들에게 "넌 뭐 하나 제대로 하는 게 없어"라고 말한다면, 그들은 당신이 말한 대로 살게 될 것입니다. 그러나 당신이 그들 안의 최고를 바라보며 그들을 사랑한다면, 그들 안의 최고가 드러나게 될 것입니다. 그들은 훌륭한 사람으로 자라나게 될 것입니다.

고백 나는 사랑의 사람이다. 나는 부정이나 불의를 기뻐하지 않는다. 나는 공의와 진리가 드러날 때 기뻐한다. 나는 내게 닥치는 어떤 것들도 다 참아낸다. 나는 모든 사람의 최고를 믿을 준비가 되어 있다.

2월 22일

실패하지 않는 사랑(Unfailing Love)

사랑은 어떤 환경에서도 시들지 않는 소망을 가지며, [약해지지 않고] 모든 것을 견딥니다. 사랑은 결코 실패하지[시들어가거나 쇠퇴하거나 끝나버리지] 않습니다. (고전 13:7,8 확대번역)

만일 당신이 사랑 안에서 행한다면, 당신은 실패하지 않을 것입니다. 왜냐하면 사랑은 결코 실패하지 않기 때문입니다(love never fails)!

우리는 성령의 은사에 관심이 많고(고전 12장, 14장), 또 그래야 합니다. 성경은 우리에게 예언도 끝나도 방언도 그치고 지식도 사라져 버릴 것이라고 말하고 있습니다. 그러나 하나님께 감사하게도, 사랑은 결코 없어지지 않습니다(love never fails).

물론 나도 예언을 믿고 예언 사역도 믿습니다. 나는 방언으로 말하는 것을 믿습니다. 이러한 은사들을 주신 것으로 하나님께 감사드립니다! 그러나 사랑 밖에서 이러한 은사들을 사용한다면, 소리 내는 놋이나, 시끄러운 꽹과리처럼 됩니다.

예언을 가집시다. 방언을 가집시다. 믿음을 가집시다. 지식을 가집시다. 그러나 그와 함께 사랑을 가집시다. 사랑을 우선으로 가집시다. 왜냐하면 우리는 사랑의 가족에 속해 있으며, 우리는 사랑이신 하늘의 아버지와 친밀하게 알고 있기 때문입니다.

우리는 사랑 안에서 온전해지기까지 그 안에서 배우고 자라려고 해야 할 것입니다. 나는 아직 사랑 안에서 온전해지지 않았습니다. 당신은 어떻습니까? 그러나 나는 그 목표를 향하여 계속 애쓸 것입니다.

 나는 사랑의 사람이다. 나의 소망은 어떤 환경에서도 시들지 않는다. 나는 약해지지 않고 모든 것을 견딘다. 나는 결코 실패하지 않는다!

2월 23일

두려워 말라

예수께서 즉시 이르시되 안심하라 나니 두려워하지 말라 (마 14:27)

하나님은 두려움의 메시지를 가지고 오신 적이 결코 없습니다. 구약부터 시작해서 신약에 이르기까지 성경을 샅샅이 살펴보면, 당신은 하나님께서 그 백성들에게 나타나실 때나, 천사나 예수님 본인을 보내실 때는 언제나 "염려 말아라! 두려워 말아라!"라는 메시지를 가지고 오셨습니다.

두려움은 하나님으로부터 나오는 것이 아닙니다. 그것은 마귀로부터 오는 것입니다. 그리고 목사나 교사를 포함한 그리스도인들은 사람들 안에 두려움을 심어주는 일들과는 전혀 상관이 없습니다.

질병과 질환에 대한 두려움, 세상에서 일어날 일들에 대한 두려움, 마귀에 대한 두려움 등, 우리는 두려움에 관한 설교를 너무 많이 들어왔습니다. 어떤 사람들은 설교하면서 사람들에게 귀신에 대한 두려움을 심어주곤 합니다. 나도 역시 마귀나 귀신에 대한 설교를 합니다. 그러나 나는 우리가 그들 위에 권세를 가지고 있다고 설교합니다. 나는 우리가 마귀와 마주칠 때는 언제나 마귀가 패배한 적이라는 사실을 늘 기억해야 한다고 설교합니다.

두려움은 교회의 메시지가 아닙니다. 믿음이 교회의 메시지입니다. 기운을 내라는 것이 교회의 메시지입니다. "염려하지 말아라"가 교회의 메시지입니다.

고백 나는 기운을 낸다. 나는 염려하지 않는다. 나는 두렵지 않다. 그것이 나의 아버지 하나님께서 내 심령에 주시는 메시지이다. 그것은 또한 주님께서 다른 사람들에게도 주시는 메시지이다. 그러므로 다른 사람들에게 전하는 나의 메시지도 믿음과 격려이다. 염려하지 말라! 두려워 말라!

2월 24일

두려움에 대항하여

하나님께서 우리에게 주신 것은 두려워하는 영이 아니라 능력과 사랑과 건전한 생각의 영이라 (딤후 1:7)

오늘의 성경 구절을 보면 두려움이 영이라는 것과 두려움의 영이 하나님께로부터 나오는 것이 아니라는 것이 분명히 나와 있습니다. 오늘 생각해볼 믿음의 내용으로는 당신에게 두려움이 생기려고 할 때 성공적으로 거부하기 위한 고백을 나누겠습니다.

두려움아
주 예수 그리스도의 이름으로
나는 네게 대항한다.

그분의 강력한 이름으로
나는 네게 대항한다.
나는 두려움을 거절한다.
나는 염려를 거절한다.

그분의 거룩한 말씀에 기록되어있기를,
하나님께서 주신 것은
두려움의 영이 아니라
능력의 영,
사랑의 영,
건전한 생각의 영이다.

내겐 더 이상 두려움의 영이 없다.
나는 사랑의 영을 가졌다.
나는 능력의 영을 가졌다.
나는 건전한 생각의 영을 가졌다.

2월 25일

두려움을 말하지 말라

너는 네 입의 말들로 덫에 걸렸으며 네 입의 말들로 잡힌 것이니라 (잠 6:2)

당신은 당신의 입을 통해 하나님께서 당신을 지배하시도록 하든지, 아니면 사탄이 당신을 지배하게 할 수 있습니다.

당신이 거듭났을 때, 당신은 예수 그리스도의 주님 되심을 고백했습니다 (롬 10:9,10). 당신은 예수님을 당신의 주님으로 고백했습니다. 예수님께서는 당신을 지배하고 당신의 삶 가운데 당신을 다스리기 시작하셨습니다. 그러나 당신이 그리스도인이라 할지라도, 당신을 방해해서 성공하지 못하도록 하는 사탄의 능력을 당신이 고백할 때, 당신은 사탄에게 당신을 지배하게 하는 것입니다. 그리고 사탄이 당신을 지배하게 되면, 자연히 당신은 연약함과 두려움으로 가득 차게 됩니다.

절대 당신의 두려움을 고백하지 마십시오.

"그렇지만 염려가 생기면 어떻게 하나요?" 이렇게 물을 수도 있을 것입니다.

"당신"이 정말 염려하는 것은 아닙니다. 성경은 하나님께서 당신(진짜 당신 말입니다)에게 두려움의 영을 주신 것이 아니라, 능력과 사랑과 건전한 생각의 영을 주셨다고 말하고 있습니다. 당신을 사로잡으려고 하는 두려움은 사실 당신 속에서 나오는 것이 아닙니다. 두려움은 원수에게서 오는 것입니다. '당신'은 능력의 영을 가지고 있습니다. 그러므로 그렇다고 말하십시오! '당신'은 사랑의 영을 가지고 있습니다. 그러므로 그렇다고 말하십시오! '당신'은 건전한 생각의 영을 가지고 있습니다. 그러므로 그렇다고 말하십시오! 당신이 그것을 고백할 때, 그것이 당신을 지배하기 시작할 것입니다.

 나는 결코 염려하지 않는다. 나는 두려움을 모른다. 나는 능력의 영을 가졌다. 나는 사랑의 영을 가졌다. 나는 건전한 생각의 영을 가졌다.

2월 26일

경건은 유익하다

몸의 훈련은 유익이 적지만 경건은 모든 일에 유익하여 현재와 미래에 생명의 약속을 소유하게 하느니라 (딤전 4:8)

어떤 사람들은 당신으로 하여금 경건(하나님을 위해 살고, 거듭나며, 주님과 동행하며 살아가는 것)은 이 땅에 사는 동안 아무 유익이 없는 것이라고 생각하도록 만들려고 합니다. 그들은 우리가 인생의 모든 성쇠와 갈등과 시련들을 만나 "이생의 삶은 곧 끝난다"라고 늘 마음에 담아두며 단지 견뎌내야만 한다고 생각합니다.

나는 바울이 경건이란 단지 "저 너머" 다음 생에서만 유익한 것이 아니라 "현재의 생명"의 약속을 가지고 있다고 하는 균형 잡힌 관점을 우리에게 준 것이 참 기쁩니다.

죄인일 때 우리는 파산한 상태였지만, 하나님께서 우리에게 자비를 베푸셔서, 예수님을 보내 우리를 속량하셨습니다. 예수님께서는 우리를 우리의 죄에서 구원하기 위해서만 오신 것이 아니라, 우리 가운데 사시기 위해 오셨습니다 (골 1:27). 그리고 예수님께서는 우리가 이생의 삶에서 가능한 한 더 많은 영광을 그분의 이름에 드리기를 원하시며, 더 풍성히 그분께 열매 맺어 드리기를 원하십니다. 경건이 성공의 장애물이라고 말하는 대신에, 사도 바울은 오늘의 성경 구절에서 정 반대의 말을 하고 있습니다.

하나님을 섬기는 데에 희생이란 없습니다. 그것은 보답합니다!

고백 나는 경건한 삶을 산다. 나는 거듭났다. 나는 하나님을 위해 산다. 나는 주님과 동행하며 살아간다. 그것이 나에게 유익이다. 이 땅의 현재 삶에서도, 그리고 또한 오는 생애에서도!

2월 27일

당신이 얻은 유익이 보입니까?

이 일들을 묵상하고 이 일들에 전념하여 너의 진전(profiting, 유익)이 모든 사람들에게 드러나게 하라 (딤전 4:15)

당신이 얻은 유익이 모든 사람들에게 나타난다면, 그것은 보여지는 것입니다! 왜 경건이 유익합니까? 왜 하나님을 위해 사는 것이, 하나님의 자녀가 되는 것이, 하나님과 동행하는 삶이, 하나님의 계명을 지키는 것이 유익합니까?

그것은 하나님께서 그분의 신실한 자녀들에게 어떤 약속을 주셨기 때문입니다. 어제 나눈 말씀 구절의 "약속"이라는 단어를 주목하기 바랍니다. "현재 생명의 약속을 소유하게 하느니라"(딤전 4:8). 하나님께서는 지금의 삶에 약속을 주셨습니다. 우리의 유익은 이러한 약속들 때문입니다.

그리고 (하나님의 약속으로 비롯된) 우리의 유익이 모든 사람에게 나타날 때, 우리는 교회 안에 하나님이 계시다는 것을 세상에 보여줄 수 있습니다. 그것은 마치 이스라엘이 하나님과 동행할 때 "이스라엘에 하나님이 계시다"(삼상 17:46)는 것을 세상에 보여줄 수 있었던 것과 마찬가지입니다.

 나는 하나님의 약속들을 묵상하며 그 약속에 내 자신을 전부 드려서, 나의 유익이 모든 사람에게 나타나게 될 것이다.

2월 28일

보호의 약속

시편 91편

바울은 교회에 편지를 쓰면서, "너희는 하나님의 경작지[정원, 농장]요, 하나님의 건축물이라"(고전 3:9)라고 했습니다. 그것은 우리가 하나님의 소유라는 의미입니다. 만일 당신에게 당신의 집이든, 어떤 가치 있는 건물을 소유하고 있다면, 당신은 당신이 할 수 있는 모든 방법으로 그것을 보호할 것입니다. 그리고 하나님께서는 그분의 거룩한 말씀에서 우리에게 보호를 약속하셨습니다. 나는 이러한 약속 중 가장 놀라운 약속이 시편 91편이라고 생각합니다.

오래 전에, 나는 스웨덴어로 번역된 성경을 읽었습니다. 10절에서 킹제임스 번역에는 "화가 네게 미치지 못하며"라고 되어있는 구절이 스웨덴 성경에는 "너를 덮칠 어떤 사고도 일어나지 않을 것이며"라고 되어있는 것을 발견했습니다. 내가 이 구절을 연구해 보니, 실제로 원문의 그 의미가 그렇게 되어있었고, 그래서 나는 이러한 보호를 주장했습니다.

몇 년 후 확인을 해보니, 하나님의 복음을 전하며 다니는 동안에 거의 2백만 마일을 운전했지만 단 하나의 경미한 사고도 없었다는 것을 발견했습니다! 지금 내 운전 실력을 자랑하는 것이 아닙니다. 나는 하나님의 말씀, 시편 91편을 자랑하고 있는 것입니다.

10절은 계속됩니다. "재앙(역병)이 네 장막에 가까이 오지 못하리니." 나는 이 부분과 더불어 11절도 주장했습니다. "그가 너를 위하여 그의 천사들을 명령하사 네 모든 길에서 너를 지키게 하심이라."

하나님께서는 우리에게 약속을 주셨고 공급해 주셨습니다. 만일 우리 믿음이 하나님의 약속에 근거한 것이 아니라면, 우리는 우리가 가진 특권에 걸맞지 않은 삶을 사는 것입니다.

고백 시편 91편을 개인적으로 고백하십시오.

2월 29일

형통의 약속

복 있는 사람은 악인들의 꾀를 따르지 아니하며 죄인들의 길에 서지 아니하며 오만한 자들의 자리에 앉지 아니하고 오직 여호와의 율법을 즐거워하여 그의 율법을 주야로 묵상하는도다. 그는 시냇가에 심은 나무가 철을 따라 열매를 맺으며 그 잎사귀가 마르지 아니함 같으니 그가 하는 모든 일이 다 형통하리로다 (시 1:1-3)

하나님의 말씀이 당신의 삶의 일부가 될 때, 그리고 당신이 하나님의 말씀의 원리대로 살아갈 때, 성경에서 약속한 것들이 당신의 삶 가운데 일어나게 됩니다. 당신이 무엇을 하든지 형통하게 됩니다!

한 번역본에서는 여호수아 1장 8절의 끝 부분을 "네 인생에 벌어지는 일들을 지혜롭게 다룰 수 있게 될 것이다"라고 번역했습니다.

성경은 웃시야 왕에 대해 이렇게 말씀하고 있습니다. "그가 여호와를 찾을 동안에는 하나님이 형통하게 하셨더라." 성경은 요셉에 대해 이렇게 말씀하고 있습니다. "여호와께서 그를 범사에 형통하게 하셨더라"(창 39:23).

고백 나는 경건 가운데 행하고 있다. 나는 악인의 꾀를 따르지 않고, 죄인들의 길에 서지 않으며, 오만한 자들의 자리에 앉지 않는다. 나는 오직 주님의 율법을 즐거워한다. 나는 하나님의 말씀을 밤낮으로 묵상한다. 그러므로 나는 시냇가에 심은 나무와 같다. 나는 열매를 맺는다. 나의 잎사귀는 마르지 않는다. 내가 하는 모든 일이 다 형통할 것이다.

3월 1일

당신의 말로

네 말로 의롭다 함을 받고 네 말로 정죄함을 받으리라 (마 12:37)

위의 말씀은 예수님께서 하신 말씀입니다.
말은 사람들이 알고 있는 것보다 훨씬 더 중요합니다.
당신은 욥과 욥을 위로하려 했던 친구들을 기억합니까? 위로자로 왔지만 오히려 고문자가 되었던 그들에게 욥은 이렇게 울부짖습니다. "너희가 내 마음을 괴롭히며 말로 나를 짓부수기를 어느 때까지 하겠느냐?"(욥 19:2)
말은 우리를 세우기도 하고 파괴하기도 합니다.
말은 우리를 치유하기도 하고 병들게 하기도 합니다.
성경의 가르침에 따르면, 말은 우리를 파괴할 수도 있고, 행복하고 건강한 생명으로 충만한 삶을 살 수 있도록 해주기도 합니다.
오늘 우리의 삶은 어제 우리가 말했던 결과입니다. 이것은 마가복음 11장 23절에서 예수님께서 말씀하신 것과 같습니다. "무엇이든지 말한 그것을 가지게 될 것이다."
당신이 말한 것들이 바로 당신의 '말'입니다. 사실, 당신은 마지막 구절을 이렇게 해석할 수도 있습니다. "그는 그가 말한 '말'을 소유하게 될 것이다."

고백 나는 나의 말로 의롭다고 여겨진다. 나는 내가 무엇이든지 말한 것을 받게 될 것이라는 것을 알고 있다. 나는 내가 말한 말을 가지게 될 것이다. 그러므로 나는 생명과 행복과 건강으로 가득 찬 말을 한다. 나는 파괴하는 말이 아닌 세우는 말을 한다.

3월 2일

생명의 능력

죽고 사는 것이 혀의 힘에 달렸나니 혀를 쓰기 좋아하는 자는 혀의 열매를 먹으리라 (잠 18:21)

"아니오, 나는 당신의 아들을 위해 기도하지 않을 것입니다." 내가 15살 된 아들을 가진 홀어머니에게 말했을 때, 그녀는 흠칫 놀랐습니다. "기도해도 소용이 없습니다. 당신이 아들에게 아무것도 안될 것이라고 말하는 이상, 당신이 기도를 무효가 되게 할 것입니다."

"주님께서 당신에게 알려주신 것입니까?" 그녀가 물었습니다.

"아니오, 나는 단지 우리 자신이나 아이들의 삶의 환경을 만드는 것이 바로 말이라는 것을 알고 있을 뿐입니다"라고 내가 말했습니다.

"그럼 어떻게 해야 하죠?" 그녀가 물었습니다.

"당신의 아들이 어렸을 때, 당신이 했었어야만 하는 일들이 있었지만 지금 그는 열다섯 살이 되어버렸습니다. 그러므로 첫째, 아들에게 구원받아야 한다고 잔소리하는 것을 그만두십시오. 둘째, 밤에 잠자리에서 아들에 대해 염려하는 대신에 이렇게 말하십시오. '주님, 나는 아들이 어디에 있는지 알지 못하지만, 어디에 있든지 나는 믿음과 사랑으로 그를 에워쌉니다.' 부인, 당신은 이제까지 의심과 두려움 그리고 정죄함으로 그를 에워쌌습니다. 이렇게 말하십시오. '주님, 이제 나는 내가 믿는 것을 말할 것입니다. 나는 내 아들이 결국엔 감옥에 갈 것이라고 믿지 않습니다. 나는 아들에게 아무것도 안될 것이라고 절대 말하지 않을 것입니다. 나는 그가 무언가 할 수 있는 존재라고 믿습니다.'

나는 15개월 후에 그 부인이 사는 도시에 다시 방문했습니다. 간단히 말하자면, 그 부인은 내게 와서 이렇게 말했습니다. "힘들기는 했지만, 그냥 목사님이 내게 말해준 대로 했습니다. 이전에 내 아들은 마귀에게 몰두했었지만, 이제는 하나님께 전념하고 있습니다."

 생명은 내 혀의 능력 안에 있고 나는 내 삶을 내 혀로 지배한다. 나는 생명의 말을 한다!

3월 3일

생명의 샘

의인의 입은 생명의 샘이라도 악인의 입은 독을 머금었느니라 (잠 10:11)

나는 아들과 딸이 태어나자마자, 그 작은 아이들을 내 손에 안고 이렇게 말했습니다. "주님, 이 아이로 인하여 감사드립니다. 왜냐하면 나는 성경을 알고 있고, 이 아이가 가야 할 길로 훈련하는 것은 나의 책임이며, 그렇게 하면 아이들이 커서도 말씀을 떠나지 않을 것이기 때문입니다."

"주님의 말씀에는 우리의 아이들을 주님의 지도와 훈계로 키우라고 되어있는 것을 나는 알고 있고, 또한 그대로 할 것입니다. 나는 아이들이 두 가지 방식으로 가르침을 받는다는 것을 알고 있습니다. 그것은 교훈과 모범입니다. 그러므로 나는 이 아이 앞에서 바르게 살 것입니다. 나는 이 아이에게 올바른 모범을 보여줄 것입니다. 또한 나는 무엇이든 말한 그것을 갖게 될 것이라는 것을 알고 있으며, 그렇기 때문에 나는 이 아이가 어떠한 질병이나 질환이 없이 육체적으로 건강하게 자랄 것이고, 정신적으로도 민첩하며, 영적으로도 강건할 것이라고 말합니다."

우리의 자녀들은 어떤 질병이나 질환이 없이 자랐습니다. 나는 우리 자녀들이 구원받게 해달라고 기도한 적이 없습니다. 나는 그들이 성령 충만을 받게 해달라고 기도한 적이 없습니다. 고백한 그대로 두 아이 모두 어렸을 때 구원받고 성령 충만을 받았습니다.

자녀들은 당신의 말의 산물입니다!

고백 신약성경에 따르면, 나는 그리스도 안에서 의인이다. 그러므로 나의 입은 생명의 샘이다. 나는 내 자신뿐만 아니라 다른 사람에 관해서도 생명의 말을 한다.

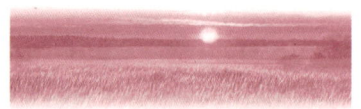

3월 4일

선한 말

선한 말은 꿀송이 같아서 마음에 달고 뼈에 양약이 되느니라 (잠 16:24)

말은 복을 주기도 하고, 저주하기도 합니다.
말은 치유하기도 하고, 병들게 하기도 합니다.
아침에 듣는 말들은 좀처럼 사라지지 않습니다. 부부들은 아침에 서로를 언짢게 만들고 상처를 입히는 말들이 배우자의 능률까지 방해한다는 것을 자각할 필요가 있습니다. 그러나 사랑이 담기고 친절하고 아름다운 말들, 짧은 기도들은 사랑하는 사람을 기쁨으로 충만케 하고 그들을 승리로 이끌게 됩니다.
부모들과 자녀들은 가정의 분위기가 바로 말의 결과라는 것을 알아야 합니다.
말이 당신을 위해 역사하도록 하는 것을 배우십시오. 당신의 말에 거역할 수 없는 능력으로 가득 차게 하는 것을 배우십시오. 어떻게 그렇게 할 수 있습니까? 바로 당신의 말을 믿음과 사랑으로 채울 때 할 수 있습니다.

> **고백** 나의 말들은 나를 위해 역사한다. 나는 나의 말들을 거역할 수 없는 능력으로 가득 채운다. 나는 나의 말을 믿음과 사랑으로 채운다. 나의 말은 축복한다. 나의 말은 치유한다. 나의 말은 사랑하는 사람을 승리로 이끈다. 나의 말은 우리 가정의 분위기를 믿음과 사랑으로 변화시킨다.

3월 5일

분위기

명철한 자의 입술에는 지혜가 있어도 … 집은 지혜로 말미암아 건축되고 명철로 말미암아 견고하게 되며 또 방들은 지식으로 말미암아 각종 귀하고 아름다운 보배로 채우게 되느니라 (잠 10:13, 24:3,4)

영적인 것들은 말로 인해 창조됩니다. 심지어 자연적이고 육체적인 것들도 말로 인해 창조됩니다! 영이신 하나님이 말씀하시길 "땅이 있으라" 하시니 땅이 생겼습니다. 예수님도 "누구든지 말하면 … 무엇이든지 그가 말한 것을 받게 될 것이다."(막 11:23)라고 말씀하셨습니다. 말로 인해 분위기가 창조됩니다.

예를 들어, 만약 당신이 생선을 굽던 방에 들어간다면, 생선 냄새가 그 안에 그대로 있을 것입니다. 그리고 당신이 거친 말들이 오고 간 방에 들어간다면 역시 그 말의 분위기가 그대로 남아 있을 것입니다. 그 말들로 무거운 기운이 있게 됩니다.

잘못된 말의 분위기 속에서 자란 아이들은 비뚤어지게 됩니다. 그들이 살면서 실패하게 되는 것은 그들에게 올바른 말들이 심어지지 않았기 때문입니다.

어떤 아이들은 강하게 자라서 세상과의 싸움에서 승리하는 이유가 무엇입니까? 그것은 바로 그들의 집에서 올바른 말들을 들었기 때문입니다! 말은 아이들이 공부하는 것을 좋아하게 만들어줍니다. 말은 아이들을 교회로 이끕니다.

고백 나는 나의 말로 내 주변의 분위기를 창조한다. 나는 지혜의 말, 곧 하나님의 말씀을 말한다. 나는 믿음의 말, 곧 하나님의 말씀을 말한다. 나는 사랑의 말, 곧 하나님의 말씀을 말한다. 나의 집은 방마다 귀하고 즐거운 풍요로움으로 가득 차있다.

3월 6일

잘못된 말들

입과 혀를 지키는 자는 자기의 영혼을 환난에서 보전하느니라 (잠언 21:23)

문제가 생겼을 때 대부분의 사람들은 하나님을 비난하고 싶어 합니다. "왜 하나님이 이런 일들을 허락하셨지?"라고 질문합니다.

욥에게 고난이 닥친 후 그는 "내가 두려워하는 그것이 내게 임하고 내가 무서워하는 그것이 내 몸에 미쳤구나"(욥 3:25)라고 말했습니다. 욥이 문을 열었고 사탄이 들어오도록 한 것입니다!

대부분 우리의 문제들은 우리 자신이 일으킨 것들입니다. 사랑하는 많은 크리스천들이 그들의 입과 혀를 스스로 통제하지 못합니다. 그들은 항상 잘못된 말들을 합니다. 그들은 단지 마귀와 벌였던 싸움만 계속해서 말합니다. 패배의 말은 잘못된 것입니다. 실패의 말은 잘못된 것입니다. 마귀가 당신을 어떻게 방해하는지를 말하고, 당신을 어떻게 성공으로부터 멀어지게 했는지에 대해 말하고, 당신을 어떻게 아프게 만들고 계속 질병 가운데 있게 하는지에 대해 말하는 것은 잘못된 것입니다. 이러한 말들은 사탄에게 당신을 지배하고 계속 문제를 일으키도록 권한을 주는 것입니다.

그러나 당신의 심령으로 하나님의 말씀을 받고, 겉으로 보이는 반대들과 고통, 위급한 증상들, 그리고 괴로운 환경들의 면전에서 그 말씀을 입 밖으로 고백할 때, 이러한 적대적인 상황들은 사라지게 될 것입니다.

고백 나는 내 입을 지키고, 내 혀를 지킨다. 그러므로 나는 문제로부터 내 혼을 보호한다. 나는 내 영으로 하나님의 말씀을 믿는다. 나는 하나님의 말씀을 내 입과 혀에 둘 것과 오직 하나님의 말씀대로만 말할 것을 결단한다.

3월 7일

건강의 말

칼로 찌름 같이 함부로 말하는 자가 있거니와 지혜로운 자의 혀는 양약과 같으니라 (잠 12:18)

내가 말의 비밀, 즉 믿음의 말을 처음 배운 것은 내가 16개월 동안 병상에 누워 다섯 명의 의사가 모두 포기했을 때였습니다.

그러나 1934년 8월의 어느 날, 나는 침대에 누워서 마가복음 11장 23-24절처럼 행동하고 말했습니다! 말씀이 말해졌습니다!

"나는 비정상인 내 심장이 치유 받았음을 믿습니다. 나는 불치의 혈액병으로부터 치유 받았음을 믿습니다. 나는 마비상태로부터 치유 받았음을 믿습니다. 나는 내 머리끝부터 발끝까지 전부 치유 받았음을 믿습니다"라고 말했습니다. 한 시간 안에 나는 내 발로 침대 옆으로 설 수 있었고 치유함을 받았습니다!

그리고 50년이 훨씬 지난 지금, 나는 두통 한번 앓아본 적이 없습니다. 그리고 앞으로도 나는 어떠한 질병도 갖지 않을 것입니다. 그러나 만약 내가 그동안 아파보지 못한 두통을 앓게 된다 해도 나는 내 머리가 아프다고 말하지 않을 것입니다. 왜냐고요? 왜냐하면 예수님께서 "… 무엇이든지 그가 말한 것을 받게 될 것이다"라고 말씀하셨기 때문입니다. 만약 어떤 사람이 "기분이 어때요?"라고 묻는다면, 나는 "좋습니다. 고마워요. 당신도 알다시피, 하나님의 말씀은 그가 채찍에 맞으심으로 내가 나음을 입었다고 말하고 있습니다. 그래서 나도 내가 나았다고 믿습니다. 그리고 하나님의 말씀이 말하기를 …"이라고 말할 것입니다. 그리고 나는 올바른 말을 할 것입니다. 왜냐하면 지혜로운 자의 혀는 양약 같기 때문입니다!

 나의 혀는 양약이다. 내 혀는 생명과 건강의 말을 한다. 나는 건강을 말한다. 그러므로 나는 건강하게 산다.

3월 8일

변화된 말

복 있는 사람은 악인들의 꾀를 따르지 아니하며 죄인들의 길에 서지 아니하며 오만한 자들의 자리에 앉지 아니하고 (시 1:1)

너희는 이 세대를 본받지 말고 오직 마음을 새롭게 함으로 변화를 받아 하나님의 선하시고 기뻐하시고 온전하신 뜻이 무엇인지 분별하도록 하라 (롬 12:2)

이 세대를 본받지 말라고 한 하나님의 말씀은 혼의 영역의 변화에 관한 것임을 주목하십시오. 우리에게 이 세상에서 하는 대로 생각하라고 하지 않으셨고, 하나님의 말씀으로 마음을 변화시키고 하나님의 말씀을 따라 생각하라고 하셨습니다. 그렇게 되면 우리는 하나님의 말씀과 같은 방식으로 말하고 믿게 될 것입니다.

세상은 부정적인 것들로 프로그램 되어 있습니다. 세상은 질병, 두려움, 의심, 좌절 그리고 실패를 생각합니다. 세상은 하나님 없이 영적으로 죽어 있기 때문입니다. 그러므로 생명이 아닌 죽음으로 프로그램 되어 있는 것입니다. 사람들이 말하는 것을 들어보십시오. "무서워서 죽는 줄 알았네."

만약 그리스도인들이 하나님의 말씀대로 생각을 새롭게 하지 않는다면, 그들은 세상이 저지르는 실수와 똑같은 실수들을 저지르게 될 것입니다. 그들은 자신을 질병 가운데로 몰아넣는 말을 할 것입니다. 그러나 만약 우리가 하나님의 말씀대로 우리의 마음을 새롭게 한다면 우리는 하나님의 말씀을 깨닫게 될 것입니다. "… 지혜로운 자의 혀는 양약과 같으니라" (잠 12:18)

고백 나는 절대 질병을 말하지 않는다. 나는 질병을 믿지 않는다. 나는 건강을 말한다. 지혜로운 자의 혀는 건강의 말을 한다. 나는 건강과 치유를 믿는다. 나는 절대 실패를 말하지 않는다. 나는 실패를 믿지 않는다. 나는 성공을 믿는다. 나는 절대 의심을 말하지 않는다. 나는 의심을 거절한다. 나는 절대 실패를 말하지 않는다. 나는 실패를 믿지 않는다. 나는 절대 마귀가 하는 일들을 말하지 않는다. 나는 하나님이 하시는 일에 대해서만 말한다.

3월 9일

이기는 믿음

무릇 하나님께로부터 난 자마다 세상을 이기느니라 세상을 이기는 승리는 이것이니 우리의 믿음이니라 (요일 5:4)

나는 세상에 있지만, 세상에 속한 자가 아닙니다. 나는 하나님께 속한 자입니다. 나의 시민권은 하늘에 있습니다. 내가 이 세상에 살고 있지만, 내 안에는 위대한 분이 살고 계십니다. 내 안에 위대한 분이 계시고, 그분은 세상보다 더 크신 분이십니다(요일 4:4).

누가 세상에 속한 자입니까? 마귀입니다. 고린도후서 4장 4절에 따르면 그는 이 세상의 주관자로 불립니다.

이 세상에 무엇이 있습니까? 죄입니다. 그러나 내 안에 계신 분이 죄보다 더 크신 분이십니다. 위대한 분이 죄를 정복하셨습니다.

이 세상에 무엇이 더 있습니까? 질병입니다. 그것은 하나님께 속한 것이 아닙니다. 그것은 하늘로부터 온 것이 아닙니다. 하늘에는 질병이란 것이 없습니다. 질병은 이 세상에 속한 것입니다. 그러나 내 안에 계신 위대한 분은 치유자이십니다.

이 세상에 무엇이 또 있습니까? 문제입니다. 적대적인 환경입니다. 불가능한 것처럼 보이는 것입니다. 그러나 내가 이러한 것들에 직면했을 때, 나는 단순히 내 안에 누가 살고 계시는지, 그리고 성경이 뭐라고 말하고 있는지 기억합니다. 나는 이런 것들에 대해서 기도조차 할 필요가 없었습니다. 나는 단지 환경을 똑바로 바라보고 웃으며 이렇게 말했습니다. "만약 내가 너를 넘어가지 못한다면, 나는 돌아서 갈 것이다. 내가 너를 돌아서 가지 못한다면, 나는 밑으로 지나갈 것이다. 내가 너를 밑으로 지나가지 못한다면, 나는 너를 통과해 버릴 것이다. 왜냐하면 더 크신 분이 내 안에 계시기 때문이다!"

내가 웃고 있는 동안, 환경은 도망가 숨어버렸습니다.

나는 하나님으로부터 태어났다. 그리고 나의 입술의 말로 나의 믿음을 풀어놓음으로 나는 세상을 이긴다.

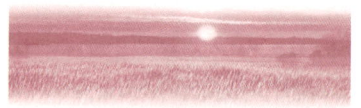

3월 10일

입술의 열매

사람은 입으로 나오는 말씀으로 말미암아 배부르게 되나니 곧 그의 입술에서 나는 것으로 말미암아 만족하게 되느니라 (잠 18:20)

단지 믿는 것만으로는 하나님의 축복을 받지 못합니다.
단지 믿는 것만으로는 구원받거나, 치유 혹은 기도의 응답을 받지 못합니다.
대부분의 그리스도인들은 그렇게 생각하지만, 성경은 그렇게 가르치고 있지 않습니다. 성경은 당신이 반드시 믿어야 하고 또한 반드시 무언가를 말해야 한다고 가르치고 있습니다.

예를 들면, 구원을 받기 위해서는 로마서 10장 9-10절에서 말씀하시기를 "네가 만일 네 입으로 예수를 주로 시인하며 또 하나님께서 그를 죽은 자 가운데서 살리신 것을 네 마음에 믿으면 구원을 받으리라. 사람이 마음으로 믿어 의에 이르고 입으로 시인하여 구원에 이르느니라"라고 했습니다. 단지 믿었기 때문에 구원을 받을 것이라고 되어있지 않은 것을 주목하십시오. 바로 다음 구절에서 말하길, "사람이 마음으로 믿어 의에 이르고 입으로 시인하여 구원에 이른다"고 하였습니다.

예수님도 마가복음 11장 23절에서 네가 믿는 것은 무엇이든지 받게 될 것이라고 말씀하지 않으셨습니다. 예수님은 "그가 말한 것은 무엇이든지 받게 될 것이다"라는 말씀을 포함하셨습니다.

믿음은 언제나 말을 통해 표현됩니다! 당신이 말하는 말들, 주일날 교회에서 기도할 때뿐만 아니라 당신의 매일의 삶에서 하는 말들, 집에서, 친구들과 그리고 직장에서 하는 모든 말들이 당신이 어떠한 삶을 살게 될지를 결정하게 됩니다.

 나는 오직 하나님의 말씀대로만 말할 것을 결심합니다.

3월 11일

같은 것을 말하기

그러므로 우리에게 큰 대제사장이 계시니 승천하신 이 곧 하나님의 아들 예수시라 우리가 믿는 도리(profession)를 굳게 잡을 지어다 (히 4:14)

헬라어로 "공언"(profession)은 킹 제임스 성경에서는 "고백"(confession)으로 번역되었습니다. 이 헬라어 단어의 문자적인 의미는 "같은 것을 말하다"라는 뜻입니다. 그러므로 "우리의 고백을 굳게 잡을 지어다"라고 하는 대신 "계속해서 놓치지 말고 동일한 것을 말하라"라고 말할 수 있습니다.

많은 사람들이 두 가지의 고백을 함으로 실패합니다. 한번은 이것을 고백하고, 그 다음에는 다른 것을 고백합니다.

예를 들어, 그들은 당신에게 이렇게 얘기할 것입니다. "예, 주님은 나의 목자이십니다. 나는 부족함이 없을 것입니다. 빌립보서 4장 19절에 의하면 나의 하나님이 그리스도 예수 안에서 영광 가운데 그 풍성한 대로 나의 쓸 것을 채우신다고 하셨습니다. 그리고 나는 하나님이 나의 모든 필요를 채우시리라 믿습니다."

그러나 그들은 당신과 헤어진 후 다른 누군가를 만나면, 그들의 마음이 바뀌어 문제들로 돌아가 이렇게 얘기할 것입니다. "우리는 뭐 잘 되는 게 없어요. 전화비 낼 돈도 없고요. 전화가 끊겨서 공중전화를 이용해야 할 것 같아요. 차를 팔 게 될 지도 몰라요."

그들의 첫 번째 고백은 어떻게 되었습니까? 두 번째의 고백으로 무효가 되어 버렸습니다.

고백 나는 내 입이 의무를 다하도록 할 것이다. 나는 하나님의 말씀이 말하시는 그대로 내 입이 말하도록 할 것이다. 그리고 나는 나의 고백을 굳게 붙잡는다.

3월 12일

시

그리스도의 말씀이 너희 속에 풍성히 거하여 모든 지혜로 피차 가르치며 권면하고 시와 찬송과 신령한 노래를 부르며 감사하는 마음으로 하나님을 찬양하고 (골 3:16)

여기에 말에 관한 주제로 성령님께서 내게 주신 시가 있습니다.

    말은 너무 작고 하찮아보여서
    사람들은 종종 그것들을 전혀 중요시하지 않네.
    그러나 믿음으로 선포된 말은 실재를 창조하지…
    그러므로 일어나 말하라, 이 우주의 창조주처럼,
    믿음으로 '있으라' 말씀하셔서 그대로 되게 한 분처럼.

    말, 언제나 당신이 말하는 부정적이고 실패로 가득 찬 말들은
    패배를 낳고, 당신을 성공하지 못하게, 건강하지 못하게,
    그리고 현명하지 못하게 만든다.
    그러나 성령님의 감동으로, 하나님께서 주신 말들은
    사람들이 성경이라고 부른다네.
    믿음의 귀에 들린 말, 믿음으로 가득 찬 심령에 선포된 말은
    당신은 물론, 당신 가족의 삶에
    성공과 승리, 건강과 치유를 창조하네.
    환경과 어둠 그리고 문제들도 당신에게서 도망가 버린다네.

    성령님의 감동으로 된 하나님의 말씀으로 가득 차
    당신의 혀로 하여금 그 의무를 다하게 하라.
    오직 진리만을 말하도록 하라… 주님의 말씀이 진리이다.
    믿음과 사랑의 말, 진리의 말을 말하라.
    비현실적이고 멀게만 느껴졌던 실재들이
    얼마 지나지 않아 영적인 그대에게 나타나리니.
    그러나 삶에서의 모든 축복,
    영적인, 물질적인, 육체적인, 재정적인 모든 축복들은
    그대에게로 와서 머물게 될 것이다.

3월 13일

하나님의 처방약

내 아들아 내 말에 주의하며 내가 말하는 것에 네 귀를 기울이라 그것을 네 눈에서 떠나게 하지 말며 네 마음 속에 지키라 그것은 얻는 자에게 생명이 되며 그의 온 육체의 건강이 됨이니라 (잠 4:20-22)

한 좋은 주석 성경의 난외주에는 위의 본문의 마지막 절을 "그리고 그들의 온 육체의 처방약이 된다"라고 적어놓았습니다. 이것은 하나님께서 우리의 치유와 건강을 위해 하나님의 말씀을 "처방하셨다"라는 의미가 됩니다.

그러나 약은 지시대로 먹지 않으면 아무런 효과가 없습니다. 당신은 의사에게 진료를 받고, 처방전을 받고, 약을 받아 집으로 돌아와 침대 테이블 위에 그저 올려놓기만 한다면, 병은 점차 악화될 것입니다. 당신은 의사를 불러 불평할 수도 있습니다. "난 이해할 수 없어요. 이 처방전을 위해 돈을 지불했지만 나는 점점 나빠지고 있어요." 아마 의사는 이런 질문을 하겠지요. "이 처방전대로 약을 복용하고 계신가요?" "글쎄, 아니요, 그러나 나는 그걸 병 속에 넣어 내 침대 옆에 놔두었어요." 약은 병 속에 담겨있기 때문에 그 약효를 발휘하지 못합니다. 당신은 그것을 복용해야만 합니다!

하나님의 처방약(당신이 가지고 있는 성경)을 그저 침대 테이블 위에 놓았다고 해서 역사가 일어나는 것이 아닙니다. 그러나 당신이 말씀을 당신 안 깊숙이 즉, 당신의 심령 또는 영 안에 넣는다면 역사할 것입니다. 그리고 단지 읽고 잊어버린다고 그렇게 되는 것이 아니라, 그 말씀이 당신의 속사람의 일부가 될 때까지 계속적으로 고백할 때 역사할 것입니다.

 나는 하나님의 말씀을 내 마음 속에 지킨다. 하나님의 말씀은 내게 생명이다. 하나님의 말씀은 내 육체에 처방약이 된다!

3월 14일

장애물들

> 이에 그와 함께 가실새 큰 무리가 [예수님을] 따라가며 에워싸 밀더라 열두 해를 혈루증으로 앓아 온 한 여자가 있어 … 예수의 소문을 듣고 무리 가운데 끼어 뒤로 와서 그의 옷에 손을 대니 (막 5:24,25,27)

이 여인은 치유를 받기까지, 정복해야 할 많은 장애물들을 가지고 있었습니다. 그녀가 속한 종교적인 전통에서는, 출혈이 있는 여인은 나병환자와 같은 취급을 당했습니다. 그녀는 공공장소에서 사람들과 섞이지 못하도록 되어있었습니다. 만약 누구라도 그녀에게 가까이 가게 되면, 그녀는 "부정하다, 부정하다!"라고 외쳐야 했습니다. 사실, 고대 이스라엘 여인에게는 오늘날 현대의 여성들처럼 대중 앞에 자유롭게 나설 수 있는 그런 권리와 특권이 없었습니다.

당신은 그녀와 그녀의 치유 사이에 많은 무리의 사람들이 서 있었다고 말할 수도 있습니다. 공공여론과 그녀가 가지고 있던 종교적인 가르침이 그녀와 예수님 사이에 서 있었던 것입니다. 그러나 그녀는 모든 장애물들을 극복했습니다. 그녀는 무리의 한복판으로 뚫고 들어가 예수님의 옷자락에 손을 대었습니다.

이 여인은 하나님께 장애물을 극복하게 해달라고 기도하지 않았습니다. 그녀는 스스로 무언가를 했던 것입니다. 당신도 마찬가지입니다. 당신도 당신 앞에 놓여있는 장애물들에 관해 스스로 무언가를 해야만 합니다. 너무나도 많은 사람들이 하나님께서 모든 것을 해 주실 것으로 기대하면서 하나님의 축복을 받기 위해 그들이 해야 할 부분은 고려하지 않습니다. 그러나 우리는 우리의 몫을 해야 합니다. 하나님으로부터 받는 것은 믿음에 비례하는 것입니다.

고백 나는 믿는 자이다. 나는 의심하는 자가 아니다. 나는 믿음을 가졌다. 나는 이기는 자이다. 어떠한 장애물도 나를 향한 하나님의 축복을 막을 수 없다. 나는 하나님의 말씀을 믿는 믿음으로 모든 장애물들을 극복한다!

3월 15일

1단계 : 말하라

이는 여인이 말하기를 '만일 내가 그분의 옷만 만져도 낫게 되리라'고 함이라. 그러자 즉시 피의 유출이 마르고, 자기가 그 병고에서 나은 것을 몸으로 느끼더라… 그러므로 주께서 그녀에게 말씀하시기를 "딸아, 네 믿음이 너를 낫게 하였도다. 평안히 가라. 그리고 네 병고로부터 온전해지라"고 하시더라. (막 5:28,29,34 킹 제임스 성경)

　1953년, 주 예수 그리스도께서 환상 가운데 설교 한 편을 주셨습니다. 주님은 내게 종이와 연필을 가져와 1,2,3,4를 적으라고 하셨습니다. 그리고는 "만약 누구든지, 그리고 어디에서든지 이 네 단계를 밟거나 이 네 가지 원리를 적용하면, 원하는 것은 무엇이든지, 내게서 혹은 하나님 아버지께로부터 받을 것이다"라고 말씀하셨습니다.

　예수님께서 제게 제시한 단계들은 간단했습니다. 그것은 (1) 말하라 (2) 행동하라 (3) 받으라 그리고 (4) 전하라 입니다. 예수님은 혈루병 앓던 여인이 받은 치유를 예로 드시면서 이 네 단계를 설명해주셨습니다.

　1단계 : 말하라. 치유받기 위해 이 여인이 한 첫 번째 단계는 무엇입니까? "이는 여인이 말하기를 …" 예수님께서 말씀하셨습니다. "긍정적이든지 부정적이든지, 각 사람이 무엇을 말하든지 그대로 받게 될 것이다. 이 여인은 긍정적으로 말하는 대신 부정적인 말을 할 수도 있었다. 그녀는 '아무 소용없어. 난 오랫동안 이 병을 앓아왔는걸. 유능하다는 의사들도 내 병을 포기했잖아. 난 이대로 살다가 죽게 될 거야'라고 말할 수 있었고 또 그 말대로 되었을 것이다. 그러나 그녀는 긍정적인 말을 했고 그리고 그렇게 되었단다."

　그녀가 말한 것은 그녀의 믿음이 말한 것입니다.

고백 나는 내가 말하는 것을 소유한다. 나는 긍정적으로 말하고 그대로 받는다. 내가 말하는 것은 나의 믿음이 말하는 것이다. 그리고 내가 말한 것이 나를 온전케 한다.

3월 16일

2단계 : 행동하라

> 내 형제들아 만일 사람이 믿음이 있노라 하고 행함이 없으면 무슨 유익이 있으리요 그 믿음이 능히 자기를 구원하겠느냐 … 어떤 사람은 말하기를 너는 믿음이 있고 나는 행함이 있으니 행함이 없는 네 믿음을 내게 보이라 나는 행함으로 내 믿음을 네게 보이리라 하리라 … 네가 보거니와 [아브라함의] 믿음이 그의 행함과 함께 일하고 행함으로 믿음이 온전하게 되었느니라 (약 2:14,18,22)

2단계 : 행동하라. 만약 혈루병 앓던 여인이 "이는 내가 그의 옷에만 손을 대어도 나음을 얻으리라"라고 말해놓고 그대로 행동하지 않았다면 그녀의 말은 아무런 효과가 없었을 것입니다.

예수님은 이 환상 가운데 내게 말씀하셨습니다. "너의 행동들이 너를 패배하게 할 수도 있고, 승리하게 할 수도 있다. 너의 행동에 따라 너는 받게 되거나, 놓치게 될 것이다."

중요한 것입니다. 다시 읽어보십시오.

야고보서는 믿는 자들에게 쓰여졌습니다. 야고보는 말하길 "내 형제들아 무슨 유익이 있으리오"라고 했습니다. 많은 사람들이 야고보가 구원에 관해 쓴 것이라고 생각하지만, 그는 이미 구원을 받은 사람들에게 믿음대로 행하지 않으면 아무런 역사가 일어나지 않는다는 것을 지적하고 있는 것입니다. 하나님의 말씀을 믿는 믿음으로 고백을 하고 동시에 잘못된 행동으로 그 고백에 모순되게 하는 것은 엄청난 실수입니다. 하나님으로부터 뭔가를 받기 위해서는 당신의 행동이 당신이 말하는 것과 믿는 것에 일치해야만 합니다.

이 여인은 "내가 그의 옷에만 손을 대어도 나음을 얻으리라"라고 말했고 그리고 그녀는 그 말대로 행했으며 치유를 받았습니다!

 나의 행동은 하나님의 말씀에 일치한다. 나의 행동은 나를 승리케 한다. 나의 행동으로 나는 하나님으로부터 받는다!

3월 17일

3단계 : 받으라

이에 그의 혈루 근원이 곧 마르매 병이 나은 줄을 몸에 깨달으니라 예수께서 그 능력이 자기에게서 나간 줄을 곧 스스로 아시고 무리 가운데서 돌이켜 말씀하시되 누가 내 옷에 손을 대었느냐 하시니 (막 5:29-30)

예수님은 자기에게서 능력이 나간 것을 아셨습니다. 그 당시 예수님은 이 땅위에서 하나님을 대표하여 일하시던 유일한 분이셨습니다. 그는 성령님에 의해 기름부음 받았습니다(행 10:38). 그 당시 당신이 능력이 있는 곳에 가고자 했다면, 당신은 예수님이 계신 곳에 갔어야만 했습니다. 오늘날에는 성령님께서 사람을 통해 이 땅 위에서 일하십니다. 그분은 어디에나 계십니다. 그리고 성령님이 계신 곳에는 능력이 있습니다.

핵폭탄은 공기 중에 방사능을 퍼뜨립니다. 그 힘은 보이지도 느껴지지도 않지만 매우 위험하며 치명적인 힘입니다. 그러나 지금 이 순간 이 지구상에는 위험하지도 않고 치명적이지도 않은 어떤 힘이 역사하고 있습니다. 그 힘은 선한 힘이며, 병을 치유하고 사람들을 자유케 하는 힘, 바로 성령님의 힘입니다.

예수님께서 내게 네 단계를 제시하시며 이렇게 말씀하셨습니다. "능력은 어디에나 늘 존재한다. 믿음이 그것을 행동하게 하고, 역사하게 하고, 그것을 사용한다."

이 여인의 믿음은 그 능력이 예수님으로부터 그녀에게로 흘러가도록 하였습니다. 우리의 믿음으로, 우리는 어디에나 존재하는 하나님의 능력과 연결되며 우리는 그 힘을 우리를 위해 사용할 수 있습니다.

고백 나는 하나님의 능력이 어디에나 존재함을 알고 있다. 그리고 나는 그 능력과 어떻게 접속되는지 알고 있으며 그것이 나를 위해 역사하게끔 한다. 믿음은 플러그이다.

3월 18일

4단계 : 전하라

여호와께 감사하고 그의 이름을 불러 아뢰며 그가 하는 일을 만민 중에 알게 할지어다 그에게 노래하며 그를 찬양하며 그의 모든 기이한 일들을 말할지어다 (시 105:1-2)

4단계 : 전하라. "여자가 자기에게 이루어진 일을 알고 두려워하여 떨며 와서 그 앞에 엎드려 모든 사실을 여쭈니"(막 5:33). 예수님뿐 아니라 주변에 있던 군중들도 그녀의 말을 들었습니다. 예수님은 이 단계에 관해 "다른 사람들도 그것을 믿고 받을 수 있도록 전하라"라고 말씀하셨습니다.

이 단계는 첫 번째 단계와 차이점이 있습니다. 첫 번째는 '말하라(Say it)' 입니다. 그리고 네 번째 단계는 '전하라(Tell it)' 입니다.

이 여인은 그녀가 믿는 것을 말했습니다. 그리고 그녀는 받았고, 그리고 그녀는 그녀에게 일어났던 일을 전했습니다.

1. 말하라
2. 행동하라
3. 받으라
4. 전하라

예수님께서 내게 이 단계들을 제시하셨을 때 나는 예수님께 여쭈어봤습니다. "주님, 믿는 자는 누구든지 어디서든지, 세상과 육체와 마귀를 이기는 티켓을 쓸 수 있다고 말씀하시는 겁니까?"

"단호하게 말해서, 그렇다." 주님이 대답하셨습니다. "그리고 만약 그들이 그렇게 하지 않는다면 그런 일은 일어나지 않을 것이다. 그들은 내게 승리를 가져다달라고 기도하며 시간을 낭비하고 있다. 그들은 그들 자신의 티켓을 써야한다."

고백 나는 주님께 감사드린다. 나는 그분이 행하신 일들을 사람들에게 알릴 것이다. 나는 주님을 찬양한다. 나는 시와 찬미를 그분께 드린다. 나는 그분이 행하신 모든 놀라운 일들을 말한다.

3월 19일

다윗과 골리앗

다윗이 블레셋 사람에게 이르되 너는 칼과 창과 단창으로 내게 나아오거니와 나는 만군의 여호와의 이름 곧 네가 모욕하는 이스라엘 군대의 하나님의 이름으로 네게 나아가노라 오늘 여호와께서 너를 내 손에 넘기시리니 내가 너를 쳐서 네 목을 베고 블레셋 군대의 시체를 오늘 공중의 새와 땅의 들짐승에게 주어 온 땅으로 이스라엘에 하나님이 계신 줄 알게 하겠고 또 여호와의 구원하심이 칼과 창에 있지 아니함을 이 무리에게 알게 하리라 전쟁은 여호와께 속한 것인즉 그가 너희를 우리 손에 넘기시리라 (삼상 17:45-47)

나는 이와 똑같은 원리들을 사용할 수 있는 더 많은 구절을 알려달라고 주님께 여쭈었습니다.

예수님은 미소를 지으며 "그래, 네가 어렸을 때부터 네가 알고 있던 구약의 이야기에 그것들이 있다. 다윗과 골리앗 이야기이다"라고 대답하셨습니다.

"다윗이 그렇게 했다고요?" 내가 물었습니다.

"물론" 예수님이 대답하셨습니다. "다윗은 이 네 단계를 전부 취했단다."

환상이 끝난 후에, 나는 다윗과 골리앗 이야기를 다시 읽었습니다. 나는 다윗이 그가 행동에 옮기기 전에 다섯 번이나 말한 것을 발견했습니다. 다윗은 자신이 말한 것을 가질 수 있다는 것을 알았습니다. 다윗은 하나님께서 그렇게 하실 것을 어떻게 알았을까요? 다윗은 하나님을 믿으면 하나님께서 무엇이든지 그를 위해 하실 것을 알았습니다. 그리고 하나님은 당신을 위해서도 그렇게 하실 것입니다!

고백 나는 믿는 자이다. 나는 의심하는 자가 아니다. 나는 하나님의 전적인 승리를 믿는다. 그 때 세상은 하나님께서 내 편이라는 것을 보게 될 것이다.

3월 20일

탕자

이에 스스로 돌이켜 이르되 내 아버지에게는 양식이 풍족한 품꾼이 얼마나 많은가 나는 여기서 주려 죽는구나 내가 일어나 아버지께 가서 이르기를 아버지 내가 하늘과 아버지께 죄를 지었사오니 지금부터는 아버지의 아들이라 일컬음을 감당하지 못하겠나이다 나를 품꾼의 하나로 보소서 하리라 하고 이에 일어나서 아버지께로 돌아가니라 아직도 거리가 먼데 아버지가 그를 보고 측은히 여겨 달려가 목을 안고 입을 맞추니 (눅 15:17-20)

예수님은 계속해서 신약에서 이 네 가지 원리의 예를 보여주셨습니다. 탕자가 첫 번째 한 일을 주목해서 보십시오. 그는 말했습니다.

그리고 그는 행동으로 옮겼습니다. 그는 돼지 방목장에서 빠져 나와 집으로 향해 갔습니다.

그 다음, 그는 받았습니다. 그의 아버지는 그가 오는 모습을 보고 측은히 여겼고 달려가 그의 목을 안고 입을 맞추었습니다. 그의 아버지는 "제일 좋은 옷을 가져다 입히고 그의 손가락에 반지를 끼우라. 신발을 가져와 그의 발에 신기라. 살진 송아지를 잡자"라고 말했습니다.

그리고 그들은 잔치를 벌였고 아들이 돌아온 사실을 전했습니다.

고백 나는 하나님의 말씀대로 하실 것이라고 내가 믿는 것은 무엇이든지 하나님께서 그대로 하시리라는 것을 알고 있다. 그리고 나는 나의 이 티켓을 하나님과 어떻게 써야할 지 알고 있다. 첫째, 나는 말한다. 둘째, 나는 행한다. 셋째, 나는 받는다. 마지막으로 나는 전한다.

3월 21일

지혜와 계시

내가 기도할 때에 기억하며 너희로 말미암아 감사하기를 그치지 아니하고 (엡 1:16)

에베소서 1장 17-23절과 3장 14-21절은 모든 교회에 적용되는 영적인 기도입니다. 내 삶에서 전환점이 된 것은 내가 그 기도들을 나를 위해 천 번 아니 그보다 더 많이 했을 때였습니다. 나는 무릎을 꿇고 성경을 펴놓고 이렇게 말했습니다. "아버지, 나는 이 기도들을 나 자신을 위해서 합니다. 왜냐하면 이 기도들은 모두 성령님이 주신 기도이며 에베소 교회를 향한 기도였던 것처럼 나를 향한 당신의 뜻이 이루어지도록 하는 기도이기 때문입니다."

그리고 나는 이 본문들을 읽으면서 바울이 "여러분"이라고 한 부분을 "나"로 대체하면서 아래와 같이 계속 기도했습니다.

우리 주 예수 그리스도의 하나님, 영광의 아버지께서 지혜와 계시의 영을 "나"에게 주셔서, 아버지를 알게 하시고, "나"의 마음의 눈을 밝혀 주시기를 빕니다. 그리하여 하나님께서 "나"를 부르셔서 "나"에게 주신 그 소망이 무엇인지, 하나님께서 성도들에게 주신 상속의 영광이 얼마나 풍성한지, 하나님께서 우리 믿는 사람에게 강한 힘으로 활동하시는 그 능력이 얼마나 큰지를, "내"가 알게 되기를 바랍니다. 하나님께서는 이 능력을 그리스도 안에 역사하셔서, 그분을 죽은 사람 가운데서 살리시고, 하늘에서 자기의 오른쪽에 앉히셔서 … (표준 새번역)

약 여섯 달 후에, 내가 기도한 첫 번째 응답이 일어나기 시작했습니다. 하나님의 말씀의 계시가 나에게 열리기 시작한 것입니다.

고백 에베소서 1장에 있는 기도대로 당신 자신을 위해서 기도하십시오.

3월 22일

이러한 이유로

이러하므로 내가 … 아버지 앞에 무릎을 꿇고 비노니 (엡 3:14,15)

내가 하기 원하는 두 번째 기도는 에베소서 3장에 있는 기도입니다. 그리고 나는 내 자신을 위해 이렇게 기도합니다.

그러므로[이러한 이유로] 나는 무릎을 꿇고 우리 주 예수 그리스도의 아버지께 빕니다. 아버지는 하늘과 땅에 있는 각 족속에게 이름을 주신 분이십니다. 그분의 풍성한 영광으로, 그분의 성령을 시켜, "나"의 속사람을 능력으로 강건하게 해주시고, 믿음으로 말미암아 그리스도를 "나"의 마음속에 머물러 계시게 해주시기를 빕니다. "내"가 사랑 속에 뿌리를 박고 터를 잡아서, 모든 성도와 함께, 그리스도의 사랑의 넓이와 길이와 높이와 깊이가 어떠함을 깨달을 수 있게 되고, 지식을 초월하는 그리스도의 사랑을 알게 되기를 빕니다. 그리하여 하나님의 모든 충만함으로 "내"가 충만해지기를 바랍니다. 우리 가운데서 역사하시는 능력을 따라, 우리가 구하거나 생각하는 것 이상으로 더욱 넘치게 주실 수 있는 분에게, 교회 안에서와 그리스도 예수 안에서, 영광이 영원무궁하도록 있기를 빕니다. 아멘. (표준 새번역)

나는 당신에게 당신 자신을 위해서 이 에베소서의 기도들을 따라 기도할 것을 제안합니다. 지속하십시오. 이 기도는 당신이 한번 했다고 해서 이루어지지는 않을 것입니다. 그러나 당신이 이 기도를 지속한다면, 그 기도들은 당신을 위해 그대로 역사할 것입니다. 하나님을 찬양합니다!

 어제와 오늘의 기도를 가지고 당신 자신을 위해 기도하십시오.

3월 23일

다른 사람을 위하여

내가 내 자녀들이 진리 안에서 행한다 함을 듣는 것보다 더 기쁜 일이 없도다 (요삼 1:4)

성령 충만 받은 내 친척 한 사람이 성경의 어떤 중요한 진리들을 이해하지 못하고 있을 때, 나는 아침저녁으로 그를 위해 에베소서의 기도로 적절한 곳에 그의 이름을 넣어가며 기도했습니다.

주님, 나는 이 기도문을 가지고 "조"를 위해 기도합니다. 우리 주 예수 그리스도의 하나님, 영광의 아버지께서 지혜와 계시의 영을 "조"에게 주셔서, 아버지를 알게 하시기를 기도합니다. "조"의 마음의 눈을 밝혀 주셔서 하나님의 부르심의 소망이 무엇인지, 하나님께서 성도들에게 주신 상속의 영광이 얼마나 풍성한지를 "조"가 알게 되기를 기도합니다…

그리고 나는 이 두 가지 기도를 계속 했습니다. 나는 열흘 동안 아침저녁으로 그를 위해 이 기도문으로 기도했습니다. 마침내 그가 내게 편지로 이렇게 말했습니다. "계시들이 내게 열리는 것이 너무 놀라워요. 나는 당신이 내게 말해오던 것들을 깨닫기 시작했어요." 이제까지 어떤 교사도 그에게 영적인 것들에 관해 이야기 할 수 없었습니다.

사람들은 종종 친구들과 사랑하는 사람들을 위해 어떻게 기도해야 하는지 알고 싶어 합니다. 어떤 사람은 단지 이렇게만 기도할 뿐입니다. "하나님, 그들을 축복해주세요." 그러나 하나님은 이미 그리스도 안에서 하늘에 속한 모든 신령한 복들로 그들을 축복하셨습니다(엡 1:3). 그들은 단지 모르고 있는 것이고 그래서 그 유익을 얻을 수 없는 것입니다. 이 에베소서의 기도문으로 당신의 친구들과 사랑하는 사람들을 위해서 기도하십시오. 지속하십시오. 아침저녁으로 그리고 당신이 할 수 있는 한 자주 기도하십시오.

 에베소서의 기도문으로 당신이 진리 안에서 걷길 원하는 누군가를 위해 기도하십시오.

3월 24일

권세

> 내가 너희에게 뱀과 전갈을 밟으며 원수의 모든 능력을 제어할 권능[권세]을 주었으니 너희를 해칠 자가 결코 없으리라 (눅 10:19)

그리스어로 "엑수시아"(exousia)란 말은 권세라는 뜻입니다. 그러나 신약성경의 킹 제임스 번역에서는 이 말을 종종 "능력"이라고 번역합니다. 예를 들어, 이 본문에서 두 가지 다른 그리스어 단어가 "능력"이라고 번역되었는데, 사실 첫 번째 단어는 "권세"라고 번역해야 옳습니다. 우리는 이 구절을 이렇게 읽어야 합니다. "내가 너희에게 뱀과 전갈을 밟고, 원수의 모든 능력을 제어할 권세를 주었으니…"

능력과 권세의 차이가 무엇이냐고요?

글쎄요, 무엇이 출퇴근 시간의 교통이 혼잡한 가운데 유니폼을 입은 경찰관이 교통의 흐름을 통제할 수 있도록 합니까? 그는 대단한 일을 할 수 있습니다. 경찰관이 이 강력한 자동차들을 멈출 수 있는 능력이 있어서 일까요? 아닙니다! 그가 최선을 다해 노력한다 해도 이리 저리 달리는 차들을 막을 수는 없습니다. 그에게는 그럴 능력이 없지만 그는 그보다 더 좋은 것을 가지고 있습니다. 그는 정부로부터 그가 사용할 수 있는 권세를 양도받았습니다. 심지어 그 도시에 여행 온 사람도 그 권세를 인식하고 복종해야 합니다.

권세는 위임된 능력입니다.

 나는 뱀과 전갈을 밟고, 원수의 모든 세력을 누를 권세를 받았다. 아무 것도 나를 해칠 수 없다.

3월 25일

위임된 능력

예수께서 나아와 말씀하여 이르시되 하늘과 땅의 모든 권세를 내게 주셨으니 그러므로 너희는 가서… (마 28:18,19)

예수 그리스도의 이름에 주어졌을 뿐 아니라 주님께서 사탄을 이기셨을 때 취하신 이 땅의 권세는 이제 예수 그리스도에 의해 교회에 위임되었습니다.

마태복음 28장의 말씀은 예수님께서 십자가에서 죽으시고 장사되시고 지옥에서 사탄을 이기시고 부활하신 후 그의 거룩한 보혈과 함께 지극히 거룩한 하늘 보좌 위로 승천하시기 전에 하신 말씀입니다. 그러나 승천하시고 아버지의 보좌 오른 쪽에 앉으시기 전에, 예수님께서는 하늘과 땅의 모든 권세가 그에게 주어졌다고 말씀하셨습니다. 그리고 곧 주님은 이 땅의 권세를 그의 교회에게 위임하시며 말씀하셨습니다. "그러므로 너희는 가서…"

마가복음도 예수님께서 그 때 하신 말씀을 기록하고 있습니다.

"믿고 세례를 받는 사람은 구원을 얻을 것이요 믿지 않는 사람은 정죄를 받으리라 믿는 자들에게는 이런 표적이 따르리니 곧 그들이 내 이름으로 귀신을 쫓아내며 새 방언을 말하며 뱀을 집어올리며 무슨 독을 마실지라도 해를 받지 아니하며 병든 사람에게 손을 얹은즉 나으리라 하시더라"(막 16:17,18).

 모든 이름 위에 뛰어난 이름의 권세가 교회에 주어졌다. 그 권세는 나에게도 주어졌다. 나는 원수의 모든 능력을 제어할 권세를 받았다.

3월 26일

강건하라

끝으로 너희가 주 안에서와 그 힘의 능력으로 강건하여지고 마귀의 간계를 능히 대적하기 위하여 하나님의 전신 갑주를 입으라 (엡 6:10,11)

만일 당신이 시내를 걸어가고 있는데 차 앞에 교통경찰이 서서 차를 멈추게 하려 한다면 당신은 무슨 생각을 하겠습니까? 당신은 '그는 멈추게 할 수 없어. 그는 저 자동차에게 상대가 안 되는걸!' 이라고 생각할 수도 있겠습니다.

어떤 사람들은 에베소서 6장 10절 말씀을 읽고 주님의 말씀이 그들 스스로 강하게 되라는 뜻으로 받아들입니다. 그리고 그들은 강해지려고 노력합니다. 그들은 이렇게 말할 것입니다. "오, 내가 끝까지 신실하게 붙들 수 있도록 나를 위해 기도해주세요!" 그러나 하나님께서 우리의 힘의 능력으로 혹은 우리 안에서 스스로 강해지는 것을 말씀하고 계신 것이 아닙니다.

교통경찰은 자동차들 앞으로 걸어 나와 손을 올리는데, 이는 자동차가 멈출 것을 알기 때문입니다. 그는 그의 힘을 발휘할 필요가 없습니다. 그는 그에게 주어진 권세로 강합니다.

이것이 주님께서 우리에게 하시는 말씀입니다. 주님께서 말씀하십니다.

"주 안에서 강건하라. 그의 힘의 권세로 강건하라. 다가오는 마귀 앞으로 걸어 나가라. 예수 이름으로 손을 들고 말하라. '여기까지야. 더 이상은 안 돼! 당장 멈춰!"

고백 나는 주 안에서와 그의 힘의 능력으로 강하다. 나는 나의 주 예수 그리스도로부터 권세를 물려받았다. 내가 예수님의 이름으로 손을 들고 "여기까지야. 더 이상은 안 돼"라고 말할 때 마귀는 그의 길에서 멈춘다!

3월 27일

그를 대적하라

> 근신하라 깨어라 너희 대적 마귀가 우는 사자 같이 두루 다니며 삼킬 자를 찾나니 너희는 믿음을 굳건하게 하여 그를 대적하라… (벧전 5:8,9)

1942년 나는 내 몸의 어떤 증상과 싸우고 있었습니다. 나는 기도했고, 하나님의 약속을 내 것으로 삼아 그것을 지키고 있었습니다. 그러나 때로는 내가 성공할 수 없을 것만 같아 보이기도 했습니다.

하루는 밤에 꿈을 꿨습니다. 꿈에 나는 어떤 사람과 함께 어떤 연병장 같은 곳에 있었습니다. 마치 미식축구 경기장 같은 곳이었습니다. 양 쪽에는 스탠드가 있었습니다. 우리가 함께 얘기하며 걷고 있었는데, 갑자기 그 사람이 뒤를 보고 소리쳤습니다. "저것 봐!" 그리고 그는 뛰기 시작했습니다. 내가 뒤를 돌아보니, 사나운 사자 두 마리가 달려와 거의 나를 덮치기 직전이었습니다. 나는 두 발자국 정도 달아나다가 그 사람에게 소리쳤습니다. "소용없어요. 저것들보다 빨리 달아날 수 없다구요!" 나는 멈춰 뒤돌아서서 사자들을 마주 보았습니다. 나는 떨고 있었습니다. 온몸에 소름이 돋아났습니다. 그러나 나는 말했습니다. "나는 너를 대적한다. 나는 예수 그리스도의 이름으로 여기서 물러서지 않겠다." 사자들은 멈춰서 내 앞으로 오더니 내 발 주위를 킁킁거리며 냄새를 맡고는 달아나다시피 떠나버렸습니다. 나는 꿈에서 깨어났고, 베드로전서 5장 8절이 생각났습니다. 나는 내 육체의 싸움에서 이겼다는 것을 알았습니다. 나는 즉각 치유를 받았습니다. 나는 거의 달아날 뻔 했지만, 나는 지켜냈습니다. 나는 나의 권세를 사용했던 것입니다.

 나는 확고한 믿음으로 마귀를 대적한다. 나는 지켜낸다. 나는 나의 권세를 사용한다. 그러면 마귀가 겁에 질린 듯이 나에게서 도망가 버린다.

3월 28일

근원

내가 너희에게 뱀과 전갈을 밟으며 원수의 모든 능력을 제어할 권능[권세]을 주었으니 너희를 해칠 자가 결코 없으리라 (눅 10:19)

권세는 위임된 능력입니다.
그것의 가치는 그 권세를 사용하는 사람 뒤에 있는 세력에 따라 정해집니다.
예수님께서 말씀하셨습니다. "내가 너희에게 권세를 주었다"라고 하셨습니다. 누가 주셨다고요? 예수님께서 주셨습니다. 예수님이 누구이십니까? 예수님은 육신을 입고 오신 하나님이십니다! 결국 하나님께서 그렇게 말씀하셨다는 의미입니다. 그러므로 하나님께서 "내가 너희에게 뱀과 전갈을 밟으며, 원수의 모든 능력을 제어할 권세를 주었다"라고 말씀하신 것입니다.
(뱀과 전갈은 귀신들과 악한 영들, 그리고 대적의 능력을 나타냅니다.)
하나님 그 자신이 권세 뒤에 있는 능력이자 세력입니다. 믿는 자가 하나님의 권세를 완전히 인식하고 있다면, 어떤 두려움이나 주저함 없이 대적과 대면할 수 있습니다.
믿는 자가 소유한 그 권세 뒤에 있는 능력은 원수의 배후에 있는 어떤 능력보다 더 강력한 능력입니다. 그리고 원수들은 이 권세를 모른 척 할 수 없습니다!
사도 요한이 이렇게 말하는 것이 당연한 것입니다. "내 안에 계신 이가 세상에 있는 자보다 크시도다"(요일 4:4).

고백 나는 믿는 자이다. 예수님께서 나에게 권세를 주셨다. 하나님께서 내게 권세를 주셨다. 하나님 그 자신이 이 권세 뒤에 있는 능력이다. 그리고 하나님께서 내게 주신 이 권세는 원수의 모든 능력을 압도한다.

3월 29일

부활의 능력

> 내가 그리스도와 그 부활의 권능과 그 고난에 참여함을 알고자 하여…
> (빌 3:10)

바울은 에베소서에서 에베소 교회가 지혜와 계시의 영을 받도록 실제적으로 기도했습니다. 만일 당신이 자신을 위해 에베소서의 기도를 하고 있다면, 나는 바울이 에베소의 믿는 자들이 알기를 원했던 것을 당신도 알게 되길 바랍니다.

"그의 힘의 위력으로 역사하심을 따라 믿는 우리에게 베푸신 능력의 지극히 크심이 어떠한 것을 너희로 알게 하시기를 구하노라. 그의 능력이 그리스도 안에서 역사하사 죽은 자들 가운데서 다시 살리시고 하늘에서 자기의 오른편에 앉히사 모든 통치와 권세와 능력과 주권과 이 세상 뿐 아니라 오는 세상에 일컫는 모든 이름 위에 뛰어나게 하시고"(엡 1:19-21)

전능하신 하나님의 능력이 예수님을 죽은 자들 가운데서 다시 살리신 가운데 나타났는데, 그것은 실로 하나님께서 행하신 역사 중 가장 강력한 것이었습니다! 그리고 하나님께서는 그때 무슨 일이 일어났는지 우리가 알기를 원하십니다.

부활은 공중의 모든 강력한 권세들에 의해 방해받았습니다. 악한 세력은 하나님의 계획을 실패시키려고 부단히 애를 썼습니다. 그러나 이들의 능력은 우리 주 예수 그리스도에 의해 뒤집어졌고, 주님께서 그들보다 훨씬 높은 곳의 왕위에 앉으셔서 가장 높은 권세로 통치하고 계십니다. 그러므로 우리의 권세의 근원은 하나님께서 행하신 그리스도의 부활과 보좌에서 찾을 수 있습니다.

 내가 가진 권세의 배후에는 예수님을 죽음에서 다시 살리신 그 능력이 있다.

3월 30일

우리를 향하여

여호와 나의 하나님이여 주께서 행하신 기적이 많고 우리를 향하신 주의 생각도 많아 누구도 주와 견줄 수가 없나이다 내가 널리 알려 말하고자 하나 너무 많아 그 수를 셀 수도 없나이다 (시 40:5)

당신은 에베소서 1장 19절 말씀 중에 "믿는 우리에게 베푸신 능력의 지극히 크심이 어떠한 것을 너희로 알게 함이로라"라는 부분을 주의 깊게 본 적이 있습니까?

그분의 전능하심 가운데 나타나 보여진 하나님의 영광은 모두 사람을 향한, 즉 "우리를 향한" 것이었습니다.

그리스도의 십자가는 하나님을 향한 순종과 속죄와 신령한 권세로 원수들을 뭉개버리는 승리와 더불어 우리에게 대표적인 인간의 모습을 보여줍니다.

그리스도께서는 우리의 대표자이자 대속물이 되셔서 인류를 위해 승리하시고 그를 통하여 승리하는 사람들을 위해 보좌와 하늘나라의 직무를 준비하셨습니다.

그러므로 우리의 권세의 근원은 하나님께서 행하신 그리스도의 부활과 보좌에서 찾을 수 있습니다. 에베소서에서 우리가 배울 수 있는 것은 하나님께서는 교회가 이것이 우리에게 어떤 의미인지에 관한 모든 계시 지식을 얻기를 바라신다는 것입니다.

고백 나는 믿는 자이다. 나는 하나님을 아는 지혜와 계시의 영을 받고 있다. 나의 마음의 눈이 밝아지고 있어서 나는 믿는 우리를 향하신 하나님의 능력이 지극히 크심을 알게 된다.

3월 31일

함께 일으키사

그의 힘의 위력으로 역사하심을 따라 … 그리스도 안에서 역사하사 죽은 자들 가운데서 다시 살리시고 하늘에서 자기의 오른편에 앉히사 … 그는 허물과 죄로 죽었던 너희를 살리셨도다 (엡 1:19,20; 2:1)

당신의 성경을 열어 에베소서 2장 1절을 펴십시오. 킹 제임스 성경은 이렇게 되어 있습니다.
"또한 그분께서 범법과 죄들 가운데서 죽었던 너희를 소생시키셨도다."
킹 제임스 성경에서 이탤릭체로 표시된 곳은 그 단어가 원래 필사본에는 없었다는 뜻입니다. 번역자가 나중에 덧붙인 것입니다. 그러므로 원문에는 이렇게 되어 있습니다. "또한 범법과 죄들 가운데 죽었던 너희들"
에베소서 2장 1절을 결정하는 구절이 그 뒤의 에베소서 1장 20절이라는 것을 당신이 알았으면 좋겠습니다! (바울은 장과 절로 나눠서 쓰지 않았습니다. 사람들이 나중에 찾기 쉽게 바울의 편지들을 나눠 놓은 것입니다.) 오늘의 성경 구절이 그것을 분명하게 해줍니다. 굵게 표시된 단어들을 주의해서 보십시오. "[하나님께서 그리스도를] 죽은 자들 가운데서 다시 살리실 때 … 또한 허물과 죄로 죽었던 너희도 살리셨도다." 그리스도의 소생을 나타내는 구절이 동시에 그리스도인들의 소생도 나타내고 있습니다! 죽은 자들 가운데서 그리스도를 다시 살리신 하나님의 강력한 역사는 그의 몸 또한 다시 살리신 것입니다!

 죽은 자들 가운데서 그리스도를 일으키신 하나님의 강력한 역사가 나 또한 다시 살리셨다!

4월 1일

함께 앉히사

> 허물로 죽은 우리를 그리스도와 함께 살리셨고 (너희는 은혜로 구원을 받은 것이라) 또 함께 일으키사 그리스도 예수 안에서 함께 하늘에 앉히시니 (엡 2:5-6)

주님을 죽음에서 살린 바로 그 행동이 그의 몸 또한 함께 살리셨습니다. (머리와 몸은 당연히 함께 살아나는 것입니다.)

그뿐만 아니라, 그리스도를 하늘에 앉게 한 바로 그 행동이 그의 몸 또한 함께 하늘에 앉게 한 것입니다. 우리는 어디에 앉아있습니까? 하늘의 장소에 앉아있습니다! 바로 지금 말입니다! 언젠가 그곳에 앉게 되는 것이 아닙니다. 하나님께서는 그리스도 예수 안에서 우리를 지금 하늘의 장소에 앉게 하셨습니다.

그리스도는 아버지의 오른 편에 앉아 계십니다. 그러므로 우리도 아버지의 오른 편에 앉아 있습니다! (오른쪽은 권세의 자리입니다. 하나님은 그의 오른손, 즉 그리스도를 통해, 그의 영적인 몸인 교회를 통해 그의 계획과 프로그램들을 수행하고 계십니다.)

하늘에서 지극히 크신 이의 보좌 우편(히 8:1)은 온 우주의 능력의 중심부 입니다! 보좌의 권능의 행사는 승천하신 그리스도께 위임되었고 그 권세는 우리에게 속해 있습니다.

고백 하나님께서 그리스도와 함께 나를 살리셨다. 하나님께서 그리스도와 함께 일으키시고 함께 하늘 보좌에 앉히셨다. 내가 이 땅에서 하나님의 계획을 이루며 살 때, 나는 그 권세를 가지고 아버지의 오른 편에 함께 앉아 있다.

4월 2일

우리의 발 아래

그의 능력이 그리스도 안에서 역사하사 죽은 자들 가운데서 다시 살리시고 하늘에서 자기의 오른편에 앉히사 모든 통치와 권세와 능력과 주권과 이 세상뿐 아니라 오는 세상에 일컫는 모든 이름 위에 뛰어나게 하시고 또 만물을 그의 발 아래에 복종하게 하시고 그를 만물 위에 교회의 머리로 삼으셨느니라 교회는 그의 몸이니 만물 안에서 만물을 충만하게 하시는 이의 충만함이니라 (엡 1:20-23)

 교회는 주 예수 그리스도의 몸입니다. 우리는 그리스도의 몸입니다. 이제 질문을 하나 하겠습니다. 발은 어디에 있습니까? 발이 머리에 있습니까? 아니면 몸에 있습니까? 물론 발은 몸에 속해 있습니다.
 오늘의 본문 말씀을 다시 보십시오. 이 구절은 위치적으로 우리가 어디에 앉아 있는지 설명하고 있습니다.
 하나님은 만물을 그리스도의 발아래 두셨습니다. 그리스도의 발은 그의 몸에 속해 있습니다. 그러므로 만물은 우리의 발아래 놓여 있는 것입니다!
 바울이 말하고 있는 "만물"은 무엇입니까? 그것은 모든 통치와 권세, 능력과 주권을 말합니다. 다른 말로 하면, 원수의 모든 권세가 우리의 발아래 있다는 것입니다!
 누군가가 말했습니다. '만일 우리가 사탄에게 말할 것이 있다면, 우리는 신발 바닥에 써야만 합니다.'

 나는 그리스도와 함께 하늘 보좌에 앉아 있다. 나는 그리스도의 몸의 한 지체이다. 사탄의 모든 권세는 나의 발아래 있다!

4월 3일

내가 가기 때문에

내가 진실로 진실로 너희에게 이르노니 나를 믿는 자는 내가 하는 일을 그도 할 것이요 또한 그보다 큰일도 하리니 이는 내가 아버지께로 감이라 (요 14:12)

하나님께서는 존 알렉산더 도위 박사(1847-1907)를 통하여 현대 교회에 신유를 다시 소개해주셨습니다.

남서부 하나님의 성회 대학교의 창립자인 P.C 넬슨 박사는 이렇게 말했습니다. "당신이 도위 박사의 교리를 따르지 못한다고 해도, 그의 믿음은 따를 수 있습니다."

넬슨 박사는 내게 자신이 젊은 침례교 목사였을 때의 이야기를 해주었습니다. 그는 얼굴 곳곳에 검붉은 암세포가 뒤덮인 여성에게 사역하는 도위박사의 모습을 보았다고 했습니다.

"나는 도위 박사가 여섯 명의 교단 목사들과 세 명의 의사들이 모여 있는 데서 손을 뻗어 암을 붙잡고 '예수 그리스도의 이름으로!' 라고 말하고 그녀의 얼굴에서 암세포를 떼어내는 것을 보았습니다. 그 자리에 있던 의사가 즉시 그녀를 진찰해 보고 말하길 그 여인의 얼굴의 피부가 갓난아기의 피부와 같다고 했습니다."

예수님께서 그를 믿는 자는 그가 한 일도 또한 하리라고 하시면서 주신 그 이유는 "…이는 내가 아버지께로 감이라"라고 하셨습니다. 믿는 자들이 똑같은 일을 할 수 있는 것은 예수님께서 가장 높은 권세의 자리인 아버지의 보좌 우편에 앉아 계시기 때문입니다.

고백 나는 예수님을 믿는다. 예수님께서 아버지께로 가서 오른편에 앉으셨고, 나도 그와 함께 앉았기 때문에, 나는 예수님의 이름으로 나의 아버지의 일들을 할 수 있다.

4월 4일

내가 하는 일

하루는 제자들과 함께 배에 오르사 그들에게 이르시되 호수 저편으로 건너가자 하시매 이에 떠나 행선할 때에 예수께서 잠이 드셨더니 마침 광풍이 호수로 내리치매 배에 물이 가득하게 되어 위태한지라 제자들이 나아와 깨워 이르되 주여 주여 우리가 죽겠나이다 한대 예수께서 잠을 깨사 바람과 물결을 꾸짖으시니 이에 그쳐 잔잔하여지더라 제자들에게 이르시되 너희 믿음이 어디 있느냐 하시니 그들이 두려워하고 놀랍게 여겨 서로 말하되 그가 누구이기에 바람과 물을 명하매 순종하는가 하더라 (눅 8:22-25)

존 알렉산더 도위 박사는 스코틀랜드의 에딘버러에서 태어나 젊었을 때 오스트레일리아로 이주했습니다.

1875년경에 도위 박사가 오스트레일리아의 뉴튼에서 회중교회를 목회하고 있을 때, 끔찍한 전염병이 그 지역을 휩쓸었습니다.

도위 박사가 처음 신유의 능력과 믿는 자들이 가진 권세를 깨닫게 된 것은 바로 이 전염병이 돌던 시기였습니다. 도위 박사가 한번은 이렇게 말한 것을 나는 읽었습니다. "나는 배를 타고 열네 번이나 바다를 건넜습니다. 열네 번의 항해 동안 폭풍도 많이 만났습니다. 그러나 폭풍이 일 때마다 나는 예수님께서 하셨던 대로 했습니다. 나는 폭풍을 꾸짖었습니다. 그리고 그때마다 폭풍은 그쳤습니다."

도위 박사는 예수님께서 "나를 믿는 자는 내가 하는 일을 그도 할 것이요…"라고 하신 말씀을 알고 있었습니다. 도위 박사는 자신이 하나님과 연결되었음을 알고 있었습니다. 당신과 나도 도위 박사나 다른 어떤 사람들과 똑같이 하나님과 연결되어 있습니다.

 나는 예수님을 믿는다. 예수님께서 이 땅에서 하신 일들을 나도 할 수 있다. 예수님께서 내가 할 수 있다고 말씀하셨으므로 나는 할 수 있다.

4월 5일

권세의 언저리

예수께서는 고물에서 베개를 베고 주무시더니 제자들이 깨우며 이르되 선생님이여 우리가 죽게 된 것을 돌보지 아니하시나이까 하니 예수께서 깨어 바람을 꾸짖으시며 바다더러 이르시되 잠잠하라 고요하라 하시니 바람이 그치고 아주 잔잔하여지더라 (막 4:38-39)

어느 봄 날 텍사스에 강력한 태풍인 토네이도가 불었습니다. 대부분의 사람들은 폭풍 대피용 지하실로 피했습니다. 우리에게는 지하실이 없었습니다. 게다가 나는 병상에 있었고 거의 전신이 마비된 상태였습니다. 점점 두려워지기 시작했습니다. 만약 토네이도가 강타한다면, 바람의 방향을 보니 내 방에 가장 먼저 들이닥칠 것이었습니다. 내가 있던 바로 그 장소가 무너져 내릴 것만 같았습니다!

이런 절망 가운데, 내가 할 수 있을지 없을지도 모르는 상황에서 나는 주님께 아뢰었습니다. "사랑하는 주님, 저는 주님의 자녀입니다. 제자들이 물에 빠질 지경이 되었을 때, 그들이 주님을 깨우며 말하길, '우리가 죽게 된 것을 돌보지 아니하시나이까?'라고 했습니다. 그리고 주님께서 돌보셨습니다. 주님이 일어나셔서 바람을 꾸짖으셨습니다. 저는 주님께서 내가 죽는 것을 원하지 않는다고 알고 있지만, 저는 여기서 빠져나갈 수가 없어요. 저는 이 침대에 누워있고, 이 벽이 내 위에서 무너져 내리려고 합니다. 그러므로 나는 지금 예수님의 이름으로 이 바람을 꾸짖습니다!"

눈 깜빡할 사이에 태풍은 멈췄습니다. 사방이 잠잠해졌습니다. 나는 기뻐했습니다. 그 당시 나는 믿는 자의 권세에 대한 위대한 진리들을 몰랐습니다. 나는 내가 한 일이 무엇인지 정확히 알지도 못한 채, 믿는 자의 권세의 언저리에서 그 권세를 사용했던 것입니다. 그러나 하나님은 우리가 하나님의 말씀의 진리의 계시를 얻어 우리가 무엇을 소유했는지 깨달아 그 권세를 우리의 삶에서 사용하기를 원하십니다.

 나는 하나님의 말씀의 진리의 계시를 얻어 내게 속한 것이 무엇인지 깨달아 사용하게 될 것이다.

4월 6일

권세 잃은 세력

> 그러나 우리가 온전한 자들 중에서는 지혜를 말하노니 이는 이 세상의 지혜가 아니요 또 이 세상에서 없어질 통치자들[이 세상을 통치하는 권세 잃은 세력]의 지혜도 아니요 오직 은밀한 가운데 있는 하나님의 지혜를 말하는 것으로서…
> (고전 2:6-7)

하나님의 말씀은 사탄과 악한 영들은 권세에 대한 반역자들이며, 이들은 우리 주 예수 그리스도에 의해 권세를 박탈당했다고 가르치고 있습니다. 모팻 번역본에는 그들을 "이 세상을 통치하는 권세 잃은 세력"이라고 한 것을 주목하여 보기 바랍니다.

하나님은 땅을 만드시고 만물을 그 안에 충만케 하셨습니다. 그리고 하나님은 아담에게 주님의 손으로 지으신 모든 것들을 다스리는 통치권과 권세를 주셨습니다(창 1:27-28, 시 8:3-6). 아담은 이 땅의 통치권을 가졌습니다. 사실, 아담은 이 세상의 신으로 창조된 것입니다. 그가 최고의 반역을 저지르고 사탄에게 그 권세를 넘겨주었을 때, 사탄은 아담을 통하여 이 세상의 신(고후 4:4)이 되었고, 아담의 권세를 취한 반역자가 되었습니다.

그러나 성경은 예수 그리스도를 마지막 아담이라고 부릅니다(고전 15:45). 예수님은 우리의 대표자, 대리자로 오셨고 사탄을 패배시키셨습니다! 예수님은 자기 자신을 위해 그 일을 하지 않으셨습니다. 그는 우리를 위해 그 일을 하셨습니다! 예수님께서 하신 모든 일들은 우리에게 속해 있습니다.

우리 믿는 자들은 우리가 이 땅에서 살고는 있지만 이 땅에 속해 있지 않다는 것을 기억해야 합니다. 사탄은 우리를 지배하지 못합니다. 우리가 사탄을 지배합니다. 우리는 사탄을 지배할 수 있습니다. 우리는 그를 지배할 권세를 가지고 있습니다. 예수님은 우리를 위해 사탄을 패배시켰습니다.

고백 예수님께서는 우리를 위해 사탄과 그의 모든 군대들의 권세를 박탈하셨다. 사탄은 우리를 지배할 수 없다. 내가 그를 지배한다. 예수님이 사탄을 제어할 권세를 내게 주셨고 나는 그것을 사용할 것이다.

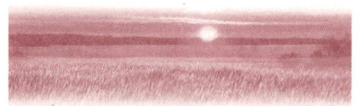

4월 7일

그의 몸

너희는 그리스도의 몸이요 지체의 각 부분이라 (고전 12:27)

우리는 가끔 이 땅에서 주님의 일을 위해 이렇게 기도하곤 합니다. "주님, 이렇게 해주세요. 주님, 저렇게 해주세요."

그러나 예수님은 마태복음 28장에서 "하늘과 땅의 모든 권세를 내게 주셨으니 그러므로 너희는 가서…"라고 말씀하신 것을 생각해보십시오. 주 예수 그리스도는 이 땅의 권세를 우리에게 주셨습니다. 그는 우리에게 갈 것을 위임하셨습니다.

사실, 그리스도의 권세는 이 땅에서 교회를 통해서만 수행됩니다. 교회는 그의 몸입니다. 그리고 교회는 여기에 있습니다. 그리스도는 여기에 안계십니다. 그는 아버지의 보좌 우편에 계십니다. 그리스도는 교회의 머리시지만 그의 모든 명령은 그의 몸을 통해 수행되어야 하는 것입니다. 그리스도께서 이 땅에서 하시는 일은 그의 몸을 통해서만 가능합니다.

당신은 그리스도의 몸의 한 부분입니다. 그는 당신에게 원수의 모든 권세를 제어할 권세를 주셨습니다.

고백 나는 그리스도의 몸의 지체의 한 부분이다. 나는 하나님의 일을 이 땅에서 완성하는 하나님의 동역자이다. 나는 잘 준비되어 있다. 나는 예수님의 이름에 있는 권세와 능력을 부여받았다. 그리고 나는 하나님의 계획 중에서 내가 맡은 부분을 신실하게 완수할 것이다.

4월 8일

허락된

진실로 너희에게 이르노니 무엇이든지 너희가 땅에서 매면 하늘에서도 매일 것이요 무엇이든지 땅에서 풀면 하늘에서도 풀리리라 (마 18:18)

믿는 자들이 허락하였기 때문에, 즉 아무 일도 하지 않았기 때문에 존재하는 것들이 많이 있습니다. 때때로 믿는 자들은 이러한 상황들을 바꾸기 위해 그들이 뭔가를 할 수 있다는 것을 모르고 있습니다. 몇 년 전, 내가 믿는 자들이 가지고 있는 권세에 대해 묵상하고 연구하고 있을 때 나는 주님께서 뭔가를 나에게 독려하고 계심을 감지했습니다. 그 때 당시, 나는 형님이 구원받기를 15년 동안 기도하고 있었습니다. 나는 종종 그의 구원을 위해 기도하며 삼일씩 금식을 하곤 했습니다. 그러나 그는 좋아지기는커녕 점점 나빠지는 듯 했습니다. 나는 "하나님 그를 구원해주세요. 하나님 그를 구원해주세요"라고 기도했습니다. 그러나 아무 일도 일어나지 않았습니다. 내가 어느 날 침대에 누워 말씀을 보고 있을 때 나는 영 안에서 주님께서 말씀하시는 것을 들었습니다. 그는 나를 이렇게 독려하셨습니다. "이 상황에 대해서 네가 뭔가를 해라. 너는 권세를 받았다. 너는 나의 이름을 받았다." 나는 침대에서 일어나 이렇게 말했습니다. "예수 그리스도의 이름으로 나는 데브(형의 이름)의 삶을 지배하는 마귀의 모든 능력을 파한다. 그리고 나는 그의 구원과 해방을 선포한다!" 2주가 지나지 않아, 나는 데브가 거듭났다는 소식을 들었습니다.

고백 예수님께서 말씀하시길 우리 믿는 자들이 무엇을 금지하거나 허락하든지 하늘에서도 우리가 하는 일이 그대로 될 것이라고 하셨다. 예수님의 이름으로 나는 원수의 모든 일들을 금지하고 결박한다. 그리고 예수님의 이름으로 나는 하나님의 능력이 내 삶의 영역에 흘러가도록 풀어 놓고 허락한다.

4월 9일

너희를 피하리라

… 마귀를 대적하라 그리하면 너희를 피하리라 (약 4:7)

　마귀에 관해 언급한 신약의 모든 구절에서는 항상 우리가 마귀에게 무언가를 하라고 가르칩니다. 신약에서는 믿는 자들로 하여금 하나님에게 마귀에 대해 뭔가를 해달라고 기도하라고 결코 말하고 있지 않습니다!

　야고보서 4장 7절에서 생략된 그 문장의 주어는 "너희"입니다. 너희가 "마귀를 대적하라 그리하면 너희를 피하리라." "하나님께 마귀에 대해 뭔가를 해달라고 기도하라"라고 말하고 있지 않음을 주목해서 보기 바랍니다. 이렇게 되어 있지도 않습니다. "예수님께서 마귀가 너를 해하지 않도록 해달라고 기도하라."

　또한 성경에서 "네가 마귀를 대적할 수 있다고 느껴지면, 그렇게 될 것이다"라고도 말하지 않은 것을 주목하기 바랍니다. 아닙니다. 당신이 그렇게 느끼든지 아니든지, 그 권세는 여전히 당신에게 속한 것입니다. 당신은 권세를 느낄 수 없습니다. 당신은 그저 사용하면 됩니다!

　나는 야고보서 4장 7절에서의 "피하리라"라는 단어가 특별히 뭔가를 나타내고 있다는 것을 나의 영으로 감지한 적이 있습니다. 큰 사전에서 나는 내 영이 찾고 있었던 딱 맞는 정의를 찾았습니다. "피하다: 공포에 질려 어떤 것에서 도망치다."

　야고보서 4장 7절을 행하십시오. 단지 동화의 이야기로 여기지 말고 하나님의 말씀으로 여겨 행하십시오. 만약 당신이 행한다면, 마귀는 그의 모든 군대와 함께 공포에 질려서 당신으로부터 도망칠 것입니다.

> **고백**　나는 하나님의 말씀대로 마귀를 대적한다. 마귀는 공포에 질려 나로부터 도망칠 것이다. 마귀는 예수 그리스도가 두려워서 죽을 지경이다. 따라서 마귀는 나또한 두려워서 죽을 지경이다.

4월 10일

귀신을 쫓아내며

> 믿는 자들에게는 이런 표적이 따르리니 곧 그들이 내 이름으로 귀신을 쫓아내며… (막 16:17)

　예수님은 누구든지 믿는 모든 자들에게 제일 먼저 따르는 표적이 "내 이름으로 귀신을 쫓아내며"라고 말씀하셨습니다.

　예수님은 귀신들린 사람에게서 귀신을 쫓아내는 것에 관한 필요성에 대해 말씀하고 계신다고만은 할 수 없습니다. 예수님은 단지 그의 이름을 믿는 자들에게 귀신을 대적할 권세가 있음을 말씀하고 계신 것입니다. 믿는 자들은 마귀의 능력을 파하고 자신들의 삶과 사랑하는 사람들의 삶을 지킬 수 있습니다. 믿는 자들은 원수를 제어할 권세를 사용할 수 있기 때문에 원수로부터 자유함을 얻을 수 있습니다.

　예수님이 귀신에 대해 하나님이나 예수님이 무언가를 하시도록 기도하라고 말씀하신 것이 아님을 다시 한 번 주목하십시오. 예수님은 믿는 자들이 그러한 일들을 할 것이라고 말씀하셨습니다. 믿는 자들은 귀신을 쫓아낼 것입니다. 믿는 자들은 새 방언으로 말하게 될 것입니다. 믿는 자들이 아픈 사람에게 그들의 손을 얹으면 낫게 되는 것입니다.

　하나님께 병든 자들에게 손을 얹어달라고 기도하지 마십시오. 당신이 하십시오! 그리고 하나님께 귀신을 쫓아내달라고 기도하지 마십시오. 당신이 하십시오!

고백　나는 믿는 자이며 나에게는 이런 표적이 따른다. 예수님의 이름으로 나는 귀신을 쫓아낸다. 나는 그들이 내 길을 막아서지 못하도록 한다. 나는 내 삶을 넘보는 마귀의 능력을 파한다. 나는 내 사랑하는 이의 삶을 넘보는 마귀의 능력을 파한다. 나는 원수를 제어할 권세를 사용하므로, 나는 원수로부터 자유하다.

4월 11일

당신의 영토

한 사람의 범죄(과실, 위반)로 말미암아 사망이 그 한 사람을 통하여 왕 노릇 하였은즉 더욱 하나님의 은혜(분에 넘치는 호의)와 (그들로 그분 자신과 함께 의의 자리로 들게 하는) 의의 선물을 넘치게 받는 자들은 한 분 예수 그리스도를 통하여 생명 안에서 왕 노릇 하리로다. (롬 5:17)

사도 바울이 이 말씀을 쓸 당시는, 왕들이 여러 나라들을 다스리거나 소유하던 때였습니다.

당신도 당신의 영토에서 다스릴 수 있습니다. 이 말은 당신이 다른 사람들을 다스리고 통치한다는 의미가 아닙니다. 당신이 당신의 영토, 즉 당신의 삶에서 다스리고 통치한다는 뜻입니다. 당신은 환경과 가난, 고통, 질병 등 당신을 방해할 수 있는 모든 것들을 다스리고 통치할 수 있습니다. 당신이 권세를 가졌기 때문에 다스릴 수 있는 것입니다!

어떻게 당신이 권세를 가졌습니까? 예수 그리스도를 통해서입니다.

마귀가 당신이 받아야 할 하나님의 축복을 가로채지 못하도록 하십시오. 하나님은 일부러 당신이 가난에 시달리며 빈곤하도록 만드시는 분이 절대로 아닙니다. 하나님은 마귀가 당신의 가족을 지배하고 다스리고 소유하도록 하지 않으셨습니다. 마귀에게 그냥 화내십시오. 그에게 말하길, "내 아이들에게서 당장 손을 떼라. 너는 여기에 아무 권리도 없다. 이 영토는 내가 다스린다." 만약 그가 무슨 말을 하려고 한다면, 로마서 5장 17절을 인용하십시오.

> **고백** 나는 내 영토를 다스린다. 나는 그렇게 할 수 있는 권세를 가졌다. 나는 예수 그리스도로 인해 다스린다. 원수는 나의 가족을 지배하지 못한다. 그는 나를 지배하지 못한다!

4월 12일

교회에게

또 만물을 그의 발 아래에 복종하게 하시고 그를 만물 위에 교회의 머리로 삼으셨느니라. 교회는 그의 몸이니… (엡 1:22-23)

    교회가 깨어나 자신이 가진 강력한 신분과 특권을 정당하게 평가하는 것이 얼마나 필요한지요! 교회가 하나님께서 원하시는 만큼 높이 올려지는 것이 얼마나 필요한지요! 교회가 자신이 공중의 세력들을 지배해야 한다는 것을 깨닫는 것이 얼마나 필요한지요!
    교회가 그 권세를 사용해야할 사역에서 얼마나 자주 실패하고 실제로 패배하여 엎드리고 두려움에 정복되었는지요.
    "그를 만물 위에 교회의 머리로 삼으셨느니라." 교회의 머리로! 예수님이 모든 만물 즉 마귀, 사탄, 질병, 가난 그리고 악에 속한 모든 것들 위에 교회의 머리가 되신 이유는 교회를 위해서입니다! 우리는 경건하게 앉아 이 위대한 진리를 묵상하여 그 엄청난 의미가 우리 심령을 사로잡도록 해야 할 것입니다. 이러한 마음 가짐을 가질 때 진리의 영께서는 우리로 하나님의 말씀이 말하고 있는 바를 충분히 이해할 수 있는 경지에 도달하게 할 것입니다. 그것은 하나님께서 교회를 위해 모든 만물 위에 그리스도를 머리로 삼으신 것은 교회로 하여금 그 교회의 머리를 통하여 만물 위에 권세를 사용하도록 하기 위해서입니다.

고백   예수님은 나의 머리이시다. 예수님은 모든 것을 다스리시는 주님이시다. 예수님은 나에게 원수의 모든 군대를 제어할 권세를 주셨다. 세상에 있는 이보다 내 안에 계신 예수님이 더 크신 분이시다. 나는 나를 사랑하사 나를 위해 자신을 주신 그분으로 인해 정복자 그 이상이다.

4월 13일

죽은 자들 가운데서 먼저 나신 이

그는 보이지 아니하는 하나님의 형상이시요 모든 피조물보다 먼저 나신 이시니 만물이 그에게서 창조되되 하늘과 땅에서 보이는 것들과 보이지 않는 것들과 혹은 왕권들이나 주권들이나 통치자들이나 권세들이나 만물이 다 그로 말미암고 그를 위하여 창조되었고 또한 그가 만물보다 먼저 계시고 만물이 그 안에 함께 섰느니라 그는 몸인 교회의 머리시라 그가 근본이시요 죽은 자들 가운데서 먼저 나신 이시니 이는 친히 만물의 으뜸이 되려 하심이요 아버지께서는 모든 충만으로 예수 안에서 거하게 하시고 그의 십자가의 피로 화평을 이루사 만물 곧 땅에 있는 것들이나 하늘에 있는 것들이 그로 말미암아 자기와 화목하게 되기를 기뻐하심이라 (골 1:15-20)

예수님은 아버지와 동등함에도 불구하고, 하나님의 영원한 아들이 종의 모습을 취하시고 십자가의 보혈을 통해 하나님과 세상을 화목하게 하셨습니다. 이를 이루시기 위해 예수님은 자기 자신을 죽음에 내어주었습니다(마 27:50). 예수님께서 죄가 되셨을 때(고후 5:21), 그는 하나님에 의해 하나님과 분리되는 영적인 죽음을 당하셨습니다. 이 일이 일어날 때 예수님의 입에서는 "나의 하나님, 나의 하나님, 어찌하여 나를 버리시나이까?"라는 가슴이 찢어지는 울부짖음이 터져 나왔습니다. 예수님의 영은 우리의 범죄함으로 내어줌이 되시고 또한 우리를 의롭게 하시기 위해 다시 살아나신 것입니다(롬 4:25). 의로우신 예수님을 죽음에 내어준 것은 우리의 죄 값을 치르고 예수님을 죽은 자들 가운데서 먼저 살아나시도록 하기 위한 아버지의 지혜였습니다.

 예수님, 나의 죄를 위해 죽으심을 인해 감사드립니다. 예수님께서 나를 자유케 하시기 위해 나의 죄 값을 치르심으로 인해 감사드립니다.

4월 14일

발가벗기다

통치자들과 권세들을 무력화하여 드러내어 구경거리로 삼으시고 십자가로 그들을 이기셨느니라 (골 2:15)

적군의 왕자들과 통치자들을 자신에게서 떨어버리시고 그들을 그분의 노획물로 과감히 드러내셨습니다. (골 2:15, 웨이마우스 번역)

성경은 여기서 우리에게 예수님이 사탄을 무력하게 만드셔서 그를 정복하셨음을 가르쳐주고 있습니다. 다른 번역에서는 "예수님께서 사탄을 발가벗기셨다"라고 표현하고 있습니다. 예수님은 사탄의 무엇을 발가벗기셨습니까? 사람을 지배하는 그의 권세입니다.

예수님께서 사탄을 무력하게 하여 그의 권세를 벗겨버렸을 때, 그것은 그리스도 안에서 당신이 한 것입니다. 그리스도는 당신의 자리에서 당신을 대신하여 행하신 것입니다. 그분이 당신을 위하여 하신 것입니다.

그리스도께서 하신 일로 공을 얻는 것은 당신입니다. 예수님은 당신의 대리자로 그 일을 하셨습니다. (예수님께서 당신의 위치에서 그 일을 하셨고 하나님은 당신이 그 일을 직접 한 것처럼 당신에게 그 명예를 주십니다!)

우리는 육체 안에서 자랑할 것이 없습니다. (당신의 육체는 큰 가치가 없습니다.) 우리는 그리스도 안에 있는 당신에 관해 말하고 있는 것입니다.

당신은 이렇게 말할 수 있습니다. "그리스도 안에서, 나는 사탄을 정복했다. 나는 사탄의 권세를 벗겨버렸다. 그리고 예수님께서 부활하셨을 때, 나도 예수님과 함께 부활했다!"

고백 예수 그리스도께서 공의가 내게 요구하는 바를 만족시키셨다. 그는 나의 죄 값을 치르셨다. 그는 나를 지배하고 있던 흑암의 권세들과 군대들을 발가벗기셨다. 그러므로 사탄아, 너는 나를 지배할 아무런 권세가 없다.

4월 15일

마비되어

자녀들은 혈과 육에 속하였으매 그도 또한 같은 모양으로 혈과 육을 함께 지니심은 죽음을 통하여 죽음의 세력을 잡은 자 곧 마귀를 멸하시며 (히 2:14)

… 죽음을 지배하고 있는 원수를 마비시키시며 (히 2:14, 로더햄 번역)

예수님께서 흑암의 군대들을 무력하게 만드셨습니다! 그는 흑암의 사망 권세를 마비시키셨습니다! 그리고 예수님이 밧모섬에 있는 사도 요한을 만났을 때 이렇게 말씀하셨습니다. "나는 곧 살아 있는 자라 내가 전에 죽었었노라 볼지어다 이제 세세토록 살아 있어 사망과 음부의 열쇠를 가졌노니"(계 1:18).

열쇠는 권세를 상징합니다. 예수님은 사탄을 정복하시고 그의 권세를 빼앗으셨습니다. 예수님은 지옥을 정복하셨습니다!

그러나 예수님은 그분 자신을 위해서 사탄을 정복하신 것이 아닙니다. 예수님은 우리를 위해서 사탄을 정복하셨습니다. 이것은 마치 여러분과 내가 직접 사탄을 대면해서 그를 정복하고, 그의 권세를 발가벗겨 그의 앞에 정복자로 선 것과 같습니다.

고백 예수님은 나의 머리이시다. 예수님은 모든 것을 지배하시는 주님이시다. 예수님은 나를 위해 사탄을 정복하셨다. 예수님은 나를 지배하던 사탄의 권세를 발가벗기셨다. 천국과 지옥, 온 우주에서 볼 때, 이것은 내가 사탄과 직접 대면하여 그를 정복하고, 그의 권세를 발가벗겨 그의 앞에 정복자로 선 것이다. 그러므로 예수 그리스도 안에서 나는 정복자 그 이상이다. 나는 권세를 잡은 자이다. 나는 사탄과 그의 모든 군대 앞에 정복자로 선다.

4월 16일

대리인 : 하나님

너희도 그 안에서 충만하여졌으니 그는 모든 통치자와 권세의 머리시라 … 너희가 세례로 그리스도와 함께 장사되고 또 죽은 자들 가운데서 그를 일으키신 하나님의 역사를 믿음으로 말미암아 그 안에서 함께 일으키심을 받았느니라 또 범죄와 육체의 무할례로 죽었던 너희를 하나님이 그와 함께 살리시고 우리의 모든 죄를 사하시고… (골 2:10, 12-13)

"하나님의 역사를 믿음으로"라는 표현을 주목하여 보십시오. 예수님은 하나님의 역사를 믿음으로 다시 사셨고 우리 또한 동시에 일으키심을 받았습니다. 예수님을 죽음에서 일으키신 분은 하나님이십니다. 예수님께 모든 이름 위에 뛰어난 이름을 주신 분도 하나님이십니다. 우리에게 불리한 "손으로 쓴 법률들"을 지워버리시고 그것들을 십자가에 못 박으셔서 우리 가운데서 제거하신 분도 하나님이십니다(골 2:14). 흑암의 권세의 능력을 무장해제 시키시고 그것을 아들에게 넘겨주신 분도 하나님이십니다(골 2:15). 그리고 하나님께서 우리를 "그와 함께" 살리셨습니다.

하나님의 입장에서는, 법적으로 말하면, 예수님께서 죽음에서 일어나셔서 다시 사셨을 때, 우리도 다시 창조된 것입니다. "우리는 그리스도 예수 안에서 만들어진 하나님의 작품입니다"(엡 2:10). 우리가 재창조된 사실은 우리 개개인이 거듭났을(새로운 피조물이 되었을) 때 우리의 삶에 생생한 실제가 되는 것입니다.

그리스도와 함께 일어났다! 그와 함께 되살아났다! 그와 함께 앉았다!(엡 2:4-6)

하나님의 역사를 믿는 믿음으로 나는 그리스도와 함께 다시 살았고 그와 함께 하늘 보좌에 앉았다.

4월 17일

유추

> 그는 몸인 교회의 머리시라 그가 근본이시요 죽은 자들 가운데서 먼저 나신 이시니 이는 친히 만물의 으뜸이 되려 하심이요 (골 1:18)

이것이 믿는 자들이 놓쳐왔던 부분입니다! 우리는 예수님을 교회의 머리로 인정하고 그 분을 그 분의 능력의 위치에 맞게 높였습니다. 좋습니다. 그러나 우리는 머리가 그의 계획을 수행하기 위해 전적으로 그의 몸에 의지하고 있음을 보지 못했습니다. 우리는 우리 자신이 그리스도와 함께 하늘에 앉아있다는 것을 알지 못했습니다. 우리는 예수님께서 사탄의 능력을 제어할 권세가 있음을 보지 못했습니다. 만약 이 권세가 사용된다면, 그것은 그의 몸을 통해서 사용될 것입니다. 우리는 그동안 우리가 아무 것도 할 수 없고, 교회의 머리되신 그리스도께 모든 것을 맡기는 것이 당연하다고 생각해 왔습니다. 머리는 몸이 없이는 아무 능력도 행할 수 없는데도 말입니다.

당신의 머리를 예로 들어 봅시다. 머리는 몸의 협조가 없으면 어떠한 계획도 수행할 수 없어 무기력합니다. 당신의 머리는 당신 앞에 있는 선반에 찬송가가 있는 것을 볼 수 있을지 모르지만, 당신의 몸의 협조가 없이는 당신의 머리는 그 책을 가져와 노래를 부를 수 없을 것입니다.

하나님께서 이 세상에서 그의 아들을 통해 성취하기 원하시는 사역은 그리스도의 몸을 통해서 이루어질 것입니다. 그리고 그리스도의 몸인 우리는 머리가 가지고 있는 권세와 똑같은 권세를 가지고 있습니다!

고백 하나님께서 이 세상에서 그의 아들을 통해 성취하기 원하시는 사역은 그리스도의 몸을 통해서 이루어질 것이다. 나는 그 몸의 지체이며 나는 나의 권세를 사용할 것이다.

4월 18일

무엇이든지 원하는 대로

너희가 내 안에 거하고 내 말이 너희 안에 거하면 무엇이든지 원하는 대로 구하라 그리하면 이루리라 (요 15:7)

　내가 곧 죽을 것 같은 내 사랑하는 사람을 위해 기도할 때 예수님께서 이렇게 말씀하셨습니다. "네가 말하는 것은 무엇이든지, 내가 그대로 할 것이다."
　이런 특수한 경우에 있어서, 나는 상황을 생각하며 나의 권리들을 걸고 기도하고 있을 때 주님께서 내게 환상 가운데 찾아와 이렇게 말씀하셨습니다. "좋아, 내가 ＿＿＿＿＿에게 몇 년의 시간을 더 주려고 한다. 그것은 단지 네가 나에게 그렇게 요구했기 때문이다. 나는 이 땅의 어떤 아버지보다도 내가 나의 자녀들에게 해주고 싶은 것이 많다. 그들이 단지 내가 하도록만 한다면 말이다."
　왜 하나님이 그냥 하지 않으십니까?
　왜냐하면 우리가 믿음으로 하나님과 협력해야 하기 때문입니다.
　하나님이 폭군처럼 사람들을 지배하고, 억지로 화해하게 만들고, 사람들이 협조하든 말든 하나님 마음대로 하신다는 생각은 완전한 무지입니다.
　우리가 해야 할 부분이 있습니다! 그리고 하나님께 감사하게도, 우리는 우리의 합법적인 위치를 차지할 수 있습니다. 몸을 다스리는 머리되신 주 예수 그리스도께서 그의 위대한 계획들과 사역을 방해받으시는데, 그것은 그의 몸인 성도들이 그분의 존귀하심의 깊은 의미와 우리가 아버지 보좌 우편에 그분과 함께 앉아 있다는 사실을 이해하는 것에 실패했기 때문입니다!

 나는 그리스도 안에 거하고 그의 말씀은 내 안에 거한다. 그러므로 나는 내가 원하는 것을 구하고 그것은 그대로 이루어질 것이다!

4월 19일

위치 차지하기

그러므로 너희가 그리스도와 함께 다시 살리심을 받았으면 위의 것을 찾으라 거기는 그리스도께서 하나님 우편에 앉아 계시느니라 위의 것을 생각하고 땅의 것을 생각하지 말라 (골 3:1-2)

믿는 자들이 그리스도와 함께 아버지의 보좌 우편에 앉게 된 승진은 사실 부활 때에 이미 일어난 것입니다(엡 2:5-6). 이 구절을 진짜 당신의 것이 될 때까지 묵상하십시오. 기억하십시오. 하늘에 속한 온갖 신령한 복은 여러분 것입니다(엡 1:3). 그러나 당신이 반드시 당신의 자리를 차지하고 누려야 합니다. 그리스도 안에서 그의 보좌의 권세에 눈이 열린 믿는 자들은 ⑴ 그의 자리를 받아들이고 ⑵ 그에게 부여된 영적인 권세를 사용해야 합니다.

마귀는 우리가 그의 영토를 침입한 것에 몹시 분노하고 있습니다. 그는 권세를 사용하며 누군가의 삶을 지배해 왔기 때문에 우리가 이 위대한 진리들을 가지고 올 때 그는 그의 능력을 집중하여 우리를 공격할 것입니다. 그러나 믿는 자의 권세의 진리에 맞서 싸울 수 있는 다른 어떤 진리는 존재하지 않습니다!

유일하게 안전한 장소는 모든 주권과 능력과 힘, 그리고 지배로부터 멀리 벗어나 그리스도와 함께 하늘에 앉는 것입니다. 믿는 자들이 이 장소에서 믿음으로 지속적으로 거한다면, 원수는 그에게 손을 댈 수도 없습니다. 그러므로 하늘의 당신의 자리를 차지하고 지키십시오!

 나는 하늘의 사실에 내 마음을 둔다. 나는 원수로부터 멀리 떨어져 그리스도와 함께 하늘에 앉아있음을 내 스스로가 마음에 새긴다.

4월 20일

완전무장

그러므로 하나님의 전신갑주를 취하라 이는 악한 날에 너희가 능히 대항하고 모든 일을 행한 후에 서기 위함이라 (엡 6:13)

완전무장에 대한 말씀(엡 6:10-18)은 우리에게 마귀에 대항하여 어떻게 우리의 위치를 차지하고 지킬 수 있는지에 대해 말해주고 있습니다.

"그러므로 서서, 진리의 허리띠로 허리를 동이고." 진리의 허리띠는 하나님의 말씀에 대한 명백한 이해를 말합니다. 이것은 병사의 허리띠와 같이 갑옷의 나머지 부분을 붙잡아줍니다.

"의의 호심경(가슴막이)을 붙이고" 가슴막이는 두 가지 의미를 가집니다. (1) 예수님이 우리의 의가 되심으로 우리는 그분을 옷 입습니다. (2) 가슴막이는 하나님의 말씀에 대한 우리의 적극적인 순종을 상징합니다.

"평안의 복음이 준비한 것으로 신을 신고" 이것은 하나님의 말씀을 선포하는 신실한 사역을 의미합니다.

"모든 것 위에 믿음의 방패를 가지고 이로써 능히 악한 자의 모든 불화살을 소멸하고" 이 완벽한 방어는 보혈에 대한 믿음에 의한 것입니다. 어떤 원수의 능력도 보혈을 뚫을 수 없습니다!

"구원의 투구와" 이것은 우리 주 예수 그리스도로 덮는 것입니다. "성령의 검, 곧 하나님의 말씀을 가지라" 완전무장의 모든 부분은 보호(방어)를 위한 것인데 오직 하나 말씀이 원수에 대적하여 공격하는 무기입니다.

"모든 기도와 간구를 하되 항상 성령 안에서 기도하고" 당신은 완전무장을 하였습니다. 이제 당신은 기도의 싸움에 준비가 된 것입니다.

 전신갑주를 입은 당신 자신을 고백하십시오. 이렇게 말씀하십시오. "그러므로 나는 서서, 진리의 허리띠로 허리를 동이고…"

4월 21일

보이지 않는 세력

> 우리의 씨름은 혈과 육을 상대하는 것이 아니요 통치자들과 권세들과 이 어둠의 세상 주관자들과 하늘에 있는 악의 영들을 상대함이라 (엡 6:12)

우리는 보이지 않는 세력을 묶도록 부름 받았습니다. 우리는 마귀와 악의 영들을 제어할 권세를 가지고 있습니다. 그러나 우리는 다른 사람들이나 그들의 뜻을 제어하는 권세는 가지고 있지 않습니다.

몇 년 전, 내 친구 목사가 캘리포니아에서 열리는 집회에 포트 워쓰부터 나와 동행하였습니다. 그는 당뇨병을 앓고 있었고, 매일 아침 소변에 있는 당의 양을 체크하여 하루에 얼마만큼의 인슐린을 주사해야하는지 확인해야 했습니다.

우리가 캘리포니아를 떠날 때 내가 말했습니다. "자네는 나랑 있는 동안에는 당분을 얼마나 섭취하는지 기록할 필요가 없네." 그는 나를 못 믿겠다는 듯이 나를 쳐다보았지만, 2주 가까이 나와 함께 있는 동안 그는 파이와 케이크를 먹을 때에도 당을 섭취하는 것을 기록하지 않았습니다. 그가 내게 나중에 말하길 그가 집에 돌아가서 3일이 지나서야 다시 당분 섭취를 기록하기 시작했다고 했습니다.

왜 그렇습니까? 내가 그의 질병을 제어할 권세를 가졌기 때문입니다. 나는 보이지 않는 세력을 제압했지만 그의 의지까지는 제어할 수 없었습니다. 그가 나와 있는 동안에는 이 보이지 않는 세력은 내 앞에 있었고 내가 제어할 수 있었습니다. 나는 그에게 그도 또한 똑같이 행할 수 있다고 설득하려 했지만, 그는 다시 예전처럼 돌아가 버렸습니다.

고백 나는 내 지배 영역에 있는 보이지 않는 모든 세력을 제어할 권세를 가지고 있다. 그리고 나는 예수 이름으로 그들을 묶고 활동하지 못하도록 한다!

4월 22일

눈을 가린

만일 우리의 복음이 가리었으면 망하는 자들에게 가리어진 것이라 그 중에 이 세상의 신이 믿지 아니하는 자들의 마음을 혼미하게 하여 그리스도의 영광의 복음의 광채가 비치지 못하게 함이니 그리스도는 하나님의 형상이니라 (고후 4:3-4)

올바른 정신을 가진 사람이라면 어느 누구도 고속도로에서 빨간 불이 켜지고 "위험! 위험! 다리가 끊어졌음"이라는 표시를 보고도 시속 100마일로 달리지는 않을 것입니다. 만약 술 취한 사람이나 마약에 중독된 사람이라면 그럴지도 모르겠습니다.

마찬가지로, 올바른 정신을 가진 사람이라면 삶을 마치고 영원한 지옥으로 뛰어들려고 하지는 않을 것입니다. 그러나 사람들은 그렇게 합니다. 왜냐하면 마귀가 그들을 혼미케 하고 눈을 가렸기 때문입니다.

내 형 더브의 구원의 경우에도, 나는 마귀가 더브를 묶고서 그가 구원받지 못하도록 계속 방해한다는 것을 알았습니다. 그래서 나는 이렇게 말했습니다. "사탄아, 예수 그리스도의 이름으로 내 형 더브의 삶을 지배하는 너의 세력을 파한다. 그리고 나는 그의 해방과 구원을 선포한다."

우리는 사람의 의지를 제어하지 못하지만 사람을 묶고 눈을 가리는 악한 영들을 제어할 수 있습니다. 나는 이 분야에서 앞으로 우리가 더욱 잘 알게 되고 발전하게 될 것을 확신합니다.

이 세상 신이 나의 사랑하는 사람의 눈을 가리지 못할 것이다. 왜냐하면 내가 예수님의 이름으로 그들을 묶고 있는 세력을 파하기 때문이다!

4월 23일

기초

> 너는 진리의 말씀을 옳게 분별하며 부끄러울 것이 없는 일꾼으로 인정된 자로 자신을 하나님 앞에 드리기를 힘쓰라 (딤후 2:15)

내가 내 형을 묶고 있던 악한 영을 나의 권세로 제어한 이야기를 읽고 누군가는 이렇게 얘기할지 모르겠습니다. "나도 그렇게 시도해 보려고 해요." 만약 당신이 시도하는 거라면 역사하지 않을 것입니다. 나는 단순히 시도한 것이 아닙니다. 나는 행한 것입니다!

교통경찰이 그의 권세를 행사하는 것을 보고 누군가가 차 앞에 뛰어들어 "내가 시도해 볼 게요"라고 말한다고 그처럼 되는 것이 아닙니다. 아무도 그에게 복종하지 않을 것입니다. 그러나 이제 만약 그들이 경찰복을 입고 호루라기를 분다면 사람들은 멈출 것입니다. 그들은 경찰 뒤에 있는 권세를 인식하는 것입니다.

믿는 자들은 때때로 다른 누군가가 그들의 권세를 어떻게 사용했는지를 듣고서 이렇게 생각합니다. "그 사람도 그렇게 했다니까 나도 시도해봐야지. 그에게 역사했으니 나한테도 역사할 거야." 사탄은 그들이 자신들의 권세에 확신이 없다는 것과 그들의 영 안에 하나님의 말씀이 없이 시도하는 것, 그리고 그들 삶에 말씀에 대한 견고한 기초가 없다는 것을 알고 있습니다. 그리고 마귀는 너무나 쉽게 그들을 패배시킵니다.

그러나 당신이 당신 안에 하나님의 말씀에 대한 기초를 건축하고 하나님의 말씀대로 행할 때, 당신은 모든 전투에서 마귀를 패배시킬 것입니다.

고백 나는 하나님 앞에 내 자신을 증명하기 위해 연구한다. 나는 내 삶과 내 영안에 하나님의 진리의 말씀을 세운다. 나는 하나님의 말씀에 의한 나의 권세를 확신한다. 나는 패배할 수 없다. 그리고 사탄도 그것을 알고 있다.

4월 24일

주님, 우리에게 기도하는 법을 가르쳐 주옵소서

예수께서 한 곳에서 기도하시고 마치시매 제자 중 하나가 여짜오되 주여 요한이 자기 제자들에게 기도를 가르친 것과 같이 우리에게도 가르쳐 주옵소서 (눅 11:1)

어떤 사람이 이렇게 말했습니다. "기도하는 법을 배우는 것이 대학 교육을 받는 것보다 훨씬 중요합니다." 교육을 받는 것이 중요하지 않다고 말한 것은 아닙니다. 그는 기도하는 법을 배우는 것이 훨씬 더 중요하다고 말한 것입니다.

나는 어떻게 기도하는지 모르는 사람들을 볼 때 안타까운 마음이 듭니다. 인생의 위기가 올 때, 그들은 어떻게 말하는지 압니다. 그러나 단지 허공에 청산유수처럼 말을 한다고 그것이 기도는 아닙니다! 그냥 허공에 대고 말하는 것은 기도가 아닙니다. 주일날 아침에 20분 동안 하나님께서 교회를 위해 하셔야 할 의무를 하나님께 가르치는 것도 기도가 아닙니다. 그리고 기도하는 체 하면서 회중에게 강의를 하는 것도 기도가 아닙니다.

실제적인 면에서, 기독교는 우리의 기도를 들으시고 응답하시는 살아있는 하나님과 교통하는 살아있는 종교입니다. 그리고 기도는 아버지 하나님의 능력에 합류하여 그분의 뜻을 이 땅 위에 가져오는 그분과의 교제입니다.

당신을 포함하여 모든 그리스도인들에게 가장 중요한 것은 어떻게 기도하는지를 배우는 것입니다!

고백 나는 나의 기도를 들으시고 응답하시는 살아있는 하나님과 교통하고 있다. 나는 그분과 교제한다. 나는 그분의 힘에 합류하여 그분의 뜻을 이 땅 위에 가져온다.

4월 25일

하나님을 제한하기

> 그들이 돌이켜 하나님을 거듭거듭 시험하여 이스라엘의 거룩하신 이를 노엽게 하였도다 (시 78:41)

당신이 하나님을 제한할 수 있습니까? 성경은 이스라엘 백성이 그렇게 했다고 말하고 있습니다. 그리고 우리도 그분을 제한해왔습니다. 우리는 우리의 기도생활을 통해 하나님을 제한해왔습니다.

감리교의 창시자인 요한 웨슬리는 "하나님은 우리의 기도생활에 제한받으시는 것처럼 보입니다. 그분은 사람이 기도하기 전까지는 아무것도 하실 수 없으십니다."

왜 그렇습니까?

하나님은 세상을 창조하셨고 만물을 충만하게 하셨습니다. 그리고 그분은 사람을 만드시고 사람에게 그분이 만드신 모든 피조물들을 다스릴 권세를 주셨습니다. 아담은 이 세상의 신이었습니다. 그러나 아담은 최고의 반역죄를 지었고 사탄에게 그 권세를 팔아 넘겼습니다. 그 결과 사탄이 이 세상의 신이 되었습니다(고후 4:4).

하나님께서 개입하셔서 사탄을 멸망시키지 않으셨습니다. 만약 그분이 그렇게 하셨다면 사탄은 하나님께서 하신 일에 대해 고소할 수 있습니다. 그러나 하나님은 구원의 계획을 세우셨습니다. 그리고 그분은 사탄이 건드릴 수조차 없는 자기의 아들을 보내셔서 그 계획을 성취하도록 하셨습니다. 예수님을 통해서 하나님은 인류를 속량하신 것입니다!

이제 예수 그리스도를 통해 그 권세는 다시 우리에게 주어졌습니다. 그리고 우리가 하나님께 구할 때, 하나님은 움직이시고 일하실 수 있습니다. 그것이 바로 누군가가 하나님께 기도하기 전까지 그분이 아무것도 하실 수 없는 이유입니다.

 나는 내 기도의 자리를 취한다. 나는 나의 아버지의 능력에 합류하여 그분의 뜻을 이 땅 가운데로 가져온다!

4월 26일

언약의 친구

아브라함이 가까이 나아가 이르되 주께서 의인을 악인과 함께 멸하려 하시나이까 그 성 중에 의인 오십 명이 있을지라도 주께서 그 곳을 멸하시고 그 오십 의인을 위하여 용서하지 아니하시리이까 주께서 이같이 하사 의인을 악인과 함께 죽이심은 부당하오며 의인과 악인을 같이 하심도 부당하니이다 세상을 심판하시는 이가 정의를 행하실 것이 아니니이까 (창 18:23-25)

   하나님은 피의 언약의 친구인 아브라함과 이야기하지 않고는 소돔과 고모라를 멸하려고 하지 않으셨습니다!
   창세기 18장의 아브라함의 기도는 구약에서 가장 명확하고 시사하는 바가 큰 기도입니다. 아브라함은 하나님께서 그와 맺으신 언약 - 구약, 옛 언약 - 에서 자신의 위치를 차지하였습니다.
   언약을 통해서, 아브라함은 우리가 조금밖에 알지 못하고 있는 권리와 특권을 받았습니다. 아브라함의 언약이 여호와 주 하나님과 거행되었고 아브라함은 법적으로 하나님 앞에 설 수 있었습니다. 그러므로 우리는 아브라함이 소돔과 고모라를 위해서 분명하게 중보하는 것을 들을 수 있습니다. "이 땅에 의를 행하는 사람이 있어도 멸하려 하시나이까?"

고백   나는 하나님과 언약, 즉 새로운 언약을 맺었다. 나는 언약의 권리와 특권을 가지고 있다. 나는 하나님과 함께 선다. 나는 하나님과 교통한다. 나는 기도로 나의 언약의 권리와 특권을 사용한다. 나는 아버지의 능력에 합류하여 그분의 뜻이 이 땅 위에 이루어지도록 한다.

4월 27일

더 좋은 언약

그러나 이제 그는 더 아름다운 직분을 얻으셨으니 그는 더 좋은 약속으로 세우신 더 좋은 언약의 중보자시라 (히 8:6)

구약을 통틀어, 우리는 언약 안에서 자신의 위치를 이해하고 차지한 사람들을 발견할 수 있습니다. 여호수아는 요단강을 갈랐습니다. 그는 명령했고 견고히 서 있었습니다. 엘리야는 하늘로부터 불이 내려와 번제물은 물론 제단까지 불사르게 했습니다. 다윗의 위대한 용사들은 언약을 기억함으로 전쟁의 때에 죽음으로부터 완벽히 보호받았습니다. 당신이 이런 사람들의 이야기를 읽을 때, 당신은 슈퍼맨의 이야기를 읽는 것처럼 생각이 들 것입니다.

구약의 거의 모든 기도는 언약의 사람에 의해 드려졌습니다. 이러한 기도들은 응답되어야만 했습니다.

오늘날 믿는 자들은 옛 언약 아래 있었던 믿는 자들과 같은 언약의 권리를 가지고 있습니다. 사실, 우리는 더 좋은 약속 위에 세워진 더 좋은 언약을 소유하고 있습니다. 그러므로 우리는 그들이 했던 모든 것들과 그 보다 더 큰일도 할 수 있는 것이 당연합니다. 왜냐하면 우리는 더 좋은 약속 위에 세워진 더 좋은 언약, 새로운 언약을 가지고 있기 때문입니다.

고백 예수님을 통해서 나는 하나님과 언약을 맺었다. 이것은 더 좋은 약속에 근거한 더 좋은 언약이다. 나는 아브라함, 여호수아, 엘리야 그리고 다윗이 가졌던 언약보다 더 좋은 언약의 권리들을 가지고 있다. 나는 기도로 새 언약(신약)에서의 내 자리를 차지한다. 나의 기도는 반드시 응답되어진다.

4월 28일

네 주장을 변론하라

너는 나에게 기억이 나게 하라 우리가 함께 변론하자 너는 말하여 네가 의로움을 나타내라 (사 43:26)

"너는 나에게 기억이 나게 하라." 하나님이 무엇을 말씀하고 계신 것입니까? 이것은 기도에 관한 하나님의 약속을 우리가 하나님께 상기시켜 드려야 함을 말하고 있는 것입니다.

당신이 기도할 때, 하나님의 보좌 앞에 서서 하나님께 하나님의 약속들을 상기시켜 드리십시오. 당신의 경우를 그분 앞에 법적으로 내려놓고, 변호사처럼 변론하십시오. 변호사는 계속적으로 법 조항과 선례들을 제시합니다. 하나님의 말씀을 제시하십시오. 하나님의 언약의 약속들을 제시하십시오.

킹 제임스 주석의 난외주를 보면 이 구절의 "당신의 경우를 말로 표현하라(변론하라)"라는 말을 다른 표현으로 "너를 밝혀라"라고 되어 있습니다. 하나님은 당신에게 하나님의 말씀을 제시하라고, 그분에게 기억나게 하고 당신의 언약의 권리들을 변론하라고 말씀하고 계신 것입니다. 이것은 그분 앞에 당신의 경우를 내 놓으라고 하나님께서 요구하시는 것입니다.

만약 당신의 자녀가 구원받지 않았다면 당신의 경우에 해당하는 구절들을 찾으십시오. 그리고 하나님 앞에 이 문제를 제출하십시오. 당신의 요청을 분명하게 하십시오. 당신의 이러한 필요들에 관한 명백한 약속들이 적힌 성경구절들을 찾으십시오. 당신이 하나님의 말씀에 근거하여 하나님께 나아오면 그분의 말씀은 결코 실패하지 않습니다.

고백 나는 언약을 상기시키라는 하나님의 요구를 받아들인다. 나는 하나님께 그분의 약속들을 기억나게 한다. 나는 나의 경우를 청원한다. 나는 나의 소송을 법적으로 변론한다. 나는 내 경우에 해당하는 성경구절을 찾아 하나님 앞에 내 문제를 제출한다. 나는 하나님의 말씀에 근거하여 나가며, 하나님의 말씀은 실패하지 않는다.

4월 29일

하나님은 그분의 말씀을 지키신다

이는 비와 눈이 하늘로부터 내려서 그리로 되돌아가지 아니하고 땅을 적셔서 소출이 나게 하며 싹이 나게 하여 파종하는 자에게는 종자를 주며 먹는 자에게는 양식을 줌과 같이 내 입에서 나가는 말도 이와 같이 헛되이 내게로 되돌아오지 아니하고 나의 기뻐하는 뜻을 이루며 내가 보낸 일에 형통함이니라 (사 55:10-11)

이사야 55장 11절은 당신이 기도할 때 계속적으로 사용해야 할 말씀입니다. 이것은 기도생활에 가장 중요한 요소입니다. 하나님의 입에서 나간 어떠한 말도 헛되이 하나님께 되돌아가지 않습니다.

하나님께서 "내가 내 말을 지켜 그대로 이루려 함이라"라고 말씀하셨습니다 (렘 1:12). 킹 제임스 성경의 난외주를 보면 "나는 내 말이 이루어지는 것을 책임을 지고 감독하겠다"라고 되어 있습니다.

당신이 하나님의 말씀 앞에 과감히 설 때 하나님은 그분의 말씀을 선하게 이루실 것입니다!

내가 받은 가장 위대한 기도응답은 내가 하나님께 그분의 말씀을 가지고 하나님께서 하셨던 말씀을 상기시켜 드렸을 때였습니다.

하나님을 찬양하십시오, 하나님은 그분의 말씀을 지키십니다!

고백 하나님의 말씀은 하나님의 기뻐하시는 뜻을 이루며 하나님께서 보낸 일에 형통하기 전까지 되돌아오지 않을 것이다. 나는 기도할 때 하나님의 말씀을 하나님께 가지고 온다. 그리고 하나님은 그 말씀을 선하게 이루신다. 하나님은 그분의 말씀을 지키신다. 그리고 나는 그 혜택들을 받는다.

4월 30일

기도의 열매

너희가 내 안에 거하고 내 말이 너희 안에 거하면 무엇이든지 원하는 대로 구하라 그리하면 이루리라 너희가 열매를 많이 맺으면 내 아버지께서 영광을 받으실 것이요 너희는 내 제자가 되리라 (요 15:7-8)

"너희가 내 안에 거하고…" 우리가 거듭났다면 우리는 그리스도 안에 거하는 것입니다. 만약 예수님께서 우리가 예수님 안에 거하는 것만 말씀하셨다면 그렇게 되었겠지만 예수님은 "내 말이 너희 안에 거하면…"이라고 말씀하셨습니다. 예수님의 말씀이 우리 안에 거하는 정도는 말씀이 우리 삶을 얼마나 지배하는지 즉, 우리가 말씀에 따라 사는지에 따라 다릅니다.

만약 예수님의 말씀이 우리 안에 거하면 우리는 믿음대로 할 의무가 있는데, 그것은 성경에서 "그러므로 믿음은 들음에서 나며 들음은 그리스도의 말씀으로 말미암았느니라"(롬 10:17)라고 말씀하고 있기 때문입니다. 예수님의 말씀이 믿음이 없는 사람에게 거한다는 것은 불가능합니다!

불신앙, 혹은 의심은 하나님의 말씀에 무지한 결과입니다. 만약 우리가 말씀대로 산다면, 우리가 기도할 때, 말씀이 우리 안에 풍성히 거하여 우리 입에 예수님이 말씀하신 것을 그대로 담을 것입니다. 마치 예수님의 입에 아버지의 말씀이 있었던 것처럼 말입니다.

고백 나는 그리스도 안에 거한다. 그리고 그분의 말씀은 내 안에 거한다. 나는 내 중심에 그분의 말씀을 모셨다. 나는 그 말씀을 믿는다. 나는 말씀으로 기도한다. 내가 기도할 때, 내 중심에 하나님의 말씀이 거하여 내 입에 하나님의 말씀을 담게 되며 그 말씀은 하나님께 헛되이 돌아갈 수 없게 된다. 그 말씀은 약속된 대로 이루어질 것이다!

5월 1일

그의 뜻대로

그를 향하여 우리가 가진 바 담대함이 이것이니 그의 뜻대로 무엇을 구하면 들으심이라 우리가 무엇이든지 구하는 바를 들으시는 줄을 안즉 우리가 그에게 구한 그것을 얻은 줄을 또한 아느니라 (요일 5:14-15)

사람들은 요한 사도가 "그의 뜻대로"라고 쓴 부분을 기억합니다. 그리고 그들은 이렇게 기도해야 한다고 생각합니다. "주님, 만일 당신의 뜻이면 이런 저런 것들을 해 주세요." 그러나 우리가 기도하려고 하는 것이 하나님의 말씀에 이미 하나님의 뜻이라고 나타나 있다면, 이런 식으로 기도하는 것은 하나님의 말씀을 믿지 않고 있다고 고백을 하고 있는 것입니다. 그리고 그런 종류의 기도는 역사하지 않습니다.

하나님의 뜻이 무엇인지 어떻게 알아낼 수 있을까요? 하나님의 말씀이 바로 그분의 뜻입니다. 우리는 성경에서 우리를 향한 하나님의 뜻을 발견할 수 있습니다. 왜냐하면, 성경은 하나님의 뜻이며, 그분의 언약이며, 그분의 서약이기 때문입니다. 그리고 하나님께서 우리에게 제공하신 것이 무엇이든, 우리가 그것을 갖는 것이 바로 하나님의 뜻입니다!

먼저 우리는 우리를 향한 하나님의 뜻을 드러내고 있는 구절들을 찾아내야만 합니다. 그러고 나서야 우리는 담대함으로 하나님 앞에 나아갈 수 있습니다. "우리가 가진 바 담대함이 이것이니…" 우리가 하나님의 말씀에 그분의 뜻이라고 되어있는 어떤 일에 대해 기도할 때, 우리는 그분이 우리의 기도를 들으시는 것을 압니다. 그리고 우리가 하나님께서 우리의 기도를 들으신다는 것을 알면, 우리는 그분께 구한 그것을 얻은 것을 또한 압니다. 하나님을 찬양합니다!

고백 나는 하나님을 향하여 이 담대함을 가지고 있다. 내가 하나님의 말씀대로 무엇을 구하면, 나는 그분께서 나의 기도를 들으신다는 것을 알고 있다! 그리고 하나님께서 나의 기도를 들으실 때, 나는 그분께 구한 그것을 얻은 것 또한 알고 있다!

5월 2일

잃어버린 자들의 구원

주께서는 너희를 대하여 오래 참으사 아무도 멸망하지 아니하고 다 회개하기에 이르기를 원하시느니라 (벧후 3:9)

우리는 잃어버린 자들을 구원하는 것이 하나님의 뜻이라는 것을 알고 있습니다. 왜냐하면, 예수님께서 잃어버린 자들을 위해서 자신의 생명을 바치셨기 때문입니다. 그러므로 우리가 이것을 안다면 "하나님, 만일 당신의 뜻이라면, 우리 어머니를 구원해주세요. 만일 당신의 뜻이라면 어머니가 지옥에 가지 않도록 해 주세요. 그러나 당신의 뜻이 아니라면, 어머니가 지옥에 가도록 하세요"라고 기도하지 않을 것입니다.

그럴 수 없습니다! 왜냐고요? 우리는 이 문제에 대한 하나님의 뜻을 알기 때문입니다. 하나님의 뜻, 즉 그분의 말씀은 요한복음 3장 16절과 베드로후서 3장 9절 등에서 사람들이 구원 받는 것이 그들을 향한 하나님의 뜻이라고 명확하게 밝히고 있습니다. 그러므로 우리는 잃어버린 자들을 위해 담대하게 기도할 수 있습니다.

믿는 자들은 특별히 그들의 가족들을 위해 기도할 때 그들이 가진 위대한 권세를 사용할 수 있습니다. 나는 내 친척들을 위해 기도할 때, 우리가 함께 공부해온 구절들을 사용했습니다. 나는 이런 식으로 말했습니다. "그를 향하여 우리가 가진 바 담대함이 이것이니 그의 뜻대로 무엇을 구하면 들으심이라. 내가 구하고 있는 것은 하나님의 뜻을 따르는 것이고, 그러므로 그분은 나의 기도를 들으신다. 말씀에 그렇게 나와 있다. '우리가 무엇이든지 구하는 바를 들으시는 줄을 안즉 우리가 그에게 구한 그것을 얻은 줄을 또한 아느니라.' 말씀대로 나는 이미 응답을 받았다."

그리고 나는 구하던 것을 그만두고 하나님께 감사하기 시작했습니다. 그것이 어떻게 역사하는지는 그저 놀라울 따름입니다. 당신의 온 가족이 하룻밤 만에 주님께 모두 돌아올 것이라는 얘기가 아닙니다. 그러나 당신이 감사함으로 믿음 안에 선다면, 그들은 주님께로 나올 것입니다.

 나는 잃어버린 자들을 위해 믿음으로 기도할 수 있다. 나는 그 문제에 관한 하나님의 뜻을 알고 있기 때문이다!

5월 3일

우리의 필요를 채우시는

나의 하나님이 그리스도 예수 안에서 영광 가운데 그 풍성한 대로 너희 모든 쓸 것을 채우시리라 (빌 4:19)

우리의 필요가 채워지는 것은 하나님의 뜻입니다. 모든 필요가 말입니다!
빌립보서 4장 19절은 당신의 모든 필요를 포함하고 있습니다. 영적이건, 육체적이건, 물질적이건, 재정적이건 간에 모든 필요 말입니다. 모든!
그것을 믿으십시오!
하나님께서 우리의 재정적인 필요에 관심이 없다고 생각하는 사람들이 있을까봐, 이 구절은 물질적이고 재정적인 분야에 관한 문맥 가운데 놓여 있습니다. 빌립보서를 읽어보면, 빌립보 교회 성도들이 헌금과 물건들을 걷어서 다른 그리스도인들에게 보냈던 것을 볼 수 있습니다. 바울은 그들에게 "너희가 다른 사람들에게 주었고 그들을 도왔으므로, 나의 하나님이 너희 모든 쓸 것을 채우시리라"라고 말하고 있는 것입니다. 그러므로 바울은 물질적인 문제와 재정적인 문제에 관해서 말하고 있는 것입니다.
그렇다면 우리가 살아가는데 필요한 재정을 위해 어떤 담대함으로 기도할 수 있을까요? 우리의 모든 필요가 채워지는 것은 하나님의 뜻입니다!

고백 재정에 관해 기도할 때, 나는 하나님의 말씀, 즉 그분의 뜻대로 기도한다. 그러므로 나는 하나님께서 내 기도를 들으시는 것을 확신한다. 그것이 바로 말씀이 말하고 있는 바이다. 그리고 내가 무엇을 구하든 하나님께서 내 기도를 들으신다는 것을 알면, 또한 구한 그것을 얻을 것도 안다. 하나님의 말씀에 따라 나는 구한 그것을 얻는다. 하나님, 감사합니다!

5월 4일

아름다운 소산

너희가 즐겨 순종하면 땅의 아름다운 소산을 먹을 것이요 (사 1:19)

즐겨 순종하면, 당신이 가장 좋은 것을 갖게 되는 것이 하나님의 뜻입니다. (물론 불순종하면서 하나님의 좋은 것들을 누릴 수는 없습니다.)

하나님은 욕심쟁이나 구두쇠가 아닙니다. 그리고 그분은 이 세상의 모든 것들을 마귀와 그 무리들이 즐기도록 두신 분이 아닙니다.

어떤 사람들은 당신이 그리스도인이면 재정적인 것이나 물질적인 것들은 어떤 것도 가져서는 안 된다는 생각을 가지고 있습니다. 그들은 당신이 가난하고 억눌린 삶을 살아야만 한다고 믿습니다.

그러나 예수님께서는 "너희가 악한 자라도 좋은 것으로 자식에게 줄 줄 알거든 하물며 하늘에 계신 너희 아버지께서 구하는 자에게 좋은 것으로 주시지 않겠느냐?"(마 7:11)라고 하셨습니다.

하나님은 우리에게 좋은 선물들을 주고 싶어 하십니다! 그분은 우리가 최고를 갖게 되기를 바라십니다! 그분은 우리가 번영하고 이 땅의 삶에서 좋은 것들을 갖게 되기를 원하십니다! 그러나 우리는 그분과 협력해야만 합니다.

고백 나는 하나님 나의 아버지를 기꺼이 사랑하고 섬길 것이다. 나는 그분의 뜻, 말씀의 빛 가운데 순종하며 살아갈 것이다. 그러므로 나는 땅의 아름다운 소산을 먹을 것이다. 그리고 나는 담대함으로 이 땅의 삶에서 좋은 것들을 위해 기도할 수 있는데, 이는 좋은 것들을 갖는 것이 내 아버지의 뜻이기 때문이다.

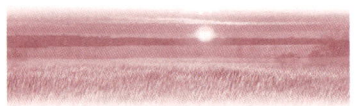

5월 5일

그분의 부유함

선인은 그 산업을 자자손손에게 끼쳐도 죄인의 재물은 의인을 위하여 쌓이느니라 (잠 13:22)

한 번은 주 예수님께서 내게 오셔서 침대 맡에 앉으신 채, 한 시간 반 동안 성령으로 인도받는 것에 관하여 얘기하신 적이 있습니다. "나의 영은 나의 모든 자녀들을 인도할 것이다. 성경에 '무릇 하나님의 영으로 인도함을 받는 사람은 곧 하나님의 아들이라' (롬 8:14)라고 되어있다. 나는 너를 인도할 것이다. 너 뿐만 아니라 하나님의 자녀라면 누구나 인도할 것이다. 나는 네가 돈을 가지고 무엇을 해야 할 지를 보여주겠다. 돈을 어떻게 투자해야 하는지 보여주겠다. 사실, 네가 나에게 귀를 기울여 들으면 나는 너를 부유하게 만들어주려 한다. 나는 나의 자녀들이 부유하게 되는 것을 반대하지 않는다. 내가 반대하는 것은 그들이 탐욕스럽게 되는 것이다."

(어떤 사람들은 탐욕스럽기만 하고 실제로는 동전 한 푼 없을 수도 있습니다.)

사람들은 성경을 잘못 인용하면서 이렇게 주장합니다. "돈은 일만 악의 뿌리이다." 그러나 성경은 전혀 그렇게 말하고 있지 않습니다. "돈을 사랑함이 일만 악의 뿌리가 되나니"(딤전 6:10)라고 되어 있습니다.

돈을 소유하는 것은 전혀 문제가 되지 않습니다. 돈이 당신을 소유하는 것이 잘못된 것입니다!

고백 나는 하나님의 자녀이다. 나는 하나님의 영으로 인도를 받는다. 내가 신뢰하는 분은 하나님이지 재물이 아니다. 나는 하나님께서 나의 재정에 관하여 인도하실 것을 믿는다. 나는 내가 가진 모든 것에 대해 십일조와 헌금으로 하나님께 영광을 돌린다. 그리고 나의 모든 필요는 그리스도 예수의 영광 가운데 하나님의 부유함을 따라 공급되어 채워진다.

5월 6일

치유 : 하나님의 뜻

내가 하늘에서 내려온 것은 내 뜻을 행하려 함이 아니요 나를 보내신 이의 뜻을 행하려 함이니라 (요 6:38)

병든 자들을 고치는 것은 하나님의 뜻입니다.
그러나 치유가 필요한 그리스도인들이 내게 이렇게 말합니다. "하나님은 아마도 어떤 목적이 있으셔서 내게 이 질병을 주셨을 것입니다."
예수님께서 어느 누구에게 질병을 주신 적이 한 번이라도 있습니까? 사람들이 병 고침을 받으려고 예수님께 나아왔을 때, 그분이 그들을 돌려보내면서 "아니다. 그것은 나의 뜻이 아니다. 조금만 더 고통 당하거라. 너의 경건함이 충분히 깊어질 때까지 기다려라"라고 말하신 적이 단 한 번이라도 있습니까?
없었습니다. 단 한 번도 없었습니다!
하나님이 어떤 분이신지 알고 싶습니까? 예수님을 보십시오. 하나님이 일하시는 것을 보고 싶습니까? 예수님을 보십시오! 예수님이 두루 다니시며 사람들을 아프게 만드셨습니까? 아닙니다! 예수님은 두루 다니시며 선한 일을 행하시고 사람들을 고치셨습니다(행 10:38). 하나님의 뜻을 알고 싶습니까? 예수님을 보십시오. 예수님이야 말로 행동으로 옮겨진 하나님의 뜻입니다.
우리는 치유를 위해 담대히 기도할 수 있습니다. 그것이 하나님의 뜻임을 알기 때문입니다!

고백 내가 치유에 관해 기도할 때, 나는 하나님의 뜻을 따라 기도한다는 것을 알고 있다. 예수님께서 우리를 위해 값을 치르신 것을 우리가 소유하는 것은 하나님의 뜻이다. 그러므로 나는 하나님께서 내 기도를 들으시는 것을 확신한다. 그리고 하나님께서 내 기도를 들으시는 것을 안즉, 나는 내가 바라는 그것을 또한 얻은 줄로 안다. 하나님, 감사합니다!

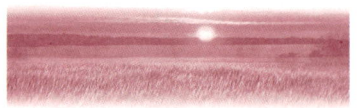

5월 7일

하나님을 탓하지 말라

나를 본 자는 아버지를 보았거늘 … 나는 아버지 안에 거하고 아버지는 내 안에 계신 것을 네가 믿지 아니하느냐 내가 너희에게 이르는 말은 스스로 하는 것이 아니라 아버지께서 내 안에 계셔서 그의 일을 하시는 것이라 (요 14:9-10)

 오늘날 이 땅을 지배하고 있는 많은 법칙들은 아담이 죄를 짓고 이 땅에 저주가 임한 이후에 생겨난 것들입니다.
 사람들은 이 사실을 이해하지 못하기 때문에, 각종 사고, 질병, 사랑하는 사람의 죽음, 대 참사, 지진, 홍수 등의 원인으로 하나님을 탓합니다. 심지어는 보험 회사들도 이러한 것들을 "신의 행위(acts of God)"라고 부르기까지 합니다. 그것들은 하나님이 하신 일이 아닙니다! 그것들은 마귀가 한 일들입니다!
 예수님은 사람들을 축복하기 위해서라면 이러한 자연 법칙들을 무시해 버리곤 하셨습니다. 우리는 예수님이 사람들에게 폭풍을 몰고 오는 것을 본 적이 없습니다. 사실은 예수님이 폭풍을 잠잠케 하신 것을 봅니다. 그러므로 하나님은 폭풍을 보내시지 않았습니다. 예수님이 하나님께서 하신 일을 꾸짖지는 않으셨을 것 아닙니까! 예수님은 마귀가 일으킨 폭풍을 꾸짖으셨던 것입니다.
 예수님께서 일하시는 것을 보면, 그것은 하나님께서 일하는 모습을 본 것입니다. 예수님께서 아버지에 관해 "나를 본 자는 아버지를 보았거늘"이라고 묘사하신 것을 보면, 질병과 고통이 하나님으로부터 비롯된 것이라는 가르침은 결코 받아들일 수 없습니다. 하나님의 본성은 그런 생각을 반박하고 있습니다!

고백 하나님은 사랑이시다. 그리고 나는 마귀가 하는 일에 대해서 사람을 향해 비난하지 않는다. 나는 예수님을 본다. 그리고 나는 사랑이 일 하는 것을 본다.

5월 8일

목적

… 하나님의 아들이 나타나신 것은 마귀의 일을 멸하려 하심이라 (요일 3:8)

한국 전쟁 중에, 나는 어떤 유명한 칼럼 작가가 쓴 글을 읽어본 적이 있습니다. "그리스도인이 되라고 요구하는 것이 아닙니다. 그렇다고 내가 무신론자이거나 회의론자라는 것도 아닙니다. 무신론자는 하나님이 없다고 말합니다. 회의론자는 어쩌면 하나님은 있을지도 모르지만 그 사실을 알 수는 없다고 말합니다. 나는 하나님이 존재한다고 믿습니다. 나는 모든 것이 그냥 우연히 그렇게 되었다고는 믿지 않습니다. 내가 그리스도인이 되지 못하는 것은 내가 들은 설교들이 방해하기 때문입니다. 그들은 하나님이 모든 것을 경영하신다고 합니다. 만약 그렇다면, 하나님은 틀림없이 세상을 엉망진창으로 만들고 계신 것입니다."

계속해서 그 칼럼 작가는 세상을 불행하게 만드는 전쟁, 살해당하는 어린이들, 가난, 질병 등을 언급했습니다. "나는 어딘가에 신적인 존재가 있다고 믿습니다. 그리고 그분이 만드신 것들은 아름답고 선하다고 믿습니다. 나는 하나님께서 이런 것들을 만드셨다고는 믿을 수 없습니다."

그렇습니다. 이런 것들은 아담의 타락 이후, 마귀가 이 세상의 신이 되었을 때부터 생긴 것들입니다(고후 4:4). 그리고 성경은 마침내 사탄이 이 세상에서 제거될 때, 상처 주거나 파괴하는 것들은 세상에서 자취를 감출 것이라고 말하고 있습니다. 모든 상처들과 파괴들이 어디에서 비롯되는 것인지는 명백합니다. 만일 악이 하나님으로부터 비롯되었다면, 사탄이 멸망한 후에도 우리는 그것을 가지고 있어야만 할 것입니다. 왜냐하면 그 근본인 하나님이 여전히 계시니까요. 그러나 우리는 악이 하나님으로부터 비롯되지 않았다는 것을 알고 있습니다.

 하나님의 아들이 나타나신 것은 마귀의 일을 멸하려 하심이다. 그리스도의 몸의 지체로서 나는 마귀의 일을 제어할 권세를 가지고 있다!

5월 9일

질병의 근원

그러면 열여덟 해 동안 사탄에게 매인 바 된 이 아브라함의 딸을 안식일에 이 매임에서 푸는 것이 합당하지 아니하냐 (눅 13:16)

성경은 점진적인 계시입니다. 신약에는 온전한 빛과 온전한 진리, 그리고 온전한 계시가 있습니다. 신약에서 예수님은 질병이 하나님으로부터 온 것이 아니라 마귀로부터 비롯된 것이라고 명백하게 가르치고 있습니다.

누가복음 13장에서 우리는 예수님께서 안식일에 회당에 들어가신 것을 볼 수 있습니다. 몸이 꼬부라져 굳어버린 한 여자가 그곳에 있었습니다. 그녀는 몸을 펼 수가 없었습니다. 아마도 관절염이 있었던 것 같습니다. 예수님은 그 여자를 부르시고 말씀하셨습니다. "여자여 네가 네 병에서 놓였다." 그리고 예수님께서 그녀에게 안수하시자 곧 그녀는 몸을 펴고 일어났습니다. 그곳에 있던 회당장은 오늘날 교회의 몇몇 지도자들처럼 그 일에 대해 화를 냈습니다!

그 후에는 본문에 기록된 대로 예수님께서는 사탄이 질병의 장본인이라는 사실을 자세히 설명하고 계십니다. 예수님은 여기서 3가지를 조명해 주셨습니다. (1) 그 여인은 놓여야 마땅하다. 그녀가 묶여있어야 마땅한 것이 아니라, 그녀의 신체적인 장애에서 자유롭게 되어야 마땅한 것이다. (2) 그녀를 묶은 것은 하나님이 아니라 사탄이다. (3) 그 여인이 놓여야 마땅한 이유는 그녀가 아브라함의 딸이기 때문이다.

고백 사탄이 질병의 장본인이기 때문에, 나는 질병으로부터 자유롭게 살아야 마땅하다. 그리고 예수님은 내가 그렇게 할 수 있도록 필요한 것들을 제공하셨다. 하나님이 누리게 하시는 건강은 나의 언약의 권리이다!

5월 10일

치유는 선한 일

하나님이 나사렛 예수에게 성령과 능력을 기름 붓듯 하셨으매 그가 두루 다니시며 선한 일을 행하시고 마귀에 눌린 모든 사람을 고치셨으니 이는 하나님이 함께 하셨음이라 (행 10:38)

누가 나사렛 예수에게 기름 부었습니까? 하나님께서 하셨습니다! 그리고 예수님은 "아버지께서 내 안에 계셔서 그의 일을 하시는 것"(요 14:10)이라고 하셨습니다. 하나님은 어떻게 예수님을 통해 이러한 치유의 사역을 하실 수 있었을까요? 성령과 치유의 능력으로 예수님께 기름 부음으로써 그렇게 하셨습니다.

하나님께서 예수님께 부으신 그 기름 부음으로 예수님은 무엇을 하셨습니까? 그는 두루 다니며 선한 일을 행하셨습니다! 그러면 예수님께서 하신 선한 일은 무엇입니까? 바로 치유입니다! 그러므로 예수님께서 사람들을 치유하실 때 실제로 치유하신 분은 하나님이셨습니다. 왜냐하면 예수님을 기름 부으신 분이 하나님이셨기 때문입니다. 하나님은 치유하는 일을 하고 계십니다! 하나님은 병에 걸리게 하는 일을 하고 계시지 않습니다!

예수님께서 누구를 치유하셨습니까? 마귀에게 눌린 모든 사람들. 모든 사람들! 모두 치유하셨습니다!

예수님의 사역으로 나은 사람들은 전부 마귀에게 눌려 있었습니다. (그렇다고 모든 사람이 악령을 가지고 있다는 말이 아니라, 모든 질병의 배후에는 마귀가 있다는 의미입니다.) 그러나 다른 사람들-목사님들이라 할지라도-의 말을 듣다 보면, 당신은 하나님과 마귀가 지난 2,000년 동안 각자의 역할을 맞바꿔서, 하나님은 사람들에게 질병을 주고 있고, 마귀가 그들을 고치고 있다고 믿게 될 지도 모릅니다. 그러나 아닙니다! 마귀는 언제나 똑같은 마귀입니다. 그리고 하나님도 변함없는 동일한 하나님이십니다!

 억누르는 자는 하나님이 아니라 사탄이다. 예수님은 해방하는 분이다!

5월 11일

질병을 대적하여

또 이르시되 너희는 온 천하에 다니며 만민에게 복음을 전파하라 믿고 세례를 받는 사람은 구원을 얻을 것이요 믿지 않는 사람은 정죄를 받으리라 믿는 자들에게는 이런 표적이 따르리니 곧 그들이 내 이름으로 귀신을 쫓아내며 새 방언을 말하며 뱀을 집어 올리며 무슨 독을 마실지라도 해를 받지 아니하며 병든 사람에게 손을 얹은즉 나으리라 하시더라 (막 16:15-18)

여기서 잠깐 멈춰서 몇 가지를 분석해봅시다. 예수님께서 우리보고 손을 얹으라고 하신 것은 어떤 질병입니까?

예수님은 그냥 "병든 사람에게"라고만 하셨습니다. 더 이상 다른 말이 없습니다. 그렇다면 만약 하나님이 질병의 장본인이라면, 만약 하나님이 질병과 고통을 사람들에게 주었다면, 그리고 만약 어떤 사람들에게는 아픈 것이 하나님의 뜻이라면, 우리는 이 구절을 읽을 때 어리둥절할 수밖에 없습니다. 왜냐하면 예수님은 우리에게 모든 병자들에게 손을 얹을 권한을 주셨기 때문입니다.

만약 하나님께서 치유하는 일을 하고 계시지 않다면, 예수님은 이런 식으로 말씀하셨어야 마땅합니다. "하나님의 뜻이 치유라면 그 사람에게 손을 얹어라. 그러면 그는 나을 것이고, 그렇지 않은 경우에는 낫지 않을 것이다."

그러나 아닙니다! 하나님은 교회가 질병을 대적하도록 하셨습니다. 더 이상 다른 말이 없습니다!

고백 하나님은 치유하는 일을 하고 계신다. 하나님은 질병을 주는 일을 하고 계시지 않다. 하나님은 해방하는 일을 하고 계신다. 하나님은 속박하는 일을 하고 계시지 않다. 나는 질병이나 속박을 하나님으로부터 비롯된 것으로 받아들이도록 하려는 원수의 시도를 허락하지 않고 거절한다. 사탄이 질병의 장본인이다. 하나님은 내가 질병을 대적하도록 하셨다!

5월 12일

누구라도

너희 중에 병든 자가 있느냐 그는 교회의 장로들을 청할 것이요 그들은 주의 이름으로 기름을 바르며 그를 위하여 기도할지니라 믿음의 기도는 병든 자를 구원하리니 주께서 그를 일으키시리라 혹시 죄를 범하였을지라도 사하심을 받으리라 (약 5:14-15).

"너희 중에 병든 자가 있느냐(Is any sick among you)?" 누구 중에요? 교회에 입니다!
그러면 교회 안의 누구라도 병든 자가 있다면, 그를 치유하는 것은 틀림없이 하나님의 뜻입니다!
그리고 교회 안의 누구라도 병들게 되는 것은 결코 하나님의 뜻일 수 없습니다!
"그러나 해긴 목사님, 잊으신 것이 있어요." 어떤 사람이 말했습니다. "뭘 잊었습니까?"
"성경에는 우리가 그분과 함께 고통을 당하면, 또한 함께 다스리게 될 것이라고 되어 있는 걸요."
"아닙니다. 나는 잊지 않았습니다." 내가 설명했습니다. "다시 읽어봅시다. '우리가 그와 함께 영광을 받기 위하여 고난도 함께 받아야 할 것이니라' (롬 8:17). 무엇을 함께 받습니까? 폐렴? 암? 결핵? 아닙니다! 예수님은 이런 것들로 고난을 당한 적이 없었습니다."
예수님은 어떤 고난을 당했습니까? 핍박입니다! 그리고 당신도 의롭게 산다면 그렇게 될 것입니다. 그리고 당신이 신유에 관해서, 성령님의 은사들에 관해서 그리고 믿음에 관해서 설교한다면 특별히 더 그럴 것입니다. 나는 60년이 넘도록 핍박을 받아 왔습니다. 그러나 나는 질병이나 고통으로 괴로웠던 적은 없었습니다.

 하나님의 몸된 교회를 향한 하나님의 뜻은 하나님이 누리게 하시는 건강 가운데 살아가는 것이다. 하나님의 뜻은 내가 건강하게 사는 것이다.

5월 13일

징계

이는 곧 [교회를] 물로 씻어 말씀으로 깨끗하게 하사 거룩하게 하시고 (엡 5:26)

"잊으신 것이 있어요." 어떤 사람이 내게 말했습니다.
"내가 뭘 잊었습니까?"
"히브리서에 보면 '주께서 그 사랑하시는 자를 징계하시고' (히 12:6)라고 되어 있잖아요."
"아닙니다, 나는 잊지 않았습니다. 그런 구절이 분명히 있습니다. 그러나 '주께서 그 사랑하시는 자를 병 걸리게 하시고' 라고 되어 있지 않습니다."
사람들은 성경 구절을 자기만의 방식으로 해석합니다. 헬라어로 "징계"라는 의미는 자녀를 훈련하고 교육한다는 뜻입니다. 당신도 당신의 자녀들을 훈련합니다. 당신은 자녀들을 학교에 보냅니다. 그러나 당신이 선생님에게 이렇게 말해 본 적 있습니까? "조니가 똑바로 하지 않으면 눈알이 빠지도록 두들겨 패주세요." 또는 "조니가 말을 안 들으면 다리를 분질러 버리세요." 또는 "암에 걸리게 하세요." 이런 것들은 당신이 자녀를 훈계하거나 훈련하는 방법이 아닙니다! 그리고 하나님께서 사용하는 방법도 아닙니다!

고백 나는 하나님의 말씀과 성령으로 훈련 받는다. 나는 하나님의 말씀과 성령으로 교육 받는다. 나는 하나님의 말씀과 성령으로 훈계 받는다. 나는 물로 씻어 말씀으로 깨끗하게 된다!

5월 14일

온갖 좋은 은사

온갖 좋은 은사와 온전한 선물이 다 위로부터 빛들의 아버지께로부터 내려오나니 그는 변함도 없으시고 회전하는 그림자도 없으시니라 (약 1:17)

어떤 것이 좋은 것입니까?

사도행전 10장 38절에는 예수님께서 선한 일을 행하시고 병을 고치시며 두루 다니셨다고 되어 있습니다. 치유는 좋은 것입니다! 질병은 좋지 않습니다. 모든 치유는 아버지로부터 내려옵니다. 온갖 질병은 아버지로부터 내려오는 것이 아닙니다.

무엇보다 먼저, 만약 하나님께서 당신에게 질병을 가져다준다면, 도대체 어디서 질병을 가져오는 것입니까? 천국에는 그런 것이 전혀 없습니다. 그러면 하나님께서 질병 몇 가지를 마귀로부터 빌려오신 것이겠군요! (가지고 있지도 않은 것을 누군가에게 줄 수는 없습니다.) 성경은 천국에 질병이라고는 전혀 없다고 말하고 있습니다. 그러므로 질병은 천국으로부터 올 수 없습니다.

천국에서는 무엇이 내려옵니까?

온갖 좋은 은사와 온전한 선물이 내려옵니다!

고백 온갖 좋은 은사와 온전한 선물이 위로부터 빛들의 아버지께로부터 내려온다. 하나님은 선하신 분이시고, 천국에는 오직 좋은 것들만 있기 때문에, 오직 좋은 은사들만 하나님께로부터 내려온다. 천국에는 질병이 없다. 그러므로 질병은 하나님으로부터 올 수 없다. 치유가 하나님께로부터 나온다. 그러므로 나는 내 아버지께서 주시는 것만 받기로 결심한다. 그것은 치유이다!

5월 15일

욥의 경우

욥이 그의 친구들을 위하여 기도할 때 여호와께서 욥의 곤경을 돌이키시고 여호와께서 욥에게 이전 모든 소유보다 갑절이나 주신지라 (욥 42:10)

"그러나 헤긴 목사님, 잊으신 것이 있어요. 욥은 하나님이 병들게 하셨는걸요." 누군가 말했습니다. "아닙니다, 하나님이 하신 것이 아닙니다. 마귀가 그렇게 했습니다." "그래요, 그러나 하나님이 허락하셨잖아요!" 그렇다고 하나님께서 욥에게 문제가 생기도록 주문하신 것은 아닙니다. 하나님께서는 당신이 주유소를 턴다고 해도 그것을 허락하실 것입니다(당신에게는 자유의지가 있습니다). 그러나 하나님께서는 당신이 그런 짓을 하도록 주문하시지는 않으실 것입니다. 실제로 어떤 의미에서는 하나님은 단지 마귀에게 "허가"를 내주신 것뿐입니다.

만약 당신이 사탄으로 하여금 당신을 공격하도록 내버려 둔다면, 하나님은 그것을 허락하실 것입니다. 왜냐하면 사탄은 이 세상의 신이고(고후 4:4), 당신은 그의 영역 안에 살고 있기 때문입니다. 욥은 두려워함으로 스스로 마귀에게 문을 열어 주었습니다. 욥은 이렇게 말했습니다. "내가 두려워하는 그것이 내게 임하고 내가 무서워하는 그것이 내 몸에 미쳤구나"(욥 3:25).

많은 성경학자들이 욥기 전체에서 벌어진 일들은 9개월에서 18개월 정도의 기간에 일어났다는 데에 동의하고 있습니다. 나중에 우리는 하나님께서 욥의 곤경을 돌이키신 것을 봅니다. 그러므로 욥이 병에 걸렸을 때, 그는 마귀가 가져온 곤경에 잡혀 있었던 것입니다. 욥이 가난 가운데 있었을 때, 그는 마귀가 가져온 곤경에 잡혀 있었던 것입니다. 그러나 하나님께서는 욥의 곤경을 뒤집으셨습니다! 하나님께서는 처음보다 갑절이나 욥에게 주셨습니다. 하나님은 이렇게 일하십니다!

고백 하나님께서 우리의 곤경을 뒤집으셨다! 그분이 우리를 속박되도록 하신 것이 아니다. 하나님은 우리를 자유케 하신다! 예수님을 통해 나는 자유하다! 나는 결코 질병과 고통이 하나님으로부터 온 것이라고 받아들이지 않겠다! 나는 그것이 어디서 오는지 알고 있다. 그리고 나는 그것을 대적한다!

5월 16일

바울의 가시

너희가 만일 그 땅의 원주민을 너희 앞에서 몰아내지 아니하면 너희가 남겨둔 자들이 너희의 눈에 가시와 너희의 옆구리에 찌르는 것이 되어 너희가 거주하는 땅에서 너희를 괴롭게 할 것이요 (민 33:55)

"그러나, 기억 하시죠, 해긴 목사님? 바울은 평생 병을 앓았잖아요."
"아닙니다, 기억이 안 납니다."
"그러나 그는 육체에 가시를 가졌잖아요."
　도대체 성경 어디에 육체의 가시가 질병이라고 되어있습니까? 아무데도 없습니다!
　성경으로 가 봅시다. 성경이 그런 표현을 어떻게 사용하고 있는지 보기 바랍니다. 구약에서 하나님은 이스라엘에게 사실 이렇게 말씀하시는 것입니다. "너희가 그 땅을 차지할 때에 만일 저 가나안 사람들을 내버려 둔다면, 그들은 너의 옆구리에 가시가 될 것이다. 그들이 너희를 괴롭게 할 것이다"(민 33:55, 수 23:13, 삿 2:3).
　바울은 그 가시가 무엇인지 정확하게 말하고 있습니다. "사탄의 사자를 주셨으니 이는 나를 쳐서 …"(고후 12:7). 바울이 복음을 전하는 곳마다 이 악한 영이 먼저 앞서 가거나 나중에 따라가서, 할 수 있는 한 모든 짓들을 선동했습니다. (바울은 그 악한 영에게 지구상에서 떠나라고 명령할 수 없었습니다. 왜냐하면 마귀에게는 아담과의 계약 기간이 소멸할 때 까지는 여기 있을 권리가 있기 때문입니다.)
　그러므로 질병과 고통을 사탄과 분리할 수 없습니다. 사탄이 그것들을 일으키는 것입니다. 질병에 대해 예수님께서 보여주신 태도는 사탄에 대한 단호한 전쟁이었습니다.

 질병과 고통이 마귀로부터 말미암기 때문에, 나는 예수님의 발자취와 그 태도를 따른다. 그리고 나는 예수님께서 하셨듯이 그것들을 다룬다!

5월 17일

치유하는 주님

이르시되 너희가 너희 하나님 나 여호와의 말을 들어 순종하고 내가 보기에 의를 행하며 내 계명에 귀를 기울이며 내 모든 규례를 지키면 내가 애굽 사람에게 내린[히브리어를 직역하면 '허락한'] 모든 질병 중 하나도 너희에게 내리지[허락하지] 아니하리니 나는 너희를 치료하는 여호와임이라 (출 15:26)

이스라엘이 홍해를 건너 그들의 본향으로 출발했을 때 주님께서는 이 말씀을 그들에게 하시면서 '여호와 라파'라고 자신을 드러내셨습니다.

여호와 라파를 번역하면 "나는 여호와, 너의 의사이다", 또는 "나는 너희를 치료하는 여호와이다"라는 뜻입니다. 하나님께서는 이스라엘이나 애굽 사람들에게 질병을 내리지 않았습니다. 사람을 병들게 하는 것은 이 세상의 신인 사탄입니다. 여호와께서는 스스로 치료자이심을 밝히셨습니다.

F. F. 보즈워스는 그의 책 '치료자 그리스도'에서 이렇게 말했습니다. "이 이름[여호와 라파]은 우리가 받은 속량의 특권 중 치유에 관한 계시로 우리에게 주어집니다. 사실 홍해를 건넌 후 하나님께서 맨 처음 주신 언약은, 너무나도 뚜렷하게 우리의 속량을 상징하고 있습니다. 그것은 치유의 언약이며, 이때 하나님께서는 '나는 너희를 치료하는 여호와임이라'라는 의미인 '여호와 라파'라는 속량과 언약의 첫 번째 이름으로 자신을 의사로서 드러내십니다. 이것은 단지 하나의 약속일 뿐 아니라 '법령이며 규례'입니다."

 여호와 라파, "나는 너희를 치료하는 여호와이다"가 내 주님의 이름이다.

5월 18일

언약의 축복

네 하나님 여호와를 섬기라 그리하면 여호와가 너희의 양식과 물에 복을 내리고 너희 중에서 병을 제하리니 네 나라에 낙태하는 자가 없고 임신하지 못하는 자가 없을 것이라 내가 너의 날 수를 채우리라 (출 23:25,26)

이스라엘 백성들이 언약 가운데 살아가는 동안에는 그들 가운데 질병이 없었습니다. 그들이 언약을 지키는 동안에는 이른 나이에 죽은 사람에 대해서는 전혀 기록이 없습니다. 어느 누구도 어린 나이에, 젊은 나이에, 또는 중년의 나이에 죽지 않았습니다. 그들 가운데서 질병이 제거되었고, 그들은 병 없이 수명이 다하도록 산 후, 잠자듯 죽었습니다. 떠날 때가 되면 자녀들의 머리에 손을 얹어 축복의 말을 한 후 침대에 발을 가지런히 모은 채로 영혼이 떠나 본향으로 돌아갔습니다.

그것이 우리와 무슨 관계가 있습니까? 하나님은 그 당시나 지금이나 동일한 하나님입니다! 성경은 하나님이 변하지 않는다고 말하고 있습니다. 구약(옛 언약)에서 하나님은 죄를 반대하셨고, 하나님은 신약(새 언약)에서도 죄를 반대하고 계십니다. 구약에서 하나님은 질병을 반대하셨고, 하나님은 신약에서도 질병을 반대하고 계십니다. 구약에서 하나님은 치유를 제공하셨고, 하나님은 신약에서도 치유를 제공하고 계십니다.

고백 나는 새 언약의 믿는 자로서 주 나의 하나님을 사랑하며 섬긴다. 예수님은 내 삶 가운데서 질병을 제거해 버리셨다. 만약 내가 사는 동안 예수님이 다시 오시지만 않는다면, 나는 내 수명대로 다 살게 될 것이다!

5월 19일

장수함으로

우리의 연수가 칠십이요 강건하면 팔십이라도 그 연수의 자랑은 수고와 슬픔 뿐이요 신속히 가니 우리가 날아가나이다 (시 90:10)

내가 그를 장수하게 함으로 그를 만족하게 하며 나의 구원을 그에게 보이리라 하시도다 (시 91:16)

만일 내가 사는 동안 예수님이 다시 오시지만 않는다면, 나는 내가 대단히 오래 살 것이라고 말하는데 전혀 주저함이 없습니다. 그리고 나는 가기 전에 알게 될 것입니다. 나는 내가 떠나기 전에 모든 사람에게 작별 인사를 할 것입니다. 나는 위를 올려다보며 말할 것입니다. "친구들, 저기 있네. 나는 가네. 나는 환호하며 행복하게 떠나고 싶다네. 그게 내가 떠나는 방식이라네."

"그러나 해긴 목사님, 그렇게 말할 수는 없어요." 아니요, 그렇게 할 수 있습니다! 당신은 하나님께서 당신이 가질 수 있다고 하신 그것을 가질 수 있습니다. 우리는 이스라엘 백성들이 가졌던 것보다 더 좋은 언약을 가지고 있습니다. 우리처럼 아들이 아니라 우리보다 못한 언약 아래 종으로 살고 있던 이스라엘 백성을 향한 하나님의 계획이 만약 질병 없이 수명을 다하도록 사는 것이었다면, 하나님의 아들들인 우리를 위한 하나님의 계획은 어때야 하겠습니까! 만약 하나님이 그분의 종이 아픈 것은 원하지 않으셨으면서 그분의 자녀들이 아프기를 원한다는 것은 도저히 믿을 수가 없습니다!

나는 어떤 믿는 자도 아프지 않은 것이, 그래서 만약 그들이 사는 동안에 예수님이 다시 오시지만 않는다면 모든 믿는 자들이 자기의 수명을 다 살고 사라져 잠드는 것이 하나님의 계획이라고 믿습니다.

고백 나는 하나님께서 그 말씀에 약속하신 것은 무엇이든 믿을 수 있다. 나는 하나님께서 내게 길고 생산적인 삶을 주시는 것을 믿을 수 있다. 만약 내가 사는 동안에 예수님이 다시 오시지만 않는다면, 나는 내 수명이 다할 때까지 어떤 질병이나 고통 없이 하나님을 섬길 것이다.

5월 20일

나를 위하여

곧 너를 사랑하시고 복을 주사 너를 번성하게 하시되 네게 주리라고 네 조상들에게 맹세하신 땅에서 네 소생에게 은혜를 베푸시며 네 토지 소산과 곡식과 포도주와 기름을 풍성하게 하시고 네 소와 양을 번식하게 하시리니 네가 복을 받음이 만민보다 훨씬 더하여 너희 중의 남녀와 너희의 짐승의 암수에 생육하지 못함이 없을 것이며 여호와께서 또 모든 질병을 네게서 멀리 하사 너희가 아는 애굽의 악질에 걸리지 않게 하시고 너를 미워하는 모든 자에게 걸리게[허락] 하실 것이라 (신 7:13-15)

"곧 너를 사랑하시고…" 너를 사랑하고! 너를 사랑하고!
그리고는 당신에게 질병을 주셨다? 그리고 당신이 아기일 때 죽도록 하셨다? 그리고 어떤 사람들은 사산하게 하고, 어떤 사람들은 아프고 장애인이 되도록 하셨다?
아닙니다! 아닙니다! 절대 아닙니다! 그것은 성경이 말하고 있는 바가 아닙니다!
"그러나 해긴 목사님 그것은 오늘날에는 적용되지 않는 거예요."
정말입니까? 고린도전서는 신약에 있습니다. 맞습니까? 고린도전서 10장 11절을 보며 신령한 건강이 우리를 위한 것인지 아닌지 살펴봅시다. "그들[이스라엘]에게 일어난 이런 일은 본보기[예, 모형]가 되고 또한 [누구를 위해 기록되었습니까? 유대인들? 아니요!] 말세를 만난 우리를 깨우치기 위하여 기록되었느니라."
주님께 영광! 신명기 7장 13-15절은 나를 깨우치기 위하여 기록되었습니다!

 신명기 7장 13-15절을 당신의 언어로 고백하십시오. "주님께서 나를 사랑하시고 내게 복을 주사 … 내 자녀들에게 복을 주시고 …" 등.

5월 21일

공동 상속자

바로 그 때에 그 성령이 우리의 영과 함께, 우리가 하나님의 자녀임을 증언하십니다. 자녀이면 상속자이기도 합니다. 우리가 그리스도와 함께 영광을 받으려고 그와 함께 고난을 받으면, 우리는 하나님이 정하신 상속자요, 그리스도와 더불어 공동 상속자입니다 (롬 8:16,17)

옛 언약 아래 살던 사람들이 주 예수 그리스도의 교회 안에 있는 사람들보다 더 많은 축복을 받았다고 생각합니까?

옛 언약 아래 살던 사람들은 재정적으로 축복을 받고, 건강하고 치유 받고 살 수 있었는데, 교회에 속한 사람들은 그럴 수 없다고 생각합니까?

그리스도의 몸된 교회가, 하나님의 아들의 몸된 교회가, 하나님의 사랑하시는 자의 몸된 교회가 평생 가난에 시달리고 초췌해져서 굶주려 병들고 괴로움 당하면서 "더위에 지치고 추위에 떨며 나는 여기서 거지처럼 방황하네"라고 노래해야 하겠습니까?

그런 생각은 이제 치워버리십시오!

성경은 우리가 그리스도와 더불어 공동 상속자임을 명백하게 밝히고 있습니다! 하나님의 아들들! 하나님의 자녀! 하나님의 왕국에서!

우리는 거지가 아닙니다! 우리는 새 피조물입니다.

우리가 복을 받음이 만민보다 훨씬 더합니다.

고백 성령께서 내 영과 함께 내가 하나님의 자녀인 것을 친히 증언하신다. 하나님은 나의 친아버지이다. 나는 그분의 친자녀이다. 그리고 나는 그분의 자녀이기 때문에, 그분의 상속자이기도 하다. 나는 우주를 창조하신 하나님의 상속자이다. 그리고 나는 그리스도와 더불어 공동 상속자이다.

5월 22일

하나님의 도장

마침내 [하나님께서] 그들을 인도하여 은금을 가지고 나오게 하시니 그의 지파 중에 비틀거리는 자가 하나도 없었도다 (시 105:37)

성경을 보면 이스라엘과 관련된 모든 것에 하나님께서 번영과 성공의 도장을 찍으려고 하시는 것을 볼 수 있습니다. 게다가 질병과 고통은 그들 가운데 용납되지 않았습니다.

그리고 그것은 교회에도 동일하게 적용됩니다. 그리스도의 몸인 신약의 교회와 연관된 모든 것에는 번영과 성공과 넉넉함, 치유와 건강의 도장이 찍혀 있습니다.

이스라엘에 관하여 말씀하신 것들을 동일하게 교회에 관하여도 말씀하고 계신 부분이 많이 있습니다. "내가 복음을 부끄러워하지 아니하노니 이 복음은 모든 믿는 자에게 구원을 주시는 하나님의 능력이 됨이라"(롬 1:16). 스코필드의 주석을 보면 "구원"이라고 번역된 단어는 헬라어나 히브리어 모두 구출, 안전, 보호, 치유, 건강 등의 의미를 내포하고 있습니다. 예수 그리스도의 복음은 구출을 주시는 하나님의 능력입니다. 그것은 안전과 보호를 주시는 하나님의 능력입니다. 그것은 치유와 건강을 주시는 하나님의 능력입니다.

고백 나는 하나님의 자녀이다. 나는 그리스도의 몸의 지체이다. 나는 번영과 성공과 넉넉함, 치유와 건강의 도장을 받았다. 예수 그리스도의 복음은 내게 구출과 안전과 보호와 치유와 건강을 주시는 하나님의 능력이다.

5월 23일

용서와 치유

그가 네 모든 죄악을 사하시며 네 모든 병을 고치시며 (시 103:3)

이스라엘 자손들에게 질병이 찾아온 것은 그들이 율법에 순종하지 않았을 때였습니다.
그들의 불순종에 대한 용서는 그들의 질병이 치유되는 것을 의미했습니다.
이스라엘 자손들에게 고통이 찾아온 것은 그들이 잘못을 저질러 스스로 언약의 보호 밖으로 나갔을 때였습니다(시 107:19,20).
우리는 더 나은 언약 아래 보호를 받고 있습니다. 그러나 언약의 보호 밖으로 스스로 나가는 것도 가능합니다.
내가 신령한 건강과 치유에 관련된 하나님의 말씀의 진리를 알게 된 이후에 신체적인 이상이 나를 찾아온 경우는 내가 그 보호 밖으로 나갔을 때뿐이었습니다. 내가 뭔가를 훔쳤다거나 거짓말을 했다는 말이 아닙니다. 단지 내가 마땅히 해야 할 일로 하나님께 순종하지 않았다는 의미입니다. (대개는 내가 하나님께서 하라고 하신 방법대로 사역을 하지 않은 경우입니다.) 그렇게 함으로써 나는 언약의 보호 아래에서 빠져나와 스스로를 원수의 공격에 열어주게 된 것입니다. 그럴 경우에는 회개하고 제자리로 돌아와야만 했습니다. 내가 그렇게 한 순간, 내 몸은 치유 받았습니다.

 하나님은 죄를 용서하신다. 하나님은 질병을 치유하신다. 그분은 말씀을 보내셔서 나를 치유하셨다. 그분은 나를 멸망에서 구출하셨다.

5월 24일

실로 우리의 질병을

그는 멸시를 받아 사람들에게 버림받았으며 간고를 많이 겪었으며 질고[질병]를 아는 자라 [마치 사람들이 그에게서 얼굴을 가리는 것같이 멸시를 당하였고 우리도 그를 귀히 여기지 아니하였도다] 그는 실로 우리의 질고[질병]를 지고 우리의 슬픔을 당하였거늘 우리는 생각하기를 그는 징벌을 받아 하나님께 맞으며 고난을 당한다 하였노라 그가 찔림은 우리의 허물 때문이요 그가 상함은 우리의 죄악 때문이라 그가 징계를 받음으로 우리는 평화를 누리고 그가 채찍에 맞음으로 우리는 나음을 받았도다 (사 53:3-5)

나는 우리가 암이나 다른 치명적인 질병으로 인하여 고통 받고 괴로움을 당하는 것은 하나님 우리 아버지의 뜻이 아니라는 것을 담대하게 선언하고 싶습니다. 우리가 치유 받는 것이 하나님의 뜻입니다!

내가 어떻게 아느냐고요? 새로운 언약 아래에서 우리에게 치유가 제공되었기 때문입니다.

이사야 53장은 오실 메시야에 대한 그림을 보여주고 있습니다. 이 장은 죄의 문제뿐만 아니라 오늘날 교회가 직면한 질병의 문제를 다루고 있습니다.

하나님께서는 인간의 영과 혼 뿐 아니라 육신의 문제도 다루셨습니다. 하나님께서는 우리의 죄와 허물을 예수님께 담당시키셨고, 예수님은 그것들을 짊어지셨습니다. 하나님께서는 우리의 질병과 고통을 예수님께 담당시키셨고, 예수님은 그것들을 짊어지셨습니다. 왜 그러셨습니까? 우리를 자유케 하기 위해서 그러셨습니다!

고백 예수 그리스도, 하나님의 어린 양은 나의 죄와 허물을 짊어지셨다. 그래서 나는 그것들을 가지고 있을 필요가 없다. 그분은 또한 나의 질병과 고통을 짊어지셨다. 그래서 나는 그것들을 가지고 있을 필요가 없다. 예수님 덕분에 나는 자유하다. 그가 채찍에 맞음으로 나는 나음을 받았다!

5월 25일

친히 담당하시고 … 짊어지셨도다

이는 선지자 이사야를 통하여 하신 말씀에 우리의 연약한 것을 친히 담당하시고 병을 짊어지셨도다 함을 이루려 하심이더라 (마 8:17)

오늘의 말씀에서 마태는 이사야 53장을 인용하고 있습니다. 내가 이 구절의 진정한 의미를 처음으로 깨달았을 때, 나는 매우 기뻤습니다. 내가 그것을 읽었을 때, 나는 "우리의"라는 단어를 강조할 수 있었기 때문입니다. 예수님은 우리의 연약한 것을 담당하시고, 우리의 병을 짊어지셨습니다. 나는 "우리의"를 집어넣었습니다! 그분은 나의 연약함과 나의 질병을 담당하셨습니다!

이것을 깨닫게 되자 나는 2차 세계대전 중에 런던에서 갑자기 사라져버렸던 어떤 부인의 경험에 공감하게 되었습니다. 그녀의 이웃들은 적군의 공습이 있는 동안 방공호에서 그녀를 찾을 수가 없었습니다. 그래서 그들은 그녀가 죽었던지 아니면 마을을 떠났을 것이라고 여겼습니다. 며칠 후에 몇몇 사람들이 그녀를 거리에서 만났을 때, 그녀에게 어디 있었냐고 물었습니다. 그러자 그녀는 아무데도 가지 않았다고 대답했습니다.

"그러나, 폭탄이 떨어질 때 어디 계셨어요?"
"그냥 침대에서 자고 있었어요."
"무섭지 않으셨어요?"
"아니요, 하나님께서는 졸지도 않고 주무시지도 않는다는 성경 구절을 읽은 후에, 하나님과 내가 둘 다 깨어있을 필요가 없다고 결론 내리고는, 그냥 자버렸어요!"

그리스도께서 친히 우리의 연약함을 담당하시고 우리의 질병을 짊어지셨기 때문에, 우리가 그것들을 짊어질 필요가 전혀 없습니다. 예수님께서는 우리가 자유케 되도록 그것들을 담당하셨습니다.

고백 예수님께서 나의 연약함을 담당하시고 나의 질병을 짊어지셨으므로 내가 그것들을 짊어질 필요가 없다. 나는 예수님께서 제공하신 것을 받아들인다.

5월 26일

그가 채찍에 맞음으로

친히 나무에 달려 그 몸으로 우리 죄를 담당하셨으니 이는 우리로 죄에 대하여 죽고 의에 대하여 살게 하려 하심이라 그가 채찍에 맞음으로 너희는 나음을 얻었나니 (벧전 2:24)

몇 년 전, 나는 심장과 가슴에 몇 가지 이상을 느끼며 새벽 1시 반에 자다가 깼습니다. 내가 십대일 때 심장의 문제로 병상에 누워 죽는 날만 기다렸던 경험이 있었기 때문에 나는 그런 증상에 대해 잘 알고 있었습니다.

마귀가 내 마음에 말했습니다. "넌 죽을 거야. 이번에는 네가 치유를 얻지 못할 거야."

나는 이불을 머리 위까지 덮고 큰 소리로 웃기 시작했습니다. 나는 전혀 웃고 싶은 기분이 아니었지만, 어쨌든 10분가량 웃어댔습니다. 마침내 마귀가 내게 뭣 때문에 그렇게 웃고 있는지 물어봤습니다.

"너를 비웃고 있다!" 내가 말했습니다. "너는 내가 이번에는 치유를 얻지 못할 거라고 그랬지? 하하, 이봐 마귀. 나는 내가 치유를 얻으리라고 기대하지 않아! 예수님은 이미 내게 치유를 주셨어! 자, 네가 읽을 수 없을 테니까 내가 너를 위해 베드로전서 2장 24절을 읽어주마." 그리고 나는 그렇게 했습니다.

마지막 구절 "그가 채찍에 맞음으로 너희는 나음을 얻었나니"를 인용한 후 내가 말했습니다. "만약 우리가 나음을 얻은 것이면, 내가 이미 치유를 받은 거야! 그러니까 나는 그것을 받을 필요가 없어. 예수님이 이미 그것을 주셨어! 그리고 예수님이 그것을 주셨으니까 나는 그저 받아들이고, 주장하고, 그것을 소유하는 거야. 마귀야, 이제 그만 네 별 볼일 없는 증상들을 모아가지고 여기서 썩 떠나가라!"

그리고 그는 떠나갔습니다.

고백 예수님은 이미 치유를 내게 주셨다. 나는 그것을 받는다. 나는 그것을 주장한다. 나는 그것을 소유한다. 예수께서 채찍에 맞으심으로 나는 나았다!

5월 27일

안전한 여행

날 저물 때에 제자들에게 이르시되 우리가 저편으로 건너가자 하시니 (막 4:35)

예수님께서 배에 오르셔서 제자들에게 말했습니다. "우리가 저쪽 편으로 건너가자." 그리고 그렇게 정해졌습니다. 예수님이 "반쯤 가다가 가라앉자"라고 하신 것이 아닙니다. 그러므로 폭풍이 일고 예수님의 제자들이 무서워하고 있을 때, 예수님은 그들을 꾸짖으면서 "너희가 어찌 믿음이 없느냐?"라고 하신 것입니다.

순복음 사업가 대회에서 한 여자가 내게 와서 자기를 위해 기도해달라고 부탁했습니다. "나는 신경쇠약으로 엉망이에요. 죽을까봐 무서워서 비행기도 타지 못해요. 공포 때문에 실제로 병이 생겼어요. 나는 가고 싶긴 해도 더 이상 이런 집회에 참석할 수가 없어요. 나는 비행기 타는 것이 너무 두렵거든요."

"당신은 두려워할 필요가 없습니다." 내가 대답했습니다. "그리고 사실은 당신이 그것을 위해 기도할 필요조차 없습니다. 당신이 해야 할 일은 그저 비행기에 타서 이렇게 말하는 것입니다. 로스앤젤레스나 시카고나 다른 어디로든 그냥 '우리가 그리로 건너가자'라고 말하는 것입니다. 그러면 비행기는 추락하지 않습니다. 당신은 예수님께서 하신 그대로 할 수 있습니다. 당신이 믿음으로 그렇게 말했기 때문에 비행기가 그곳에 무사히 도착할 것임을 알고 잠이 들 수 있습니다."

나는 후에 그녀를 여러 집회에서 다시 만났습니다. 그녀는 내게 말했습니다. "당신이 말한 그대로 됐어요. 비행기에 올라서 이렇게 말했어요. '우리가 저편으로 건너가자.' 그리고 나는 등받이를 눕히고 긴장을 푼 채 주님을 찬양했어요. 난 이제 비행하는 것을 정말 즐기게 되었답니다."

내가 어디를 여행하든지 나는 이렇게 말할 수 있다. "우리가 저편으로 건너가자." 그리고 나는 내가 말한 그것을 갖게 될 것이다.

5월 28일

무사고

여호와의 천사가 주를 경외하는 자를 둘러 진 치고 그들을 건지시는도다 (시 34:7)

1952년 5월, 나의 아내와 자녀들은 나와 함께 뉴멕시코의 천막집회를 다니고 있었습니다. 나의 어머니는 내 여행계획을 알고는 이렇게 말했습니다. "운전 조심해라! 사고가 어찌나 많은지. 네가 여행할 때면, 나는 밤새도록 깨어서 네가 사고 났다는 전화가 올까봐 기다리며 너의 안전을 위해 기도한다. 그래도 난 네가 운전하는 동안에는 순간순간 기도하고 있다는 것을 알고 있단다."

"전혀 안 그러는데요." 내가 대답했습니다.

"아들아, 넌 도대체 무슨 생각을 하는 거니?"

"오직 말씀이요. 예수님께서 이미 말씀하셨어요. '내가 과연 너희를 버리지 아니하고 너희를 떠나지 아니하리라' (히 13:5). 그래서 제가 운전할 때 예수님께 나와 함께 해주십사고 부탁할 필요가 없어요. 전 그냥 이렇게 말하고 운전을 시작해요. '하늘에 계신 아버지, 당신의 말씀으로 인해 감사드립니다. 예수님께서 저와 함께 계시다는 것이 저는 참으로 기쁩니다. 제 안에 아버지와 아들과 성령님이 계시다는 것이 참 기쁩니다.' 그리고 저는 즐겁게 노래 부르면서 가요. 하나님께서는 이미 제게 시편 91편을 통해 어떤 화도 내게 미치지 못할 것이라고 말씀하셨어요. 그리고 그 구절의 스웨덴어 번역은 이렇게 되어 있어요. '어떤 사고도 너를 덮치지 못할 것이다.'"

고백 예수님은 결코 나를 떠나지 않으신다. 천사들이 나를 둘러 진을 치고 있다. 아버지와 아들과 성령님이 내 안에 살고 계신다. 어떤 사고도 나를 덮치지 못한다!

5월 29일

생명의 법

이는 그리스도 예수 안에 있는 생명의 성령의 법이 죄와 사망의 법에서 너를 해방하였음이라 (롬 8:2)

존 G. 레이크 박사는 1908년 아프리카에 선교사로 갔습니다. 그가 있던 지역에 가래톳 흑사병이라는 치명적인 전염병이 발생했습니다. 수백 명이 죽었습니다. 그는 병자들을 돌보며 죽은 사람들을 매장했습니다. 마침내 영국은 의료 장비와 의사들을 실은 구조선을 보냈습니다. 의사들은 레이크 박사에게 외국으로 피난할 것을 요구했습니다. 그들이 물었습니다. "당신은 그동안 스스로를 보호하기 위해 무엇을 사용해 왔습니까?"

레이크 박사가 대답했습니다. "나는 그리스도 예수 안에 있는 생명의 성령의 법이 죄와 사망의 법에서 나를 해방한 것을 믿습니다. 그래서 내가 그 생명의 법의 빛 가운데 살고 있는 동안에는 어떤 세균도 내게 들러붙을 수 없습니다." "그래도 우리 예방약을 사용 하는 게 좋을 겁니다." 의사들이 다그쳤습니다. "아닙니다." 레이크 박사가 말했습니다. "그렇다면 실험을 해 보면 좋겠군요. 죽은 환자의 폐에서 나온 거품을 가져다가 현미경으로 조사해 보세요. 사람은 죽었어도 세균 덩어리들이 여전히 살아있는 것을 볼 수 있을 것입니다. 이제 내 손에 그 거품을 올려놓고 현미경으로 조사해 보세요. 살아있는 세균 대신에 바로 죽어버리는 세균들을 볼 수 있을 것입니다." 의사들은 그대로 실험을 해 보았고, 레이크 박사의 말이 옳다는 것을 입증했습니다. 의사들이 왜 이런 결과가 나온 것인지 놀라워하고 있을 때, 레이크 박사는 그들에게 말했습니다. "그것이 바로 그리스도 예수 안에 있는 생명의 성령의 법입니다."

 그리스도 예수 안에 있는 생명의 성령의 법이 죄와 사망의 법에서 나를 해방했다.

5월 30일

정복자보다 나은 자

그러나 이 모든 일에 우리를 사랑하시는 이로 말미암아 우리가 넉넉히 이기느니라[we are more than conquerors] (롬 8:37)

만일 하나님의 말씀에 우리가 승리자라고만 해도 그것으로도 충분할 것입니다. 그러나 성경은 우리가 예수 그리스도로 말미암아 정복자보다 나은 자라고 말하고 있습니다.

"나는 실패자야"라고 말하는 대신에 일어나 성경에서 당신에 관해 말하고 있는 바로 그것을 말하십시오. "나는 승리자다!"

당신이 승리자처럼 보이지 않을 수도 있습니다. 그러나 당신이 하나님의 말씀에서 보는 것을 고백하면 그것은 당신의 삶에서 그대로 일어나게 됩니다.

조만간 당신은 당신이 고백한 그대로 변하게 될 것입니다!

올바른 고백을 한다면, 어떤 환경도 두렵지 않게 될 것입니다.

올바른 고백을 한다면, 어떤 질병도 두렵지 않게 될 것입니다.

올바른 고백을 한다면, 어떤 조건도 두렵지 않게 될 것입니다.

당신은 삶의 어떤 문제에도 두려움 없이 맞서게 될 것입니다. 승리자처럼!

고백 나를 사랑하시는 이로 말미암아 나는 모든 일에 승리자 그 이상이다. 나는 어떤 환경도 두렵지 않다. 나는 어떤 질병도 두렵지 않다. 나는 어떤 조건도 두렵지 않다. 나는 아무 두려움 없이 승리자로서 삶을 산다! 나는 승리자이다! 사실, 나는 승리자 그 이상이다!

5월 31일

내 안에 역사하시는

너희 안에서 행하시는 이는 하나님이시니 자기의 기쁘신 뜻을 위하여 너희에게 소원을 두고 행하게 하시나니 (빌 2:13)

    이 구절의 다른 번역은 "너희 가운데 일하시는 분은 하나님이시니"라고 되어 있습니다.
    나는 빌립보서 2장 13절을 요한일서 4장 4절과 함께 놓는 것을 좋아합니다. "너희 안에[내 안에] 계신 이가 세상에 있는 자보다 더 크심이라." 하나님이 내 안에 계십니다!
    하나님은 내 안에서 무엇을 하고 계십니까? 그분은 내 안에서 일을 하고 계십니다. 하나님은 무슨 일을 하고 계십니까? 그분의 기쁘신 뜻을 위하여 소원을 두기도 하시고 행하게도 하십니다.
    그분의 기쁘신 뜻은 무엇입니까? 그분의 기쁨은 하나님의 말씀에 내가 가질 수 있다고 한 모든 것을 내가 갖는 것입니다. 그리고 하나님의 말씀에 내가 할 수 있다고 한 모든 것을 내가 하는 것입니다. 하나님께서 나로 할 수 있게 하십니다!
    하나님은 내 안에 계시고 나의 영은 즐거워합니다. 나의 심령은 내가 하나님을 내 안에서 자유롭게 할 수 있다는 것에 기뻐합니다. 나는 하나님께서 내 안에서 우선권을 갖도록 할 수 있습니다. 나는 내 삶에서 하나님으로 하여금 더욱 더 많은 분량을 행하시도록 할 수 있습니다.
    어떻게 그렇게 할까요? 먼저 나는 하나님이 계시다는 것과 하나님의 말씀이 진리라는 것을 마음으로 믿음으로 그렇게 할 수 있습니다. 그리고 나는 내 입으로 담대히 고백할 수 있습니다. 왜냐하면 내가 입으로 고백을 하기 전에는 말씀에 내 것이라고 되어있는 것이나 내가 믿는 것들을 실제로 누릴 수 없기 때문입니다. 성경은 이렇게 가르칩니다. "… 마음으로 믿어 … 입으로 시인하여 … 이르느니라"(롬 10:10).

 하나님이 내 안에 계신다. 하나님은 내 안에서 일하고 계신다. 하나님은 나를 통해 일하신다!

6월 1일

하나님은 영이시니

아버지께 참되게 예배하는 자들은 영과 진리로 예배할 때가 오나니 곧 이 때라 아버지께서는 자기에게 이렇게 예배하는 자들을 찾으시느니라 하나님은 영이시니 예배하는 자가 영과 진리로 예배할지니라 (요 4:23,24)

하나님은 영이십니다.
영적인 것들은 물질적인 것들보다 더 실제적입니다. 그럴 수밖에 없는 것이, 모든 물질들을 창조하신 하나님이 영이시기 때문입니다.
하나님의 보이지 않는 능력은 단지 "…이 있으라"는 말 한 마디로 지구상의 자연의 영역에 속한 모든 것들을 창조하였습니다.
당신은 육체적으로 하나님을 알 수도 없고, 만질 수도 없고, 만날 수도 없습니다.
당신은 혼적으로 하나님을 알 수도 없고, 만질 수도 없고, 의사소통을 할 수도 없습니다.
하나님은 영이십니다. 그리고 감사하게도, 당신은 당신의 영을 통해서 그분께 나아갈 수 있습니다. 당신의 영은 하나님을 알 수 있습니다. 당신의 영은 하나님과 친해질 수 있습니다. 당신의 영은 하나님과 의사소통을 할 수 있습니다. 당신의 영은 하나님을 예배할 수 있습니다!

고백 지금이 바로 참되게 예배하는 자가 영과 진리로 아버지께 예배할 때이다. 나는 참된 예배자이다. 하나님은 영이시다. 나는 하나님께 영과 진리로 예배드린다. 나의 영은 하나님을 안다. 나의 영은 하나님과 매일 점점 더 친해진다. 나의 영은 하나님과 소통한다. 나의 영은 하나님을 예배한다.

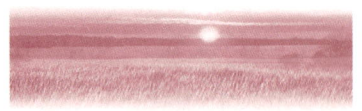

6월 2일

하나님의 형상대로

하나님이 이르시되 우리의 형상을 따라 우리의 모양대로 우리가 사람을 만들고 … 하나님이 자기 형상 곧 하나님의 형상대로 사람을 창조하시되 남자와 여자를 창조하시고… (창 1:26,27)

여호와께서는 자기 백성을 기뻐하시며… (시 149:4)

만일 사람이 하나님의 형상대로 만들어졌고, 또한 하나님이 영이시라면, 인간도 틀림없이 영이어야만 할 것입니다.

하나님께서는 그분의 기쁨을 위해 사람을 창조하셨습니다. 하나님께서는 자신과 교제하기 위해 사람을 만드셨습니다. 사람은 동물이 아닙니다. 사람은 하나님과 동일한 부류에 속해 있으며, 만일 그렇지 않다면, 사람은 하나님과 교제할 수 없을 것입니다.

혹시 암소와 교제를 나누어 보려고 시도해 본 적이 있습니까? 암소는 당신과는 전혀 다른 세계에 살고 있습니다. 그들은 다른 부류에 속해 있습니다. 당신은 그들과 교제를 나눌 수 없습니다.

그러나 우리는 서로 교제를 나눌 수 있습니다. 그리고 우리는 하나님과 교제를 나눌 수 있는데, 이는 우리가 하나님과 같은 부류에 속한 존재이기 때문입니다.

하나님은 영이십니다. 그리고 하나님의 형상과 모양대로 창조된 사람도 역시 영적인 존재입니다.

고백 하나님은 영이시고, 나도 영이다. 나는 하나님의 형상과 그분의 모양대로 창조되었다. 나는 하나님과 동일한 부류에 속한 존재이다. 나는 하나님을 기쁘시게 할 수 있다. 나는 그분과 교제를 나눌 수 있다.

6월 3일

마음에 숨은 사람

너희 단장은 머리를 꾸미고 금을 차고 아름다운 옷을 입는 외모로 하지 말고 오직 마음에 숨은 사람을 온유하고 안정한 심령의 썩지 아니할 것으로 하라 이는 하나님 앞에 값진 것이니라 (벧전 3:3,4)

당신이 어떻게 생겼는지 아무도 모릅니다! 사람들은 당신을 안다고 생각하지만, 그렇지 않습니다. 실제의 당신은 숨겨진 사람입니다. 당신은 영입니다. 혼을 가지고 있고 몸 안에 살고 있습니다(살전 5:23). 사람들이 보는 것은 단지 당신이 살고 있는 '집'일 뿐입니다.

나는 목사님들이 베드로전서 3장 3절만 인용해서, 여성들에게 머리를 꾸미거나 금으로 장식하지 말라고 하는 것을 들은 적이 있습니다. 그러나 베드로가 말하고자 하는 것이 그런 것이었다면, 여자들은 옷도 입지 말아야 할 것입니다! 베드로는 머리를 꾸미거나 금으로 치장하지 말라는 것과 함께 아름다운 옷(apparel)도 입지 말라고 했기 때문입니다. (의복[apparel]은 옷입니다.)

그런 것이 아닙니다. 단지 여성들이 그런 경향이 더 있기 때문에 그렇게 얘기했을 뿐이고, 베드로가 실제로 말하고자 하는 것은 이렇습니다. "당신의 머리나 당신의 옷에, 그리고 당신의 겉사람에 시간을 온통 써 버리지 마십시오. 무엇보다 먼저 마음에 숨은 사람, 즉 영의 사람, 진짜 사람, 속사람이 온유하고 평온한 영으로 단장하도록 주의하십시오."

고백 나는 영이다. 나는 영들의 아버지의 자녀이다. 나는 혼을 가지고 있다. 그리고 나는 몸 안에 살고 있다. 나는 진짜 '나'인 마음에 숨은 사람을 단장하는 것에 주의한다.

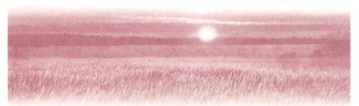

6월 4일

속사람

그러므로 우리가 낙심하지 아니하노니 우리의 겉사람은 낡아지나 우리의 속사람은 날로 새로워지도다 (고후 4:16)

겉사람, 즉 몸은 시들어갑니다. 당신이 살고 있는 체스트넛 거리 504번지의 집이 낡아지는 것과 마찬가지로 당신의 겉사람은 늙어갑니다.

그러나, 이것을 알고 있습니까? 당신은 전혀 늙지 않습니다!

성경은 진짜 '당신'에 대해서 뭐라고 말하고 있습니까? "속사람은 낡아진다"라고 되어있습니까? 아닙니다. "시들어 간다?" 아니요. "늙어 간다?" 아니요! 성경에는 "속사람은 날로 새로워지도다"라고 되어있습니다!

당신은 지금보다 전혀 늙지 않습니다!

당신은 몇 년 전의 당신보다 더 늙지 않았습니다. 당신의 아는 것이 더 많아졌을 수는 있겠지만, 당신은 전혀 늙지 않았습니다.

진짜 '당신'인 속사람은 매일매일 새로워집니다!

고백 나는 영적 존재이다. 나는 영들의 아버지의 자녀이다. 진짜 나는 '숨은 사람', 속사람이다. 나는 전혀 늙지 않는다. 나는 영원한 영적 존재이다. 나는 매일매일 새로워진다.

6월 5일

보이지 않는 영원한 것들

> 우리가 주목하는 것은 보이는 것이 아니요 보이지 않는 것이니 보이는 것은 잠깐이요 보이지 않는 것은 영원함이라 만일 땅에 있는 우리의 장막집이 무너지면 하나님께서 지으신 집 곧 손으로 지은 것이 아니요 하늘에 있는 영원한 집이 우리에게 있는 줄 아느니라 (고후 4:18; 5:1)

겉사람은 눈에 보입니다. 속사람은 '숨은 사람' 입니다. 그는 보이지 않습니다. 바울은 어제 우리가 고린도후서 4장 16절에서 보았던 속사람에 관해서 계속 말하고 있습니다. 바울은 이 속사람은 보이지 않으며 또한 영원하다고 말하고 있습니다.

우리의 "땅에 있는 장막집"은 바울이 16절에서 말한 "겉사람"입니다. 땅에 있는 우리의 집(몸)은 썩어질 것입니다. 죽어서 무덤에 묻히면 분해되어 흙으로 돌아갑니다. 그러나 그것으로 끝나는 것이 아닙니다.

속사람은 영원합니다!
마음에 숨은 사람은 영원합니다!
숨은 사람은 영의 사람이고, 그는 영원합니다!
당신은 영입니다. 그리고 당신은 영원합니다!

고백 나는 영원한 영적 존재이다. 나는 눈에 보이는 것들을 바라보지 않는다. 나는 눈에 보이지 않는 것들을 바라본다. 눈에 보이는 것들은 일시적이지만, 눈에 보이지 않는 것들은 영원하기 때문이다.

6월 6일

담대하여, 아노니

> 그러므로 우리가 항상 담대하여 몸으로 있을 때에는 주와 따로 있는 줄을 아노니 이는 우리가 믿음으로 행하고 보는 것으로 행하지 아니함이로라 우리가 담대하여 원하는 바는 차라리 몸을 떠나 주와 함께 있는 그것이라 (고후 5:6-8)

"우리가 항상 담대하여 … 아노니." 정말 마음에 듭니다! 바라는 것이 아닙니다. 추측하는 것이 아닙니다. 어쩌면 그럴 수도 있겠다는 것이 아닙니다. 아는 것입니다! '우리'가 몸으로 있을 때에는 '우리'가 주님과 따로 있는 것을 아는 것입니다. 그렇습니다. 그분의 영이 우리의 심령 가운데 계셔서, "아바, 아버지"라 부르시지만, 살과 뼈를 가지신 예수님의 육체는 부활하셔서 하늘 아버지의 우편에 앉아 계십니다. 그리고 '우리'가 몸을 떠날 때, '우리'는 그곳에서 주님과 함께 있게 될 것입니다.

'우리'는 누구입니까?

사람은 육체가 죽으면서 그의 몸을 떠납니다. 그의 몸에서 떠날 때, 그는 몸 안에 살 때와 다를 것이 없습니다. 지면 관계상 내가 죽어가던 경험을 여기서 다시 자세하게 설명할 수는 없습니다(자세한 내용을 알기 원하면, 소책자 '나는 지옥에 갔다 왔습니다'를 읽기 바랍니다). 그러나 나는 이 이야기를 하고 싶습니다. 내가 몸 밖에 있을 때, 나는 내가 몸 안에 있었을 때와 다를 것이 없었습니다. 내게는 현재의 나와 마찬가지로 실제적이었습니다. 나는 똑같은 형상을 가지고 있었습니다. 나는 똑같은 모양을 가지고 있었습니다. 똑같은 크기를 가지고 있었습니다. 나는 내 몸을 떠나기 전 알던 모든 것들을 다 알고 있었습니다.

 진짜 '나'는 내 몸 안에 살고 있다. 진짜 나는 결코 죽지 않는 영원한 영적 존재이다.

6월 7일

유익!

이는 내게 사는 것이 그리스도니 죽는 것도 유익함이라 (빌 1:21)

몸이 죽는다 하더라도, 속사람은 여전히 살아있습니다. 오늘의 본문 말씀에서 바울은 육체적인 죽음을 이야기 하고 있습니다. 그리고 그는 그것이 유익하다고 말합니다.

이 말씀은 개가 죽는 것과 마찬가지로 사람도 죽으면 그것으로 끝이라는 이론을 없애버립니다. 그런 죽음에는 어떤 유익도 없습니다.

그것은 또한 당신이 죽으면 마치 하늘의 구름처럼 떠돌아다닌다는 이론 또한 없애버립니다. 그런 것에도 역시 아무런 유익이 없습니다.

그리고 환생한다는 이론도 그렇습니다. (단지 이론일 뿐입니다! 그것은 전혀 성경적이 아닙니다.) 어떤 사람들은 이생에 다시 태어난다고 생각합니다. 어쩌면 다음 생에서는 암소나 말이나 혹은 파리로 다시 태어난다고 생각합니다. 암소로 다시 태어나는 것은 아무런 유익이 없습니다. 잡아먹힐 뿐입니다. 만일 모기로 태어난다면 뭉개져 납작하게 될 뿐입니다. 성경을 떠나 잘못된 가르침을 따르는 것이 얼마나 어리석은 것입니까!

진리는 성경이 말하는바 그대로입니다! 육체가 죽음으로, 거듭난 신자는 영원한 영적 존재이기 때문에 몸을 떠나 그리스도와 함께 있게 되는데, 그것이 바로 유익입니다!

 '나'에게는 육체 가운데 사는 것이 그리스도이다. 속사람, 영원한 영적 존재인 진짜 '나'의 안에 그리스도의 생명이 거한다.

6월 8일

우리의 선택

> 이는 내게 사는 것이 그리스도니 죽는 것도 유익함이라 그러나 만일 육신으로 사는 이것이 내 일의 열매일진대 무엇을 택해야 할는지 나는 알지 못하노라 내가 그 둘 사이에 끼었으니 차라리 세상을 떠나서 그리스도와 함께 있는 것이 훨씬 더 좋은 일이라 그렇게 하고 싶으나 내가 육신으로 있는 것이 너희를 위하여 더 유익하리라 내가 살 것과 너희 믿음의 진보와 기쁨을 위하여 너희 무리와 함께 거할 이것을 확실히 아노니 (빌 1:21-25)

바울은 여기서 육체의 죽음에 관해서 말하고 있습니다. 물론 속사람인 진짜 바울은 죽지 않습니다. 육체 안에 살든지 아니면 세상을 떠나 그리스도와 함께 살든지, 그는 계속 살 것입니다.

바울은 아직 결정하지 않았다고 말하고 있습니다. "내가 그 둘 사이에 끼었으니 차라리 세상을 떠나 그리스도와 함께 있는 것이 훨씬 좋은 일이라." (바울이 그저 더 좋은 일이라고 해도 그것은 더 나은 것을 의미했을 것입니다. 그러나 그는 훨씬 더 좋다고 말하고 있습니다!) 그리고 그는 말합니다. "내가 육신으로 있는 것이 너희를 위하여 더 유익하리라." 바울이 육신 가운데 살고 있을 때, 그는 그 사람들을 가르치고 섬길 수 있었습니다. 그것이 바로 그들에게 더 유익한 것이었습니다.

바울이 선택을 하고 있었다는 사실에 주목하기 바랍니다. 그는 이렇게 말하지 않았습니다. "나는 떠나서 하나님께로 갈 것이다. 그리고 하나님께서 선택하시면 나는 그것을 받아들일 것이다."

우리는 우리가 생각하는 것 이상으로, 살거나 죽는 것을 결정할 수 있습니다.

 진짜 나는 영원한 영적 존재이다.

6월 9일

사람의 세 가지 차원

평강의 하나님이 친히 너희를 온전히 거룩하게 하시고 너희의 온 영과 혼과 몸이 우리 주 예수 그리스도께서 강림하실 때에 흠 없게 보전되기를 원하노라 (살전 5:23)

영과 혼의 차이를 아는 것은 당신의 영적 성장에 말할 수 없이 큰 도움이 될 것입니다.

'영'과 '혼'이 같은 것이라고 알고 있는 사람들이 많이 있습니다. 목사님들조차도 그렇게 믿고 있습니다! 그들은 혼에 관하여 설교하면서 그것을 영으로 잘못 알고 있습니다.

그러나 그 둘은 같은 것이 아닙니다. 영과 혼이 같다는 것이 성경적이라고 하는 것은 마치 몸과 혼이 같은 것이라고 하는 것과 마찬가지입니다. 그러나 히브리서 4장 12절은 하나님의 말씀에 의해서 혼과 영이 나뉠 수 있다고 말하고 있습니다.

사람의 세 가지 차원을 더 쉽게 이해할 수 있도록 소거법을 사용하도록 하겠습니다.

⑴ 나는 나의 몸을 통해 물질 영역에 접한다.
⑵ 나는 나의 영을 통해 영적 영역에 접한다.
⑶ 나는 나의 혼을 통해 지적 영역과 감정적 영역에 접한다.

사람은 영입니다. 사람이 하나님을 만나는 부분이 바로 영입니다. 사람은 혼, 즉 지성과 감성과 의지를 가지고 있습니다. 그리고 사람은 몸 안에 살고 있습니다.

 나는 하나님의 아들이다. 나는 하나님의 자녀이다. 나는 나의 영으로 영의 세계에 계신 나의 아버지를 만난다.

6월 10일

마음(heart)의 갈망

예수께서 이르시되 나는 생명의 떡이니 내게 오는 자는 결코 주리지 아니할 터이요 나를 믿는 자는 영원히 목마르지 아니하리라 (요 6:35)

아담이 죄를 짓기 전에, 그는 하나님과 함께 거닐며 대화했습니다. 아담은 하나님과 교제를 나눴습니다.

그러나 아담의 타락 이후, 그의 영은 하나님으로부터 멀어지고 분리되었습니다.

그날 이후로 세상에 태어난 모든 사람들의 인생에는 그 마음(heart)에 갈급함, 즉 영의 갈망이 생겼습니다.

이러한 마음(heart)의 갈망은 사람들로 하여금 그것을 만족시킬 만한 것을 찾도록 만들었습니다. 어떤 사람들은 세상의 소유를 찾습니다. 어떤 사람들은 이 세상의 잘못된 종교를 찾습니다. 그러나 하나님 외에 어떤 것도 그 갈망을 만족시킬 수 없습니다.

이 마음(heart)의 갈망이 사람으로 하여금 모든 종류의 것들을 찾도록 몰아갈 수도 있지만, 결국 그 갈망은 예수 그리스도를 발견할 때에야 비로소 끝나게 됩니다. 사람이 주 예수 그리스도를 알게 되고 영생을 얻어 거듭나게 될 때, 그는 하나님의 자녀가 됩니다. 사람은 그제야 하나님과 관계를 맺게 되는 것입니다! 그는 하나님과 교제할 수 있습니다! 그의 마음(heart)의 갈망은 만족됩니다!

고백 나는 예수님께 왔다. 그러므로 나는 결코 배고프지 않다. 나는 예수님을 믿는다. 그러므로 나는 결코 목마르지 않다. 나는 하나님과 혈연관계가 되었다. 그는 내 아버지이시다. 나는 그분과 교제를 나눈다. 나의 마음은 만족을 얻었다.

6월 11일

하나님의 선물

죄의 삯은 사망이요 하나님의 은사는 그리스도 예수 우리 주 안에 있는 영생이니라 (롬 6:23)

하나님은 사람들의 영을 통하여 사람들을 만나십니다.

하나님의 말씀이 한 번도 복음을 들어보지 못한 죄인에게 선포될 때, 그는 죄에 대해 자각하게 되는데, 그것은 육체적인 느낌도, 정신적인 어떤 것도 아닙니다. 왜냐하면 그는 그것을 이해하지 못했을 수도 있기 때문입니다. 그것은 그의 내부 깊은 곳에서 일어납니다. 하나님의 영이 하나님의 말씀을 통해 그 죄인의 영과 만나는 것입니다!

그리고 그가 하나님의 부르심과 복음의 메시지에 반응할 때, 그의 영이 거듭납니다. 그의 영은 영생을 얻어 다시 창조됩니다.

영생을 얻는 것은 인생의 가장 기적적인 사건입니다. 그것을 새로운 탄생이라고 부릅니다. 그것을 새로운 창조라고 부릅니다. 그것은 실제로 하나님께서 자신의 본성과 본질 그리고 그 존재 자체를 인간의 영에 나누어 주시는 것입니다.

그것이 고린도후서 5장 17절에 묘사되어 있습니다.

새로운 탄생은 하나님께서 인간을 실제로 낳으시는 것입니다. 그리고 이러한 즉각적인 새로운 탄생은 몸이나 혼 안에 생기는 것이 아니라, 사람의 영 안에서 벌어지는 것입니다! 사람의 영은 완전히 새로운 존재이며 하나님 안에서 기적적으로 창조된 존재입니다.

고백 나는 완전히 새로운 존재이며 하나님 안에서 기적적으로 창조된 존재이다. 하나님께서는 내게 영생을 선물로 주셨다. 하나님은 자신의 본성과 본질 그리고 존재 자체를 나의 영에 나누어 주셨다. 나 자신의 영 안에 사는 것이 내 생명 가운데 성취해야 할 모든 것이다.

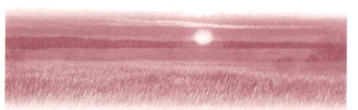

6월 12일

혼의 구원

그가 그 피조물 중에 우리로 한 첫 열매가 되게 하시려고 자기의 뜻을 따라 진리의 말씀으로 우리를 낳으셨느니라 … 그러므로 모든 더러운 것과 넘치는 악을 내버리고 너희 영혼(souls)을 능히 구원할 바 마음에 심어진 말씀을 온유함으로 받으라 (약 1:18,21)

우리의 혼은 어떻게 됩니까? 우리가 거듭날 때 우리의 혼도 구원을 받습니까? 아닙니다. 구원받고 성령 충만을 받은 지 여러 해가 되도록 여전히 혼이 구원받지 못한 그리스도인들이 많이 있습니다!

어떤 사람들은 그들의 혼이 구원 받지 못한 채 살다가 죽습니다. 그들도 천국에 갈까요? 물론입니다. 그들도 하나님의 자녀이고, 그들의 영은 하나님으로부터 태어났습니다.

당신도 알다시피, 혼은 거듭나지 않습니다. 혼의 구원은 과정입니다.

야고보서는 죄인들을 위해 쓴 것이 아니라 그리스도인들을 위해 쓴 것입니다. 그리고 야고보는 우리의 혼이 아직 구원 받지 못했다고 말하고 있습니다. 야고보서 1장 21절은 내가 영과 혼의 차이를 구별할 수 있기 전까지 나를 골치 아프게 했습니다.

사람의 영, 가장 깊은 곳의 속사람은 영생을 얻고 거듭납니다. 그러나 그의 혼을 구성하는 지성과 감성은 여전히 다루어져야 합니다. 그들은 새롭게 되어야만 합니다.

고백 나는 영이다. 혼을 가지고 있고, 몸 안에 살고 있다. '나'는 진리의 말씀을 통해 하나님으로부터 태어났다. '나'는 거듭났다. 이제 나는 내가 가진 나의 혼을 구원하는 능력을 가지고 있는, 마음에 심어진 말씀을 받는다. 나의 지성은 하나님의 말씀으로 새롭게 된다.

6월 13일

혼의 소생

내 영혼(soul)을 소생시키시고 … (시 23:3)

그러므로 형제들아 내가 하나님의 모든 자비하심으로 너희를 권하노니 너희 몸을 하나님이 기뻐하시는 거룩한 산 제물로 드리라 이는 너희가 드릴 영적 예배니라 너희는 이 세대를 본받지 말고 오직 마음(mind)을 새롭게 함으로 변화를 받아 하나님의 선하시고 기뻐하시고 온전하신 뜻이 무엇인지 분별하도록 하라 (롬 12:1,2)

거듭나고 성령으로 충만한 사람들에게 쓴 로마서 12장에서 바울은 그들의 몸과 마음(mind)에 뭔가를 행하라고 말하고 있습니다. 사람의 영은 새로운 탄생에서 거듭나지만, 여전히 변함없는 몸과 변함없는 혼을 가지고 있습니다. 그는 그의 몸을 하나님께 드리고 그의 마음(mind)이 변화되도록 주의해야 할 것입니다.

시편 23편에서 "소생시키다(restore)"라고 번역된 히브리어 원문과 로마서 12장 2절에서 "새롭게 하다(renew)"라고 번역된 헬라어 원문은 동일한 의미를 가지고 있습니다. 예를 들어 망가진 것처럼 보이는 값비싼 골동품 의자는 수리(restore)될 수 있습니다. 여전히 똑같은 의자이지만 새롭게 된(renewed) 것입니다. 사람의 영은 결코 수리될 수 없습니다. 그것은 다시 태어나고 다시 창조되는 것입니다. 그러나 혼은 그의 마음(mind)이 하나님의 말씀으로 새롭게 됨으로 말미암아 소생되는 것입니다.

오늘날 교회에 가장 필요한 것은 신자들이 그들의 마음을 하나님의 말씀으로 새롭게 하는 것입니다. 혼을 소생시키고 혼을 새롭게 하며 혼을 구원하는 것은 하나님의 말씀입니다!

고백 나는 매일 하나님의 말씀으로 나의 마음을 새롭게 한다. 그러므로 나는 이 세상을 본받지 않는다. 하나님께서 생각하시는 것처럼 생각함으로 말미암아 나의 마음은 새롭게 된다.

6월 14일

예수님이 오신 이유

도둑이 오는 것은 도둑질하고 죽이고 멸망시키려는 것 뿐이요 내가 온 것은 양으로 생명을 얻게 하고 더 풍성히 얻게 하려는 것이라 (요 10:10)

예수님은 왜 오셨습니까?
우리에게 지키며 살아야 할 교리들을 주러 오셨습니까? 우리가 바르게 살도록 우리가 해야 할 것과 하지 말아야 할 것들로 된 윤리 조항들을 주러 오셨습니까? 새로운 종교를 시작하거나 새로운 교회를 세우러 오셨습니까?
아닙니다! 예수님은 한 가지 목적을 가지고 오셨습니다. 그것은 우리가 생명을 얻고 더 풍성히 얻게 하시려는 것입니다!
'생명'이라는 단어는 복음에서 가장 중요한 단어입니다. 사람은 영적으로 죽어있기 때문에 생명이 필요합니다. 영적인 죽음은 마귀의 본성인데, 아담의 범죄 이후 인간의 타락과 함께 사람에게 들어왔습니다. 마귀의 본성을 제거하는 것이 모든 세대에 걸쳐 하나님께서 일해오신 것입니다. 그것이 바로 예수님께서 이 땅에 오신 이유입니다. 예수님께서 선언하셨습니다. "내가 온 것은 양으로 생명을 얻게 하고 …" 사람의 필요를 만족시킬 수 있는 것은 오직 하나님의 본성, 즉 영생입니다. 그것을 대체할 만한 것은 아무 것도 없습니다.
한 사람이 영생을 얻을 때, 그는 하나님의 본성, 하나님의 생명을 그 자신 안에 받는 것입니다. 이것이 바로 사탄의 가족에서 하나님의 가족으로 순식간에 변화시키는 하나님의 역사입니다.

고백 하나님의 생명이 내 영에 부여되었다. 나는 하나님께 민감하다. 하나님의 본성이 내 영에 부여되었다. 나는 내 안에 있는 하나님의 생명과 본성이 나를 지배하도록 할 것이다.

6월 15일

신령한 본성

이로써 그 보배롭고 지극히 큰 약속을 우리에게 주사 이 약속으로 말미암아 너희가 정욕 때문에 세상에서 썩어질 것을 피하여 신성한 성품(divine nature)에 참여하는 자가 되게 하려 하셨느니라 (벧후 1:4)

당신이 하나님의 자녀가 되었을 때, 하나님께서는 그분 자신의 본성인 영생을 당신에게 부여하셨습니다. 이러한 하나님의 생명, 본성, 존재, 본질은 순간적으로 당신의 영을 변화시켰습니다.

당신은 사탄의 영역인 영적인 죽음에서 하나님의 영역인 생명으로 넘어왔습니다(요일 3:14). 당신은 사탄의 지배에서 벗어나 그리스도의 통치 안으로 들어왔습니다.

당신이 영생을 얻었을 때, 사탄의 본성은 당신에게서 나갔습니다. 당신은 사탄의 본성인 영적 죽음에서 탈출한 것입니다(벧후 1:4).

사탄의 본성이 당신에게서 나간 것은 신학적인 개념이 아니라 실제적으로 일어난 일입니다. "이전 것은 지나갔으니…"(고후 5:17). 그리고 하나님의 본성이 당신 안에 들어왔습니다.

이제 당신은 하나님의 신령한 본성을 나눠 가진 사람이 되었습니다. 그것은 하나님의 본성이며 하나님의 생명입니다!

고백 하나님의 생명이 내 안에 있다. 하나님의 본성이 내 안에 있다. 하나님의 능력이 내 안에 있다. 하나님의 지혜가 내 안에 있다. 내가 실패한다면 하나님이 실패하시는 것이다. 하나님은 결코 실패하지 않으신다! 나는 그분의 신령한 본성을 나누어 가진 자이다.

6월 16일

하나님의 생명

아버지께서 자기 속에 생명이 있음 같이 아들에게도 생명을 주어 그 속에 있게 하셨고 (요 5:26)

오늘의 본문에서 '생명'이라고 번역된 헬라어는 'Zoe' 입니다. '조에' 라고 읽습니다.

성경을 읽으면서 '생명'이라고 번역된 단어들이 다들 똑같은 의미라고 생각하겠지만 사실은 그렇지 않습니다. 신약에서 '생명'이라고 번역된 단어는 헬라어로 세 가지가 더 있습니다. 간략하게 이들 세 단어들과 그 의미를 설명하자면, '프수케'는 자연적인 생명 또는 인간의 생명을 의미하며, '비오스'는 생명(삶)의 방식, 그리고 '아나스트로페'는 품행을 의미합니다.

조에(Zoe)는 영생 또는 하나님의 생명을 의미합니다. 그것은 하나님의 본성입니다. 그것은 아버지께서 자신 안에 가지고 계신 그 생명이며, 성육신 하신 아들이 자신 안에 가지고 계신 그 생명입니다. 하나님의 말씀에는 영원한 생명, 영생, 또는 단순히 생명이라고 표현되어 있습니다.

당신이 어떤 '삶의 방식'이나 '품행'을 가지고 있든, 당신이 조에(Zoe)를 갖기 전까지 그것들은 당신에게 아무 유익도 주지 못할 것입니다. 그리고 그것이 바로 예수님께서 당신에게 주시기 위해 가지고 오신 바로 그것입니다.

고백 아버지께 자기 속에 조에(Zoe)가 있음 같이 아들에게도 조에(Zoe)를 주어 그 속에 있게 하셨다. 예수님께서 말씀하셨다. "내가 온 것은 너희로 조에(Zoe)를 얻게 하고 더욱 풍성히 얻게 하려는 것이다." 나는 내 안에 조에(Zoe)를 가지고 있다. 그리고 나는 그것을 더욱 풍성하게 갖고 있다.

6월 17일

다른 사람들이 생명을 얻도록 돕기

예수께서 제자들 앞에서 이 책에 기록되지 아니한 다른 표적도 많이 행하셨으나 오직 이것을 기록함은 너희로 예수께서 하나님의 아들 그리스도이심을 믿게 하려 함이요 또 너희로 믿고 그 이름을 힘입어 생명[Zoe]을 얻게 하려 함이니라 (요 20:30,31)

예수님께서는 요한복음이나 다른 복음서에 기록되지 않은 일들도 많이 행하셨습니다. 그러나 복음서에 기록된 것들은 어떤 목적을 위하여 기록된 것입니다. 그 목적은 무엇입니까? "너희로 예수께서 하나님의 아들 그리스도이심을 믿게 하려 함이요, 또 너희로 믿고 그 이름을 힘입어 생명[Zoe]을 얻게 하려 함이니라."

우리가 영생을 얻는 것이 바로 그 목적입니다!

그리스도인으로서 당신은 어떻게 다른 사람들이 영생을 얻도록 도울 수 있는지 알아야만 합니다. 첫 번째 단계는 그들로 복음서들에 쓰여 있는 내용들을 읽거나 듣도록 해서 그들이 예수님이 그리스도이며 하나님의 아들이라는 것과 하나님의 아들이신 그분께서 영적으로 죽어있는 사람들이 영의 생명을 얻을 수 있도록 하셨다는 사실을 알도록 하는 것입니다.

요한복음 3장 15-16절은 우리에게 그것을 보여줍니다. "이는 그[예수님]를 믿는 자마다 영생[Zoe]을 얻게 하려 하심이니라. 하나님이 세상을 이처럼 사랑하사 독생자를 주셨으니 이는 그를 믿는 자마다 멸망하지 않고 영생[Zoe]을 얻게 하려 하심이라."

고백 나는 예수님이 그리스도이신 것과 하나님의 아들이신 것을 믿는다. 그리고 그것을 믿어 나는 그분의 이름으로 조에(Zoe)를 얻었다. 나는 결코 멸망하지 않는다. 나는 조에(Zoe)를 가졌다. 나는 내 안에 거하는 하나님의 생명, 하나님의 본성을 가졌다.

6월 18일

믿어야 할 것

내가 받은 것을 먼저 너희에게 전하였노니 이는 성경대로 그리스도께서 우리 죄를 위하여 죽으시고 장사 지낸 바 되었다가 성경대로 사흘 만에 다시 살아나사 (고전 15:3-4)

나는 얼마 전 소위 복음 사역자라고 불리는 어떤 사람에 대한 글을 읽은 적이 있습니다. 그는 꽤나 인기가 있는 사람이었습니다. 그가 어떤 큰 도시에 도착했을 때 몇몇 기자들이 그가 쓴 글에 관해서 인터뷰를 했습니다. 그는 그 글에 이렇게 썼습니다. "예수님이 죽은 자들 가운데서 부활했다는 것에는 몇 가지 의문점이 있습니다. 그리고 그가 그랬건 안 그랬건 실제로는 아무런 차이가 없습니다."

아닙니다. 그것은 이 세상에 있는 모든 것에 차이가 생기도록 합니다!

그것은 영적 생명과 영적 죽음 사이의 차이를 만듭니다. 왜냐하면 그것이 바로 당신이 영생을 얻는 길입니다. 그것이 당신이 거듭나는 길입니다. 예수 그리스도께서 하나님의 아들이라는 것과 그분이 성경대로 당신의 죄를 위하여 죽으시고 죽은 자들 가운데서 다시 살아나셨다는 것을 믿음으로써!

고백 나는 예수 그리스도께서 하나님의 아들이시라는 것을 믿는다. 나는 그분이 성경대로 나의 죄를 위하여 죽으신 것을 믿는다. 나는 그분이 죽은 자들 가운데서 다시 살아나셔서 나를 의롭게 하신 것을 믿는다. 그것은 내가 하나님께 대하여 의롭게 되기 위해서이다. 나는 내가 하나님의 의라는 것을 내 마음(heart)으로 믿는다. 나는 예수님께서 하신 일로 말미암아 하나님께 대하여 의롭게 되었다.

6월 19일

그리스도를 영접하기

[예수 그리스도를] 영접하는 자 곧 그 이름을 믿는 자들에게는 하나님의 자녀가 되는 권세를 주셨으니 (요 1:12)

예수 그리스도를 영접하는 것은 의지적인 행위입니다. 그래서 사람은 의지적인 행위를 통해 하나님의 말씀에 근거해서 행동하게 됩니다. 사람은 그에게 구원자가 없다는 것을, 하나님께 다가갈 방법이 없다는 것을, 영생이 없다는 것을 알고 있습니다. 그래서 그는 하나님을 바라보며 이렇게 기도할 수 있습니다.

아버지, 저는 주 예수 그리스도의 이름으로 당신 앞에 나아옵니다. 저는 당신께서 저를 돌려보내거나 쫓아내지 않으신다는 것을 알고 있습니다. 당신은 말씀에 "내게 오는 자는 내가 결코 내쫓지 아니하리라"고 말씀하셨기 때문입니다. 저는 마음(heart)으로 예수 그리스도께서 하나님의 아들이신 것을 믿습니다. 저는 그분께서 성경대로 저의 죄를 위해서 죽으신 것을 믿습니다. 저는 그분께서 성경대로 죽은 자들 가운데서 다시 살아나셔서 저를 의롭게 하신 것을 믿습니다. '의'는 내가 회복되어서 하나님과 함께 있게 되었다는 뜻입니다. 저는 그분의 죽으심과 장사되심과 부활하심으로 말미암아 제가 회복되어서 하나님과 함께 있게 되었다는 것을 믿습니다. 그러므로 저는 예수님을 저의 구원자로 영접하고, 그분을 저의 주님으로 고백합니다. 말씀에 "누구든지 주의 이름을 부르는 자는 구원을 받으리라"고 되어있습니다. 저는 지금 당신을 부르고 있으며 그래서 저는 구원 받은 것을 알고 있습니다. "네가 만일 하나님께서 그를 죽은 자 가운데서 살리신 것을 네 마음에 믿으면 구원을 받으리라." 저는 그것을 입으로 고백합니다. 저는 그것을 마음으로 믿습니다. 그러므로 저는 구원을 받았습니다. "사람이 마음으로 믿어 의에 이른다"라고 하셨습니다. 그리고 저는 제가 하나님께 대하여 의롭게 되었다는 것을 마음으로 믿습니다. "입으로 고백하여 구원에 이른다"라고도 하셨습니다. 그래서 저는 저의 입으로 나는 구원 받았노라고 고백합니다! 주님, 감사합니다!

6월 20일

얻었고

내가 진실로 진실로 너희에게 이르노니 내 말을 듣고 또 나 보내신 이를 믿는 자는 영생[Zoe]을 얻었고 심판에 이르지 아니하나니 사망에서 생명으로 옮겼느니라 (요 5:24)

얻었고! 당신은 영생을 지금 이미 가지고 있습니다. 당신이 천국에 갈 때 그것을 받는 것이 아닙니다. 당신은 이미 지금 조에(Zoe)를 가지고 있습니다!

그러나 만약 당신이 조에(Zoe) 생명에 관하여 알지 못한다면, 즉 그것이 무엇인지도 모르거나 어떻게 그 빛 가운데 살아가는지 알지 못한다면, 당신은 실제로 그것을 누릴 수 없을 것입니다.

당신이 어떤 것을 소유하고 있음에도 불구하고 가지고 있다는 사실을 모른다면 그것이 당신에게 어떤 유익도 주지 못할 것입니다. 예를 들면, 나는 1947년 다가오는 크리스마스를 앞두고 아내의 선물을 사기 위해 돈을 얼마간 떼어놓은 적이 있었습니다. 우선 20달러를 지갑의 은밀한 부분에 따로 보관해 놓았습니다. 그러고는 그 일에 대해 완전히 잊어버렸습니다. 몇 주 후, 내 차에 기름이 다 떨어지게 되었습니다. 연료를 살 돈이 전혀 없었기 때문에, 나는 어떤 집사님 한 분에게 와서 나를 데려가 달라고 전화할 수밖에 없었습니다. 나중에야 지갑을 뒤적이다가 20달러를 발견했습니다. 이런 경우 내가 기름이 떨어졌을 때 돈이 없었다고는 말하지 못할 것입니다. 나는 그것을 가지고 있었습니다. 그러나 나는 그 사실을 몰랐고, 결국 나는 그것을 사용할 수 없었습니다.

하나님께서는 우리가 가진 것[영생]을 발견하여 그 빛 가운데 살아갈 수 있도록 말씀을 주셨습니다.

고백 나는 내가 가진 영생의 빛 가운데 살아가는 법을 배울 것이다.

6월 21일

변화

할례나 무할례가 아무 것도 아니로되 오직 새로 지으심을 받는 것만이 중요하니라 (갈 6:15)

[이제는] 할례나 무할례가 중요한 것이 아니라, 오직 새로운 창조[메시아이신 그리스도 예수 안의 새로운 탄생과 새로운 본성의 결과]가 중요한 것이다 (갈 6:15 확대번역)

조에(Zoe)가 사람 안에서 가장 먼저 하는 일은 그의 본성을 변화시키는 것입니다. 그것은 그의 영을 변화시킵니다. 조에(Zoe)는 그를 새로운 피조물로 만듭니다. 그의 속사람 또는 영 안의 모든 것이 새롭게 됩니다.

이제 이 새로운 사람, 또는 새로운 피조물이 해야 할 일은 그의 속사람이 그를 지배하도록 하는 것입니다. 우리 믿는 자들이 우리의 영으로 하여금 우리를 지배하도록 한다면, 우리 안의 하나님의 생명이 우리를 통치하도록 허락하는 것입니다.

사람들은 우리 안의 하나님의 생명의 결과를 볼 수 있습니다. 그들은 한 사람의 습관, 행실, 말 등의 변화를 보게 됩니다. 범죄자들이 법 없이도 살 준법시민이 됩니다. 도둑들이 정직하게 됩니다. 주정뱅이들이 술을 끊습니다. 매춘부들이 정숙한 여인이 됩니다. 고칠 수 없는 경우란 없습니다!

사람 안에 들어온 이러한 생명[Zoe]을 통해 새로운 종류의 사랑[아가페]이 생겨납니다. 그리고 믿는 자가 그것이 그를 지배하도록 허락한다면, 그것은 가정에 갈등을 유발하는 그 원인을 파괴할 것입니다. 그것은 이기심을 제거할 것입니다.

고백 나는 새로운 피조물이다. 하나님의 생명과 본성이 내 영에 부여되었다. 하나님은 사랑이시다. 나는 그분의 생명으로 하여금 나를 통치하도록 할 것이다. 나는 그분의 사랑으로 하여금 나를 통치하도록 할 것이다.

6월 22일

발전

그[예수] 안에 생명[Zoe]이 있었으니 이 생명은 사람들의 빛이라 (요 1:4)

당신의 새로운 탄생과 함께 당신 안에 들어온 생명은 당신의 생각과 지성을 지배함으로 당신의 사고체계에 영향을 끼칩니다.

내 경우는 확실히 그랬습니다. 병으로 누워있던 십대 소년이었던 1933년 4월 22일, 나는 영생을 얻었습니다. 그리고 1934년 8월 8일, 나는 믿음과 기도를 통하여 하나님의 능력으로 치유를 받았습니다.

치유 받은 이후에, 나는 고등학교로 돌아갔습니다. 16개월 동안 병상에 있었으므로, 한 학년을 놓친 상태였습니다. 그리고 그 전의 2년 동안도 학점이 "D"인 학생이었습니다.

그 당시 내게는 헬라어 사전도 없었고, 조에(Zoe)에 관하여 알지도 못했습니다. 그러나 나는 내 성경을 가지고 있었고, 하나님의 영이 나를 인도했습니다. 학교에 가면서 나는 매일 이렇게 말했습니다.

"그 안에 생명이 있고, 그 생명은 사람들의 빛이다. 그 생명이 내 안에 있다. 하나님의 생명이 내 안에 있다. 그 생명은 빛이다. (나는 빛이 발전을 의미한다는 것을 알고 있었습니다.) 그 생명이 나를 발전시킨다. 그 생명이 내 영을 발전시킨다. 그 생명이 내 지능을 발전시킨다. 나는 내 안에 하나님을 가졌다. 나는 내 안에 하나님의 지혜를 가졌다. 나는 내 안에 하나님의 생명을 가졌다. 나는 내 안에 하나님의 능력을 가졌다."

 요한복음 1장 14절에 근거하여 당신 안의 하나님의 생명이 당신의 빛이라는 것을 당신 자신의 고백으로 만들어서 하십시오.

6월 23일

마음의 뜻

다니엘은 뜻을 정하여 왕의 음식과 그가 마시는 포도주로 자기를 더럽히지 아니하리라 하고 자기를 더럽히지 아니하도록 환관장에게 구하니 (단 1:8)

내가 학교 가는 길에 매일 아침 했던 고백의 근거로 읽고 인용했던 말씀 중 가장 좋아하는 두 개의 구절이 있었습니다. 첫 번째는 요한복음 1장 14절이었고, 두 번째는 다니엘 1장이었습니다.

다니엘 1장을 읽고 다니엘과 세 친구들이 포로로 잡혀갔음에도 불구하고, 왕의 대학에 학생으로 선택 받은 것을 보시기 바랍니다.

성경은 다니엘이 '마음에 뜻을 정했다' 라고 말합니다. 나는 기도할 때 이 구절을 사용했습니다. 내가 옛 언약 아래 사는 것은 아닐지라도 여전히 그 원리가 내 삶에 적용된다는 것은 알고 있었습니다.

당신도 알다시피, 유대인들에게는 어떤 고기들은 먹지 못하도록 되어있었지만, 우리도 그런 것은 아닙니다. 말씀은 새 언약 아래 "하나님께서 지으신 모든 것이 선하매 감사함으로 받으면 버릴 것이 없나니 하나님의 말씀과 기도로 거룩하여짐이라"(딤전 4:4-5)고 말하고 있습니다.

그래서 나는 다니엘이 했던 동일한 원리대로 행했습니다. 나는 매일 아침 이렇게 고백했습니다. "나는 생명의 빛 가운데 살아가기로 마음의 뜻을 정했다."

 나는 생명의 빛 가운데 살아가기로 마음의 뜻을 정했다. 나는 내 안에 있는 하나님의 생명의 빛 가운데 살아가기로 뜻을 정했다.

6월 24일

호의

하나님이 다니엘로 하여금 환관장에게 은혜와 긍휼을 얻게 하신지라 (단 1:9)

내가 십대 소년일 때 구원 받았을 당시에는 믿음의 고백에 관해서는 아무 것도 알지 못했습니다. 그러나 어찌된 일인지 내 영이 이런 것들을 고백하도록 재촉했습니다. 고린도후서 5장 17절은 내가 가장 좋아하는 구절입니다. 나는 만나는 사람마다 "나는 새로운 피조물이에요!"라고 말하곤 했습니다. 그들은 이렇게 대꾸했습니다. "그게 뭔데?" 그러면 나는 그것에 대해 설교를 하곤 했습니다. 나는 그것에 대해 알지도 못했는데도, 내 설교를 듣는 길거리 그 자리에 모여드는 청중들이 있었던 것입니다!

매일 아침 학교 가는 길에 나는 요한복음 1장 14절과 다니엘 1장에 근거해서 고백을 했습니다. 때로는 거리가 온통 학교 가는 학생들로 가득했던 적도 있었습니다. 그들은 내가 미쳤다고 생각했지만, 나는 그들과 함께 가면서 그것에 대해 설명했습니다.

나는 이렇게 말하곤 했습니다. "너도 이제 다니엘이 환관장에게서 (또는 오늘날로 말하면 학장에게서) 호의를 얻었다는 것을 알거야. 다니엘이 그에게서 호의를 얻도록 하신 분은 하나님이셔."

그리고 나는 하나님께 말씀드리곤 했습니다. "하나님, 선생님들이 모두 제게 호의를 갖도록 해주세요. 감사합니다. 그것은 제 것입니다."

하나님, [당신의 선생님, 당신의 친구, 당신의 동료 등]으로부터 호의를 얻도록 해 주세요. 하나님 감사합니다. 호의는 제 것입니다.

6월 25일

지식과 재주

하나님이 이 네 소년에게 지식을 얻게 하시며 모든 학문과 재주에 명철하게 하신 외에 다니엘은 또 모든 이상과 몽조를 깨달아 알더라 (단 1:17)

"하나님이 그들에게 지식과 재주를 주시고…"
하나님께서는 다니엘과 다른 세 친구들에게 지식과 모든 재주를 주셨습니다.
영생은 하나님의 본성입니다. 당신은 당신 안에 하나님의 본성을 가지고 있습니다. 그것을 아십시오! 그것을 믿으십시오! 그것을 고백하십시오! 그러면 그 본성이 당신을 지배하기 시작할 것입니다!
생명의 빛 가운데 살아가는 것을 배우십시오. 당신 삶에 그 생명을 실행하는 것을 배우십시오. 그 생명의 빛 가운데 살아가는 것은 당신의 전체 성품을 강화할 것이며, 당신의 지능을 높여줄 것입니다.

[고백] 나는 새로 창조되었다. 나는 거듭났다. 나는 새로운 피조물이다. 나는 내 영 안에 하나님의 생명과 본성을 가졌다. 그 생명은 사람들의 빛이다. 나는 생명의 빛 가운데 살아가기로 뜻을 정했다. 하나님의 생명이 내 안에 있다. 하나님의 지식이 내 안에 있다. 하나님의 재주가 내 안에 있다. 하나님의 능력이 내 안에 있다. 하나님의 지혜가 내 안에 있다. 하나님께서 나를 지도하신다. 하나님께서 나를 인도하신다. 나는 하나님의 자녀이다. 내 안의 하나님의 영이 나를 인도하신다. 나는 그분의 인도를 따를 것이다. 나는 생명의 빛 가운데 살아갈 것이다.

6월 26일

열 배는 더 나은

왕이 정하여 놓은 삼 년 동안의 교육이 끝나는 날, 환관장은 교육을 받은 젊은이들을 모두 느부갓네살 앞으로 데리고 갔다. 왕이 그들과 말하여 보니, 그들 가운데서 다니엘과 하나냐와 미사엘과 아사랴가 가장 뛰어났으므로, 그들로 왕을 모시게 하였다. 왕은 그들에게 온갖 지혜나 지식에 관한 문제를 물어 보고서, 그들이 전국에 있는 어떤 마술사나 주술가보다도, 열 배는 더 낫다는 것을 알았다 (단 1:18-20)

매일 나는 "하나님, 모든 선생님들이 제게 호의를 갖도록 해 주세요. 감사합니다. 그것은 제 것입니다. 저는 제 안에 하나님의 생명과 본성을 가지고 있습니다. 그러므로 이제 제게 학문과 지혜에 있어서 열 배는 더 나은 지식과 재주를 부여해 주세요."

지금 내 자신을 자랑하는 것이 아닙니다. 나는 하나님께서 내게 주신 것을 자랑하고 있습니다. 왜냐하면 내가 병을 앓기 전에 'D' 학점을 받는 학생이었음에도 불구하고, 거듭나고 치유 받은 이후에 나는 우리 반에서 전 과목 'A'를 받은 유일한 학생이 되었기 때문입니다.

나는 역사책 한 권을 가지고 내가 읽어본 적 없는 한 장을 읽고 책을 내려놓은 후, 단어 하나 틀리지 않고 암송할 수 있었습니다. 실제로 이런 테스트를 받은 적도 있습니다. 내가 기억력을 개발해서 그럴 수 있었던 것이 아닙니다. 나는 기억력이라고는 전혀 상관도 없는 사람이었습니다. 내가 그렇게 할 수 있었던 것은 내가 나의 영을 바라보았기 때문입니다.

대부분의 신자들은 그들이 할 수 있는 만큼 그들의 영을 개발해 본 적이 전혀 없습니다. 그들은 그 빛을 언제나 가지고 있으면서도 그 안에서 실제로 걸어본 적이 없습니다.

 나는 내 영을 개발하기로 뜻을 정했습니다. 나는 생명의 빛 가운데 살아가기로 뜻을 정했습니다.

6월 27일

기적의 생명

너희가 전에는 어둠이더니 이제는 주 안에서 빛이라 빛의 자녀들처럼 행하라 (엡 5:8)

영생이 정신세계에 끼친 영향 중 내가 본 가장 큰 기적은 내가 메리라고 지칭할 한 소녀에게 일어났던 일입니다. 메리는 7년 동안 1학년에 있으면서도 자기 이름 쓰는 법도 배우지 못한 소녀였습니다. 그녀가 14살이 되었을 때, 학교 당국은 그녀의 부모에게 그녀를 학교에서 데리고 나가달라고 했습니다.

18살이 되었을 때, 그녀는 두 살배기처럼 행동했습니다. 예배 때 엄마와 떨어져 앉게 되면, 엄마 있는 곳에 가려고 기어서 의자 밑에 들어가거나 치마를 들어 올리고 의자 위로 걸어 다니곤 했습니다.

그러던 어느 날, 전도 부흥집회 기간 동안, 메리는 앞에 나가 기도를 받았습니다. 거기서 그녀는 영생, 하나님의 본성을 받았습니다. 강력한 변화가 즉각적으로 일어났습니다. 다음날 밤 그녀는 예배 내내 앉아서 18세 숙녀처럼 행동했습니다. 그녀는 머리를 단장하고 옷도 잘 차려입고 있었습니다. 그녀는 하룻밤 새에 지능이 향상된 것 같았습니다.

얼마 후 그녀는 친척들을 방문하러 갔다가, 이웃 농장의 청년을 만나 결혼을 했습니다. 여러 해 후에 나는, 그녀의 남편이 사고로 죽게 된 것과 그녀가 사는 도시에서 짓고 있는 재건축 사업에서 자체적으로 재정 담당자와 청부업자를 고용하고 있는 부유한 사업가가 되었다는 것을 알게 되었습니다.

 나는 주님 안에서 빛의 자녀로 살아간다. 나는 생명의 빛 가운데 살아간다.

6월 28일

생명의 빛 가운데 살아가기

예수께서 또 말씀하여 이르시되 나는 세상의 빛이니 나를 따르는 자는 어둠에 다니지 아니하고 생명의 빛을 얻으리라 (요 8:12)

나는 내 자녀들이 태어나기 전에 영생에 대한 진리들을 보기 시작했습니다. 그리고 나는 내가 영생의 빛 가운데 살아갈 수 있다는 것을 하나님의 은혜로 알게 되었습니다. (만일 하나님께서 말씀 가운데, 내가 할 수 있다고 말씀하셨다면, 내가 할 수 있는 것입니다.) 나는 영생의 빛 가운데 살아가는 것이 내 자녀들에게 영향을 끼치게 될 것을 알고 있었고, 그래서 나는 그들이 결국 어떻게 될 지를 예측할 수 있었습니다. 나는 교회 안의 아기들이 태어나자마자 그 아이들이 어떻게 될지를 알 수 있었습니다. 나는 부모들이 어떤 종류의 빛 가운데 걸어가고 있는지 알고 있었고, 결국 자녀들에게도 그대로 영향을 끼칠 것이라는 것을 알고 있었기 때문입니다. 나의 예상은 100% 적중했습니다.

사람들은 영생을 가질 수는 있지만, 그들이 그 빛 가운데 살아가며 개발하지 않으면, 즉 그 생명과 본성의 유익을 사용하지 않으면, 그들의 삶에서 제대로 되는 일들이 없을 것입니다. 우리는 영생을 가졌어도 그것을 우리의 것으로 삼아야 합니다. 우리는 그 빛 가운데 살아가야 합니다.

하나님의 영생과 사랑이 있는 가정에 태어난 아이들은 특권을 가진 것입니다. 나는 이러한 생명을 가지고 그 빛 가운데 살아가는 부모를 둔 아이들이 신앙 훈련에 어떻게 반응하는지를 봐왔습니다. 이런 아이들은 다른 아이들이 갖지 못한 영적인 기품을 가지고 있습니다. 그들은 훈련을 잘 받고, 더 명민한 지성을 가지고 있습니다. 영생을 얻고 그 생명이 그들을 지배하도록 허락한 십대 청소년들은 나중에 그들이 구원 받기 전보다 지능이 더 향상되게 됩니다.

고백 하나님의 생명이 내 안에 있다. 그 생명은 빛 안에 있으며, 그것은 내가 발전하도록 영향을 끼친다. 나는 그 빛 가운데 살아간다. 그것은 내 가정에 영향을 끼친다!

6월 29일

나타나게 하다

우리가 항상 예수의 죽음을 몸에 짊어짐은 예수의 생명이 또한 우리 몸에 나타나게 하려 함이라 우리 살아 있는 자가 항상 예수를 위하여 죽음에 넘겨짐은 예수의 생명이 또한 우리 죽을 육체에 나타나게 하려 함이니라 (고후 4:10,11)

바울은 조에(Zoe)가 우리의 죽을 육체에 나타나는 것에 관하여 말하고 있습니다. 그러나 그는 몸의 부활에 관해 말하고 있는 것이 아닙니다. '죽을' 이라는 뜻은 '결국 죽을 운명인' 이라는 의미입니다. 우리가 부활할 때는 죽지 않는 몸을 갖게 될 것입니다.

바울은 새로운 탄생과 함께 우리 영 안에 들어온 하나님의 생명인 조에(Zoe)를 이 생애에서, 즉 결국 죽을 운명인 우리의 육체 가운데 나타내는 것을 말하고 있습니다!

나는 우리가 생명의 빛 가운데 살아가는 법을 배운다면, 그리고 새로운 탄생과 함께 우리 안에 들어온 그 생명이 우리를 지배하도록 한다면, 우리가 예수님의 재림만 아니라면 아주 오랫동안 장수하지 못할 이유가 전혀 없다는 것을 확신합니다. 나는 겉사람은 시들어가지만, 하나님의 생명 조에(Zoe)는 우리의 죽을 육체에 나타날 수 있다는 것을 알고 있습니다.

고백 아버지 감사합니다. 제 영 안에 있는 생명은 저의 죽을 몸도 역시 소생시킬 수 있습니다. 그것은 저의 몸을 생명과 건강과 치유로 충만하도록 만들 수 있습니다. 왜냐하면 당신이 계획하시고 주 예수 그리스도를 보내셔서 완성하신 그 위대한 속량의 계획 안에, 제 영의 재탄생 뿐 아니라 저의 육체의 치유도 있기 때문입니다. "우리의 연약한 것을 친히 담당하시고 병을 짊어지셨도다." 예수님께서 짊어지신 것을 내가 다시 짊어질 필요가 없다. 예수님께서 채찍에 맞으심으로 내가 나음을 입었다. 나는 영적으로 육체적으로 혼적으로 온전케 되었다. 하나님의 말씀에 따라 나는 치유 받았다! 나는 온전케 되었다!

6월 30일

생명의 전달자

또 증거는 이것이니 하나님이 우리에게 영생을 주신 것과 이 생명이 그의 아들 안에 있는 그것이라 아들이 있는 자에게는 생명이 있고 하나님의 아들이 없는 자에게는 생명이 없느니라 (요일 5:11,12)

예수님께서 말씀하셨습니다. "너희는 온 천하에 다니며 만민에게 복음을 전파하라… 믿는 자들에게는 이런 표적이 따르리니…"(막 16:15,17). 예수님께서 말씀하신 믿는 자들에게 – 초대 교회도 아니고, 사도들도 아니고, 목사님들도 아니고, 설교자들도 아니라, 믿는 자들에게 – 따르는 표적 중의 하나는 "병든 자에게 손을 얹은 즉 나으리라"(막 16:18)는 것입니다.

왜 그렇습니까? 하나님의 생명이 믿는 자들 안에 있기 때문입니다. 때로는 특별히 기름부음을 받은 사람들이 있습니다. 그러나 마가복음 16장에서는 그 이야기를 하고 있는 것이 아닙니다! 거듭난 신자들은 모두 하나님의 생명, 하나님의 본성, 하나님과 같은 종류의 생명을 그 안에 가졌고, 그 손을 얹을 때, 그 생명이 다른 사람의 육체 안으로 나누어주는 것입니다!

당신이 병든 자들에게 손을 얹어야 하는 이유가 바로 그것입니다. 당신이 그들에게 손을 얹을 때, 당신 안에 있는 하나님의 생명이 당신 손을 통해 다른 사람들에게 전달됩니다. 당신에게서 그들 가운데로 흘러 들어가는 생명을 자각하는 것도 종종 생길 것입니다. 당신은 당신 안에 하나님의 생명을 가졌습니다! 당신은 당신 안에 하나님의 본성을 가졌습니다! 하나님은 치유하는 하나님이십니다. 하나님의 능력이 일하도록 하십시오! 하나님께서 일하시는 방법은 당신의 손을 통해서입니다. 하나님은 이 땅에 사람으로 계시지 않습니다. 그러나 그분은 그분의 영으로 당신 안에 계십니다!

고백 나는 믿는 자이다. 나는 내 안에 하나님의 생명을 가졌다. 그리고 하나님은 치유하시는 하나님이시다. 나는 병든 자들에게 손을 얹고, 그들은 낫는다.

7월 1일

예수님의 주되심

그러므로 우리가 그의 죽으심과 합하여 세례를 받음으로 그와 함께 장사되었나니 이는 아버지의 영광으로 말미암아 그리스도를 죽은 자 가운데서 살리심과 같이 우리로 또한 생명 가운데서 행하게 하려 함이라 (롬 6:4)

로마서 10장 9절은 이렇게 되어있습니다. "네가 만일 네 입으로 예수를 주로 시인하며… 네 마음에 믿으면 구원을 받으리라." 이는 구원받기 위해서는 예수님을 당신의 주님으로 고백하고 당신의 인생에 있어서 그분의 주되심(Lordship)을 인정해야만 한다는 의미입니다.

이러한 이유는 명백합니다. 우리는 하나님의 원수인 사탄의 자녀였을 뿐 아니라, 그의 종인 동시에 그의 지배 아래에 있던 사람들입니다. 우리는 마귀의 나라에 속했던 사람들입니다. 이제 우리가 그 나라를 떠나서 하나님 나라에 "귀화한 시민"이 되었습니다. 그러나 우리가 이렇게 하기 전에, 말하자면 새로운 조국에 충성을 맹세해야만 합니다. 옛 조국에 대해서는 철저하게 그리고 무조건적으로 끊어버려야만 합니다. 그러므로 성경은 우리가 예수 그리스도를 우리의 주로 고백해야 한다고 말하고 있습니다. 그분은 우리의 심령, 영적 삶뿐만 아니라 우리의 지적인 삶에서도 새로운 통치자이신 분입니다.

어떤 사람들은 예수님을 구원자로는 받아들이지만, 주님으로는 받아들이고 싶어 하지 않습니다. 그들은 그분을 지옥으로부터 그들을 구원하신 분으로는 원하지만, 이 땅에서 그들의 주와 통치자로는 원하지 않습니다. 그러나 둘 중 하나만 골라서 갖는 것은 불가능합니다.

고백 나는 새로운 삶을 살고 있다. 예수 그리스도는 나의 구원자이시다. 예수님은 나의 주님이시다. 주 예수님, 저는 지금 당신의 나라 안에 살고 있으며 내 삶에 당신의 주되심을 인정합니다. 내 인생의 모든 영역에서 당신의 뜻과 당신의 길로 행하기를 원합니다.

7월 2일

주 그리스도

> 무슨 일을 하든지 마음을 다하여 주께 하듯 하고 사람에게 하듯 하지 말라
> 이는 기업의 상을 주께 받을 줄 아나니 너희는 주 그리스도를 섬기느니라
> (골 3:23,24)

예수님께서 당신의 주님이 되셨을 때, 그분은 당신이 읽고 있는 책들이나 즐기는 것들에 관해서, 그리고 당신의 육체를 지배하는 것들에 관해서 뭔가를 말씀하고 싶어 하십니다.

만일 예수님이 당신의 주님이라면, 그분은 당신의 재정에 관해서, 즉 당신이 어떻게 돈을 벌고 어떻게 돈을 쓰는지에 관해서 뭔가를 말씀하고 싶어 하실 것입니다.

만일 예수님이 당신의 주님이라면, 그분은 당신의 결혼에 관해서, 당신의 자녀에 관해서, 당신의 가정에 관해서 뭔가를 말씀하고 싶어 하실 것입니다. 그분은 당신 인생의 소명을 고려해서 당신이 어디에 살아야 하는지 지시하고 싶어 하실 것입니다.

그렇습니다. 예수님이 만일 당신의 주님이라면 그분은 당신 인생의 모든 영역에 개입하길 원하실 것입니다. 그리고 나는 그분이 나의 주님이시길 원합니다. 그렇지 않습니까? 그리스도인들의 삶이 축복받도록 하는 것이 바로 그것입니다. 예수님의 주되심은 약점과 결점들, 그리고 인간의 모범을 삶에서 벗겨버립니다. 그것은 당신의 삶을 자연적인 세계에서 초자연적인 세계로 끌어올립니다.

고백 주 예수님, 저는 제 삶의 모든 영역에서 당신의 길로 따르기를 원합니다. 저는 제 삶의 모든 영역에서, 즉 제가 읽는 책들에서, 제가 친하게 지내는 사람들에서, 제가 즐기는 것들에서, 저의 친구들에서, 저의 결혼에서, 저의 가정에서, 저의 재정에서, 저의 시간을 보내는 방법에서 당신께서 최고 결정권을 가지시기 원합니다.

7월 3일

살아있는 말씀

이는 하늘에서 증거하시는 이가 세 분이시니, 아버지와 말씀과 성령이시요, 이 세 분은 하나이시라 (요일 5:7 한글 킹 제임스 성경)

태초에 말씀이 계시니라 이 말씀이 하나님과 함께 계셨으니 이 말씀은 곧 하나님이시니라 … 말씀이 육신이 되어 우리 가운데 거하시매 (요 1:1,14)

어떻게 하면 예수님을 내 삶의 주인으로 삼을 수 있을까요?
　예수님은 살아있는 말씀입니다. 그리고 하나님께서는 그 살아있는 말씀이 우리에게 드러나도록 기록된 말씀을 주셨습니다. 하나님의 말씀, 특히 주로 신약을 당신 인생의 최우선에 두십시오. 그렇게 하는 것이 예수님을 최우선에 두는 것입니다! 하나님의 말씀이 당신의 삶을 지배하도록 하십시오. 이 말씀이 당신의 삶에 주가 되도록 하십시오. 그렇게 하는 것은 실제로 예수님이 주님이 되셔서 당신을 다스리도록 하는 것입니다. 왜냐하면 예수님과 그분의 말씀은 하나이기 때문입니다.
　우리는 영적인 문제들을 심각하게 여겨야 하는 시대에 살고 있으며, 성경에서 사랑, 인생, 가정, 결혼, 자녀들에 관해서 무엇이라고 말하고 있는지 배워야 하는 시대에 살고 있습니다.
　하나님의 말씀이 당신의 인생에 안내자가 되도록 하십시오. 그렇게 하는 것이 당신의 삶에 예수님을 주님으로 삼는 것입니다. 그러면 기록된 그분의 말씀이 당신의 삶의 주가 됩니다.

고백　주 예수님, 당신이 내 삶의 주인이십니다. 저는 당신의 말씀이 저를 지배하도록 허락합니다. 저는 당신의 말씀이 저를 통치하도록 허락합니다. 그러므로 당신이 저를 다스리고 계십니다. 당신이 저를 지배하고 계십니다. 당신이 제 인생의 주인이십니다!

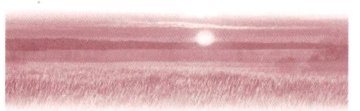

7월 4일

주님의 등불

사람의 영혼은 여호와의 등불이라 사람의 깊은 속을 살피느니라 (잠 20:27)

이 구절의 다른 번역에는 "사람의 영은 주님의 등불이다"라고 되어있습니다. 현대적으로 표현한다면 "사람의 영은 주님의 전구이다"라고도 할 수 있겠습니다.

이 구절은 하나님께서 우리 인간의 영을 통해 우리를 깨닫게 하실 것이라는, 즉 우리를 인도하실 것이라는 의미입니다.

그럼에도 불구하고 그리스도인들은 하나님께서 말씀하신 방법을 제외하고는 다른 모든 방법들로 인도받으려고 찾아다니는 것처럼 보입니다! 그들은 그들의 신체 감각이 뭐라고 말하는지를 통해 하나님께서 어떻게 인도하시는지 판단합니다. 그러나 하나님께서 우리의 신체를 통해 인도하신다는 것은 성경 어디를 찾아봐도 없습니다! 그들은 정신적인 관점에서 사물을 바라봅니다. 그러나 하나님께서 우리의 정신이나 지성 또는 생각을 통해 인도하신다고 말씀하신 부분은 성경 어디를 찾아봐도 없습니다!

하나님께서는 사람의 영이 바로 주님의 등불이라고 말씀하셨습니다. 그러므로 하나님께서는 우리 영을 통해 우리를 인도하십니다. 하나님께서는 당신의 영을 통해 당신을 인도하실 것입니다.

> **고백** 나는 영이다. 혼을 가지고 있고, 몸 안에 살고 있다. 나의 영은 주님의 등불이다. 하나님 나의 아버지께서는 나의 영을 통해 깨닫게 하신다. 하나님께서는 나의 영을 통해 나를 인도하신다.

7월 5일

성령으로 인도받는

무릇 하나님의 영으로 인도함을 받는 사람은 곧 하나님의 아들이라 (롬 8:14)

하나님의 아들들은 하나님의 영으로 인도함을 받는 것이 마땅합니다.

믿는 자들은 성령님에 의해 인도받고 지도받는 것을 기대할 수 있습니다. 예수님께서는 성령님께서 오실 그 때에 관하여 "그가 너희를 인도하시리라"라고 하셨습니다. 그러므로 우리는 인도받기 위하여 사람을 바라볼 필요가 없습니다. 그것은 비성경적입니다. 하나님의 자녀들은 모두 그 안에 하나님의 영을 가지고 있고, 그분에 의해 인도받을 것을 기대할 수 있습니다.

1959년 2월, 열린 환상 가운데 예수님께서 내게 나타나셨습니다. 나는 내 병실로 들어오는 그분의 발자국 소리를 들었습니다. 그분은 내 침대 곁의 의자에 앉으셨고, 선지자 사역에 관하여 한 시간 반 정도 내게 이야기하셨습니다. 그분께서 말씀하신 것 중의 하나는 "선지자의 사역은 교회 안에서 성도들을 인도해서 그들이 무엇을 해야 하는지 말하는 것이 아니다. 구약에서는 사람들이 충고나 지시나 인도를 위해서 선지자들을 찾아가곤 했다. 선지자에게는 하나님의 영이 있었지만, 그들에게는 없었기 때문이다. 옛 언약 아래에서는 왕과 제사장과 선지자를 제외하고는 어느 누구 위에도 성령님이 임하지 않았다. 사람들은 성령님의 인도를 전혀 알지 못했다. 그러나 새 언약 아래에서는 '무릇 선지자에게 인도함을 받는 사람은 곧 하나님의 아들이라' 라고 하지 않았다. '무릇 하나님의 영으로 인도함을 받는 사람은 곧 하나님의 아들이라' 라고 했다."

 나는 하나님의 자녀이다. 나는 하나님의 영으로 인도함을 받는 것을 기대할 수 있다. 그분은 지금 나를 인도하고 계신다.

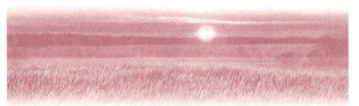

7월 6일

영으로 난 자

육으로 난 것은 육이요 영으로 난 것은 영이니 내가 네게 거듭나야 하겠다 하는 말을 놀랍게 여기지 말라 (요 3:6,7)

　새 언약 아래에서는 하나님의 자녀들은 모두 하나님의 영을 가지고 있습니다. 먼저 그들은 성령으로 태어났습니다. 그리고 그들은 성령으로 충만해질 수 있습니다. 또한 그들은 성령님에 의해 인도받는 것을 기대할 수 있습니다.

　성령으로 나는 것. 사람이 거듭나는 부분은 사람의 영입니다. 그리스도인들의 영은 하나님의 생명과 본성을 그 안에 가지고 있습니다. 속사람은 하나님의 영으로 태어났고, 그 안에 하나님의 영을 가지고 있습니다.

　성령으로 충만케 되는 것. 거듭난 그리스도인은 그 안에 이미 가지고 있는 그 동일한 성령님으로 충만케 될 수 있습니다. 그리고 그가 성령님으로 충만케 되면, 그 성령님은 흘러넘치게 됩니다. 그는 성령께서 말하게 하심을 따라 다른 방언으로 말하게 될 것입니다(행 2:4).

　성령으로 인도받는 것. "무릇 하나님의 영으로 인도함을 받는 사람은 곧 하나님의 아들이라." 성령으로 충만케 되지 않은 사람조차도, 거듭난 사람이라면 누구나 그 안에 거하시는 하나님의 영을 가지고 있습니다. 그리고 그는 성령으로 인도받고 지도받는 것을 기대할 수 있습니다.

고백　나는 하나님의 자녀이다. 나는 하나님의 영으로 태어났다. 하나님의 영이 나를 인도하신다. 그는 지금 나를 인도하고 계신다. 성령님은 내 안에서 크게 솟아오를 것이다. 그는 내 생각 가운데 밝히실 것이다. 그는 내 영에게 지시하실 것이다. 나는 하나님의 영으로 인도받고 있다.

7월 7일

샘물

예수께서 대답하여 이르시되 네가 만일 하나님의 선물과 또 네게 물 좀 달라 하는 이가 누구인 줄 알았더라면 네가 그에게 구하였을 것이요 그가 생수를 네게 주었으리라 여자가 이르되 주여 물 길을 그릇도 없고 이 우물은 깊은데 어디서 당신이 그 생수를 얻겠사옵나이까 … 예수께서 대답하여 이르시되 이 물을 마시는 자마다 다시 목마르려니와 내가 주는 물을 마시는 자는 영원히 목마르지 아니하리니 내가 주는 물은 그 속에서 영생하도록 솟아나는 샘물이 되리라 (요 4:10,11,13,14)

성경학자들은 물이 성령님의 상징이라는 것을 알고 있습니다.

예수님 본인도 성령님의 상징으로 물을 사용하셨습니다. 예수님께서 사마리아의 우물가에서 여인에게 자신이 생수를 주는 자라는 것을 말씀하실 때, 그녀는 우물에서 긷는 자연적인 물과 혼동하고 있었습니다.

그러자 예수님께서는 말씀하셨습니다. "내가 주는 물은 영생하도록 솟아나는 샘물이 되리라."

주님은 새로운 탄생, 믿는 자들 속에 있는 샘물에 관하여 말씀하고 계셨습니다.

고백 나는 생수를 마셨고, 다시는 목마르지 않는다. 나는 하나님의 영으로 태어났다. 하나님의 영이 내 안에 있다. 영생하도록 솟아나는 샘물이 내 안에 있다.

7월 8일

생수의 강들

명절 끝날 곧 큰 날에 예수께서 서서 외쳐 이르시되 누구든지 목마르거든 내게로 와서 마시라 나를 믿는 자는 성경에 이름과 같이 그 배에서 생수의 강(rivers)이 흘러나오리라 하시니 이는 그를 믿는 자들이 받을 성령을 가리켜 말씀하신 것이라 (예수께서 아직 영광을 받지 않으셨으므로 성령이 아직 그들에게 계시지 아니하시더라) (요 7:37-39)

예수님께서는 성령님의 상징으로 물을 사용하셨습니다.
어제와 오늘의 성경 본문에 따르면, 두 가지 다른 경험이 있다는 것을 주의 깊게 보시기 바랍니다. 하나는 새로운 탄생인데, 당신 안에서 영생하도록 솟아나는 샘물입니다. 다른 하나는 성령님의 채우심인데, 그것은 강들입니다. 단지 하나의 강이 아니라 강들입니다.
샘(구원) 안의 물에는 한 가지 목적이 있습니다. 그것은 당신에게 복을 줍니다. 당신의 이익을 위해서입니다. 그러나 강들(성령님의 채우심)은 당신으로부터 흘러나와 다른 사람들에게 복을 줍니다. 성령으로 충만케 되는 목적은 당신이 다른 사람들에게 복이 되기 위해서입니다.
어떤 사람들은 "당신이 만일 성령으로 태어났다면, 당신은 성령을 가지고 있고, 그것 말고 다른 것은 없다"라고 말합니다. 그러나 아닙니다. 당신이 단지 물 한 모금을 마셨다는 것은 당신에게 물이 충만하다는 표시가 아닙니다. 새로운 탄생에 뒤이어 성령으로 충만하게 되는 경험이 있습니다. 그리고 충만의 결과로 그 배(영)에서 생수의 강들이 흘러나오게 됩니다.

 나는 성령으로 충만하다. 나의 가장 깊은 곳에서 생수의 강들이 흘러나온다.

7월 9일

나의 영이 기도하거니와

내가 만일 방언으로 기도하면 나의 영이 기도하거니와 나의 마음(understanding)은 열매를 맺지 못하리라 (고전 14:14)

하나님은 영이십니다. 인간은 영입니다. 하나님은 우리의 영을 통해 우리를 만나시고 우리를 다루십니다. 하나님이 우리의 영을 통해 우리를 인도하십니다. 하나님은 우리의 생각과 직접 교통하지 않으시는 것은, 성령님께서 계신 곳은 우리의 생각이 아니기 때문입니다. 그리고 하나님은 우리의 몸을 통해서도 우리를 만나지 않으십니다.

성령 충만한 신자들에게는 인간의 영을 찾아내는 것이 비교적 쉬울 것입니다. 방언은 당신의 속 깊은 곳에 있는 당신의 영에서부터 나옵니다. 당신은 그것을 입으로 말하는 것이지만, 당신의 신체 감각에서 그것이 나오는 것은 아닙니다. 당신은 당신의 혀를 당신의 영에 맡기는 것이고, 당신 안의 성령님이 말하게 하심을 주시는 것입니다.

방언은 당신의 생각이나 혼에서 나오는 것이 아닙니다. 당신이 방언으로 기도할 때, 당신의 생각과 이해는 열매를 맺지 못합니다. 당신의 지적 능력은 당신이 말하고 있는 것이 무엇인지 알지 못합니다.

당신이 방언으로 기도할 때, 단어들은 당신 내부의 가장 깊은 곳, 당신의 영에서부터 나옵니다. 내가 지금까지 받아온 인도는 모두 나의 영에서 나온 것이었습니다. 그리고 대부분은 내가 다른 방언으로 기도할 때 받았는데, 그 때가 내 영이 활발해지고, 하나님과 접촉하는 때입니다.

 내가 방언으로 기도할 때, 내 영이 기도한다. 나의 영은 활발해지며, 하나님과 접촉한다. 내 안에 계신 성령께서 내게 말할 바를 주신다.

7월 10일

내부를 들여다보라

그러면 어떻게 할까 내가 영으로 기도하고 또 마음으로 기도하며 내가 영으로 찬송하고 또 마음으로 찬송하리라 (고전 14:15)

인생의 위기마다 나는 언제나 내 안의 영을 들여다보는 것을 배웠습니다. 나는 다른 방언으로 기도하는 것을 배웠습니다. 그리고 내가 다른 방언으로 기도하는 동안, 나의 내부로부터 인도가 떠올랐는데, 이는 내가 방언으로 기도할 때 내 영이 활발해지기 때문입니다. 그 때 내 생각은 활발하지 않습니다. 나의 영이 활발해집니다. 그리고 하나님께서 나를 인도하시는 것은 나의 영을 통해서입니다.

때때로 내가 혼자 방언을 하고 있는 동안, 내가 말한 것을 통변할 수 있었는데, 그 통변을 통해서 인도를 받기도 합니다. 그러나 이런 일이 빈번히 일어나는 것은 아닙니다.

대부분의 경우는 내가 방언으로 기도하는 동안, 내부 깊숙한 곳 어딘가로 부터 하나님께서 내게 원하시는 것이 무엇인지 내 안에서 떠오르곤 합니다. (영적인 것들을 자연계의 방법으로 설명하기는 어렵지만, 나는 내 안에서 뭔가가 떠오르는 것을 감지할 수 있습니다.) 내가 늘 말로 표현할 수는 없을 지라도 (나의 지성은 그것과 전혀 상관이 없기 때문입니다) 그것은 모양과 형태를 갖추기 시작하고, 나는 어떤 방향으로 가야할 지를 내 속으로부터 정확히 알게 됩니다.

고백 나는 내 심령의 소리를 듣는다. 나는 내 안의 영을 들여다본다. 나는 영을 자각한다. 성령께서 내 영 안에 거하시기 때문이다. 그분이 나의 영에 지시를 내리신다. 그분은 나의 영을 통해 나를 인도하신다.

7월 11일

증언하시나니

성령이 친히 우리의 영과 더불어 우리가 하나님의 자녀인 것을 증언하시나니 (롬 8:16)

하나님은 우리를 안내하실 것입니다. 하나님은 우리를 인도하실 것입니다. 우리는 그렇게 말하는 성경 구절을 가지고 있습니다. "무릇 하나님의 영으로 인도함을 받는 사람은 곧 하나님의 아들이라"(롬 8:14).

하나님은 어떻게 인도하십니까? 로마서 8장 16절은 우리에게 단서를 줍니다. "성령이 친히 우리의 영과 더불어 우리가 하나님의 자녀인 것을 증언하시나니." 누군가가 당신이 하나님의 자녀라고 예언한다고 해서 당신이 하나님의 자녀인 것을 아는 것은 아닙니다. 누군가가 당신이 하나님의 자녀인 것 같이 느껴진다고 해서 당신이 하나님의 자녀인 것을 아는 것은 아닙니다. 그렇게 당신이 이러한 것들을 아는 것이 아닙니다. 당신이 환상을 보았다고 해서 당신이 하나님의 자녀인 것은 아닙니다. (환상을 볼 수도 있고, 보지 못했을 수도 있습니다. 그러나 그것이 당신을 하나님의 자녀로 만드는 것은 아닙니다.)

그렇다면 성경은 우리가 하나님의 자녀인 것을 어떻게 알 수 있다고 말하고 있습니까? 하나님의 영이 우리의 영과 더불어 증언하십니다. 때때로 당신은 어떻게 아는지 정확히 설명할 수 없을 것입니다. 그러나 당신 속의 깊은 곳에서 당신은 그냥 압니다. 당신은 당신이 하나님의 자녀라는 내적 증거를 가지고 있습니다.

그것이 바로 하나님께서 자녀들을 인도하는 첫 번째 방법입니다. 내적 증거를 통해서!

고백 나는 하나님의 영으로 태어났다. 하나님의 영은 나의 영과 더불어 내가 하나님의 자녀라는 것을 증언하신다. 하나님의 영이 나를 인도한다. 그분은 지금 나를 인도하고 계신다.

7월 12일

첫 번째 : 내적 증거

하나님의 아들을 믿는 자는 자기 안에 증거가 있고… (요일 5:10)

하나님께서 당신에게 일어날 수 있는 가장 중요한 것을 확증하는 방법도 역시 하나님께서 그분의 자녀들을 인도하는 그 방법입니다. 바로 내적 증거를 통해서입니다.

당신의 인생에서 가장 중요한 것, 즉 하나님의 자녀가 되는 것은 하나님의 영이 당신의 영과 더불어 당신이 거듭났다고 하는 증거를 통해서 확증됩니다 (롬 8:16). 이것은 하나님께서 그 자녀들을 인도하는 첫째가는 방법이 내적 증거를 통해서라는 것을 당신이 이해하도록 도울 것입니다.

그것이 바로 거의 언제나 내가 인도받는 방법입니다. 물론, 나는 계시를 받은 적도 있고, 다른 방법으로도 역시 하나님께서 나를 인도하신 적도 있습니다. 그러나 대부분의 경우 나는 내적 증거로 인도 받습니다.

그리고 당신도 그렇게 할 수 있습니다!

고백 나는 하나님의 자녀이다. 나는 거듭났다. 나는 하나님의 영으로 태어났다. 하나님의 영은 나의 영과 더불어 내가 하나님의 자녀라는 것을 증언하신다. 무릇 하나님의 영으로 인도 받는 사람은 하나님의 자녀이다. 나는 하나님의 자녀이다. 그러므로 하나님의 영이 나를 인도하신다. 그분은 지금 나를 인도하고 계신다. 나는 위대한 그분을 신뢰한다. 그분은 내 안에서 크게 일어나신다. 그분은 내 생각 가운데 깨달음을 주신다. 그분은 내 영에게 지시하실 것인데, 이는 내가 하나님의 자녀이기 때문이다. 나는 하나님의 영에 의해 인도함을 받고 있다. 그리고 하나님의 영은 무엇보다 놀라운 내적 증거를 통해 나를 인도하신다.

7월 13일

초자연적인 인도

내가 아버지께 구하겠으니 그가 또 다른 보혜사를 너희에게 주사 영원토록 너희와 함께 있게 하리니 그는 진리의 영이라 세상은 능히 그를 받지 못하나니 이는 그를 보지도 못하고 알지도 못함이라 그러나 너희는 그를 아나니 그는 너희와 함께 거하심이요 또 너희 속에 계시겠음이라 (요 14:16,17)

내적 증거는 환상이나 천사 등에 의한 인도와 마찬가지로 똑같이 초자연적입니다. 그만큼 극적이지는 않겠지만, 동일하게 초자연적인 것입니다.

많은 사람들이 극적인 것을 구하고 있으면서 늘 가까운 곳에 있는 초자연적인 것들은 놓치고 있습니다!

1959년 텍사스 엘파소에서 예수님께서 내게 열린 환상 가운데 나타나셔서 하셨던 이야기로 돌아가 보겠습니다. 병원 복도를 걸어오는 발자국 소리가 들렸고, 나는 누구인지 쳐다보았습니다. 내가 예수님께서 문 앞에 서 계신 것을 보았을 때, 내 머리털과 목덜미의 털들이 곤두서는 것만 같았습니다. 온 몸에 소름이 돋았습니다. 예수님께서는 하얀 겉옷을 입고 로마식 샌들을 신고 계셨습니다. 약 180cm 정도의 키에 80kg 정도 나가는 체구이셨습니다. 예수님은 의자를 끌어당겨 내 침대 곁에 앉으셨습니다. 한 시간 반 정도 내게 이야기하셨는데, 내게 이렇게 말씀하셨습니다. "내가 내 모든 자녀들을 인도하는 첫째가는 방법은 내적 증거를 통해서이다."

고백 하나님의 성령이 내 안에 계신다. 그분은 나를 돕고, 나를 인도하고, 나를 안내하기 위해서 내 안에 계신다. 먼저 성령님은 내 영과 더불어 내가 하나님의 자녀인 것을 증언하시며, 내 인생에 벌어지는 다른 모든 일들에 관해서도 내 영과 더불어 증언하신다.

7월 14일

정지 신호

> 그러나 진리의 성령이 오시면 그가 너희를 모든 진리 가운데로 인도하시리니… (요 16:13)

주님의 환상이 있기 3일 전, 나는 한 목사님에게 내가 시간을 비우기로 약속한 것을 확인하는 편지를 쓰려하고 있었습니다. 나는 반 페이지 정도 써 내려가다가 찢어서 휴지통에 던져버렸습니다. 다음 날도, 그 다음 날도 나는 똑같은 일을 되풀이 했습니다.

주님께서 내 침대 곁에 앉아 계셨을 때, 이렇게 말씀하셨습니다. "나는 네가 과거에 저지른 실수들을 되풀이 하지 않도록 내적 증거가 어떻게 역사하는지 네게 보여주겠다. 너는 내가 지금 여기 앉아서 네게 이야기하는 것을 보고 있다. 이것이 선지자의 사역, 즉 영 분별에서 나타나는 것이다[영 분별은 영의 세계를 보는 것입니다]. 너는 내가 말하는 것을 듣고 있다. 그리고 나는 네게 환상을 통해서 지식의 말씀과 지혜의 말씀을 주려고 한다. 나는 그 교회에 가지 말라고 네게 말하는 것이다. 그 목사는 네가 사역하는 방식을 용납하지 않을 것이다. 그러나 내가 이런 식으로 너를 인도하는 것은 다시는 없을 것이다. [그리고 정말 그랬습니다.] 지금부터 나는 네가 늘 가지고 있는 내적 증거를 통해 너를 인도할 것이다. 너는 네 속에서 거리낌과 망설임을 가졌었다. 그리고 나는 그런 방식으로 너를 인도할 것이다."

이러한 내적 거리낌은 정지 신호와 같습니다. 그것은 내부 깊은 곳에 있는 빨간 불과 같습니다.

 진리의 영이 오셨다. 그분은 내 안에 거하신다. 그분은 나를 인도하신다. 그분은 지금 나를 인도하고 계신다.

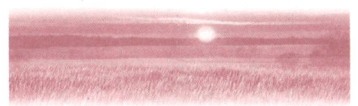

7월 15일

파란 불

> 너희의 구속자시요 이스라엘의 거룩하신 이이신 여호와께서 이르시되 나는 네게 유익하도록 가르치고 너를 마땅히 행할 길로 인도하는 네 하나님 여호와라 (사 48:17)

한 번은 한 목사님이 내게 물어본 적이 있었습니다. "해긴 목사님, 작은 교회들도 방문하시나요?" 내가 대답했습니다. "예, 주님께서 가라고 하시는 곳은 어디나 갑니다." 그러자 그 목사님은 그의 교회에 대해 말하면서 이렇게 말했습니다. "만일 하나님께서 허락하신다면, 당신이 오셨으면 좋겠습니다." 그러나 나는 그의 초대를 금방 잊어버리고 말았습니다.

그런데 몇 개월 후에 내가 어떤 다른 일들을 위해 기도하고 있을 때, 그 대화가 떠올랐습니다. 그 후로 매일 생각이 나는 것이었습니다. 4일째 되는 날 마침내 내가 말했습니다. "주님, 제가 그 교회에 가기를 바라십니까?" 그리고 내가 그것에 대해 더 기도하면 할수록 내 속에서는 그 초대를 받아들이라는 느낌이 점점 강해졌습니다. (이것은 육체의 느낌이 아니라 내 영 안에서 알아차린 것입니다.)

예수님께서는 내 침대 곁에 앉으셔서 이 일을 언급하셨습니다. "네가 그것을 생각하면 할수록 더 잘 느끼게 된다." 주님께서 내게 상기시키셨습니다. "너는 네 영 가운데 벨벳과 같은 느낌을 가졌었다. 그것이 바로 파란 불이다. 그것이 가라는 신호이다. 그것이 성령께서 가라고 증언하는 것이다. 지금 너는 나를 보고 있고, 나는 네게 그 교회에 가라고 말하고 있다. 그러나 이제 다시는 이런 식으로 네게 어디 가라고 인도하지 않을 것이다. 이제부터는 내가 모든 그리스도인들을 내적 증거로 인도하듯이 너도 그렇게 인도할 것이다."

 주님께서는 내가 가야할 그 길로 인도하신다. 그분은 내적 증거를 통해 나를 인도하신다.

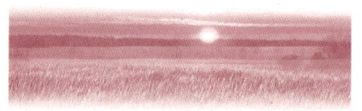

7월 16일

풍성한 공급

… 그의 종의 평안함(prosperity: 번영)을 기뻐하시는 여호와는 위대하시다 하는 말을 그들이 항상 말하게 하소서 (시 35:27)

1959년 2월, 주님께서 환상 가운데 말씀하셨던 것 중에서 여기 또 다른 것들이 있습니다. 그것은 나 혼자만을 위한 것이 아니라, 당신들을 위해서이기도 합니다.

이렇게 말씀하셨습니다. "만일 네가 네 삶의 모든 영역에서 그 내적 증거를 따라 사는 법을 배운다면, 나는 너를 부유하게 만들어 주겠다. 나는 네 인생에 일어나는 모든 일에 대해 너를 인도하겠다. 영적인 것들 뿐 아니라 재정적인 분야에서도 말이다. 나는 내 자녀들이 부유하게 되는 것을 반대하지 않는다. 나는 단지 그들이 탐욕스럽게 되는 것을 반대할 뿐이다." (어떤 사람들은 주님께서 그들의 영적인 생활에만 관심을 가지시지, 다른 것에는 신경 쓰지 않으신다고 생각합니다. 그러나 주님께서는 우리가 관심을 가지는 모든 것에 관심을 갖고 계십니다.)

주님께서는 내게 말씀하신 그대로 내게 해 주셨습니다. 그분께서 나를 부유하게 만들어 주셨습니다. 내가 백만장자입니까? 아닙니다. 그것은 "부유함"이라는 단어가 의미하는 바가 아닙니다. "부유함"은 충분히 공급된다는 의미입니다. 그것은 풍성한 공급을 의미합니다. 그것은 내가 성령님의 인도를 따르는 법을 배웠기 때문입니다. 그리고 그 인도는 내게 내적 증거로 왔습니다.

당신이 내적 증거를 듣는 법만 배운다면 하나님께서는 당신도 부유하게 만드실 것입니다! 예수님께서는 그 환상 가운데 이렇게 말씀하셨습니다. "이제 너는 가서 내 백성들에게 어떻게 나의 영으로 인도받을 수 있는 지 가르쳐라."

고백 인생의 모든 일들에 관하여 하나님의 영이 나를 인도하고 계신다. 그분은 영적인 문제들에 있어서 나를 인도하고 계신다. 그분은 재정적인 문제들에 있어서 나를 인도하고 계신다. 그리고 나는 내적 증거를 듣고 있다.

7월 17일

등불을 켜다

주께서 나의 등불을 켜심이여 여호와 내 하나님이 내 흑암을 밝히시리이다 (시 18:28)

때때로 내적 증거가 있는데도 불구하고 사람들은 그것을 알아차리지 못합니다.
예를 들면, 나는 내가 목회하고 있던 교회의 주일 아침 예배를 위하여 방언으로 기도하고 있었는데, 내가 예전에 목회하던 교회에 대한 부담이 내 안에 떠올랐습니다.
(기억하십시오. 우리가 방언으로 기도할 때는 우리의 영이 기도하는 것입니다. 그리고 사람의 영은 주님의 등불입니다.) 그 일이 계속 일어났습니다. 30일 정도 지난 후에 내가 말했습니다. "주님, 주님께서는 제가 그곳에 돌아가기를 바라십니까? 만약 그렇다면 제 아내에게도 그 일에 관해서 말씀해주세요."
어느 날 아침 나는 오레타에게 말했습니다. "여보, 주님께서 당신에게 무엇이든 말씀하시면 내게도 알려줘요." 그리고 나는 또 30일을 기다린 다음에 아내에게 물어봤습니다. "주님께서 당신에게 말씀하시던가요?"
아내가 말했습니다. "주님께서 말씀하신 것인지 잘 모르겠어요." 나는 좀 더 구체적으로 물어보았습니다. "주님께서 우리가 ㅇㅇㅇㅇ로 돌아가는 것에 관해서 당신에게 뭔가 말씀하시지 않았어요?" 아내가 말했습니다. "오, 나는 단순히 내 생각인줄로만 여겼어요."
이 말을 분석해 봅시다. 그녀가 "나"라고 한 것이 육체를 의미하는 것이었다면 그것은 옳지 않을 것입니다. 그러나 만약 그녀가 진짜 "나", 즉 주님의 등불인 속사람을 의미한 것이라면 그것은 단순히 그녀의 생각이 아닙니다. 등불을 밝히시는 분은 주님이십니다!

 주 나의 하나님께서 내 등불을 밝히신다. 그분이 나를 밝히신다.

7월 18일

속에서

> 내가 네 갈 길을 가르쳐 보이고 너를 주목하여 훈계하리로다 너희는 무지한 말이나 노새 같이 되지 말지어다 그것들은 재갈과 굴레로 단속하지 아니하면 너희에게 가까이 가지 아니하리로다 (시 32:8,9)

나는 내적 증거를 통해 그 교회로 돌아가야 한다는 것을 알았습니다. 그리고 나는 내 아내 역시 돌아가라는 내적 증거를 가졌다는 것도 알았습니다. 그러나 나는 여전히 주님께서 뭔가 "초자연적인" 방식으로 그것을 확인해 주시기를 바라고 있었습니다. (당시 나는 23살 밖에 되지 않았습니다.) 나는 하나님께서 내게 단어나 방언이나 통변이나 예언을 주시거나 아니면 하늘에 "그 곳으로 가거라!"라고 써 주시기를 바라고 있었습니다.

그래서 나는 3일 동안 금식하며 기도했습니다. 3일 째 되는 날, 나는 무릎을 꿇고 소리 높여 큰 소리로 울부짖으며 간청하고 있었습니다. 나는 "오… 하나님…"이라고 하는 것 외에는 더 좋은 방법을 알지 못했습니다.

하나님께서 내게 말씀하셨습니다. 하나님은 내적 증거와 마찬가지로 내적 음성으로도 인도하십니다. "그런 짓은 당장 그만두고 일어나라!"

나는 일어섰습니다! 그러나 나는 "주님, 주님께서 제게 초자연적인 신호를 주신다면 제가 그 교회에 돌아가는 것에 대해 좀 더 확실히 알 것 같습니다"라고 말했습니다.

주님께서 대답하셨습니다. "네게 줄 것은 이미 다 주었다! 너는 어떤 신호도 필요하지 않다. 하늘에 쓴 것을 볼 필요도 없다. 방언이나 통변이나 예언도 필요 없다. 너는 무엇을 해야 할 지 네 속에서 알고 있다. 이제 그렇게 해라!"

고백 내 지성의 눈이 밝아졌다. 나는 무엇을 해야 할 지 내 속에서 알고 있다. 하나님께서는 놀라운 내적 증거를 통해 나를 인도하신다. 그리고 나는 그것을 듣는다!

7월 19일

내부의 신호

누가 속에다 지혜를 주었느냐? 또한 누가 마음(heart) 속에 명철을 주었느냐?
(욥 38:36 한글 킹 제임스 성경)

    1960년대 후반 하나님께서는 내적 증거를 통해서 털사로 이사하도록 인도하셨습니다. 우리는 달라스 교외인 텍사스 갈랜드에 17년째 살고 있었습니다. 그리고 우리는 이사할 계획이 전혀 없었습니다. 사실, 우리 사역이 성장하고 있었기 때문에 살던 집 전체를 사무실로 막 바꾸려는 계획을 가지고 있었습니다. (우리는 작업실과 차고를 사역을 위한 사무실로 사용하고 있었습니다.) 그리고 필요하다면 그 땅에 추가로 건물을 건축하려는 계획도 가지고 있었습니다.
    그러다가 털사에 출장을 가게 되었습니다. 한 친구 집에 머물고 있었는데, 그 친구가 이렇게 말했습니다. "해긴 목사님, 털사로 이사 와야 해요. 그리고 제가 당신에게 딱 맞는 장소를 발견했어요! T. L. 오스본 목사님이 쓰시던 사무실이 매물로 나왔는데, 저보고 팔아달라고 했어요. 같이 가세요. 제가 보여드릴게요." (몇몇 사람들이 그것을 사려고 했는데, 번번이 거래가 성사되지 않았습니다. 그래서 그 건물은 여전히 비어있었습니다.)
    사실 나는 그다지 관심이 없었습니다. 그러나 단지 친구를 존중하는 뜻에서 한번 가보기로 했습니다.
    내가 그 건물에 발을 들여놓자마자, 누군가 내 속에서 종을 울리고 경적을 울려대는 것만 같았습니다. 때로는 내적 증거가 그렇게 나타납니다. 경적이 울리기 시작한 곳은 내 영, 내 배 속 깊은 곳이었습니다. 형용하기는 어렵지만, 당신 속, 영 가운데서 그냥 알게 됩니다. 이것은 이 건물을 내 사역에 사용하는 것을 하나님께서 원하신다고 확증하는 것이었습니다.

 성령님이 내 영 가운데 거하신다. 지혜가 내 속에 있다. 명철이 내 심령 안에 있다. 그리고 나는 내 심령의 소리를 듣는다.

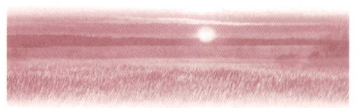

7월 20일

제대로 아는 구원

> 어느 때나 하나님을 본 사람이 없으되 만일 우리가 서로 사랑하면 하나님이 우리 안에 거하시고 그의 사랑이 우리 안에 온전히 이루어지느니라 그의 성령을 우리에게 주시므로 우리가 그 안에 거하고 그가 우리 안에 거하시는 줄을 아느니라 (요일 4:12,13)

나는 1933년 병상에 누워있던 십대시절에 거듭났습니다. 그날 이후로 내가 구원받지 못했을 거라는 생각은 다시는 떠오르지 않았습니다. 어린 그리스도인이었음에도 불구하고, 나는 "너는 구원받지 못했어. 교회에 소속되어 있지도 않잖아"라고 말하는 사람들과 맞닥뜨리곤 했습니다. "너는 구원받지 못했어. 우리 방식대로 침례 받지 않았잖아"라고 언쟁하는 사람도 있었습니다. 이 외에도 많이 있었습니다.

그러나 어느 누구도 나를 혼란스럽게 하지 못했습니다. 나는 그냥 웃어넘겼습니다. 내적 증거를 가지고 있었기 때문입니다. 로마서 8장 16절은 이렇습니다. "성령이 친히 우리의 영과 더불어 우리가 하나님의 자녀인 것을 증언하시나니." 그리고 나는 사랑을 가지고 있었습니다. "우리는 형제를 사랑함으로 사망에서 옮겨 생명으로 들어간 줄을 알거니와 …"(요일 3:14)

나는 증거를 가지고 있었습니다. 나는 사랑을 가지고 있었습니다. 그것이 바로 내가 구원을 전혀 의심하지 않았던 이유입니다. 나는 최선을 다해 사랑 안에서 행했고, 내 속에 있는 하나님의 영의 증언을 누리고 있었습니다.

고백 나는 증거를 가지고 있다. 성령께서 친히 내 영과 더불어 내가 하나님의 자녀라는 것을 증언하신다. 나는 사랑을 가지고 있다. 나는 내가 사망에서 옮겨 생명으로 들어간 것을 알고 있다. 하나님께서 내 안에 거하신다. 그의 사랑이 내 안에서 완전해진다. 나는 내가 그분 안에 거하고, 그분이 내 안에 거하신다는 것을 알고 있다. 그분의 영을 내게 주셨기 때문이다.

7월 21일

그리스도인의 장비

너희는 거룩하신 자에게서 기름 부음을 받고 모든 것을 아느니라 (요일 2:20)

여전히 병상에 누워있던, 그리스도 안에서 갓 태어난 아기라 할지라도, 나는 내적 증거로 알 수 있었습니다.

예를 들어, 하루는 어머니가 내게 말했습니다. "얘야, 너를 귀찮게 하기는 싫지만 더브에게 무슨 문제가 있는 것 같아." 더브는 일자리를 찾으러 리오그란데 벨리로 간 나의 형입니다. (당시 그는 17살이었습니다.) 당시는 불황기였습니다. 어머니는 성령 충만하지는 않았지만, 그리스도인이었고 내적 증거로 영 가운데 답답함과 거리낌을 느끼고 있었습니다. "뭔지는 모르겠다만, 네 형이 감옥이나 그런 곳에 간 것 같아."

"엄마, 나는 며칠 전부터 알고 있었어요. 그러나 형이 감옥에 있는 것은 아니에요. 그의 목숨이 위태롭긴 하지만 내가 이미 기도했으니까 괜찮아질 거예요. 형은 괜찮아요. 목숨을 구할 거예요."

3일 후, 형이 돌아왔습니다. 그는 일자리를 찾지 못해서 화물 열차를 타고 집에 돌아오기로 마음먹었습니다. 당시에는 많은 사람들이 그렇게 무임승차를 하곤 했습니다. 그러나 철도 경찰이 형을 발견하고는 머리를 두들겨 패서 시속 50~60마일로 달리는 기차에서 내던져버렸습니다. 형은 석탄재 위에 등으로 미끄러져 기차선로 옆에 떨어져버렸습니다. 목이 부러지지 않은 것이 이상할 정도였습니다. 만약 우리가 내적 증거로 미리 알고 기도하지 않았다면 아마 그렇게 되었을 것입니다. 우리가 그것을 알 수 있었던 것은 우리가 그리스도인이었기 때문입니다.

고백 나는 거룩한 자에게서 기름부음을 받고 모든 것을 안다.

7월 22일

듣는 법을 배우기

그러나 진리의 성령이 오시면 그가 너희를 모든 진리 가운데로 인도하시리니 … 장래 일을 너희에게 알리시리라 (요 16:13)

내 친구 목사님 한 사람은 10년 동안 3번의 심각한 자동차 사고를 당했습니다. 이 사고들로 여러 명이 죽었습니다. 그의 아내도 거의 죽을 뻔 했고, 그 자신도 심각한 부상을 입었습니다. 그와 그의 아내 둘 다 하나님의 손길로 치유를 받았습니다. 내가 영으로 듣는 것, 즉 내적 증거에 관해 이런 내용들을 가르치는 것을 들은 그는 내게 이렇게 말했습니다. "해긴 목사님, 내가 그 내적 직감에 귀를 기울이기만 했더라면 그 사고들 모두 피할 수 있었을 겁니다." 그러나 사람들은 따질 것입니다. "나는 훌륭한 그리스도인에게 왜 이런 사고들이 일어나는지 모르겠어요. 그분은 목사님이에요."

당신이 당신의 영의 소리를 듣는 것을 배워야만 하듯이, 그 역시도 그의 영의 소리를 듣는 것을 배워야만 했습니다.

사람들은 하나님을 비난하고 싶어 하고 하나님께서 그런 일들을 행하셨다고 말하고 싶어 합니다. 그러나 이 목사님이 말한 대로입니다. "만약 내게 어떤 일이 벌어질 것이라고 말하는 내 속의 직감에 내가 귀 기울여 들었더라면 나는 기다리며 기도했을 것입니다. 그렇게 하는 대신에 나는 '난 바빠서 기도할 시간이 없어'라고 말했습니다." 우리에게 그런 내적 증거가 있었을 때 우리가 하나님을 시중들며 기다렸다면, 하나님께서는 우리에게 보여주시고 우리는 문제들을 피할 수 있었을 경우가 많이 있습니다. 그러나 과거의 실패로 한탄하거나 끙끙대지 맙시다. 현재의 기회를 활용해서 앞으로는 우리의 내적 증거를 확실하게 잘 따라가도록 합시다. 우리의 영을 개발하는 법을 배웁시다. 그리고 그것에 귀를 기울이고 순종하는 것을 배웁시다.

나는 점점 더 영을 인식하는 사람이 되어간다. 나는 나의 영을 개발하고 있다. 그리고 나는 그것에 귀를 기울이고 있다!

7월 23일

그가 계신 곳

예수께서 대답하여 이르시되 사람이 나를 사랑하면 내 말을 지키리니 내 아버지께서 그를 사랑하실 것이요 우리가 그에게 가서 거처를 그와 함께 하리라 (요 14:23)

요한복음 14장에서 예수님께서 계속 가르치시면서, 성령께서 우리에게 오신다는 이야기를 시작하셨습니다. 예수님과 아버지는 성령의 인격 안에 우리에게 오셔서 우리 안에 거하십니다.

현재 예수님은 그분의 부활한 몸으로 아버지의 보좌 우편에 실제로 앉아계십니다. 그러나 성경은 "너희 안에 계신 그리스도는 영광의 소망이다"라고 말합니다. 보는 바와 같이 예수님께서 당신 안에 계신 이유는 성령님이 당신 안에 계시기 때문입니다.

성령님은 바울을 통해 말씀하셨습니다. "너희는 너희가 하나님의 성전인 것과 하나님의 성령이 너희 안에 계시는 것을 알지 못하느냐"(고전 3:16)

고린도후서 6장 16절은 이렇게 말합니다. "우리는 살아 계신 하나님의 성전이라 이와 같이 하나님께서 이르시되 내가 그들 가운데 거하며 두루 행하여 나는 그들의 하나님이 되고 그들은 나의 백성이 되리라 하셨느니라."

우리는 하나님께서 우리 안에 계신다는 것이 정말 어떤 의미인지 그 깊이를 측량할 수 없습니다.

그러므로 만일 하나님께서 우리 안에 계시다면, 그곳이 바로 하나님께서 우리에게 말씀하시는 그곳입니다. 그가 계신 곳, 즉 우리의 심령 또는 우리의 영 안입니다. 우리의 영은 성령님으로부터 받아서 내적 직감 또는 내적 증거를 통해 우리의 생각에 그것을 전달하는 것입니다.

요한복음 14장 23절, 고린도전서 3장 16절, 고린도후서 6장 16절에 근거해서 자신의 고백을 하시기 바랍니다.

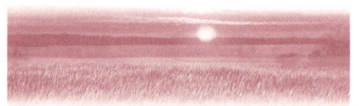

7월 24일

두 번째 : 내적 음성

내가 그리스도 안에서 참말을 하고 거짓말을 아니하노라 … 내 양심이 성령 안에서 나와 더불어 증언하노니 (롬 9:1)

성령께서 우리를 인도하는 첫 번째 방법은 내적 증거를 통해서입니다. 두 번째 방법은 내적 음성을 통해서입니다.

속사람은 겉사람과 마찬가지로 목소리를 가지고 있습니다. 우리는 속사람의 목소리를 "양심"이라고 부릅니다. 때로는 직감, 내부의 인도, 내적 증거 또는 "작고 세미한 음성"이라고도 부릅니다. 그것은 하나님의 영이 우리에게 말씀하시는 음성과는 다릅니다. 성령께서 말씀하실 때 그분의 음성은 더 권위 있는 목소리이기 때문입니다. 작고 세미한 음성이 우리의 영의 목소리입니다. 그러나 우리의 영은 우리 안에 계시는 성령으로부터 그것을 가져오는 것입니다.

예를 들어 7월 19일의 내용 가운데 내가 털사에서 매물로 나온 건물에 발을 들여놓자마자 속에서 경적이 울리는 것과 같았던 것을 나누었습니다. 나는 내 속에서 알 수 있었습니다. 바로 그것입니다! 그러나 나는 그것을 듣고 싶지 않았습니다. 내 아내가 나중에 그것에 관해서 물어보았을 때, 나는 "아니요, 우리는 살던 곳에 계속 살거예요"라고 말했습니다. 그러나 그날 밤 잠자리에 드는데, 잠을 잘 수가 없었습니다. 나의 양심이 부대끼고 있었습니다. 나의 영은 내가 그것을 듣지 않는 것을 알고 있었습니다. 그래서 내가 말했습니다. "주님, 당연히 저는 털사로 이사 가고 싶지 않습니다. 그러나 주님께서 원하시는 것이라면 저는 주님의 뜻을 거역하지 않겠습니다." 갑자기 내 속에서 작고 세미한 음성이 말했습니다. "내가 네게 그 건물을 주겠다. 지켜봐라." 그리고 하나님께서는 정확히 그대로 하셨습니다!

 나는 나의 영의 목소리에 귀를 기울인다. 그리고 나는 그것에 순종한다.

7월 25일

양심

성령이 이로써 보이신 것은 첫 장막이 서 있을 동안에는 성소에 들어가는 길이 아직 나타나지 아니한 것이라 이 장막은 현재까지의 비유니 이에 따라 드리는 예물과 제사는 섬기는 자를 그 양심상 온전하게 할 수 없나니 … 하물며 영원하신 성령으로 말미암아 흠 없는 자기를 하나님께 드린 그리스도의 피가 어찌 너희 양심을 죽은 행실에서 깨끗하게 하고 살아 계신 하나님을 섬기게 하지 못하겠느냐 (히 9:8,9,14)

당신의 양심은 안전한 안내자입니까?

예, 그렇습니다. 당신의 영이 그리스도 안에서 새 사람이 되었다면 말입니다. 고린도후서 5장 17절을 기억하십시오. "그러므로 누구든지 그리스도 안에 있으면 새로운 피조물이라 이전 것은 지나갔으니 보라 새 것이 되었도다." 그것은 바로 속사람, 사람의 영을 이야기하고 있는 것입니다. 당신의 양심은 당신의 영이 당신에게 말하고 있는 음성입니다. 만일 당신의 영이 그 안에 있는 하나님의 생명과 본성과 더불어 그리스도 안에서 새 사람이라면, 그것은 안전한 안내자입니다.

거듭난 적이 없는 사람은 그의 영의 목소리 또는 양심을 따를 수 없습니다. 그의 재생되지 않은 영은 그 안에 마귀의 본성을 가지고 있기 때문입니다. 그의 양심은 그로 하여금 어떤 일을 하더라도 허락할 것입니다.

당신이 당신 안에 하나님의 생명과 본성을 가지고 있다면, 당신의 양심은 어떤 것도 허락하지 않을 것입니다. 당신이 거듭난 그리스도인이라면, 하나님의 영이 당신의 영 안에 거하고 계십니다!

 나는 내 영 안에 있는 하나님의 생명과 본성과 더불어 그리스도 안에서 새 사람이다. 그러므로 나의 양심은 안전한 안내자이다.

7월 26일

양심에 순종하기

바울이 공회를 주목하여 이르되 여러분 형제들아 오늘날까지 나는 범사에 양심을 따라 하나님을 섬겼노라 하거늘 (행 23:1)

바울이 교회에 쓴 편지들을 읽어가면서 그가 그의 양심에 대해 뭐라고 했는지 살펴보는 것은 흥미로운 일입니다. 그는 늘 그의 양심에 순종했습니다.

한 번은 어떤 목사님들이 세계 최고의 전도자 중의 한 사람에게 질문하는 것을 들은 적이 있습니다. "우리는 하나님께서 당신을 이 사역으로 불러 기름 부으신 것을 알고 있습니다. 다른 어떤 것들보다 당신의 성공적인 사역에 가장 많이 기여한 뭔가가 있습니까?"

나는 그가 뭐라고 대답을 하는지를 들어보았습니다. 나는 그가 기도의 사람이고 기도가 중요하다는 것을 알고 있었지만, 그는 기도를 언급하지 않았습니다.

그는 대답했습니다. "물론, 하나님께서 나를 전도자로 부르셨습니다. 그러나 당신들은 내 관점에서 볼 때 내 성공에 기여한 것이 무엇인지 물었습니다. 다른 어떤 것들보다 내 성공에 기여한 것이 있다면 그것은 내가 언제나 즉각적으로 나의 가장 깊은 예감에 순종한다는 것입니다."

이 전도자의 말을 다른 말로 표현하면 이렇습니다. "나는 언제나 내 영이 내게 말하는 것에 순종합니다. 나는 그것을 내 속 깊은 곳에서 얻습니다."

고백 성령께서 내 안에 계신다. 그분은 내 영을 통해 나와 소통하신다. 나의 영은 목소리를 가지고 있다. 나는 내 영이 내게 말하는 것에 순종한다. 나는 그것을 내 속 깊은 곳에서 얻는다.

7월 27일

실수했을 때

이는 우리 마음이 혹 우리를 책망할 일이 있어도 하나님은 우리 마음보다 크시고 모든 것을 아시기 때문이라 사랑하는 자들아 만일 우리 마음(heart) 이 우리를 책망할 것이 없으면 하나님 앞에서 담대함을 얻고 (요일 3:20,21)

당신이 그리스도인이라면 당신이 잘못했을 때 성령님께서 당신을 정죄하십니까?

아닙니다. 당신을 책망하는 것은 당신의 영입니다. 우리가 배워야 하는 것이 바로 이것입니다. 우리가 그것을 배운 적이 없는 것은 그동안 잘못 배워왔기 때문입니다.

성령님은 당신을 정죄하지 않으십니다. 왜냐하면 하나님께서 당신을 정죄하지 않으시기 때문입니다. 바울이 로마서 8장에 기록한 것을 공부하십시오. 바울은 이렇게 묻습니다. "우리를 정죄하는 자가 누구입니까? 하나님이 우리를 정죄하십니까? 아닙니다. 하나님은 우리를 의롭다 하십니다."

예수님께서는 성령께서 세상을 책망하시는 유일한 죄는 예수님을 거절하는 죄라고 가르치셨습니다(요 16:7-9).

내가 실수했을 때조차도 내 안에 계신 성령님은 내게 빠져나갈 길을 보여주시는 분이라는 것을 발견했습니다. 그분은 나를 안심시킵니다. 그분은 나를 도와주십니다. 그분은 나를 정죄하지 않으십니다.

그러므로 당신이 실수했을 때 당신을 책망하는 것은 당신의 양심, 당신의 영의 목소리입니다. 당신이 잘못을 범한 그 순간 알아차리는 것은 당신의 영입니다.

고백 나의 영은 하나님으로부터 났다. 나의 영은 하나님의 말씀을 먹는다. 나의 영 안에는 성령께서 거하신다. 그러므로 그것은 안전한 안내자이다. 내 영이 내게 잘못을 경고할 때, 나는 즉시 순종한다. 만일 나의 심령이 나를 책망할 것이 없으면, 나는 하나님 앞에서 담대함을 얻기 때문이다.

7월 28일

내부의 도움

이것으로 말미암아 나도 하나님과 사람에 대하여 항상 양심에 거리낌이 없기를 힘쓰나이다 (행 24:16)

내가 구원 받고 치유 받은 후 곧 나는 고등학교로 돌아갔습니다. 어떻게 그런 일이 벌어졌는지는 정확히 알 수 없습니다. 우리 가족 중에는 욕설을 하는 사람이 아무도 없었지만, 이웃 중에 욕설을 퍼부어대던 한 사람이 있었는데 아마도 거기서 들었을 것이라고 추측할 뿐입니다. 학교에서 하루는 친구 중 한 명에게 "젠장, 안돼…"라고 말했던 것입니다. 내가 그것을 말한 순간, 성령 충만한 삶에 관해서는 전혀 몰랐지만 내 심령 안에서 "오 하나님, 저를 용서하세요!"라고 말했습니다.

무엇이 나를 책망했습니까? 성령님께서? 아닙니다. 그것은 내 자신의 영이었습니다. 이 새로운 피조물, 새로운 창조, 새로운 사람은 그런 식으로 말하지 않습니다.

육체는 늘 하던 대로 행동하고 싶어 하고, 늘 하던 대로 말하고 싶어 할 것입니다. 그러나 당신은 육체를 십자가에 못 박아야 합니다. 그리고 육체를 십자가에 못 박는 좋은 방법은 문제가 무엇이든 그 즉시 드러내고 바로 잡는 것입니다.

내가 욕설을 입에 담았다는 것을 깨닫자마자 나는 그렇게 했습니다. 나는 내가 회개하려는 "감동"을 받을 때까지 기다리지 않았습니다. 나는 즉시 주님께 용서를 구했습니다. 내가 욕설을 했던 그 친구는 이미 멀리 걸어가 버렸습니다. 나는 그 친구를 찾아가 용서를 구했습니다. 그는 내가 그런 말을 했는지 조차도 알지 못한다고 했습니다. 그는 사람들이 그런 식으로 말하는 것에 익숙했던 것입니다. 그러나 나는 그에 대하여, 그리고 하나님께 대하여 그것들을 바로잡기를 원했습니다.

고백 나는 그리스도 안에서 새로운 피조물이다. 나는 새로운 피조물처럼 말한다. 나는 새로운 피조물처럼 생각한다. 나는 새로운 피조물처럼 행동한다. 나의 영이 그렇게 하도록 인도한다.

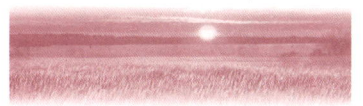

7월 29일

부드러운

자기 양심이 화인을 맞아서 외식함으로 거짓말하는 자들이라 (딤전 4:2)

 부드러운 양심을 유지하십시오. 그것을 어기지 마십시오. 왜냐하면 당신의 내부 깊은 곳에서 하나님의 영이 당신의 영에게 하시는 말씀을 생각에 전달하는 것이 바로 당신의 양심, 당신의 영의 목소리이기 때문입니다. 당신이 만일 부드러운 양심을 유지하지 않으면, 영적인 것들이 당신에게 명확하지 않게 될 것입니다.
 30대 중반에 나는 시골 교회에서 목회하고 있었고, 보통 주일 밤에는 어떤 89세의 할아버지 집에 묵곤 했습니다. 그분과 나는 그 농장의 다른 사람들만큼 일찍 일어나지는 않았습니다. 그래서 우리는 8시 경에 둘이서 아침 식사를 하곤 했습니다. 그분은 낡은 커피 주전자를 가지고 있었는데, 그것을 장작 난로 위에 올려놓아서 커피를 끓이곤 했습니다. 나는 그 할아버지가 그 끓고 있는 커피를 머그 컵에 붓더니 바로 입으로 가져가 그 뜨거운 커피를 단숨에 몽땅 마셔버리곤 하는 것을 봤습니다. 내가 처음 그 광경을 보았을 때는 마치 내 목구멍이 타버리는 느낌이었습니다! 어떻게 그렇게 할 수 있었을까요? 나는 절대 그렇게 못합니다. 나의 입과 목구멍은 매우 부드러워서 티스푼 하나 만큼의 뜨거운 커피로도 화상을 입었을 것입니다. 처음에는 그 할아버지도 그렇게 하지 못했을 것입니다. 그러나 오랜 세월 뜨거운 커피를 마시면서 그 입술과 입과 목구멍이 무감각해졌고, 결국 끓고 있는 커피 한 잔을 한 모금에 마셔버리는 것이 쉬운 일이 되어버린 것입니다.
 영적으로도 똑같은 일이 벌어질 수 있습니다. 부드러운 양심을 유지하십시오. 당신이 실수를 범해서 당신의 양심이 책망하는 그 순간 멈추십시오. "주님, 저를 용서해주세요. 제가 실수했습니다"라고 말하십시오. 또 혹시 필요하다면 당신이 잘못한 사람들에게 말하십시오. "내가 잘못했습니다. 저를 용서해주세요."

 나는 내 양심을 부드럽게 유지한다.

7월 30일

우위

… 너희는 성령을 따라 행하라 그리하면 육체의 욕심을 이루지 아니하리라 (갈 5:16)

나는 그리스도인으로서 일찍이 나의 영, 나의 속사람이 나의 겉사람을 지배하도록 하는 것을 배웠습니다. 그래서 십대 시절에 나처럼 믿는 다른 친구들과의 교제가 없이 홀로 신앙생활을 했지만 내게는 남들이 가졌던 문제가 없었습니다.

주일학교에서 누군가 구원받은 사람이 내 옆에 있었어도 나는 알지 못했습니다. 그들은 욕하고 술 마시고 세상적인 춤 파티에 가고 성적인 행동들로 서로 얽혀있었습니다. 그들은 내게 이렇게 말하곤 했습니다. "너도 이렇게 하면 어때?"

우선 나의 양심이 내가 그런 일들을 하는 것을 허락하지 않았습니다. 나는 또 그들에게 이렇게 대답하곤 했습니다. "나는 새로운 피조물이야." 그러면 그들은 되묻곤 했습니다. "새로운 피조물이 뭐야?" (이 질문으로 그들이 새로운 피조물이 아니라는 것이 증명되는 것입니다.)

당신은 해야 하는 것들과 하지 말아야 하는 것들에 관해 설교를 들을 필요가 없습니다. 단지 당신의 영이 당신을 지배하도록 하십시오. 하나님께서 당신의 영을 통해 깨닫게 해주실 것입니다. 당신 속의 새로운 사람이 우위에 있도록 하십시오.

당신의 몸이 당신을 지배하도록 내버려두지 마십시오. 당신의 몸은 늘 하던 대로 계속 행동하고 싶어 합니다. 당신의 몸은 아직 거듭나지 못했기 때문입니다. 대신, 당신의 영으로 행하십시오.

고백 나는 나의 영으로 행한다. 나는 내 영이 나를 지배하도록 한다. 나는 내 속의 새로운 사람이 우위에 있도록 한다. 그러므로 나는 육체의 욕심을 이루지 않는다. 나는 몸이 다스리는 사람이 아니다. 나는 영이 다스리는 사람이다.

7월 31일

성령을 따라 행함

그러므로 이제 그리스도 예수 안에 있는 자들에게는 결코 정죄함이 없나니, 그들은 육신을 따라 행하지 아니하고 성령을 따라 행하느니라 (롬 8:1 한글 킹 제임스 성경)

양심은 인간의 영의 목소리입니다.
이성은 혼 또는 생각의 목소리입니다.
느낌은 몸의 목소리입니다.
성령님은 우리의 이성과 더불어 증언하지 않으십니다. 성령님은 우리의 느낌과 더불어 증언하지 않으십니다. 성령님은 우리의 영과 더불어 증언하십니다.
나는 "느낌"이라는 단어를 매우 조심스럽게 사용합니다. 우리가 예배에서 하나님의 임재를 감지할 때 사람들은 종종 "임재를 느낀다"라고 말합니다. 그러나 우리가 영적으로 감지하는 것만큼 육체적으로 그것을 실제로 느끼는 것은 아닙니다. 그래서 나는 이 두 가지를 주의해서 구별하는데, 사람들은 느낌의 영역으로 쉽게 미끄러져 들어가기 때문입니다. 사람들은 느낌이 좋으면 "하나님께 영광! 할렐루야! 나는 구원 받았어! 나는 성령으로 충만하다! 모든 것이 다 좋아!"라고 말합니다. 그러나 느낌이 좋지 않을 때는 시무룩한 얼굴을 하고는 "난 완전히 잃어버렸어. 아무것도 느껴지지 않아. 내가 타락해버린 것이 틀림없어"라고 말합니다.
우리가 느낌에 의해 살아간다면, 우리는 문제에 빠질 것입니다. 그것이 바로 수많은 그리스도인들이 오르락내리락, 들락날락 하는 이유입니다. (나는 그런 사람들을 요요 크리스천이라고 부릅니다.) 그들은 그들의 영을 따라 행하지 않습니다. 그들은 믿음으로 행하지 않습니다. 그들은 느낌을 따라 살아갑니다.

고백 나는 영을 따라 행하지, 육체를 따라 행하지 않는다. 나는 느낌을 따르지 않는다. 나는 이성을 따르지 않는다. 나는 내 영의 목소리, 나의 양심을 따른다.

8월 1일

산과 골짜기

항상 우리를 그리스도 안에서 이기게 하시는 … 하나님께 감사하노라
(고후 2:14)

나는 사람들이 골짜기에 내려갔다가 산에 올라갔다가 다시 골짜기에 내려가는 것에 대해 이야기 하는 것을 들은 적이 있습니다. 사실대로 말하자면, 나는 그들이 무슨 이야기를 하는지 이해할 수 없습니다. 나는 1933년 구원 받은 이후에 한 번도 산꼭대기에서 어디로 내려온 적이 없습니다!

당신은 골짜기로 내려갈 필요가 없습니다. 사람들은 그들이 겪은 '골짜기 경험'을 이야기합니다. 나에게는 골짜기 경험이라고는 전혀 없습니다. 물론, 시험과 시련은 있었습니다. 그러나 나는 산꼭대기에 서서 그것들을 통과하며 그 위에서 살았던 것입니다. 하나님을 찬양합니다!

당신도 알다시피, 스스로 골짜기 아래 살고 있다고 말하는 사람들은 인생을 육신의 관점으로, 자연적인 관점으로 바라보는 것입니다. 그들은 영적인 해답을 물질적인 영역에서 찾으려고 애쓰고 있습니다. 그렇게 하는 것은 불가능합니다.

오래 전에 내가 침례교 출신의 오순절 신자들을 만나게 되었을 때, 그들은 "골짜기를 통과하는 것"에 관해 이야기하고 있었습니다. 그리고 나는 그들이 무엇에 관해 이야기 하고 있는지 몰랐는데, 그들은 나를 쳐다보며 이렇게 말했습니다. "당신 차례가 오고 있어요." 하나님, 감사합니다. 내 차례는 온 적이 없습니다!

인생의 부정적인 면을 버리고 긍정적인 면을 취하십시오. 그러면 당신은 어떤 골짜기도 갖지 않게 될 것입니다. 당신은 늘 산 정상에 서있게 될 것입니다!

 나로 항상 그리스도 안에서 이기게 하시는 하나님, 감사합니다! 나는 항상 이긴다! 나는 산 정상에 살고 있다!

8월 2일

북돋아 일으키다

그러므로 내가 나의 안수함으로 네 속에 있는 하나님의 은사를 다시 불 일듯하게 하기 위하여… (딤후 1:6)

하루는 한 여인이 새벽 2시에 일어나서는 울기 시작했습니다. "하나님과 함께 했던 그 시절로 돌아갈 수만 있다면!" 나는 그녀가 뭔가 끔찍한 죄를 저질렀다고 생각하고는 이렇게 말했습니다. "여기 무릎을 꿇고 그것에 대해 주님께 말씀드리세요. 당신을 용서해 주실 것입니다."

그녀가 말했습니다. "제가 제 심령을 살펴보았지만, 제가 아는 한 잘못을 저지른 것은 하나도 없어요." 내가 말했습니다. "그러면 당신은 왜 하나님께로 돌아가야 한다고 생각하는 것입니까?" "그건…" 그녀가 말했습니다. "예전과 같은 느낌이 들지 않아서 그래요."

나는 그녀에게 화가 나려고 했습니다. 그 당시 내가 느낌대로 행했다면, 나야말로 그녀에게 기도를 받아야 할 형편이라고 말해 주었습니다! 나는 그녀에게 어떻게 해야 할 지 알려주었습니다. 나는 그녀에게 내가 기도할 때 주의해서 잘 들어 보라고 했습니다.

그리고 내가 말했습니다. "주님, 저는 제가 하나님의 자녀라는 것이 참 기쁩니다. 저는 제가 거듭났다는 것이 정말 기쁩니다. 아무것도 느껴지는 것은 없지만, 그것은 아무런 상관이 없습니다. 저의 속사람은 새 사람입니다. 제가 성령님으로 충만하게 된 것을 감사드리고 싶습니다. 하나님 아버지, 독생자 하나님, 그리고 성령 하나님께서 내 안에 거주하십니다. 그것으로 인해 감사드리고 싶습니다…"

그 당시 아무것도 느껴지지 않았지만, 어쨌든 그렇게 고백했습니다. 왜냐하면 말씀이 그렇게 말하고 있기 때문입니다. 내가 그렇게 했을 때, 내 속에서는 뭔가가 부글거리며 올라왔습니다.

"당신 표정이 변했네요. 당신 얼굴이 밝아졌어요." 그녀가 말했습니다. "그래요. 그것은 늘 내 안에 있습니다. 나는 그저 내 안에 있는 것을 북돋아 일으킨 것입니다."

 나는 내 속에 있는 것을 북돋아 일으킨다!

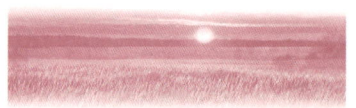

8월 3일

보는 것이 아니라 믿음으로

이는 우리가 믿음으로 행하고 보는 것으로 행하지 아니함이로라 (고후 5:7)

돌이켜보면 내가 30대였을 당시 스미스 위글스워스의 글을 처음으로 읽었을 때, 나는 감동을 받았습니다. 왜냐하면 그것은 내 경험과 정확히 일치하고 있었기 때문입니다. 그는 이렇게 말했습니다.

"나는 내가 느끼는 것으로 움직이지 않는다.

나는 내가 보는 것으로 움직이지 않는다.

나는 오직 내가 믿는 것으로 움직인다."

그리고 그는 이어서 이렇게 말했습니다.

"나는 느낌으로는 하나님을 이해할 수 없다.

나는 느낌으로는 주 예수 그리스도를 이해할 수 없다.

나는 하나님에 관한 말씀으로 하나님을 이해한다.

나는 주 예수 그리스도에 관한 말씀으로 그분을 이해한다. 그분은 말씀이 말하고 있는 그대로이십니다."

당신은 느낌으로는 이해할 수 없을 것입니다. 대신에, 하나님의 말씀이 당신에 관하여 뭐라고 말하고 있는가를 통해 당신 자신을 거듭나고 성령 충만한 그리스도인으로 이해하십시오.

그리고 당신에 관한 말씀을 읽을 때에는 그렇게 느끼든 말든 상관없이 이렇게 말하십시오. "그래, 그것이 바로 나야. 나는 그것을 가졌다. 말씀이 내가 가졌다고 말한다. 말씀에 내가 할 수 있다고 한 것을 나는 할 수 있다. 나는 말씀이 말하고 있는 그대로이다."

이렇게 하면, 당신은 영적으로 발전하게 될 것입니다.

 나는 믿음으로 살아가지, 보이는 것으로 살아가지 않는다. (이제 스미스 위글스워스의 고백을 당신의 고백으로 하십시오.)

8월 4일

당신의 인도를 점검하라

먼저 알 것은 성경의 모든 예언은 사사로이 풀 것이 아니니 예언은 언제든지 사람의 뜻으로 낸 것이 아니요 오직 성령의 감동하심을 받은 사람들이 하나님께 받아 말한 것임이라 (벧후 1:20,21)

말씀과 성령은 일치합니다.
그것이 하나님의 영이라고 어떻게 말할 수 있습니까? 만약 그것이 말씀과 일치한다면, 그것은 성령으로부터 말미암은 것입니다. 만약 그것이 말씀과 일치하지 않는다면, 그것은 성령이 아닙니다.
사람들은 내게 와서 하나님께서 그들을 어떤 일로 인도하셨노라고 말하곤 했습니다. 그러나 나는 다 들어보고 나서는 "아니요, 그것은 하나님의 영이 아닙니다"라고 말하곤 했습니다.
극단적인 경우이긴 하지만, 그것이 사실입니다. 한 남자가 내게 말하기를 하나님의 영이 그와 다른 한 여자로 하여금 각자의 배우자를 떠나서 서로 결혼하도록 인도하고 계신 것 같다고 했습니다. 아니요! 그것은 말씀에서 벗어나 있습니다! 성령님은 가정을 파괴하지 않으십니다.
성령과 말씀은 일치합니다! 성경은 하나님의 영에 의해 영감을 받아 기록되었습니다.
말씀에 비추어 당신의 인도를 점검하십시오.

 나는 하나님의 영으로 인도받는다. 나는 말씀에 비추어 인도 받는 것을 점검한다. 왜냐하면, 말씀과 성령은 일치하기 때문이다.

8월 5일

지도하심

너는 마음을 다하여 여호와를 신뢰하고 네 명철을 의지하지 말라 너는 범사에 그를 인정하라 그리하면 네 길을 지도하시리라 (잠 3:5,6)

주님께 우리를 어떻게 인도해달라고 말하는 것은 우리에게 유익이 되지 않습니다. 우리는 주님께서 원하시는 대로 어디로든 우리를 인도하실 수 있도록 해야 합니다!

그러나 하나님께서 어떻게 인도하시는지를 하나님의 말씀에서 발견하는 것은 우리에게 유익이 됩니다. 하나님께서는 가장 우선적으로 내적 증거를 통해 인도하십니다.

우리는 사도행전의 다른 곳에서 몇몇 믿는 자들이 환상을 통해 인도받았고, 또 다른 사람들은 그들에게 천사들이 나타나 뭔가를 말해줌으로써 인도받았던 것을 또한 볼 수 있습니다. 그러나 이러한 현상들이 매일 그 사람들에게 일어났던 것은 아니었습니다. 이런 일들이 그들 중 몇 사람들에게 평생 한 번이나 두 번 일어났던 일들입니다. 그러므로 그것은 하나님께서 인도하시는 통상적인 방법이 아닙니다. 그러나 하나님께서는 원하시면 뭐든 하실 수 있습니다.

대개 하나님께서는 우리의 영과 더불어 증언을 하려고 하십니다. 우리를 인도하려고 하십니다. 그러나 우리가 듣지 않는데, 그것은 우리가 환상이나 천사 같은 뭔가 극적인 것을 바라기 때문입니다. 우리는 하나님께서 하시는 일은 무엇이든 초자연적이라는 것을 명심해야 합니다!

고백 나는 내 마음(heart)을 다해 주님을 신뢰한다. 그리고 나는 내 지적 능력을 의지하지 않는다. 나는 모든 일에 그분을 인정하고, 그분은 내 길을 지도하신다.

8월 6일

양털?

또 새 영을 너희 속에 두고 새 마음을 너희에게 주되 너희 육신에서 굳은 마음을 제거하고 부드러운 마음을 줄 것이며 또 내 신을 너희 속에 두어 너희로 내 율례를 행하게 하리니 너희가 내 규례를 지켜 행할지라 (겔 36:26,27)

인도를 받기 위해, 어떤 사람들은 이른바 "양털"을 내다 놓습니다. 그러나 신약 성경에 "무릇 양털로 인도함을 받는 사람은 곧 하나님의 아들이라"라고 되어 있지 않습니다.

어떤 사람은 이렇게 말할 지도 모르겠습니다. "그러나 구약에서 기드온은 양털을 내다 놓았는걸요."

왜 다시 옛 언약 아래로 돌아갑니까? 우리는 새 언약 아래에서 더 좋은 것들을 갖게 되었습니다. 옛 언약은 영적으로 죽어있는 사람들을 위한 것이었습니다. 나는 영적으로 죽어있지 않습니다. 나는 살아있습니다! 나는 내 안에 하나님의 영을 갖게 되었습니다!

기억하십시오. 기드온은 선지자도, 제사장도, 왕도 아니었습니다. 옛 언약 아래에서는 오직 그 세 직분만 하나님의 영으로 기름부음을 받았습니다. 하나님의 영은 다른 나머지 사람들에게 개인적으로 임하지 않으셨습니다. 그런 이유로 모든 남자들은 매년 예루살렘 성전에 와서 자신을 보여야 한다고 했던 것입니다.

쉐키나 영광, 곧 하나님의 임재는 지성소 안에 굳게 감추어져 있었습니다. 그러나 예수님께서 갈보리 언덕에서 돌아가셨을 때, 지성소를 가리고 있던 휘장이 위에서 아래로 둘로 찢어져 버렸습니다. 하나님께서 밖으로 나오셨습니다. 그리고 그 이후로는 결코, 사람의 손으로 만든 집에는 거하지 않으셨습니다! 하나님은 우리 안에 거하십니다!

 하나님의 영이 내 안에 거하신다! 그분은 더 크신 분이고, 그분이 내 안에 거하신다!

8월 7일

그분의 뜻

… 너희로 하여금 모든 신령한 지혜와 총명에 하나님의 뜻을 아는 것으로 채우게 하시고 주께 합당하게 행하여 범사에 기쁘시게 하고 모든 선한 일에 열매를 맺게 하시며 하나님을 아는 것에 자라게 하시고 (골 1:9,10)

새 언약 아래 사는 성령 충만한 그리스도인들이 양털을 내다 놓는 것은 위험한 일입니다. 이 양털 인도는 사탄이 다스리는 영역 안에 있습니다(고후 4:4).

사람들이 "하나님, 만약 제가 이렇게 하기 원하신다면, 이런 일이 일어나게 해주세요"라고 기도할 때, 그것이 바로 양털입니다. 사탄은 감각의 영역으로 들어올 수 있습니다. 그러나 하나님은 자녀들이 양털을 통해 맞을 때도 있고 틀릴 때도 있는 이런 방법으로 인도받는 것보다 더 좋은 인도 방법을 가지고 계십니다!

내가 양털에 관하여 들은 것은 오순절 계통으로 온 직후였습니다. 한 교회를 담임하고 있었는데, 다른 교회의 위원회에서 내게 그 교회 담임으로 올 수 없겠는지를 물어보았습니다. 나는 가서 설교를 했고, 집으로 운전해 돌아오면서 양털을 내다 놓았습니다.

"주님, 저는 양털을 내다 놓으려고 합니다. 바로 이것입니다. 만약 그 교회에서 백 퍼센트 만장일치로 저를 초빙한다면, 당신의 뜻으로 알고 받아들이겠습니다."

그들은 만장일치로 나를 택했습니다. 나는 그곳으로 이사했는데, 하나님의 뜻을 놓쳤던 것입니다. 그들도 하나님의 뜻을 놓쳤던 것입니다. 모두 하나님의 뜻을 100퍼센트 놓쳤던 것이었습니다! 뒤를 돌아보니, 내 영 가운데 항상 점검 신호가 있었는데도, 내가 그것을 듣지 않았던 것입니다.

고백 나로 하여금 모든 신령한 지혜와 총명 안에서 하나님의 뜻을 아는 것으로 채워지게 하시고, 주님을 기쁘시게 하도록 범사에 합당하게 행하고, 모든 선한 일에 열매를 맺게 하시며, 하나님을 아는 것에 자라게 하옵소서.

8월 8일

당신 자신의 말들

… 그의 마음에 서원한 것은 해로울지라도 변하지 아니하며 (시 15:4)

내가 양털을 내다 놓는 바람에 하나님의 완전한 뜻을 놓치긴 했어도, 그 교회에 1년을 더 머물렀는데, 그것은 내가 그렇게 하겠다고 약속을 했기 때문입니다. 모든 어려움들을 견뎌냈습니다. 나는 내가 한 말은 반드시 지키는 사람입니다.

영적인 순례자의 한 가지 특성은 "그의 마음에 서원한 것은 해로울지라도 변하지 아니"하는 것입니다. 다른 말로 하면, 그가 한 말은 반드시 지키는 것입니다.

만약 당신이 자신의 말을 지키는 사람이 되도록 배우지 않는다면, 당신의 믿음은 아무런 가치도 없을 것입니다. 왜냐하면, 당신을 위해 역사하는 믿음을 갖기 위해서는 당신의 심령을 믿는 것과 마찬가지로 당신의 말 또한 믿어야 하기 때문입니다. "내가 진실로 너희에게 이르노니 누구든지 이 산더러 들리어 바다에 던져지라 하며 그 말하는 것이 이루어질 줄 믿고 마음에 의심하지 아니하면 그대로 되리라"(막 11:23) 당신의 입에서 나오는 것이 바로 당신의 말입니다. 당신이 자신의 말을 지키는 사람이 아니라는 것을 알고 있다면, 당신 스스로 당신의 말이 이루어질 것을 결코 믿을 수 없게 될 것입니다!

나는 내 말을 반드시 지킬 것입니다. 내가 그렇게 하지 않으면, 내 영적인 삶 전체가 영향을 받게 될 것입니다. 나는 늘 진실을 말합니다. 누군가를 만나서 반갑지 않은데도, 만나서 반갑다고 말하지 않을 것입니다. 나는 내 양심에 어긋나지 않는 다른 표현 방식을 찾습니다. 나는 거짓말하지 않을 것입니다. 왜냐하면 그것이 내 믿음에 영향을 끼치기 때문입니다.

"그러나, 그건 그저 친절하게 대하는 것뿐이잖아요." 누군가 따지겠지요. 그것은 친절하게 대하는 것이 아닙니다. 그것은 마귀적인 것입니다.

 나는 내 말을 반드시 지키는 사람이다!

8월 9일

하나님을 바라며 기다리기

> 오직 여호와를 앙망하는 자는 새 힘을 얻으리니 독수리가 날개 치며 올라감 같을 것이요 달음박질하여도 곤비하지 아니하겠고 걸어가도 피곤하지 아니하리로다 (사 40:31)

양털을 내다 놓았던 단 한 번을 제외하고는 내가 교회나 사역에 있어서 어떤 결정을 할 때 실수를 한 적은 한 번도 없었습니다.

"무엇을 따라 갔습니까? 양털?"

아니요. 나는 내적 증거가 말하는 바를 따라 갔습니다. 필요하다면 얼마간 하나님 앞에서 기다리곤 했습니다. 필요하다면 밤새도록 기다리기도 했고, 하루나 이틀 정도 금식을 하기도 했습니다. 물론 금식이 하나님을 움직이는 것은 아닙니다. 그럴 수 없습니다.

하나님은 변하지 않으십니다. 그분은 내가 금식하기 전이나 금식하는 도중이나 금식한 후에도 여전히 동일하신 분입니다. 금식이 변화시키는 것은 '나' 입니다. 먹는데 사용하던 시간을 기도하며 하나님을 바라보며 기다리는데 쓰곤 했습니다. 말씀에 더 많은 시간을 들이곤 했습니다. 그러면 내 영의 사람은 더 우세하게 됩니다.

그러므로 나는 하나님께서 내게 원하시는 것을 내 속에서 알게 될 때까지 기다렸습니다. 다시는 속지 않았습니다.

고백 나의 영은 주님의 등불이다. 주님이 나를 인도하신다. 주님이 나를 밝히신다. 그분은 나의 영을 통해 나를 인도하신다. 그분은 무엇보다 먼저 내적 증거를 통해 인도하신다. 그분은 또한 작고 세미한 음성으로 인도하신다. 그분은 지금 인도하고 계신다. 그분은 지금 안내하고 계신다. 그분은 지금 지도하고 계신다. 나는 성령으로 인도받고, 성령으로 가르침을 받으며, 성령으로 안내된다.

8월 10일

내 심령이 말하는 것

네 하나님 여호와를 기억하라 그가 네게 재물 얻을 능력을 주셨음이라 (신 8:18)

내가 아는 한 사람은 동부 텍사스에 살고 있는데, 그 가족이 너무 가난해서 그가 열두 살이 되어서야 비로소 신발 한 켤레를 신을 수 있었습니다. 그는 초등학교 5학년까지밖에 교육을 받지 못했습니다. 그러나 그는 돈을 점점 불려 200만 달러를 벌었습니다. 그는 돈을 투자했던 것입니다.

그의 집에 자주 초대되었던 두 사람이 말하기를 그는 이렇게 말했다는 것입니다. "오랜 세월 투자를 해 오면서, 나는 동전 하나도 잃지 않았답니다."

여기 그가 투자한 방법이 있습니다. 그가 내 친구에게 말했습니다. "누군가 내게 어딘가에 투자를 하라고 제의를 하게 되면, 나는 먼저 지능적으로 반응을 하죠. 기도하기 위해 마련해 둔 큰 벽장이 있는데, 거기 들어가 그것을 놓고 기도한답니다. 나는 내 영이 말하는 것을 듣기 위해 충분히 기다립니다. 내 머리는 '거기 투자하는 것은 바보짓이야' 라고 말할지라도, 내 심령이 '투자하라' 고 하면, 나는 그렇게 합니다. 혹은 내 머리가 '이 주식에 투자하는 것이 좋겠다' 라고 할지라도 내 심령이 '거기에 하지마' 라고 하면, 나는 하지 않습니다. 나는 내 머리에 주의를 집중하지 않습니다. 나는 그냥 그 벽장 속에 들어가 기다립니다. 밤새도록 기다릴 때도 있습니다. 그리고 때로는 내 심령이 말하는 것을 듣기 위해서 조용히 기도하고 성경을 읽으면서 사흘 동안 벽장을 들락거린 적도 있답니다."

성령님은 내 인생의 모든 일에 나를 인도하신다. 그리고 나는 내 심령이 말하는 것을 듣는다!

8월 11일

선지자

그러나 그 날 후에 내가 이스라엘 집과 맺을 언약은 이러하니 곧 내가 나의 법을 그들의 속에 두며 그들의 마음에 기록하여 나는 그들의 하나님이 되고 그들은 내 백성이 될 것이라 여호와의 말씀이니라 (렘 31:33)

예수님께서 내게 나타나셔서 사람들에게 어떻게 성령으로 인도받는지를 가르치라고 말씀하셨습니다. "나는 사람들을 인도하라고 교회에 선지자들을 세우지 않았다. 신약 성경에는 '무릇 선지자로 인도함을 받는 사람은 곧 하나님의 아들이라' 고 되어 있지 않다."

예수님께서 말씀하셨습니다. "신약 시대의 믿는 자들은 선지자들을 통해 인도를 구하지 않는다. 구약과 신약의 선지자들은 어떤 면에서는 비슷하다. 둘 다 초자연 적으로 뭔가를 보기도하고 알기도 한다. 그러나 구약에서는 사람들이 그들 속에나 그들 위에 하나님의 영을 가지고 있지 않았다. 그들은 새로운 탄생에 대한 약속은 가지고 있었지만, 그 자체를 가지지는 못했다. 그래서 만약 그들이 성령으로 인도받고자 한다면, 그들은 성령으로 기름부음 받은 누군가를 찾아가야만 했다. 그러나 새로운 언약 아래에서 모든 믿는 자들은 하나님의 영을 가지고 있다. 그들은 인도를 받으려고 누군가를 찾아갈 필요가 없다. 이런 경우에 새로운 언약 아래 있는 선지자들의 사역은 그 사람이 이미 알고 있는 어떤 것을 확인해 주는 것이다."

그리고 예언이 만약 당신이 당신 영 안에 이미 가지고 있는 어떤 것을 확인해 주는 것이 아니라면, 그냥 잊어버리십시오!

 무릇 하나님의 영으로 인도받는 사람은 곧 하나님의 아들이다. 하나님은 나를 인도하신다!

8월 12일

하나님께로부터 태어난

하나님께로부터 난 자마다 죄를 짓지 아니하나니 이는 하나님의 씨가 그의 속에 거함이요 그도 범죄하지 못하는 것은 하나님께로부터 났음이라 (요일 3:9)

사람들은 때로는 내게 이렇게 물어봅니다. "뭔가를 하라고 하는 것이 내 자신의 영인지 아니면 성령님인지 어떻게 알 수가 있지요? 그렇게 원하는 것이 내 자신일 수도 있잖아요."

당신이 말하고 있는 "나"는 어떤 의미입니까? 만약 그것이 진짜 당신, 즉 하나님의 생명과 본성을 그 안에 가지고 있는, 그리고 성령님이 그 안에 거하고 계신, 새로운 피조물인 속사람이라면, 그것은 맞습니다. 만약 당신이 말하고 있는 "나"가 육체라면, 그것은 완전히 다른 문제입니다. 이 둘을 구별하는 법을 배우십시오.

그리스도인의 속사람은 잘못된 일을 하고 싶어 하지 않습니다. 속사람이 뭔가 잘못된 일을 원한다면, 그 사람은 거듭난 것이 아닙니다.

요한일서 3장 9절 때문에 고민하는 그리스도인들이 있습니다. 그들은 실수를 저질렀고 실패했습니다. 그들은 이렇게 생각합니다. '만일 내가 하나님께로부터 태어났다면, 성경대로라면 나는 죄를 짓지 않았을 거야.' 그러나 이 구절은 죄를 짓지 않는 속사람에 대하여 말씀하고 있습니다.

나도 잘못된 일들을 저질렀습니다. 그러나 내 속사람이 그렇게 한 것이 아닙니다. 사실, 내 속사람은 내가 그 일들을 저지를 때 내게 동의하지 않았습니다. 내가 그렇게 하지 못하도록 막으려고 했습니다. 육신적으로 우리는 인간의 부모로부터 태어났고, 그들의 본성을 부여받았습니다. 영적으로 우리는 하나님께로부터 태어났고, 그분의 본성을 부여받았습니다. 그리고 잘못을 저지르는 것은 하나님의 본성이 아닙니다. 그러므로 당신의 영이 당신의 육체를 지배하도록 하십시오.

 나는 하나님께로부터 태어났다. 나의 영은 하나님의 생명과 본성을 가졌고, 내 영이 원하는 것은 올바른 것이다.

8월 13일

세우며, 권면하며, 위로하는

그러나 예언하는 자는 사람에게 말하여 덕을 세우며 권면하며 위로하는 것이요 (고전 14:3)

아래의 말은 내가 성령으로 인도받는 것에 관하여 가르치던 한 세미나에서 받은 예언입니다.

안을 들여다보라. 네 영 안을 보라. 네 영은 주님의 촛불, 네 배 속의 모든 기관을 찾아 비치는 주님의 등불이기 때문이다. 그리고 너는 알게 될 것이고, 네가 알게 된 그 빛을 따라 걸어가게 될 것이다. 어느 누구도 너를 반대하지 못할 것은 네가 이렇게 말할 것이기 때문이다.

"내가 거하는 곳에 빛이 있다. 나는 성령님의 성전이다. 그분은 내 안에 거하신다. 그분은 나의 영을 밝히신다. 나는 내 영 가운데 있는 증거를 따라 살아간다. 나는 내가 내적 직감으로 알게 된 그것을 행한다. 나는 내 가장 깊은 속 안에 있는 직감을 따른다. 그래서 나는 성령님의 인도를 받는다. 나는 기뻐하며 즐거워한다. 나는 영원히 그분을 찬양하리라. 나는 내 안에 존재하는 그것을 바라본다. 내 안에 존재하는 그것은 하나님이 가지신, 그리고 그분의 본성이신 모든 잠재력이기 때문이다. 하나님 아버지 그분 자신의 속성이 내 영 가운데 있고, 그것은 잠재적으로 나의 것이다. 하나님께서 선포하셨다. '내가 그들 가운데 행하며, 그들 가운데 살 것이다. 나는 그들의 하나님이 되고 그들은 내 백성이 될 것이다.' 나의 하나님은 먼 곳에 계시지도 않고 다가갈 수도 만질 수도 없이 멀리 계신 것이 아니다. 나의 하나님은 보좌 높이 앉아만 계신 분도 아니고, 육신적으로 보이거나 만져지거나 하시는 분이 아니다. 나의 하나님은 사람의 속에 존재하시는 성령이시다!"

8월 14일

성령님의 음성

베드로가 그 환상에 대하여 생각할 때에 성령께서 그에게 말씀하시되 두 사람이 너를 찾으니 (행 10:19)

    하나님은 내적 증거를 통해 인도하십니다. 그분은 우리가 작고 세미한 음성이라고 부르는 우리 자신의 영의 음성을 통해 인도하십니다. 그리고 또한 우리에게 말씀하시는 하나님의 영의 음성으로도 우리를 인도하십니다. 이것은 작고 세미한 음성보다 더 권위가 있습니다. 이 음성이 들릴 때는, 정말 실제적이라 이 음성이 당신 속에서 들리는 소리임에도 불구하고 누가 말했는지 보려고 뒤를 돌아보게 됩니다! 몇 번인가 성령님의 음성을 들어본 경험이 있는데, 가까이 있던 다른 사람들은 들을 수 없었어도 내 귀에는 생생하게 들렸습니다. 어린 사무엘에게도 이 음성이 귀에 생생하게 들렸지만, 엘리 선지자에게는 들리지 않았습니다.

    어쨌든 이것은 하나님께서 인도하시는 보편적인 방법이 아닙니다. 오랫동안 사역을 해 오면서 귀에 들리는 음성처럼(적어도 나한테는 귀에 생생했습니다) 하나님께서 극적인 방법으로 말씀하실 때는 언제나 그 앞에 험난한 항해를 앞둔 경우들이었습니다. 만약 그렇게 극적으로 말씀하지 않으셨다면, 동요할 수밖에 없었을 것입니다.

    성경은 세상에 수많은 음성들이 있고 각각 나름대로 다들 중요해 보인다고 우리에게 말합니다. 어쨌든 이것은 음성들을 듣는 것의 문제가 아닙니다. 먼저 말씀에 비추어 점검하지 않고 아무거나 따라가지 않도록 주의하십시오. 뭔가 들으려고 기도하지 마십시오. 하나님께서 말씀하신다면, 좋습니다. 하나님께서 말씀하지 않으신다 해도, 우리는 그분의 말씀을 가지고 있고. 우리는 그 빛 가운데 행할 수 있습니다.

고백   나는 하나님의 말씀의 빛 가운데 행한다.

8월 15일

통찰

여러 날이 걸려 금식하는 절기가 이미 지났으므로 항해하기가 위태한지라 바울이 그들을 권하여 말하되 여러분이여 내가 보니 이번 항해가 하물과 배만 아니라 우리 생명에도 타격과 많은 손해를 끼치리라 하되 (행 27:9,10)

바울은 "내가 계시를 받았다"라거나 "주님께서 내게 말씀하셨다"라거나 "주님께서 내게 그것을 드러내셨다"라고 하지 않았습니다. 그는 "내가 보니 (perceive)"라고 했습니다. 이것은 단지 그가 가지고 있던 내적 증거입니다. 그는 영적으로 무언가를 알아차린 것입니다.

식구가 7명인 한 가족이 외식을 하러 갔습니다. 아이들의 음식이 식탁에 차려졌을 때, 갑자기 아버지가 말했습니다. "서둘러서 집으로 돌아가자. 내가 방금 우리가 가야 한다는 것을 알게 되었어." 그들이 도착했을 때, 집에 막 불이 붙기 시작하고 있었습니다. 그들은 그 불을 끌 수 있었습니다. 우리가 더 영적으로 민감하게 된다면, 많은 일들을 피할 수 있을 것입니다.

"그렇지만, 하나님께서 그렇게 하셨습니다. 하나님께서 어떤 목적을 가지고 계십니다." 사람들은 이렇게 말할 것입니다. 아닙니다. 우리가 듣지 않아서 놓치는 것입니다. 만약 선원들이 바울의 말을 들었다면, 그들은 배와 모든 물품들을 구할 수 있었습니다.

하나님은 인간의 적이 아닙니다. 그분은 우리를 도우려고 하십니다. 그분은 우리를 대적해서 일하고 계시지 않습니다. 그분은 우리를 위하여 일하고 계십니다.

고백 주님의 영이 나를 돕기 위해 내 안에 계신다. 그분은 나를 위해 일하고 계신다. 나는 그분의 인도와 그분의 도움을 영적으로 알아차린다. 나는 영적으로 민감하다.

8월 16일

인도하는 말씀

주의 말씀은 내 발에 등이요 내 길에 빛이니이다 (시 119:105)

성경이 어떻게 하라고 이미 말한 것에 관하여서는 다른 인도를 받으려고 하지 마십시오. 그냥 말씀대로 그렇게 행하십시오!

성경은 인생의 모든 상황에서 어떤 행동을 취해야 할 지 말씀하고 있습니다. 성경은 남편이 그 아내를 어떻게 대해야 할 지 말씀하고 있습니다.

성경은 아내가 그 남편을 어떻게 대해야 할 지 말씀하고 있습니다.

성경은 부모들이 그들의 자녀들을 어떻게 대해야 할 지 말씀하고 있습니다.

성경은 자녀들이 그들의 부모에게 어떻게 반응해야 할 지 말씀하고 있습니다.

성경은 우리 모두가 하나님의 사랑 안에서 행해야 한다고 말씀하고 있습니다.

하나님의 사랑은 그 자신의 것을 구하지 않습니다. 하나님의 사랑은 "내가" 얻을 수 있는 것이 아니라 "내가" 줄 수 있는 것을 찾는 것입니다.

우리는 하나님의 말씀을 가지고 있고, 그 빛 가운데 행할 수 있습니다. 나는 그분이 말씀하신 것을 따르는 것과 마찬가지로 그분이 말씀하지 않으시는 것에 관해서도 성령을 따라 행할 수 있습니다. 만일 그분이 아무 말씀 않으신다면, 나는 그저 내가 가던 방향으로 계속 갑니다. 나는 단지 내가 해 오던 것을 계속 합니다. 하나님께서 뭔가 바꾸실 때에는 내게 말씀하신다는 것을 나는 알고 있습니다. 만일 하나님께서 내게 새로운 지시를 하신다면, 나는 그것에 대해 염려하지 않습니다. 나는 아무것도 "구하지" 않습니다. 나는 계속해서 행합니다.

 주님의 말씀은 내 발의 등이요, 내 길의 빛입니다.

8월 17일

수호 천사

삼가 이 작은 자 중의 하나도 업신 여기지 말라 너희에게 말하노니 그들의 천사들이 하늘에서 하늘에 계신 내 아버지의 얼굴을 항상 뵈옵느니라 (마 18:10)

수년 전 나를 포함한 한 그룹의 사람들이 사도행전 13장 1,2절에 묘사된 대로 주를 섬겨 기도하고 있었습니다. 나는 무릎을 꿇고 있다가 일어나 막 접는 의자 근처 단 위에 걸터앉았습니다. 계속 방언으로 기도하고 있었는데, 갑자기 바로 내 앞에 예수님께서 서 계셨습니다! 그리고 예수님이 서 계신 곳 바로 뒤에, 정확히 표현하자면 우측으로 2피트, 뒤로 3피트 되는 지점에 커다란 천사가 서있었습니다! 그 천사는 키가 2.5미터 정도는 되어 보였습니다. 정말 큰 친구였습니다.

예수님은 몇 가지에 관하여 말씀하셨습니다(그때 말씀하신 것들은 모두 나중에 다 이루어졌습니다). 예수님께서 말씀을 다 끝내셨을 때, 나는 그분께 물었습니다. "저 친구는 누구입니까? 뭘 나타내는 것입니까?"

예수님께서 대답하셨습니다. "그는 너의 천사이다."

"제 천사요?"

"그래." 주님께서 말씀하셨습니다. "내가 이 땅에 있었을 때, 어린 아이들에 관해 말하면서 그들의 천사들이 아버지의 얼굴을 항상 뵙는다고 말한 것을 기억할 것이다. 네가 자란다고 해서 너의 천사를 잃는 것은 아니란다."

정말 안심되지 않습니까? 내가 어디를 가든지, 내 주위에 나를 따라다니는 그 큰 친구가 있으니까 말입니다!

고백 히브리서 1장 14절에 따르면 천사는 구원받은 상속자들을 위해 섬기라고 보내졌다. 나는 구원받은 상속자이다. 나의 천사는 나를 섬기라고 보내졌다.

8월 18일

천사의 인도

모든 천사들은 섬기는 영으로서 구원 받을 상속자들을 위하여 섬기라고 보내심이 아니냐 (히 1:14)

예수님께서 내게 말씀하시는 동안에도 나는 천사를 흘끗거리곤 했습니다. 내가 그를 쳐다보면 그는 뭔가를 말하려고 하는 듯 보였습니다.

예수님께서 말씀하셨습니다. "그는 네게 줄 메시지를 가지고 있다."

나는 예수님께 말씀드렸습니다. "지금까지 계속 말씀하고 계시지 않으셨습니까? 왜 직접 메시지를 전해주지 않으십니까? 게다가 말씀에 '무릇 하나님의 영으로 인도함을 받는 사람은 곧 하나님의 아들이라' 고 되어있습니다. 저는 성령님을 받았습니다. 왜 성령께서 제게 말씀하시지 않으십니까?"

예수님께서는 자비와 인내가 많으신 분입니다. "너는 말씀에 주의 천사가 빌립보고 가사로 내려가라고 말했던 것을 읽은 적이 없느냐? 천사가 고넬료에게 지시하지 않았느냐?" 그리고 주님께서는 신약에서 천사가 인도하는 장면들을 몇 가지 더 예를 들어 주셨습니다.

마침내 내가 말했습니다. "예, 그걸로 충분합니다. 그의 메시지를 듣겠습니다."

그 천사는 말하기 시작했습니다. "나는 전능하신 하나님의 존전에서 보내심을 받아 네게 말한다… (그리고 그는 내가 취해야 할 몇 가지 사항들을 지시했습니다). 너를 이 방향으로 나아가게 하기 위해 너는 12월 1일까지 [당시는 1963년이었습니다] 네 손에 4,000달러를 갖게 될 것이다. 그 돈이 들어오도록 나는 이미 내 천사를 보내놓았다."

약속된 그 날, 그가 말한 그대로 나는 정확히 4,000달러에서 한 푼도 틀리지 않은 돈은 갖게 되었습니다. 그것이 이 사역의 시작이었습니다.

 나는 구원받은 상속자이다. 나의 천사는 나를 섬기라고 보내졌다!

8월 19일

지키도록 책임을 진 천사들

그[하나님]가 너를 위하여 그의 천사들을 명령하사 네 모든 길에서 너를 지키게 하심이라 (시 91:11)

나는 한 오순절 개척 선교사가 이 경험을 나누는 것을 들은 적이 있습니다. 그가 사역하던 부족의 한 어린 소녀를 이웃 부족에서 납치한 사건이 일어났습니다. 그 소녀의 부족 사람들은 밤이 오기 전에 그녀를 구출하지 못하면 다시는 그 아이를 볼 수 없게 될 것을 알고 있었습니다.

그래서 그 선교사와 통역자는 정글을 가로질러 그 납치자들의 마을로 갔습니다. 그들은 장신구들을 가지고 가서 그녀를 돌려받기 위해 추장과 교섭을 했지만, 결국 밤이 되고 말았습니다. 밤에는 정글을 통과할 수 없기 때문에, 그들은 어쩔 수 없이 납치자들의 마을에 하루를 묵어야만 했습니다. 야자잎으로 만든 오두막의 바닥에 자다가 그들은 북 소리에 잠이 깼습니다. 통역자가 말하기를 이 북소리의 의미는 그들이 살해당할 것이라는 뜻이라고 말했습니다. 추장은 그들을 죽이고 장신구들과 소녀를 둘 다 갖기로 결정을 했던 것입니다. 그리고 그들은 적의를 품은 원주민들이 다가오는 소리를 들었습니다.

그 선교사와 통역자는 무릎을 꿇고 기도하며 하나님께 맡겼습니다. 그리고 그 선교사가 말했습니다. "그들을 기다리지 맙시다. 밖으로 나갑시다. 내가 먼저 나가겠어요."

그는 밖으로 나가 눈을 감고 기다렸습니다. 마치 영원 같은 시간이 흘렀습니다. 칼이 한 번 휘둘러지면 그의 목은 달아날 것이었습니다. 그러나 그 대신에 끙끙거리는 신음소리만 들려왔습니다. 그가 눈을 뜨고 보니, 모든 원주민들이 땅에 얼굴을 대고 엎드려 있었습니다.

"그들이 당신을 '신'이라고 부르고 있습니다." 통역자가 말했습니다. "그들이 말하기를 당신이 밖으로 나왔을 때, 흰 옷을 입은 두 명의 거인들이 그 손에 거대한 검을 들고 당신과 함께 나왔답니다."

고백 하나님은 그의 천사들에게 나의 모든 길에서 나를 보호하도록 명령하셨다.

8월 20일

안으로부터의 조언

사람의 마음에 있는 모략은 깊은 물 같으니라 그럴지라도 명철한 사람은 그것을 길어 내느니라 (잠 20:5)

하나님께서 환상이나 다른 초자연적인 나타남으로 인도하기도 하시지만, 나는 당신이 환상을 구하지 않도록 권면합니다.

환상이나 그와 유사한 경험들을 구하지 마십시오. 왜냐하면 그렇게 하다가는 말씀을 벗어나게 되고 그렇게 되면 마귀에게 속을 수 있기 때문입니다(고후 11:14).

때때로 우리는 좀 더 직접적인 인도를 더 좋아하기도 합니다. 그러나 늘 그렇게 인도받지는 않습니다. 그러므로 일어나지 않는 것을 지어내려고 하지 말아야 합니다. 믿는 자들에게 이런 일들을 구하라고 하거나 그들이 환상을 구했을 때라는 말은 성경 어디에도 없습니다. 사람들이 구하지 않았는데 그냥 환상을 보게 되는 것입니다.

당신이 가진 거라고는 내적 증거가 전부라고 해도 만족하도록 하십시오. 그 증거를 따라가는 것에 만족하도록 하십시오. 그러나 그 증거가 더욱더 실제적인 것이 되는 그 시점까지 당신의 영을 가르치고 훈련하고 개발하십시오.

그리고 만약 하나님께서 당신에게 초자연적인 방문이나 나타남을 주실 경우에는 그저 그 일로 인하여 감사하시기 바랍니다.

 나는 내적 증거가 더욱더 실제적인 것이 되도록 내 영을 가르치고 훈련하고 개발한다.

8월 21일

오직 위에만

여호와께서 너를 위하여 하늘의 아름다운 보고를 여시사 네 땅에 때를 따라 비를 내리시고 네 손으로 하는 모든 일에 복을 주시리니 네가 많은 민족에게 꾸어줄지라도 너는 꾸지 아니할 것이요 여호와께서 너를 머리가 되고 꼬리가 되지 않게 하시며 위에만 있고 아래에 있지 않게 하시리니… (신 28:12,13)

그리스도인들이 계속해서 실수를 저지르고 실패하는 이유는 그들을 인도해야 할 그들의 영이 말하자면 감옥에 갇혀있기 때문입니다. 우리의 교회들 안에서도 왕의 자리에 있는 것은 지성입니다.

자신의 영을 단절시켜 버리고 결코 귀 기울여 듣지 않는 사람은 어느 누구라도 그 인생 가운데 절뚝거릴 수밖에 없습니다. 그는 이기적이고 교활한 사람들의 손 쉬운 먹이가 됩니다.

그러나 자신의 영의 소리를 귀 기울여 듣는 사람은 정상에 오르게 됩니다.

1959년 내적 증거를 따르는 법을 배우기 시작하기 전에는, 재정적으로도 많은 대가를 치렀습니다. 재정적인 구렁텅이에서 벗어나기 위해서 많은 돈을 빌려야만 했습니다. 그러나 하나님께서는 내가 내적 증거를 따른다면 내가 돈을 가지고 사람들에게 빌려주게 될 거라고 말씀하셨습니다. 내가 그것을 따르기 시작했을 때, 나는 정상으로 올라가기 시작했습니다. 그리고 나는 지금도 계속해서 올라가고 있습니다.

 오늘의 성경 구절을 당신 자신의 고백으로 만들어서 고백하십시오.

8월 22일

영의 성장

이는 우리가 이제부터 어린 아이가 되지 아니하여 사람의 속임수와 간사한 유혹에 빠져 온갖 교훈의 풍조에 밀려 요동하지 않게 하려 함이라 오직 사랑 안에서 참된 것을 하여 범사에 그에게까지 자랄지라 그는 머리니 곧 그리스도라 (엡 4:14,15)

사람의 영이 주님의 등불이라는 것이 사실이라면, 그리고 하나님께서 우리의 영을 통해 밝히시고 인도하시는 것이 사실이라면, (물론 사실입니다) 우리의 그 부분은 성장할 필요가 있습니다. 사람의 영은 안전한 안내자가 되기 위해서 개발될 필요가 있습니다.

혼이 교육받는 것과 마찬가지로 당신의 영도 교육받고 훈련받을 수 있습니다. 그리고 당신의 몸이 강건하게 단련되는 것처럼, 당신의 영도 강건하게 세워질 수 있습니다.

내가 앞으로 며칠 동안 제시할 단계들을 잘 따르기만 한다면, 당신은 인생의 아주 세세한 부분까지도 즉시 안에서 언제나 "예" 또는 "아니오"의 응답을 얻을 수 있는 경지에 이르게 되도록 영을 훈련할 수 있다고 나는 확신합니다.

그래도 한 가지 명심할 것이 있습니다. 어느 날 초등학교에 입학하고, 그 다음날 고등학교를 졸업하는 사람은 없습니다. 당신의 지성을 개발하는 데에도 시간이 필요합니다. 당신의 영을 훈련하고 가르치고 개발하는 데에도 시간이 걸립니다.

 나는 내 영을 훈련하고 가르치고 개발하는 데 시간을 내겠다. 나의 영은 성장하고 있다!

8월 23일

말씀을 묵상하기

이 율법책을 네 입에서 떠나지 말게 하며 주야로 그것을 묵상하여 그 안에 기록된 대로 다 지켜 행하라 그리하면 네 길이 평탄하게(prosperous) 될 것이며 네가 형통하리라 (수 1:8)

어떻게 하면 당신의 영이 교육받고 훈련받을 수 있을까요? 네 단계가 있습니다. ⑴ 말씀을 묵상하기; ⑵ 말씀을 실천하기; ⑶ 말씀을 최우선에 두기; ⑷ 당신의 영에 순종하기. 앞으로 이 네 단계를 공부해 나아갈 것입니다.

하나님께서 여호수아에게 말씀하신 것은 모든 사람에게 역사합니다. 하나님께서 만약 여호수아가 번영(prosperous)하게 되는 것을 원하지 않으셨다면, 왜 하나님께서 그에게 번영하게 되는 법을 말씀하셨겠습니까? 하나님께서 만약 여호수아가 형통하게 되는 것을 원하지 않으셨다면, 왜 하나님께서 그에게 형통하게 되는 법을 말씀하셨겠습니까? 하나님은 여호수아가 번영하게 되고 형통하게 되는 것을 원하셨습니다. 그리고 당신도 또한 번영하게 되고 형통하게 되는 것을 하나님은 원하십니다. 더 나아가서 하나님은 오늘의 성경 구절을 통해 우리에게 지시하고 계십니다.

이 진리의 말씀을 신약의 언어로 바꾸어 표현한다면, 하나님께서는 단지 이렇게 말씀하신 것입니다. "하나님의 말씀[특별히 새 언약 또는 신약]을 네 입에서 떠나지 않게 하라. 그것을 밤낮으로 묵상하라 … 그리하면 네 길이 번영하게 될 것이며, 네 인생이 형통하게 될 것이다."

고백 하나님의 말씀은 내 입에서 떠나지 않을 것이다. 나는 그것을 밤낮으로 묵상할 것이다. 그러므로 나는 내 길이 번영하게 할 것이며, 내 인생이 형통하게 할 것이다!

8월 24일

주야로

복 있는 사람은 악인들의 꾀를 따르지 아니하며 죄인들의 길에 서지 아니하며 오만한 자들의 자리에 앉지 아니하고 오직 여호와의 율법을 즐거워하여 그의 율법을 주야로 묵상하는도다 (시 1:1,2)

만약 당신의 삶에서 뭔가 위대한 일을 하기 원한다면, 만약 당신의 삶에서 뭔가에 도달하기 원한다면, 하나님의 말씀을 묵상하는 시간을 가지십시오. 하루에 적어도 10분 내지 15분씩 시작하여 점점 늘려 가십시오.

오랫동안 나는 순회 사역을 하는 동안 하루에 두 번의 예배 시간을 가졌습니다. 그리고 현장에서 사역하던 초창기 때에는, 아침에는 가르치고, 오후 내내 큰 소리로 기도하고, 밤에는 설교하고 사역을 했습니다. 집회가 있는 동안에는 하루에 한 끼만 먹었기 때문에, 모든 육체의 에너지를 소모하고 쇠약해지곤 했습니다.

그러자 주님께서 내게 말씀하셨습니다. "밤 예배를 위해 하루 온 종일 기도하며 너 자신을 소모해버리지 말아라. 대신에 침대에 누워 묵상해라." 내가 그렇게 하기 시작했을 때, 나의 영적 성장은 어느 때보다 더 커졌습니다.

이것이 바로 하나님께서 약속하신 그것입니다. "그리하면 네 길이 평탄하게 될 것이며 네가 형통하리라"(수 1:8) 나는 사역에 있어서 풍성하고 크게 성공하기를 원합니다. 그러나 이 역사는 당신이 사역을 하고 있든, 소를 키우든, 자동차를 팔든, 어떤 경우에도 일어납니다.

 나는 매일 하나님의 말씀을 묵상하는 시간을 갖는다!

8월 25일

나의 묵상

내가 주의 법을 어찌 그리 사랑하는지요 내가 그것을 종일 작은 소리로 읊조리나이다 (시 119:97)

한 목사님이 그가 교회를 부흥시키려고 어떻게 노력했는지 내게 말한 적이 있습니다. 사역을 잘 하는 목사님의 소식을 들으면 그를 방문해서 그가 어떤 프로그램을 하고 있는지 보았습니다. 그리고 그 사람의 프로그램을 자신의 교회에 적용시키려고 애를 썼습니다. 그러나 한 번도 성공한 적이 없었습니다. 그는 이런 식으로 전국 곳곳을 돌아다녔습니다.

그러다가 그 목사님은 내가 가르치는 것을 듣고 말씀을 묵상해야겠다고 결심했습니다. 그래서 그는 말씀을 묵상하기 위해서 매일 아침 시간을 조금 내기 시작했습니다. 그의 말에 따르면 말씀을 묵상한지 30일이 지난 어느 주일, 엄청난 응답이 쏟아지게 되었습니다. 지난 2,3년 동안 구원받은 사람들보다 더 많은 사람들이 구원을 받았습니다. 교회에 부흥이 임했습니다. 그는 성공적인 목회를 하게 되었습니다.

이 목사님의 삶이 바로 사역이었습니다. 그곳이 바로 그가 성공을 거둬야 하는 곳이었습니다. 당신 인생의 부르심은 아마 다를 것입니다. 그러나 당신도 역시 그 길에 번영하게 되고, 큰 성공을 거둘 수 있다는 것은 명확한 진리입니다. 말씀을 묵상하는 시간을 가지십시오. 다른 것들로부터 스스로를 차단하고 당신의 영에 집중하십시오. 세상을 차단하십시오.

고백 나는 하나님의 말씀을 묵상할 것이다. 나는 그 말씀이 가르치는 바를 지켜 행할 것이다. 나의 길은 번영하게 될 것이다. 나는 인생에 큰 성공을 누릴 것이다. 내 삶에 벌어지는 일들을 지혜롭게 다루는 법을 알게 될 것이다. 왜냐하면 하나님의 말씀이 그렇게 말하고 있기 때문이다.

8월 26일

말씀을 실천하기

너희는 말씀을 행하는 자가 되고 듣기만 하여 자신을 속이는 자가 되지 말라 (약 1:22)

당신의 영은 네 가지를 통하여 개발될 수 있습니다. 한 가지는 이미 살펴보았습니다. 묵상하기. 이제 두 번째를 보겠습니다. 말씀을 실천하기. 말씀을 실천한다는 것은 말씀을 행하는 자가 되는 것을 의미합니다.

말씀을 말하는 자가 있습니다. 그리고 말씀에 대해 기뻐하는 자도 있습니다. 그러나 말씀을 행하는 자는 그리 많지 않습니다.

말씀을 행하는 자가 되는 훈련을 시작하십시오. 어떤 상황에서도 하나님의 말씀에 당신에게 하라고 한 그것을 행하십시오.

어떤 사람들은 말씀을 행하는 자가 되는 것은 단지 십계명을 지키기만 하면 된다고 생각합니다. 아닙니다. 그것은 야고보서 1장 22절이 의미하는 바가 아닙니다. 무엇보다 새로운 언약 아래에서 우리는 오직 한 가지 계명, 즉 사랑의 계명만을 가지고 있습니다. 당신이 누군가를 사랑한다면, 당신은 그에게서 아무것도 훔치지 않을 것입니다. 바울은 사랑이 율법을 완성한다고 했습니다. 당신이 사랑 안에서 살아간다면, 당신은 죄를 안 짓도록 하기 위해 주어진 어떤 율법도 어기지 않을 것입니다. 그러므로 당신이 말씀을 행하는 사람이라면, 당신은 사랑 안에 살아갈 것입니다.

그러나 새 언약의 그리스도인에게 있어서 말씀을 행하는 사람이 된다는 것은 무엇보다도 서신서에 기록된 것들을 행한다는 의미입니다. 서신서는 교회를 향해 쓴 편지들입니다. 그것은 우리에게 속한 것이며, 우리는 그것을 행해야 합니다.

고백 나는 말씀을 듣기만 하는 자가 아니라 말씀을 행하는 자이다!

8월 27일

불안을 거절하기

아무 것도 염려하지 말고 오직 모든 일에 기도와 간구로, 너희 구할 것을 감사함으로 하나님께 아뢰라 (빌 4:6)

확대번역 성경을 보면 이 구절은 이렇게 시작합니다. "아무것에도 불안해하거나 염려하지 말고…"

그리스도인들은 보통 이 구절의 부분만 실천합니다. 기도하라고 하는 부분 말입니다. 그러나 우리가 그 부분만 실천하고 염려하지 말라고 한 부분은 실천하지 않는다면, 우리는 말씀을 실천하고 있는 것이 아닙니다. 말씀을 행하는 자가 되고 있는 것이 아닙니다.

먼저 하나님의 말씀은 "불안해하지 말라"고 하십니다. 당신이 불안해하고 염려한다면 그것은 당신이 구하는 것에 아무런 유익이 되지 않을 것입니다. 당신의 기도는 역사하지 않을 것입니다.

나는 수년 전 한 사람과 그의 아내, 그리고 장성한 아들에 관한 이야기를 읽은 적이 있습니다. 그들은 모두 들판에서 목화를 따고 있었습니다. 그 아들은 약간 모자란 친구였습니다. 폭풍 구름이 밀려오고 천둥이 치기 시작했습니다. 그러나 이 노인은 끝까지 괭이질을 마치고 싶었습니다. 번개가 치기 시작하고 점점 심해졌습니다. 그 가족은 피난처로 달리기 시작했습니다. 아무래도 성공할 수 없을 것 같아지자, 그 부모는 무릎을 꿇고 기도하기 시작했습니다. "엄마, 아빠, 제발요." 그 소년이 소리쳤습니다. "겁에 질린 기도는 아무 쓸모가 없다니까요."

많은 진리가 이 이야기 안에 있습니다. 하나님의 영이 바울을 통해 말씀하려고 하는 것이 바로 이것입니다. 그러므로 당신이 기도할 때, "아무것도 염려하지 마십시오."

고백 나는 아무것도 불안해하거나 염려하지 않는다.

8월 28일

빌립보서 4장 6절 행하기

아무것도 불안해하거나 염려하지 말고 모든 상황과 모든 일에 기도와 간구(명확한 요청)로 감사드리며 네가 원하는 것을 지속적으로 하나님께 알려드려라 (빌 4:6 확대번역)

한 번은 어떤 목사님이 조언을 구하러 나를 찾아왔습니다. 그의 인생에 수많은 폭풍들이 있었고 나는 그에게 측은한 마음이 들었습니다. 그는 먹지도 못하고 잠도 못자는 상태였습니다.

단지 동정하는 것만으로는 충분하지 않았습니다. 그래서 나는 빌립보서 4:6을 읽어줄 수밖에 없었습니다. "그러나 당신과 같은 믿음을 가진 사람은 아무도 없어요." 그가 내게 말했습니다. "그래요. 그러나 모두 같은 성경을 가지고 있지요." 내가 대답했습니다. "문제는 말씀을 실천하느냐는 것입니다."

나는 어떻게 말씀을 실천하는지를 그에게 보여줬습니다. 나는 성경의 한 구절을 소리 내어 읽고 주님께 말씀 드렸습니다. "주님의 말씀은 진리입니다. 나는 그것을 믿습니다." 내가 처음으로 이 구절을 실천할 때에는 내가 구하는 것을 하나님께 아뢰는 것은 할 수 있다고 믿었지만, 내가 불안해하지 않을 수 있다고 믿는 것은 참 어려웠습니다. 그렇지만 하나님께서 우리가 할 수 없는 것을 하라고 시키지는 않으실 것입니다. 그러므로 하나님께서 우리에게 불안해하지 말라고 하셨다면, 우리는 불안해하지 않을 수 있다는 뜻입니다.

그래서 나는 소리 내어 말했습니다. "나는 어떤 것에도 불안해하거나 염려하는 것을 거절한다." 그리고 나는 내가 구하는 것을 주님께 알려드리고 그것으로 인해 그분께 감사드렸습니다. 마귀는 내 영을 불안한 상태로 만들려고 하지만 이렇게 하면 잠잠하게 됩니다. 마귀가 다시 나를 걱정하게 만들려고 한다면, 나는 그저 다시 돌아가서 이 구절을 다시 읽고 계속 내 것으로 주장합니다.

 나는 빌립보서 4장 6절을 행하는 자이다!

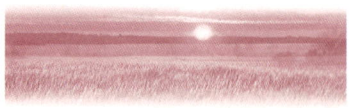

8월 29일

빌립보서 4장 7, 8절 행하기

그리하면 모든 지각에 뛰어난 하나님의 평강이 그리스도 예수 안에서 너희 마음(hearts)과 생각을 지키시리라 끝으로 형제들아 무엇에든지 참되며 무엇에든지 경건하며 무엇에든지 옳으며 무엇에든지 정결하며 무엇에든지 사랑 받을 만하며 무엇에든지 칭찬 받을 만하며 무슨 덕이 있든지 무슨 기림이 있든지 이것들을 생각하라 (빌 4:7,8)

   많은 사람들이 7절에서 말하는 것은 원하면서도, 그것을 얻기 위해 6절에서 말하고 있는 것은 하려고 하지 않습니다. 7절에서 말하는 것을 얻기 위해서는 우리가 어제 본 6절을 행해야 합니다.
   걱정하고 불안해하는 사람들은 계속 삶의 잘못된 면을 생각합니다. 그들은 계속 불신앙을 말합니다. 참되고 경건하고 옳으며 정결하고 사랑 받을 만하고 칭찬 받을 만한 것이 아닌 뭔가가 있다면, 그런 것은 생각하지 마십시오. 이런 조건을 만족시키도록 하십시오. 당신이 듣는 어떤 것들은 참될지는 모르지만, 정결하거나 사랑 받을 만하지 않을 수도 있습니다. 그렇다면 그것을 생각하지 마십시오. 그렇게 하는 것은 당신의 생각 속에 늘 들어올 길을 찾고 있는 마귀에게 자리를 마련해 주는 것입니다. 성경이 "이것들을 생각하라"고 한 것은 바로 이 때문입니다.
   교회를 향한 편지들을 묵상하고 그것을 양식으로 삼으십시오. 그 편지들을 통해 하나님께서 교회에게 말씀하십니다.

   고백 나는 아무것에도 불안해하거나 염려하지 않는다. 그러므로 하나님의 평강이 그리스도 예수를 통하여 내 마음(heart)과 생각을 지키신다. 나는 참되고 경건하며 옳고 정결하며 사랑받을 만하며 칭찬 받을 만한 것들을 생각한다.

8월 30일

말씀을 최우선에 두기

주의 증거들은 나의 즐거움이요 나의 충고자니이다 (시 119:24)

위기나 시험의 때가 오면 너무나 많은 그리스도인들이 이렇게 말합니다. "우리는 이제 어떻게 하지요?"

인생의 위기는 누구에게나 찾아옵니다. 그러나 당신이 말씀에 초점을 맞추고 있다면, 당신이 가장 먼저 생각하는 것은 "말씀은 이 문제에 대해 뭐라고 말하고 있나?"일 것입니다.

거의 12년 동안 목회를 해 보니 가정과 마찬가지로 교회들도 문제를 가지고 있다는 것을 발견했습니다. 교육 문제, 재정적인 문제 등을 가지고 있습니다.

나는 사람들과 교회의 문제로 의논해 본 적이 없습니다. 문제에 관하여 더 많이 말하면 말할수록, 문제는 더 커 보이기 때문입니다. 그러면 누군가 한 사람이 나를 쳐다보며 말하곤 했습니다. "오, 해긴 목사님, 도대체 어쩌면 좋아요?"

나는 미소 지으며 말하곤 했습니다. "우리는 성경이 진리인 것같이 행동할 것입니다!"

이 짧은 말 한마디가 그 집사님으로 안도의 한숨을 쉬게 해주곤 했습니다. "그것은 진리입니다. 안 그래요?" 그들은 이렇게 말하곤 했습니다. "확실히 그렇죠." 내가 말하곤 했습니다.

우리가 성경이 진리인 것같이 행동할 때, 일들이 정리가 되는 것을 보면 정말 놀라울 따름입니다!

 주님의 증거는 나의 조언자입니다. 나는 그것들을 최우선에 둔다. 하나님의 말씀을 최우선에 둔다. 나는 말씀이 그런 것처럼 행동한다.

8월 31일

자신의 영에게 순종하기

모든 성경은 하나님의 감동으로 된 것으로 교훈과 책망과 바르게 함과 의로 교육하기에 유익하니 이는 하나님의 사람으로 온전하게 하며 모든 선한 일을 행할 능력을 갖추게 하려 함이라 (딤후 3:16,17)

말씀을 묵상하기, 말씀을 실천하기, 말씀을 최우선에 두기, 인간의 영을 훈련하는 처음 이 세 가지 단계들이 자신의 영에게 순종하기 보다 더 앞에 나온다는 것에 주목하여 보았습니까?

만약 당신의 영이 말씀을 묵상하거나 말씀을 실천하거나 말씀을 최우선에 두는 특권을 가졌다면, 당신의 영은 권위 있는 안내자입니다.

만약 당신이 우리가 방금 공부한 이 네 단계를 잘 따른다면, 시간이 흘러감에 따라 당신 삶의 아주 세세한 부분에서도 하나님의 뜻을 알 수 있게 될 것입니다.

그러나 이런 일이 일어나게 하기 위해서는 인간의 이성이 아니라 하나님의 말씀이 당신의 생각을 지배해야만합니다. 말씀은 성령님에 의해서 우리에게 주어졌습니다. 만약 말씀이 우리를 지배하고 있다면, 성령님은 우리의 생각을 지배하고 계신 것입니다!

기록된 말씀은 우리 영의 본성을 개발하고, 다듬고, 모양을 갖추어 가장 적합하도록 하기 위해서 우리에게 주어졌습니다. 다른 어떤 것도 말씀을 대신하지 못합니다. 단지 말씀에 관한 것을 읽는 것만으로는 부족합니다. 그렇기 때문에 하나님께서는 우리에게 그분의 말씀을 묵상하기 원하시는 것입니다.

 하나님의 말씀은 좋다. 나는 하나님의 말씀을 묵상한다. 나는 그분의 말씀이 가르치는 바를 지켜 행한다. 나의 길은 번영하게 될 것이다. 나는 내 삶에 큰 성공을 갖게 될 것이다.

9월 1일

살아있는

하나님의 말씀은 살아 있고 활력이 있어 좌우에 날선 어떤 검보다도 예리하여 혼과 영과 및 관절과 골수를 찔러 쪼개기까지 하며 또 마음의 생각과 뜻을 판단하나니 (히 4:12)

믿음 안에서 강해지기 위하여, 당신은 가장 먼저 하나님의 말씀은 완전무결하다는 것을 인정해야 합니다.

당신은 성경이 스스로를 가리켜 밝히 말하고 있는 바로 그것, 즉 하나님께서 우리에게 주시는 계시인 하나님의 말씀이라는 것을 알아야만 합니다. 하나님께서 지금 우리에게 말씀하고 계신 것입니다! 성경은 과거나 미래에 관한 책일 뿐만 아니라, 바로 지금을 위한 책입니다. 그것은 하나님께서 숨을 불어넣으셨고, 하나님께서 거하시며, 하나님께서 영감을 주신 메시지입니다. 모팻 번역본의 히브리서 4장 12절은 다음과 같습니다. "왜냐하면 하나님의 말씀(logos)은 살아 있는 것이기 때문에…" 살아있습니다! 생동합니다! 생기 있습니다! 그러나 오직 당신이 받아들이고 그대로 행할 때에만 그것은 실제로 역사할 것입니다.

나는 항상 하나님의 말씀에 순종하는 태도를 유지하며, 그것을 따라 행해왔습니다. 말씀은 주 예수 그리스도께서 지금 이 자리에서 직접 나에게 말하시는 것과 같습니다.

고백 하나님의 말씀은 살아있다. 그것은 내 안에 살아있다. 하나님은 말씀을 통하여 내게 말하신다. 하나님은 말씀을 통하여 내게 계시를 주신다. 나는 그 말씀을 주 예수 그리스도께서 지금 이 자리에서 내게 직접 말하시는 것처럼 받아들인다. 그리고 나는 그대로 행한다.

9월 2일

해결되다

어떤 자들이 믿지 아니하였으면 어찌하리요 그 믿지 아니함이 하나님의 미쁘심을 폐하겠느냐 그럴 수 없느니라 사람은 다 거짓되되 오직 하나님은 참되시다 할지어다 기록된 바 주께서 주의 말씀에 의롭다 함을 얻으시고 판단 받으실 때에 이기려 하심이라 함과 같으니라 (롬 3:3,4)

믿음의 튼튼한 기초를 세우기 위해서, 나는 당신이 아래의 표어를 받아들일 것을 제안합니다. 이것들은 내가 수년전 성경 속지에 빨간 펜으로 적어둔 것입니다.

성경은 그렇게 말한다. 나는 그렇게 믿는다. 그것으로 해결되었다.

항상 이 두 가지를 행할 것을 결단하십시오. (1) 하나님의 말씀을 그대로 받아들이고, (2) 말씀이 말하는 바의 빛 가운데로 걸으십시오. 어떤 것도 해명하거나 변명하려고 하지 마십시오. 당신이 믿고 싶은 대로 말씀을 읽어내려고 하지 마십시오. 말씀을 공부하십시오. 그리고 기록된 그대로 받아들이십시오.

내가 자라난 교단에서는 믿음이나 치유에 대해 가르치지 않았습니다. 나는 십대시절 16개월 동안 병상에 누워있었고, 5명의 의사가 내게 사망선고를 내렸습니다. 그러나 나는 하나님의 말씀으로 돌아섰고, 말씀을 공부하면 할수록, 그 말씀이 진짜라는 것을 깨닫게 되었습니다. 나는 선포했습니다, "나는 교회의 가르침과 상관없이, 말씀이 말하는 바의 빛 가운데로 걸을 것이다. 왜냐하면 이 말씀은 하나님께서 오늘 내게 하시는 말씀이기 때문이다." 내가 그 문제를 내 마음 속에서 해결했을 때, 나는 싸움에서 60퍼센트는 이미 승리했던 것입니다. 나는 신유에 이르는 길로 들어섰던 것입니다.

고백 하나님의 말씀은 진짜다. 나는 하나님을 믿는다. 나는 말씀이 말하는 바의 빛 가운데로 걷는다. 왜냐하면, 하나님의 말씀은 하나님께서 오늘날 내게 하시는 말씀이기 때문이다.

9월 3일

실행

여호와께서 내게 이르시되 … 이는 내가 내 말을 지켜 그대로 이루려 함이라 하시니라 (렘 1:12)

대개 당신은 당신의 고용주에게 신뢰감을 가지고 있을 것입니다. 당신은 그의 말을 믿고, 그 말대로 행합니다. 만약 그가 급여인상을 약속한다면, 당신은 그가 그렇게 해줄 것을 의심하지 않을 것입니다.

마찬가지로, 당신과 당신의 말은 하나입니다. 당신이 한 말과 약속은 당신으로부터 나온 것입니다. 만약 당신이 나쁜 말을 한다면, 당신은 나쁜 사람입니다.

그러나 하나님의 말씀은 사람의 말보다 믿음직스럽습니다. 하나님의 말씀과 하나님은 하나입니다. 만약 하나님의 말씀이 나쁘고 믿을 수 없다면, 하나님 또한 나쁘고 믿을 수 없는 분일 것입니다.

그러나 그분은 믿음직한 분입니다! 하나님께서는 그분의 말씀을 뒷받침 하고 계십니다! 하나님께서는 그분의 모든 약속의 말씀들을 뒷받침 하고 계십니다!

당신은 하나님의 말씀을 통하여 예수님을 알게 되고, 예수님은 당신을 하나님 아버지께 소개합니다. 그러면 당신은 하나님의 말씀대로 행하기 시작해야 합니다. 직접 시험해보십시오. 마치 당신이 상사의 말대로 행하는 것처럼, 하나님께서 성경에 말씀하신 대로 행하면 그것은 당연한 현실로 나타나게 됩니다.

 나는 하나님을 믿는다. 나는 그의 말씀대로 행한다. 그러면 하나님은 그의 말씀을 지켜 내 삶에 그대로 이루신다.

9월 4일

말씀

그러므로 믿음은 들음에서 나며 들음은 그리스도의 말씀으로 말미암았느니라 (롬 10:17)

"나는 믿음이 하나도 없습니다." 어떤 그리스도인들은 말합니다. "나는 믿음을 구하면서 기도하고, 금식도 했습니다. 그러나 조금도 생기질 않습니다."

믿음을 구하는 것으로는 결코 믿음이 생기지 않습니다. 왜 그럴까요? 왜냐하면 믿음은 '구함'에서 오는 것이 아니기 때문입니다. 믿음은 '들음'에서 납니다. 무엇을 듣는 것입니까? 바로 '하나님의 말씀' 입니다!

그리스도인들이 믿음을 갖도록 독려해야 한다는 것은, 그들의 삶에서 하나님의 말씀이 실재하지 않는다는 것을 뜻합니다. 신약의 어떠한 서신서에도 신자들이 믿음을 갖도록 독려하지 않습니다. 왜 그럴까요? 왜냐하면 서신서가 '교회'를 향해 쓰여진 것이기 때문입니다. 그리고 교회는 사실상 하나님의 가족으로 거듭난 사람들로 이루어진 곳입니다. 거듭난 신자들은 성령님을 선생님인 동시에 안내자이자 위로자로 받아들입니다. 그들의 믿음의 분량은 곧 하나님 아버지와 그 안에서 자신의 특권을 아는 지식의 분량이 될 것입니다.

성경을 공부하고 당신의 하늘 아버지에 대해 알아 가십시오. 그와 할 수 있는 대로 가장 친밀한 교제 가운데 동행하십시오. 그의 자녀 된 특권에 익숙해지십시오.

당신이 말씀과 하나가 될 때, 말씀도 당신과 하나가 되고, 당신은 강력한 믿음의 사람이 될 것입니다.

고백 내가 하나님의 말씀을 공부할 때, 나는 그 말씀과 하나가 된다. 나는 그 말씀으로 양육된다. 나는 그 말씀을 듣는다. 그러면 내 안에 믿음이 생긴다.

9월 5일

증거

> 만일 우리가 사람들의 증언을 받을진대 하나님의 증거는 더욱 크도다 … 또 증거는 이것이니 하나님이 우리에게 영생을 주신 것과 이 생명이 그의 아들 안에 있는 그것이니라 아들이 있는 자에게는 생명이 있고… (요일 5:9,11,12)

만약 믿음이 스스로를 설명한다면, '말씀이 말하는 모든 것'이라고 할 것입니다. 왜냐하면 하나님을 믿는 것은 곧 그의 말씀을 믿는 것이기 때문입니다.

이러한 결단을 가지고 하나님의 말씀을 공부하십시오. "나는 하나님께서 말씀하시는 것을 알아내고 그것에 동의할 것이다." 만약 당신이 말씀에 대항하는 편에 선다면, 하나님은 당신을 위해 역사하실 수 없습니다. 이는 "종교적인" 사고방식을 버리는 것을 의미합니다. 우리는 너무나 많이 성경적인 가르침 대신에 종교적으로 세뇌당해 왔습니다.

다음의 것들에 관하여 하나님이 말씀하시는 바를 성경구절 속에서 찾아보십시오. (1) 하나님께서 그의 속량의 계획안에서 우리로 하여금 무엇을 가능하도록 하셨는지, (2) 하나님 아버지께서 내게 어떤 분이신지, (3) 예수님께서 지금 하나님의 보좌 우편에서 나를 위해 무엇을 하고 계시는지, (4) 성령님께서 내 안에서 무엇을 하고 계시는지.

그리고 다음 것들에 관해 하나님께서 생각하시는 바를 말씀에서 찾아내십시오. (1) 하나님께서 당신이 그리스도 안에서 어떤 존재라고 말씀하시는지, (2) 그리스도 안에서 당신이 누구인지, (3) 그리스도 안에서 당신이 무엇을 소유하고 있는지.

비록 당신의 삶에서 실재하지 않는 것 같아도, 고백을 시작하십시오. "그래, 이 말씀에 의하면, 그건 내 꺼야." 그러면 당신은 믿음의 고백이 실재를 창조해내는 것을 보게 될 것입니다.

고백 나는 하나님의 증거인 말씀에 전적으로 동의한다. 나는 하나님이 말씀하시는 바로 그 사람이다. 나는 하나님께서 내가 가졌다고 말씀하시는 그것을 가졌다.

9월 6일

속량

> 우리는 그리스도 안에서 … 그의 피로 말미암아 속량 곧 죄 사함을 받았느니라 (엡 1:7)

웹스터 사전은 "속량하다(redeem)"라는 단어를 이렇게 정의합니다. ⑴ 되사다; ⑵ 값을 치름으로 속박으로부터 자유케하다.

믿음의 높은 경지에 이르기 위해, 당신은 교리나 철학이나 종교적 신념이 아니라, 사탄의 권세로부터의 실제적인 해방인, 그리스도 안에서 당신의 속량의 실체를 알아야 합니다.

아담이 타락했을 때, 인류는 사탄의 포로가 되었습니다.

그러나 하나님은 계획을 가지고 계셨습니다. 바로 위대한 속량의 계획입니다! 그리고 그분은 그 계획을 완성하기 위해 주 예수 그리스도를 보내셨습니다. (웹스터 사전은 "완성하다(consummate)"라는 단어를 "세부적인 것들까지 모두 완벽하게 마치다"라고 정의합니다.)

지금 하나님의 말씀은 우리에게 말하고 있습니다. "우리가 그리스도 안에서 구속을 받았으니…" 우리의 노력 없이도 속량 받았음이 얼마나 감사한지요! 우리는 이미 속량 받았습니다! 우리는 어둠의 권세, 즉 사탄의 지배로부터 바로 지금, 속량 받고 구원 받았습니다!

고백 나는 속량 받았다! 그리스도 안에서 나는 구속을 얻었다! 그의 피를 통하여 나는 구원을 얻었다! 내가 애쓰지 않아도, 구원은 내 것이다! 나는 지금 그것을 가졌다! 예수께서 자신의 생명을 볼모로 나를 회복시키셨다!

9월 7일

옮기셨으니

우리로 하여금 빛 가운데서 성도의 기업의 부분을 얻기에 합당하게 하신 아버지께 감사하게 하시기를 원하노라 그가 우리를 흑암의 권세에서 건져 내사 그의 사랑의 아들의 나라로 옮기셨으니 그 아들 안에서 우리가 속량 곧 죄 사함을 얻었도다 (골 1:12-14)

흑암(darkness)은 사탄의 왕국입니다. 그리고 오늘 본문 말씀에서 "흑암"이란 사탄 그 자체입니다.

빛은 하나님의 왕국입니다.

새로운 탄생으로 인해, 당신은 어둠의 왕국으로부터, 하나님의 사랑의 아들의 나라, 즉 하나님의 왕국이자 빛의 왕국으로 옮겨졌습니다.

우리 하늘 아버지께서는 그의 자녀를 상속, 즉 "빛 가운데 있는 성도의 기업"에 참여하기에 적합하도록(혹은 합당하도록) 만드셨습니다! 하나님이 당신을 사탄의 흑암의 권세로부터 구원하시고 이제는 그의 사랑의 아들의 나라로 당신을 옮기신 것은 당신이 물려받은 상속 중 일부입니다!

하나님은 당신을 합당하게 하셨습니다… 당신을 구원하셨습니다… 당신을 옮기셨습니다. 하나님께 감사드립시다. 지금 바로 당신은 당신의 상속에 참여할 수 있습니다. 이 사실을 먼 미래의 일로 미루지 마십시오.

고백 아버지, 감사합니다. 당신은 내가 나의 상속에 지금 참여할 수 있도록 하셨습니다. 나는 속량 받았습니다. 나는 이제 사탄의 권세로부터 벗어났습니다. 나는 당신의 사랑의 아들의 나라로 옮겨졌습니다. 나는 빛의 왕국의 시민입니다. 나는 빛 가운데 삽니다. 나는 빛 가운데 걸어갑니다. 나는 빛의 성도입니다!

9월 8일

승리자

또 여러 형제가 어린 양의 피와 자기의 증거하는 말을 인하여 저를 이기었으니… (계 12:11)

　사탄은 이 세상의 신입니다(고후 4:4). 그렇기 때문에, 그는 당신의 삶에서 권력을 행사하려고 할 것입니다. 당신을 지배하려고 할 것입니다. 그는 당신이 속량의 권리를 누리지 못하도록 할 것입니다.

　그러나 당신이 어디에서 어떤 시험을 통하여 사탄을 만나든지, 그때마다 당신은 사탄을 이길 수 있습니다. 당신은 어린양의 피와 당신의 증거하는 말을 인하여 사탄을 이길 수 있습니다!

　당신은 단지 어린 양의 피가 당신에게 이룬 일, 즉 '흑암(사탄)의 권세(능력)로부터의 구원과 (새로운 탄생에 의한) 빛의 왕국으로 옮긴 것'을 알기만 하면 됩니다. 그리고 당신은 당신의 증거하는 말을 그 지식 위에 더해야 합니다.

　물러서지 마십시오. 어린 양의 보혈이 이룬 것을 고백하십시오. 보혈의 능력으로 인해, 하나님께 감사드리십시오! 그러나 그 능력은 저절로 역사하지는 않습니다. 당신은 그것에 당신의 증거하는 말을 더해야만 합니다.

 나는 승리자이다. 나는 모든 대결에서 사탄을 이긴다. 그는 절대로 나를 이길 수 없다. 나는 어린 양의 피와 나의 증거하는 말로 인해 승리한다.

9월 9일

통치

… [하나님께서 그리스도를] 죽은 자들 가운데서 다시 살리시고 하늘에서 자기의 오른편에 앉히사 모든 통치와 권세와 능력과 주권과 이 세상뿐 아니라 오는 세상에 일컫는 모든 이름 위에 뛰어나게 하시고 또 만물을 그의 발 아래에 복종하게 하시고 그를 만물 위에 교회의 머리로 삼으셨느니라 교회는 그의 몸이니 만물 안에서 만물을 충만하게 하시는 이의 충만함이니라 (엡 1:20-23)

우리가 일단 예수 그리스도 안에서 새로운 피조물이 되면, 우리에 대한 사탄의 지배는 끝납니다.

예수님은 주님이시며 새로운 몸, 즉 교회의 머리가 되십니다.

우리는 몸입니다. 그리스도는 그 머리이십니다. 교회는 몸입니다. 그리스도는 그 머리가 되십니다.

신자들 – 모든 거듭난 사람들 – 은 모두 예수 그리스도 안에서 새로운 피조물입니다. 그리고 우리 각 개인 역시 새로운 피조물입니다. 왜냐하면, 우리 모두는 그 몸의 지체이기 때문입니다.

사탄은 그리스도의 몸을 다스릴 어떠한 권리도 없습니다. 그리고 그에게는 우리 각 개인을 다스릴 권리 또한 없습니다.

그리스도는 그 몸의 머리이십니다. 그분이 그리스도의 몸을 다스리고 통치하실 유일한 분이십니다. 사탄은 우리의 영, 우리의 혼, 우리의 몸, 우리의 재정, 그리고 우리의 환경에 대한 통치권을 상실했습니다. 왜냐하면 하나님께서 모든 것을 그리스도의 발아래 두셨기 때문입니다.

 하나님은 모든 것을 그리스도의 발아래 두셨다. 나는 그리스도의 몸의 한 지체이다. 그 발은 몸 안에 있다. 그러므로 사탄은 나의 발아래 있다!

9월 10일

관리인

너희 몸은 너희가 하나님께로부터 받은 바 너희 가운데 계신 성령의 전인 줄을 알지 못하느냐 너희는 너희 자신의 것이 아니라 값으로 산 것이 되었으니 그런즉 너희 몸으로 하나님께 영광을 돌리라 (고전 6:19,20)

어떤 사람들은 말합니다. "헤긴 형제님, 우리의 영은 분명히 주님께 속해있지만 우리의 몸은 아직 구원받지 못했습니다. 그래서 우리의 육체는 질병과 질환을 계속 겪어야만 합니다."

그러나 위의 본문에서, 하나님의 말씀은 우리에게 당신의 영뿐만 아니라, 몸도 값 주고 사셨다고 말하고 있습니다. 그러므로, 우리에게 "너희 몸으로 하나님께 영광을 돌리라"고 말합니다.

우리의 육체를 지배하는 사탄을 통해 하나님께서 영광을 받으시겠습니까? 성령의 전이 질병으로 상할 때 하나님께서 영광 받으십니까? 절대로 그렇지 않습니다.

그렇다면, 하나님께서 왜 질병을 허락하실까요? 왜냐하면 당신의 몸, 즉 하나님의 영이 거하는 성전의 관리인이 바로 당신이기 때문입니다. 하나님은 바로 '당신'에게 당신의 몸에 대해 무엇인가 하라고 말씀하셨습니다.

당신의 영을 공격하는 것들에 대항하듯이, 당신의 몸을 공격하는 것에도 신속히 대항하는 법을 배우십시오. 바로 말하십시오, "사탄아, 너는 내 몸에 질병을 줄 어떠한 권리도 없다! 내 몸은 하나님께 속했다!"

 나의 몸은 하나님의 성전이다. 나는 훌륭한 관리인이 될 것이다. 나는 나의 몸으로 하나님께 영광을 돌릴 것이다.

9월 11일

값 주고 산

여러분의 몸은 여러분 안에 거하시는 성령님의 전(지성소)이라는 것을 알지 못합니까? 여러분은 성령님을 하나님으로부터 [선물로] 받았습니다. 여러분은 여러분 자신의 것이 아닙니다. 여러분은 하나님께서 값을 지불하고 산[아주 비싼 값을 치르고 그분의 소유로 산] 사람들입니다. 그러므로 여러분의 몸으로 하나님을 예배하고 영광을 드리십시오. (고전 6:19,20 확대번역)

선교 현장에서 돌아와 병자들에게 사역하던 어떤 선교사를 보고 참 마음에 들었던 적이 있었습니다. 한 여성에게 사역하면서, 그는 먼저 이렇게 기도했습니다. "아버지, 이 여자는 당신의 자녀입니다. 이 여자는 당신께 속했습니다. 사탄은 그녀를 지배할 수 없습니다. 당신은 그녀의 질병과 질환을 예수께 두셨습니다. 왜냐하면, '우리의 연약한 것을 친히 담당하시고 병을 짊어지셨도다'라고 (마 8:17) 쓰여 있기 때문입니다."

그리고 나서 그 선교사는 사탄에게 말했습니다. "사탄아, 이 여인의 몸은 성령님의 전이다. 그 성전은 하나님께 속해있고, 너는 하나님의 소유를 침범할 아무 권리도 없다. 하나님의 소유에서 떠나가라!"

그리고 그 여인에게 말했습니다. "사탄은 당신의 몸을 질병으로 억압해왔습니다. 그러나 하나님은 당신의 해방을 위해 예비해 놓으셨습니다. 당신의 몸은 성령님의 전이며, 당신은 당신의 몸으로 하나님께 영광을 돌리도록 명령받았습니다. 사탄이 다스리고 있는데 하나님께서 당신의 몸을 통하여 영광 받으실 수 있겠습니까? 아닙니다. 그러니까 나와 함께 질병에 대항합시다. 우리는 사탄에게 하나님의 소유를 침범하지 못하도록 요구한다!"

 나는 나의 몸으로 하나님께 예배하며 영광을 드릴 것이다!

9월 12일

침범하지 마시오!

마귀에게 어떠한 틈이나 발판도 내주지 마십시오. 마귀에게 어떤 기회도 주지 마십시오 (엡 4:27 확대번역)

몇 년 전에 〈리더스 다이제스트〉에서 읽은 한 잔디밭에 관한 이야기를 기억합니다. 사람들은 그 작고 예쁜 잔디밭에 자꾸만 넘나들었습니다. 그래서 정원사는 말뚝과 끈으로 잔디밭 주변에 작은 울타리를 만들었습니다. 그러나 사람들은 계속 울타리를 넘어 잔디밭을 밟고 지나갔습니다. 그래서 정원사는 노골적인 표지판을 써 붙였습니다.

> 신사라면 안 그럴 테고
> 나머지도 절대 하지 말 것
> 내 재산에 침범하지 마시오!

이것은 나에게 내 몸에 붙일 어떤 표지판에 대한 아이디어를 주었습니다. 당신은 볼 수 없습니다. 왜냐하면 이것은 나의 영 안에 있는 것이기 때문입니다. 그러나 사탄은 볼 수 있습니다. 그 표지판에는 이렇게 쓰여 있습니다.

> 침범하지 마라
> 마귀야, 너에게 하는 말이다!

나는 믿음으로 했습니다. 나는 몇 년간 이 표지를 게시했고, 사탄은 하나님의 소유물인 내 몸에 침범하지 않았습니다.

당신 몸의 관리인으로서, 당신이 정말 해야 할 일은 사탄이 하나님의 소유물에 침범하지 못하도록 주의를 기울이는 것입니다.

고백 하나님의 소유물의 관리인으로서, 나는 침범을 허용하지 않는다. 나는 사탄에게 어떠한 틈도, 어떠한 발판도 내어주지 않는다. 나는 그에게 어떠한 기회도 허용하지 않는다.

9월 13일

새로운 피조물

그런즉 누구든지 그리스도 안에 있으면 새로운 피조물이라 이전 것은 지나갔으니 보라 새것이 되었도다 (고후 5:17)

나는 내가 새로운 피조물임에 기뻐합니다. 내가 거듭난 것은 겨우 15살 때였습니다. 그러나 나는 무슨 일이 있었는지 정확히 기억합니다. 무슨 일인가 내 속에 일어났습니다. 마치 2톤이나 되는 짐이 내 가슴에서 떨어져 나가는 것 같았습니다. 뭔가가 나에게서 떨어져 나갔을 뿐 아니라, 또 다른 뭔가가 내 안으로 들어왔습니다!

당신이 주 예수 그리스도를 당신의 구원자로 받아들이고 그를 당신의 주로 고백하는(롬 10:9,10) 순간, 당신 또한 새롭게 창조됩니다. 그 순간, 예수님께서 2000년 전에 이루신 속량이 당신에게 실재가 됩니다. 그 즉시, 하나님의 바로 그 생명과 본성이 당신에게 부어집니다. 당신은 새로 창조됩니다. 다시 태어납니다!

새로운 탄생은 체험이 아닙니다. 종교도 아닙니다. 교회에 등록하는 것도 아닙니다. 그것은 당신의 영이 실제로 탄생하는 것입니다.

당신이 거듭날 때, 옛 것은 지나갑니다. 하나님의 관점에서 당신의 모든 죄와 모든 과거는 깨끗이 없어집니다. 영적으로 말하자면, 당신이 했던 모든 일들은 깨끗이 지워집니다. 그것들은 더 이상 존재하지 않습니다. 그리고 당신은 예수 그리스도 안에서 새로운 사람이 됩니다. 거듭나기 이전의 당신의 삶은 아무 것도 하나님께 보이지 않습니다.

당신 내부의 모든 것이 새로워졌습니다. 당신의 영은 재창조되었습니다. 당신은 사망에서 생명으로 옮겼습니다!(요일 3:14)

고백 나는 그리스도 안에서 새로운 피조물이다. 나는 새로운 창조물이다. 나는 재창조되었다. 하나님의 생명과 본성이 내 안에 있다. 나는 사망에서 생명으로 옮겨졌다! 나는 새로운 피조물이다!

9월 14일

가족

영접하는 자 곧 그 이름을 믿는 자들에게는 하나님의 자녀가 되는 권세를 주셨으니 이는 혈통으로나 육정으로나 사람의 뜻으로 나지 아니하고 오직 하나님께로서 난 자들이니라 (요 1:12,13)

성경에 있는 어떤 진리도, 우리가 거듭날 때 하나님의 가족이 된다는 축복된 사실만큼 영향력이 큰 것도 없습니다. 하나님 아버지께서 우리의 아버지이십니다!

그분은 우리를 돌보십니다! 그분은 한 집단이나 공동체(a body), 교회로서 뿐만 아니라, 개별적으로 우리 각 개인에게 관심을 가지고 계십니다. 그분은 그분의 자녀 개개인에게 관심을 가지시며, 우리 각 사람을 동일한 사랑으로 사랑하십니다.

그러나 알다시피, 우리의 하늘 아버지는 모두의 아버지가 아닙니다. 예수님께서는 매우 종교적인 어떤 사람들에게 말씀하셨습니다. "너희는 너희 아비 마귀에게서 났으니…(요 8:44)" 그렇습니다, 하나님은 모든 인류의 창조자이십니다. 그러나 각 사람은 반드시 그분의 자녀로 다시 태어나야 합니다. 그분은 세상의 하나님입니다. 그러나 오직 새롭게 창조된 사람에게만 아버지가 되십니다.

하나님은 바로 당신의 아버지이십니다. 당신은 바로 그분의 자녀입니다. 그분께서 당신의 아버지시기 때문에, 당신은 그분이 당신의 아버지로서 아버지 된 역할도 하신다는 것을 보장받을 수 있습니다. 당신은 당신의 하늘 아버지이신 하나님께서 당신을 사랑하시고 당신을 돌보시리라는 것을 확신할 수 있습니다.

고백 나는 하나님으로부터 났다. 나는 하나님의 가족으로 태어났다. 하나님 아버지가 나의 아버지이시다. 나는 바로 그분의 자녀이다. 그분이 바로 나의 아버지이시다. 그분은 나를 사랑하신다. 그분은 나에게 공급하신다. 그분은 나를 돌보신다.

9월 15일

사랑하심

곧 내(예수님)가 저희(신자들) 안에, 아버지(하나님)께서 내 안에 계셔 저희로 온전함을 이루어 하나가 되게 하려 함은 아버지께서 나를 보내신 것과 또 나를 사랑하심 같이 저희도 사랑하신 것을 세상으로 알게 하려 함이로소이다 (요 17:23)

하나님께서 바로 당신의 아버지이시고, 당신은 바로 그분의 자녀라는 것을 정말로 안다면, 그 아는 것으로 인해 당신은 예수님이 이 땅에서 가지셨던 것과 동일한 만큼의 자유함과 하나님과의 교제를 가질 수 있습니다. 왜냐하면 하나님 아버지께서는 예수님을 사랑하신 것과 같이 당신을 사랑하시기 때문입니다! 요한복음 17장 23절은 이렇게 말하고 있습니다. "…또 나를 사랑하심 같이 저희도 사랑하신 것을…"

누군가는 말할 것입니다. "나는 하나님께서 예수님을 사랑하신 것과 같이 나를 사랑하신다는 것을 믿을 수가 없어요."

하나님 감사합니다, 나는 그럴 수 있습니다. 나는 믿습니다. 왜냐하면 성경이 그렇게 말하고 있고, 그것으로 충분합니다!

당신과 나는 예수님과 함께 말할 수 있습니다. "나는 혼자가 아니야. 왜냐하면 하나님 아버지께서 내 안에 계시니까."(요 16:32) 만약 하나님께서 예수님을 사랑하신 것 같이 나를 사랑하신다면, 그분은 예수님과 함께 계셨던 것처럼 나와 함께하실 것이기 때문입니다. 예수님께서 절대로 두려워하지 않으셨던 것처럼 나도 절대 두려워하지 않습니다. 무서워할 것이 없습니다. 하나님께서 사랑하고 보호하시는 이에게 사람이 무엇을 할 수 있겠습니까?

고백 하나님 아버지는 바로 나의 아버지이시다. 나는 바로 그분의 자녀이다. 그리고 그분은 예수님께서 이 땅에 계실 때 그를 사랑하셨던 것 같이 지금 이 땅에 있는 나를 사랑하신다. 나는 예수님이 하셨던 것과 같이 하나님과 교제할 수 있다. 나는 예수님처럼 두려움으로부터 자유하다. 왜냐하면 나는 혼자가 아니기 때문이다. 나의 아버지께서 내 안에 계신다.

9월 16일

거듭남

너희가 거듭난 것이 썩어질 씨로 된 것이 아니요 썩지 아니할 씨로 된 것이니 하나님의 살아 있고 항상 있는 말씀으로 되었느니라 (벧전 1:23)

우리는 하나님께서 낳으셨습니다.
우리는 하나님으로부터 났습니다.
우리는 하나님의 자녀입니다.
우리는 하나님의 상속자입니다.
우리는 그리스도와 공동 상속자입니다("공동"이라는 것은 "동등하다"는 뜻입니다).

우리가 이렇게 선언한다고 해서, 우리 자신을 높이는 것이 아닙니다. 우리는 하나님을 높이고, 주 예수 그리스도를 통하여 그분께서 우리에게 하신 일을 높입니다. 우리는 스스로 새로운 피조물이 될 수 없습니다. 하나님께서 우리를 새로운 피조물로 만드셨습니다. 그는 우리의 믿음의 창시자요 완성자이십니다.
예수 그리스도 안에서 우리는 하나님께서 창조한 새로운 피조물입니다!

고백 나는 하나님께서 낳으셨다. 나는 하나님으로부터 났다. 나는 하나님의 살아있는 말씀의 썩지 않을 씨로 인해 거듭났다. 나는 영적 세계에 태어났으며, 영원한 생명을 얻었고, 썩지 않는 하나님의 말씀을 통하여 포도나무의 가지가 되었다.

9월 17일

그의 만드신 바

> 우리는 그의 만드신 바라 그리스도 예수 안에서 선한 일을 위하여 지으심을 받은 자니 이 일은 하나님이 전에 예비하사 우리로 그 가운데서 행하게 하려 하심이니라 (엡 2:10)

우리 믿는 자들은 스스로 만들어지지 않았습니다. 하나님께서 만드셨습니다. 그래서 하나님의 창조물인 사람을 판단하는 것에 대해서는 매우 조심해야 합니다.

스스로 겸손하다고 생각하는 기독교인들은 종종 말합니다. "나는 너무나 보잘것 없어요." 그러나 하나님께서 만드신 새 피조물 중 보잘것없는 것은 아무것도 없습니다. 나는 보잘것없지 않습니다, 그리고 당신도 보잘것없지 않습니다. 스스로 보잘것없다고 말하는 것은 겸손이 아닙니다. 그것은 하나님 말씀에 대한 무지입니다. 그리고 그것은 사탄에게 당신을 지배하도록 자리를 내어주는 것입니다.

우리는 하나님의 만드신 바입니다! 당신이 스스로 과소평가할 때, 사실 당신은 하나님께서 하신 일에 대해 불평하는 것입니다. 당신은 그분이 만드신 것을 과소평가하는 것입니다.

오늘 본문 말씀에서는 이렇게 말하고 있습니다. "예수 그리스도 안에서 지으심을 받은" 당신 자신을 자연적인 관점에서 바라보는 것을 중단하십시오. 당신 자신을 '예수 안에서' 바라보십시오. 당신은 스스로를 더 잘 보게 될 것입니다. 하나님 아버지께서는 당신을 다른 사람들이 보는 것처럼 보지 않으십니다. 그분은 '그리스도 안에서' 당신을 보십니다!

고백 나는 하나님의 걸작품이다. 그분은 나를 새로운 피조물로 만드셨다. 그분은 나를 예수 그리스도 안에서 창조하셨다. 나는 하나님께서 나를 보시는 것처럼 내 자신을 본다. 나는 그리스도 안에 있는 내 자신을 본다.

9월 18일

깨끗이 지워진

나 곧 나는 나를 위하여 네 허물을 도말하는 자니 네 죄를 기억지 아니하리라 (사 43:25)

"나는 지금 구원받기 전에 살았던 삶에 대한 값을 지불하고 있는 것 같습니다." 힘든 시기를 겪고 있던 한 사역자가 제게 말했습니다.

많은 그리스도인들이 이 사역자처럼 그런 일들이 삶에 일어나도록 허락하기 때문에 결국 실패합니다. 왜냐하면 그들은 그것이 당연하다고 생각하기 때문입니다. 그들은 회개(repentance)와 고행(doing penance)의 차이를 모릅니다. 그들은 자신의 과거에 대해 고행을 행하려고 합니다. 그러나 사실은, 그들이 자신의 죄를 회개했기 때문에, 하나님께서는 그들이 저질렀던 어떠한 잘못에 대해서도 전혀 알고 계시지 않습니다!

"나는 네 허물을 도말했다." 하나님께서 말씀하셨습니다. "나를 위하여." 하나님은 당신을 위해서 그렇게 하지 않으셨습니다, 그분 자신을 위해서 하셨습니다. "네 죄를 기억지 아니하리라." 그분이 약속하셨습니다. 하나님께서는 기억하지 않으시는데, 왜 당신이 그래야합니까? 그래서는 안 됩니다!

당신이 거듭났을 때, 당신은 죄의 형벌로부터 속량 받았습니다. 만약 당신이 당신의 잘못된 행위에 대해 값을 지불해야 한다면, 당신은 죽어 지옥에 가야합니다. 왜냐하면 그것 또한 형벌의 일부이기 때문입니다. 그러나 참 감사하게도, 우리는 죄의 권세로부터 뿐만 아니라, 죄의 형벌로부터도 속량 받았습니다. 예수님께서 대신하셨습니다. 그분이 죄의 형벌을 받으셨습니다.

고백 내가 회개했을 때, 나의 하늘 아버지께서는 나의 허물을 도말하셨다. 그분은 나의 죄를 기억하지 않으신다. 그러므로 나도 그것들을 기억하지 않는다. 그리고 나는 하나님께 다시 일깨워드리지도 않을 것이다.

9월 19일

새로운 창조의 실체

너희는 믿지 않는 자와 멍에를 같이 하지 말라 의와 불법이 어찌 함께하며 빛과 어두움이 어찌 사귀며 그리스도와 벨리알이 어찌 조화되며 믿는 자와 믿지 않는 자가 어찌 상관하며 하나님의 성전과 우상이 어찌 일치가 되리요 우리는 살아 계신 하나님의 성전이라 이와 같이 하나님께서 이르시되 내가 저희 가운데 거하며 두루 행하여 나는 그들의 하나님이 되고 그들은 나의 백성이 되리라 (고후 6:14-16)

강한 믿음을 갖기 위해서, 당신은 당신 자신을 하나님께서 보시는 것처럼 보아야만 합니다. 그리고 당신은 당신 자신에 대해 하나님께서 말씀하시는 것처럼 말해야만 합니다.

위에 인용된 말씀에, 신자들은 '믿는 자'라고 불리고, 불신자들은 '믿지 않는 자'라고 불립니다. 그러므로 당신은 스스로 '믿는 자'라고 부를 수 있습니다.

믿는 자는 '의(righteousness)'라고 불립니다. 그리고 믿지 않는 자는 '불의'라고 불립니다. 당신은 스스로를 '의'라고 불러본 적이 있습니까? 그것이 바로 성경이 당신을 부르는 말이며, 당신은 그런 존재입니다.

믿는 자는 '빛'이라고 불립니다. 그리고 믿지 않는 자는 '어둠'이라고 불립니다.

"그리스도와 벨리알이 어찌 조화되며" 이 구절에서 교회는 그리스도와 동일시됩니다. 그리스도는 머리이시며, 우리는 그 몸입니다. 당신의 머리와 몸이 같은 사람에게 속해있지 않습니까? 교회는 그리스도와 동일시되었습니다. 우리는 그리스도의 몸입니다. 이것을 생각해보십시오. 이 생각에 젖으십시오. 이것이야말로 믿음의 기초입니다!

내가 그리스도 안에 있기 때문에, 나는 믿는 자이다. 나는 의이다. 나는 빛이다. 나는 믿는 사람이다. 나는 하나님의 성전이다.

9월 20일

우리의 의(Righteousness) 되신 하나님

곧 예수 그리스도를 믿음으로 말미암아 모든 믿는 자에게 미치는 하나님의 의니 차별이 없느니라 (롬 3:22)

최고 경지의 믿음 가운데 살아가는 완벽한 승리자가 되기 위하여 당신은 그리스도 안에서 당신이 소유한 의의 실체에 대해 알아야만 합니다.

로마서 3장 21-26절을 읽어보십시오. 당신의 성경책에 표시하십시오. 잠재의식의 일부가 될 때까지 그것을 깊이 묵상하고 섭취하십시오.

그리스어 단어로는 동일한 단어가 킹제임스 성경의 경우에는 26절에서 "just(공정한)"라고도 번역되고 "righteous(의로운)"라고도 번역되긴 했지만, 대부분의 번역본들은 모두 '의로운' 이라고 번역하고 있습니다.

예를 들어, 영의 성경직역본(young's literal translation of the bible)은 로마서 3장 26절을 이렇게 옮깁니다. "그분의 의로우심을 위해 그리고 예수님을 믿는 자들을 의롭다 선언하시기 위해, 자기의 의를 지금 나타내 보이시려고"

이 구절이 우리에게 무엇을 말하고 있습니까? 바로 하나님 그 자신은 의로우시다는 것입니다. 그리고 우리가 예수님을 믿었기 때문에 하나님께서 우리를 의롭다고 선언하셨다는 것입니다.

고백 하나님 아버지께서는 예수 그리스도를 통하여 스스로 의롭다고 선언하셨다. 그리고 하나님 아버지, 바로 나의 아버지께서는 내가 예수님을 믿기 때문에 나를 의롭다고 하셨다. 그러므로 나는 의롭다. 나는 하나님의 의를 받은 자이다.

9월 21일

올바른 지위

한 사람의 범죄를 인하여 사망이 그 한 사람으로 말미암아 왕노릇 하였은즉 더욱 은혜와 의의 선물을 넘치게 받는 자들이 한 분 예수 그리스도로 말미암아 생명 안에서 왕노릇 하리로다 (롬 5:17)

사람이 마음으로 믿어 의에 이르고 입으로 시인하여 구원에 이르느니라 (롬 10:10)

대부분의 사람들은 '의'를 의로운 삶을 통해 도달해야할 영적 성장의 상태라고 생각합니다. 그러나 성경은 의로운 삶 그 자체는 절대 당신을 의롭게 만들 수 없다고 가르칩니다. (만약 그렇다면, 당신은 예수님이 필요하지 않을 것입니다.)

의(righteousness)는 옮음(rightness), 혹은 하나님 앞에서의 올바른 지위를 의미합니다.

의는 선물입니다. 그 선물은 당신이 지금 받은 온전하고 완벽한 선물입니다. 반면, 열매는 영적 성장의 상태입니다. 그것은 성장하고 발전하는 것입니다. 하나님께 감사드립니다! 우리는 영적으로 성장할 수 있습니다. 그러나 우리는 의에 있어서는 성장할 수 없습니다. 사실 천국에 간다고 해서 지금 보다 더 의로워지는 것이 아닙니다.

어떻게 당신이 의롭게 되었습니까? 당신은 그렇게 태어났습니다! 의는 새로운 탄생을 통해 생깁니다. 당신은 마음으로 믿어 의에 이릅니다. 당신이 거듭났을 때, 당신은 하나님 아버지의 생명과 본성을 받았습니다(요 5:24, 벧후 1:4). 하나님의 본성이 당신을 의롭게 합니다!

고백 나는 의를 가졌다. 그것은 나에게 주어진 것이다. 나는 마음으로 믿어 의에 이르렀다. 그리고 나는 거듭날 때 그것을 받았다. 나는 하나님 앞에서 올바른 지위에 있다. 나는 의롭다.

9월 22일

하나님의 의

하나님이 죄를 알지도 못하신 자로 우리를 대신하여 죄를 삼으신 것은 우리로 하여금 그 안에서 하나님의 의가 되게 하려 하심이니라 (고후 5:21)

"하나님이 죄를 알지도 못하신 자로 우리를 대신하여 죄를 삼으신 것은…"
나는 본문 말씀 중 이 부분을 읽어 주고 사람들에게 물어보았습니다. "당신들 중 몇 명이 이것이 진짜라고 믿습니까?" 그들은 모두 손을 들었습니다. 그 다음, 나는 같은 구절의 나머지 부분을 읽었습니다.

"…우리로 하여금 그 안에서 하나님의 의가 되게 하려 하심이니라."
그리고 나는 말했습니다. "그러므로 당신과 나, 즉 우리는 그리스도 안에서 하나님의 의입니다. 당신들 중 몇 명이 이것이 진짜라고 믿습니까?"
대부분의 경우, 절반이 안 되는 사람들만이 이 부분에서 손을 들었습니다. 그러나 만약 구절의 첫 부분이 진짜라면, 뒷부분도 마찬가지로 진짜입니다!
하나님께서는 우리에게 속한 것을 예비해 주셨습니다. 우리는 그것이 우리의 것이라는 것을 깨달아야 합니다!

고백 예수님은 우리로 하여금 그분 안에서 하나님의 의가 되게 하기 위해 죄가 되셨다. 나는 그리스도 안에서 하나님의 의이다. 하나님은 나에게 의를 주셨다. 의는 내 것이다. 나는 지금 의를 소유하고 있다! 나는 지금 의롭다.

9월 23일

의 안에서 다스리기

한 사람의 범죄(타락, 위반)를 인하여 사망이 그 한 사람으로 말미암아 왕노릇 하였은즉 더욱 [하나님의] 넘치는 은혜(분에 넘치는 호의)와 의의 선물(그들을 하나님 앞에서 올바른 지위에 두는 것)을 넘치게 받는 자들이 한 분, 예수 그리스도, 메시아, 기름부음 받은 자로 말미암아 생명 안에서 왕노릇 하리로다 (롬 5:17 확대번역)

우리의 가장 큰 문제 중의 하나는 모든 것을 미래의 일로 여기는 것입니다. 우리가 부르는 찬양을 생각해보십시오. "우리 모두 천국에 들어갈 때…" 감사하게도 우리는 그곳에 갈 것입니다. 그러나 우리는 하나님의 축복을 누리기 위해서 그때까지 기다리지 않아도 됩니다. 우리는 지금, 그것을 가질 수 있습니다!

그렇습니다. 우리는 천국에서 예수님과 함께 다스릴 것입니다. 그러나 우리는 그때까지 기다릴 필요가 없습니다! 본문에서 우리가 언제 왕노릇 하리라고 말하고 있습니까? 지금입니다! 생명 안에서! 바로 이생에서! 어떻게요? 예수 그리스도로 말미암아!

바울은 '왕노릇 한다' 라는 비유를 썼습니다. 왜냐하면 그가 살았던 시기에 그들에게는 왕이 있었기 때문입니다. 각 왕은 그들 각자의 영토를 다스렸습니다. 왕의 말은 최종 권위였습니다. 그가 말하는 것은 그대로 되었습니다! 그가 지배했습니다. 그가 다스렸습니다.

말씀은 우리가 예수 그리스도로 말미암아 생명 안에서 왕노릇 한다고 말합니다. 왜일까요? 왜냐하면 우리는 그리스도 안에서 하나님의 의가 되었기 때문입니다.

고백 나는 나를 하나님 앞에서 바른 지위에 두는 의의 선물을 받았기 때문에, 예수 그리스도로 말미암아 생명 안에서 왕노릇 한다. 나는 의로운 왕으로서 나의 영토를 다스린다. 내가 말한 것은 이루어진다!

9월 24일

역사하는 기도

이러므로 너희 죄를 서로 고하며 병 낫기를 위하여 서로 기도하라 의인의 간구는 역사하는 힘이 많으니라 (약 5:16)

예수님은 의로우시며 우리의 의가 되셨습니다(고전 1:30). 하나님 앞에서 당신의 신분은 보장되어 있습니다. 그러므로 당신은 한 번도 잘못을 저지르지 않은 것처럼 하나님의 임재 가운데 거할 수 있습니다! 마치 한 번도 죄를 지은 적 없는 것처럼 말입니다! 정죄감 없이, 그리고 영적 열등감 없이 말입니다! 히브리서 4장 16절에서도 말합니다. "그러므로 우리가 긍휼하심을 받고 때를 따라 돕는 은혜를 얻기 위하여 은혜의 보좌 앞에 담대히 나아갈 것이니라."

이러한 강력한 영적 진리를 알면, 당신은 당신을 위해 기도해줄 누군가를 찾아 다니지 않아도 됩니다. 당신은 하나님 아버지께서 다른 신자들의 기도를 들으시는 것과 마찬가지로 당신의 기도도 신속하게 들으시는 것을 알게 될 것입니다. 왜냐하면 당신은 하나님 앞에서 다른 크리스천들이 가진 것과 같은 훌륭한 지위를 가졌기 때문입니다. 하나님은 그분의 몸 가운데 어떤 지체도 편애하는 법이 없으십니다.

사람들은 종종 이렇게 생각합니다. "만약 내가 아무개에게 기도 부탁을 한다면, 그의 기도는 역사할거야. 그는 정말 하나님의 사람이니까." 아닙니다. 그 사람은 자신이 가진 것을 이용하는 법을 당신보다 조금 더 잘 배운 것일 뿐, 그가 당신보다 더 의로운 것은 아닙니다. 그리고 하나님께서 당신의 기도보다 그의 기도를 더 빨리 들어주려 하시는 것도 아닙니다.

 나는 그리스도 안에서 하나님의 의이다. 나는 의롭기 때문에, 하나님은 내가 기도할 때 들으신다. 그리고 나의 기도는 역사하는 힘이 많다.

9월 25일

대비책

만일 우리가 우리 죄를 자백하면 저는 미쁘시고 의로우사 우리 죄를 사하시며 모든 불의에서 우리를 깨끗케 하실 것이요 (요일 1:9)

한번은 어떤 사람이 나에게 물었습니다. "나는 이 구절에서 우리가 과거의 죄로부터 사함을 받았다는 것, 우리가 의의 선물을 받았다는 것, 그리고 우리가 의로운 새 피조물이 되었다는 것을 알 수 있습니다. 그러나 내가 크리스천이 된 후에 저지른 죄들은 어떻게 되나요?"

요한일서 1장 9절에 나타난 그분의 대비책으로 인해 하나님께 감사드립니다. 이 구절은 죄인들을 위한 것이 아닙니다. 이것은 그리스도인을 위한 것입니다! 요한일서는 그리스도인들을 위해 쓰여졌습니다(요일 2:1, 20).

죄를 지었을 때, 사람은 정죄감을 갖게 됩니다. 그는 그의 의에 대한 지각을 상실합니다. 그러나 그가 주님께 "나는 죄를 지었습니다. 나는 당신을 저버렸습니다. 예수님의 이름으로 용서해 주세요, 주님"이라고 죄를 고백하면, 주님께서는 두 가지 일을 하십니다.

1. 그를 용서하십니다.
2. 그를 깨끗케 하십니다.

하나님께서 무엇으로부터 깨끗케 하십니까? 모든 불의에서!

불의는 한마디로 의에 '불' 이라는 접두사를 붙인 단어입니다. 우리가 불의, 혹은 무의(non-righteousness)로부터 깨끗케 되면, 그때 우리는 다시 의롭게 됩니다! 주님을 찬양합시다!

고백 요한일서 1장 9절에 나타난 당신의 대비책으로 인해 당신께 감사드립니다. 죄 사함과 모든 불의에서 나를 깨끗케 하시는 당신의 신실함으로 인해 감사합니다. 그래서 나는 계속 하나님이 보시기에 올바른 지위를 가집니다.

9월 26일

성령 받기

저희가 다 성령의 충만함을 받고 … (행 2:4)

… 베드로와 요한을 보내매 그들이 내려가서 저희를 위하여 성령 받기를 기도하니 (행 8:14,15)

… 너희가 믿을 때에 성령을 받았느냐 … (행 19:2)

　신약 시대의 신자들은 초자연적인 표적과 방언 말하는 첫 증거와 함께 성령의 내주하심을 받는 것이 당연했습니다. 서신서는 예수님을 구원자로 알고, 성령의 충만함을 받은 신자들을 위해 기록되었습니다.
　감사하게도, 성령님은 우리 안에도 계십니다. 그러나 너무나 많은 사람들이 거듭나고 성령 충만함을 받았음에도 단지 어떤 축복이나 특정한 경험을 받은 것으로 스스로를 생각합니다. 그들은 하나님의 말씀이 가르치는 것을 완전히 놓치고 있습니다! 하나님의 인격이 실제로 우리 안게 살게 되었습니다! 하나님 본인께서 성령 하나님 안에서 우리 안에 거하십니다!

 하나님 자신이 성령으로 우리 안에 거하신다. 창조주께서 내 안에 사신다. 하나님께서 내 안에 사신다.

9월 27일

내 안의 하나님

여러분은 여러분[고린도 지역의 전체 교회]이 하나님의 성전(지성소)이며, 하나님의 성령이 여러분[집단으로서의 한 교회 또는 한 개인] 안에 집을 삼아 영원한 처소를 마련하여 거하시는 것을 알지 못합니까? (고전 3:16 확대번역)

하나님은 우리를 새 피조물로 만드신 후, 실제로 우리의 몸을 자신의 집으로 삼으십니다. 더 이상 그는 땅의 것으로 만든 지성소에 거하지 않으십니다. 하나님께서 말씀하셨습니다. "너희 몸은 너희 가운데 계신 성령의 전인 줄을 알지 못하느냐?" (고전 6:19)

우리는 우리가 성령의 전이라는 것을 유념해야 합니다. 우리에게는 내주하시는 하나님이 있습니다!

텍사스에 있는 어떤 아름다운 교회 앞에는 그 건물이 하나님의 성전이라는 구약의 말씀이 새겨져 있습니다. 나는 그 앞을 운전해 지날 때마다 화가 납니다. 왜냐하면 이 사람들은 그들 교회 건물 바로 앞에 거짓말을 써 붙이고 있기 때문입니다.

하나님이 거기 계시기 때문에, 교회 건물이 하나님의 집이라고 말하는 것은 틀립니다. 하나님은 교회 건물 안에 거하시지 않습니다. 만약 하나님께 바쳐졌기 때문에 교회 건물이 하나님의 소유라는 뜻이라면 그것은 맞습니다. 그러나 우리는 영적인 것을 자연적인 것과 혼동하지 않도록 주의해야 합니다. 우리는 영적인 것을 말할 때 정확한 사실을 말하도록 주의를 기울여야만 합니다.

당신의 몸은 하나님의 집, 혹은 성전입니다. 당신이 예배드릴 때 가는 그 건물이 아닙니다. 이 사실을 기억하는 것이 당신의 순종과 믿음에 도움이 될 것입니다.

 나의 몸은 하나님의 성전이다. 하나님은 내 몸을 영원한 처소로 정하셨다. 하나님의 집은 내 안에 있다.

9월 28일

내 안의 더 크신 이

자녀들아 너희는 하나님께 속하였고 또 저희를 이기었나니 이는 너희 안에 계신 이가 세상에 있는 이보다 크심이라 (요일 4:4)

당신은 인생의 모든 위기에서 항상 이렇게 말해야 합니다. "나는 승리자이다. 나는 정복자 그 이상이다. 창조주께서 내 안에 계신다. 더 크신 이가 내 안에 사신다. 그분이 나를 승리하게 하신다. 더 크신 이가 나를 성공한 자로 만드신다. 나는 실패할 수 없다!"

이것은 당신 자신을 자랑하는 말이 아닙니다. 이것은 당신 안에 있는 더 크신 이를 자랑하는 것입니다. 그리고 이 고백은 그분께서 당신을 위해 일할 수 있도록 만들어 드리는 것입니다.

당신이 거듭났고, 성령 충만을 받은 신자라면, 승리하기 위해 필요한 모든 것이 당신의 사용만을 기다리며 당신 안에 있습니다. 모든 능력의 신령한 잠재력이 당신 안에 거합니다!

만약 당신이 성경을 믿고, 그 말하는 바를 고백하기 시작한다면, 더 크신 이가 당신 안에서 일어나셔서 당신의 마음(mind)을 밝혀 주시고, 당신의 영을 인도하시며, 당신의 육에는 건강을, 그리고 당신 삶의 모든 면에 도움을 주실 것입니다.

고백 내 안에 계신 이가 세상에 있는 이보다 크시다. 그분은 사탄보다 크시고, 질병보다 크시고, 가난보다 크시며, 죽음보다 크시고, 원수의 모든 능력보다도 크시다. 그리고 그분은 내 안에 사신다! 더 크신 이가 나를 성공하는 자로 만드신다. 나는 실패할 수 없다!

9월 29일

능력

… 우리는 살아 계신 하나님의 성전이라 이와 같이 하나님께서 가라사대 내가 저희 가운데 거하며 두루 행하여 나는 저희 하나님이 되고 저희는 나의 백성이 되리라 하셨느니라 (고후 6:16)

하나님께서 그들 안에 살고 계신다는 사실을 인식하고 있는 크리스천은 매우 적은 것 같습니다. 대부분은 이 사실을 인식하지 못하며, 이렇게 이야기하고 있습니다.

무슨 말이냐고요? 그들은 삶에서 어떤 필요가 생길 때, 어떤 크리스천들은 곧바로 이렇게 말합니다. "이런, 나는 할 수 없어." 왜냐하면 그들은 문제를 해결하려고 그들 자신, 혹은 육신을 믿기 때문입니다. 그들은 자기 안에 할 수 있는 능력이 없다는 것을 알고 있습니다.

그러나 만약 우리가 우리 안에 계신 하나님을 의식한다면, 우리는 그분이 무엇이든 할 수 있는 능력을 가지고 계신 것도 알 것입니다. 그래서 우리는 "할 수 없다"라고 말하기를 멈추고 담대하게 말할 수 있습니다. "하나님을 신뢰하기 때문에, 나는 할 수 있다! 하나님께서 내 안에 계시기 때문에, 나는 할 수 있다! 세상보다 더 크신 이가 내 안에 계시기 때문에, 나는 할 수 있다!"

당신이 어떤 일에 직면하든 간에 – 인생에서 절대 극복할 수 없을 것 같은 장애물과 마주할지라도 – 당신은 이렇게 말할 수 있습니다. "하나님께서 나를 승리하게 하신다! 그분이 나를 성공하는 자로 만드실 것이다! 더 크신 이가 내 안에 계신다!"

이것이 성경대로 믿는 믿음입니다. 이것이 믿음의 말입니다. 이런 믿음의 고백은 더 크신 이로 하여금 당신을 위해 일할 수 있도록 합니다.

고백 하나님의 영이 내 안에 계신다. 나는 내 안에 거하시는 이를 신뢰한다. 그분은 능력이 있다. 나는 모든 것을 할 수 있다. 왜냐하면 하나님의 영이 내 안에 계시기 때문이다. 그에게 모든 능력이 있기 때문에, 나는 할 수 있다.

9월 30일

돕는 자

내가 아버지께 구하겠다. 그리하면 아버지께서 다른 보혜사(상담자, 돕는 자, 중보자, 변호자, 늘 옆에서 힘이 되는 이)를 너희에게 보내셔서, 영원히 너희와 함께 계시게 하실 것이다 (요 14:16 확대번역)

몇몇 크리스천들이 그 안에 계시는 성령님을 무시하고 있다는 것은 슬픈 일입니다. 그들은 그분이 간섭하고 삶의 주도권을 잡아, 필요한 것은 무엇이든 자신의 노력은 전혀 없이 자동적으로 이루어질 것이라고 잘못 생각합니다. 그러나 그분은 그렇게 하지 않으십니다. 귀신(demon)이 그렇게 합니다. 그들은 사람들이 원하지 않는 일을 하게 만듭니다. 귀신은 사람들을 조종하고, 강요하고, 지배합니다.

반대로, 성령님은 신사적인 분이십니다. 그분은 결코 당신의 뜻에 반대되는 어떤 것도 하도록 강요하지 않으십니다. 우리가 본 본문 말씀에, 성령님은 이끌고 안내하고 자극하며 격려해주신다고 하셨습니다. 그분은 당신에게 부드러운 "부담(push)"를 주실 지도 모릅니다. 그러나 절대로 당신에게 억지로 행동하도록 강요하지 않습니다.

어떤 사람은 불평합니다. "왜 하나님은 아무것도 하지 않으시나요?" 당신을 위해 일할 수 있도록 허락할 때까지 성령님은 아무것도 하실 수 없습니다! 그분은 당신을 돕는 자로 오셨습니다. 그분은 당신 대신 일하는 자로 오시지 않으셨습니다. 당신이 일하는 것을 '돕기' 위해 오셨습니다.

성령님께서 당신 안에 계시다는 것을 알 때, 당신은 하나님의 말씀에 따라 현명하게 행동할 수 있고, 성령님은 당신을 통하여 일하실 것입니다. 오늘의 고백을 따라 읽으십시오. 그러면 당신 안에 거하시는 그분이 보다 실제적으로 당신에게 다가올 것입니다.

고백 더 크신 이가 내 안에 있다. 나는 그분께 의지한다. 그분은 내 안에서 크게 일하실 것이다. 그분께서 나를 도우신다. 더 크신 이가 나를 승리케 한다. 그분께서 나를 성공하는 자로 만드신다.

10월 1일

같은 영

예수를 죽은 자 가운데서 살리신 이의 영이 너희 안에 거하시면 그리스도 예수를 죽은 자 가운데서 살리신 이가 너희 안에 거하시는 그의 영으로 말미암아 너희 죽을 몸도 살리시리라 (롬 8:11)

위 본문에서 "죽을 몸"이란 말은 우리가 나중에 부활하게 되는 몸을 뜻하는 것이 아닙니다. 그것은 죽음을 피할 수 없는 지금 현재의 몸을 뜻합니다!('죽을 [Mortal]'이란 단어는 죽을 운명에 처해 있다는 의미입니다.) 우리의 몸은 나중에 무덤에 들어가서야 죽을 운명에 처하는 것이 아닙니다. 지금 현재, 죽을 운명에 처해 있습니다. 성령님이 나중에야 우리 몸 안에 거하시는 것이 아닙니다. 하나님의 영은 우리 몸 안에 지금 거하고 계십니다. 우리의 죽을 몸은 바로 지금, 우리 안에 거하시는 하나님의 영으로 말미암아 살아나야 합니다.

성령님께서 우리 죽을 몸 가운데 거하고 계시는 이유 중의 하나는 끊임없이 우리에게 들러붙으려고 하는 질병으로부터 우리를 치유하기 위해서입니다.

치유는 오늘 우리에게 주신 하나님의 계획 또는 언약입니다. 치유는 이 땅에서 하나님의 몸인 그분의 자녀들을 위해 예비해 두신 것입니다.

만일 우리가 하나님의 치유의 계획에 대해 마땅히 알아야 하는 것들을 알기만 한다면, 병자들은 질병이 오는 그 순간 바로 낫게 될 것입니다!

고백 그리스도를 죽은 자들 가운데서 살리신 바로 그 영이 내 안에 거하신다. 그분이 내 안에 사신다. 그분은 나의 죽을 몸을 살리신다. 그분은 나의 죽을 몸을 고치신다.

10월 2일

그분의 영원한 처소

그분의 영광의 풍성한 보고(寶庫)로부터 너희로 하여금 [너희 가장 깊은 곳과 인격에 거하고 계시는] 성령으로 말미암아 너희 속사람을 능력으로 한층 강하게 하시기를 바라노라. 그리스도께서 너희 믿음을 통하여 [실제로] 너희 심령 안에 거하시기를 (자리 잡고, 머무르며 그분의 영원한 처소로 삼으시기를) 바라노라… (엡 3:16 확대번역)

어떻게 그리스도께서 실제로 당신의 심령(heart) 안에 거하시고, 자리 잡으시며, 그분의 영원한 처소로 삼으십니까? 당신의 믿음을 통해서입니다.

그것이 바로 하나님께서 원하시는 것입니다. 그분의 영원한 처소를 당신 심령(heart) 안에 삼으시는 것 말입니다! 그러나 그것이 또한 그리스도인들이 그분께 좀처럼 허락하지 않는 것이기도 합니다! (기억하십시오. 이 구절들은 거듭나고 성령 충만한 그리스도인들에게 쓰여진 편지입니다.)

그리스도인들은 노래합니다. "이곳에 오시옵소서, 주님, 이곳에 오시옵소서." 이는 주님께서 여기 계시지 않으며, 그분이 이곳에 오셔야만 우리를 위해 뭔가를 하실 수 있다는 것을 암시합니다. 그리고 이렇게 노래합니다. "그분이 지나가실 때 손을 내밀어 옷자락을 만지라." 이런 감상적인 표현들은 모두 육체적인 감각 지식에 기반을 두고 있습니다. 나는 손을 내밀어 주님을 만질 필요가 없습니다. 그분은 내 안에 살고 계시기 때문입니다! 그리고 이렇게도 노래합니다. "오, 주님, 한 번 만지기만 해도." 내 안에 성령님이 살고 계시는데, 만져서 무엇을 어떻게 하겠다는 겁니까?

당신 안에 이미 거하고 계시는 하나님을 신뢰하십시오! 안에 계신 하나님을 늘 자각하는 습관을 갖도록 하십시오!

고백 나는 나의 가장 깊은 곳에 거하시는 성령님으로 말미암아 내 속 사람이 강한 능력으로 한층 강하게 되었다. 내 심령 안에 그리스도께서 실제로 거하시며 자리 잡으셨고, 머무르시고 영원한 처소로 삼으셨다!

10월 3일

교제

너희를 불러 그의 아들 예수 그리스도 우리 주와 더불어 교제하게 하시는 하나님은 미쁘시도다 (고전 1:9)

하나님께서 당신에게 주신 가장 큰 영예는, 인류를 속량하기 위한 하나님의 계획을 수행하는데 있어서 성부, 성자, 성령님의 교제 가운데 함께 참여하는 자가 되도록 하신 것입니다.

새로운 탄생 덕에 당신은 온 우주의 창조주와 연결되게 되었습니다! 당신은 하나님의 자녀가 되었습니다. 당신은 그분과 관계가 맺어졌습니다. 그러나 교제가 없는 관계는 죽은 것입니다. 그것은 마치 사랑이나 교제가 없는 결혼 관계와 마찬가지입니다.

하나님과의 교제는 믿음의 모태입니다. 그리고 하나님께서는 당신을 그분의 아들과 개인적으로 교제하도록 부르셨습니다.

고백 하나님께서는 나를 그분의 아들, 예수 그리스도와 교제하도록 부르셨다. 나는 예수님과 교제와 친교를 나누며 살아갈 것이다. 나는 예수님과 대화할 것이다. 나는 예수님과 함께 일할 것이다. 나는 인류를 속량하기 위한 하나님의 계획을 수행하는데 있어서 성부, 성자, 성령님의 교제 가운데 함께 참여하는 자이다.

10월 4일

기도 안에서의 교제

우리가 보고 들은 바를 너희에게도 전함은 너희로 우리와 사귐이 있게 하려 함이니 우리의 사귐은 아버지와 그의 아들 예수 그리스도와 더불어 누림이라 우리가 이것을 씀은 우리의 기쁨이 충만하게 하려 함이라 … 그가 빛 가운데 계신 것 같이 우리도 빛 가운데 행하면 우리가 서로 사귐이 있고 그 아들 예수의 피가 우리를 모든 죄에서 깨끗하게 하실 것이요 (요일 1:3-4,7)

만약 당신이 하나님과 교제가 있고, 그분께서 빛 가운데 계신 것 같이 당신도 빛 가운데 행한다면, 기도야말로 그리스도 안에서 물려받은 가장 위대한 자산 중의 하나가 될 것입니다.

기도는 하나님 아버지와 힘을 합치는 것입니다. 그분과 교제를 나누는 것입니다. 이 땅위에 그분의 뜻이 이루어지도록 하는 것입니다.

기도는 결코 당신의 문제가 되거나 부담이 되어서는 안 됩니다. 그것은 기쁨이어야 합니다! 진정한 기도는 당신으로부터 어떤 것도 빼앗지 않습니다. 그것은 당신 안에 늘 무언가를 주는 것입니다! 당신이 기도할 때 당신은 하나님과 교제를 나누고 있는 것이기 때문입니다.

고백 나는 기도하면서 아버지와 교제를 나눈다. 그래서 내 기쁨이 충만하다! 나는 하나님과 교제를 나눈다. 나는 하나님과 친교를 나눈다. 그분과 얘기하며 그분의 말씀을 듣는다. 그래서 나는 이 땅위에 그분의 뜻이 이루어지도록 한다.

10월 5일

협력

> 그런즉 이 일에 대하여 우리가 무슨 말 하리요 만일 하나님이 우리를 위하시면 누가 우리를 대적하리요 자기 아들을 아끼지 아니하시고 우리 모든 사람을 위하여 내주신 이가 어찌 그 아들과 함께 모든 것을 우리에게 주시지 아니하겠느냐 (롬 8:31,32)

세상을 속량하기 위한 하나님의 계획을 수행하기 위해 하나님은 당신과 함께 일하십니다. 당신이 그분 없이 아무 것도 할 수 없는 것과 마찬가지로 하나님께서도 당신 없이는 아무것도 할 수 없으십니다. 예수님께서 포도나무와 가지의 비유를 말씀하신 이유 중의 하나가 바로 이것입니다. 포도나무는 가지가 없이 열매를 맺을 수 없습니다. 그리고 가지는 포도나무 없이는 살 수 없습니다.

오늘 본문 말씀은 로마서 전반부 8장의 결론 중 한 부분입니다. 그리고 이 구절은 아버지 하나님과 그분의 자녀들의 절대적인 하나됨을 보여주고 있습니다. 이 구절은 하나님의 자녀들이 하늘의 아버지와 누리는 완전한 교제와 협력을 보여주고 있습니다. 이 구절은 하나님의 자녀들이 어둠의 세력들과 환경들을 지배하는 권세를 가지고 있음을 보여주고 있습니다. 그리고 하나님께서는 이 구절을 37절에서 마무리하고 계십니다. "그러나 이 모든 일에 우리를 사랑하시는 이로 말미암아 우리가 넉넉히 이기느니라[정복자보다 나은 자이다]."

하나님께서 당신을 대신하여 활동하고 계십니다. 그분이 당신을 막아서고 계십니다. 그분이 당신 대신 싸우고 계십니다. 그분이 당신의 모든 필요를 공급하고 계십니다. 그분은 그분의 풍성한 은혜의 보물창고에서 그분의 지혜와 능력을 당신에게 주고 계십니다!

고백 하나님께서 나를 위하신다! 나를 대적할 자 누구냐? 나는 아버지와 함께 하는 자이다! 그분께서 나를 위해 활동하신다. 그분께서 나의 필요들을 공급하신다. 나는 그분과 교제하며 협력한다!

10월 6일

만족

우리가 그리스도로 말미암아 하나님을 향하여 이같은 확신이 있으니 우리가 무슨 일이든지 우리에게서 난 것 같이 생각하여 스스로 만족할 것이 아니니 우리의 만족은 오직 하나님께로부터 나느니라 그가 또한 우리를 새 언약의 일꾼 되기에 만족하게 하셨으니 … (고후 3:4-6)

우리는 평범한 사람이 아닙니다.
우리는 전능자께 연결되어 있습니다.
우리는 하나님 자신과 연합되어 있습니다.
우리는 이 땅에서 하나님의 뜻을 수행하고 있습니다.
우리는 하나님께서 세상에 부으시는 통로입니다.
그렇다면, 하나님께서 우리의 만족이 되시는 것, 그분의 능력이 우리의 능력이 되는 것은 지극히 당연한 것입니다.
이제 우리는 고린도전서 3장 9절을 좀 더 잘 이해할 수 있습니다. "우리는 하나님의 동역자들이요 …" 그것이 바로 아버지와 나누는 교제입니다! 그분은 우리가 새 언약의 일꾼으로서 일할 수 있도록 힘과 지혜, 은혜와 능력 등 초자연적인 도구들을 공급하십니다.

고백 나의 만족은 나를 새 언약의 일꾼으로 삼으신 하나님께로부터 나온다. 하나님이 나의 만족이다. 그분이 나의 능력이다. 나는 그분의 뜻을 이 땅위에 수행하는 하나님의 동역자이다.

10월 7일

그 이름

예수께서 나아와 말씀하여 이르시되 하늘과 땅의 모든 권세를 내게 주셨으니 그러므로 너희는 가서 모든 민족을 제자로 삼아 아버지와 아들과 성령의 이름으로 세례를 베풀고 (마 28:18,19)

믿는 자들에게는 이런 표적이 따르리니 곧 그들이 내 이름으로 귀신을 쫓아내며 새 방언을 말하며 (막 16:17)

어떤 부유한 사람이 당신에게 필요한 모든 것들을 마음대로 쓰라고 하면서 법적 권리를 넘겨준다면, 당신의 삶에 어떤 일이 벌어지겠습니까?

우리에게 주어진 것은 그것보다 훨씬 더 거대한 것입니다! 하나님께서는 우리에게 예수의 이름을 사용할 수 있는 대리인의 권세를 주셨습니다! 그리고 그 이름은 이 땅의 권세를 가지고 있습니다. 그 이름을 사용하는 것은 믿음의 문제라기보다는 사실상 그리스도 안에서 당신이 가진 법적인 권리들에 대한 태도의 문제입니다. 하나님의 아들로서의 지위를 취하는 것, 당신에게 속한 것들을 사용하는 것의 문제입니다. 그분의 이름이 당신에게 속해 있습니다!

우리는 우리의 원수들을 대적해서 그 이름을 사용할 수 있는 권리를 가지고 있습니다. 우리는 찬양과 예배 가운데 그 이름을 사용할 수 있는 권리를 가지고 있습니다. 우리는 간구할 때 그 이름을 사용할 수 있는 권리를 가지고 있습니다. 주님을 찬양합니다. 그 이름이 우리에게 속해 있습니다!

그 이름은 우리가 하나님 아버지의 뜻을 우리가 살고 있는 이 시대에 수행할 수 있도록 우리에게 주어진 것입니다. 초대 교회는 이 권세를 사용했습니다. 그들은 예수님을 대신해서 그 일들을 수행했습니다. 그리고 우리는 오늘 그분의 이름을 사용하며 예수님을 대신하여 행해야 할 것입니다.

고백 하늘과 땅의 모든 권세가 예수의 이름 안에 있다. 그 이름을 사용할 수 있는 권세가 내게 주어졌다. 나는 예수의 이름을 사용하는 권세를 가졌다!

10월 8일

영광 받으시는 아버지

너희가 내 이름으로 무엇을 구하든지 내가 행하리니 이는 아버지로 하여금 아들로 말미암아 영광을 받으시게 하려 함이라 (요 14:13)

이 얼마나 엄청난 약속입니까!
　우리가 하나님의 가족으로 태어날 때, 새로운 탄생으로 인하여 예수의 이름을 사용할 권세와 특권이 우리에게 주어집니다. 그 이름에 부여된 모든 권세가 우리에게 주어진 것은 아들로 말미암아 아버지께서 영광을 받으시게 하려는 것입니다.
　그 아들은 이 땅에서 버림받았습니다. 그는 세상 앞에서 벌거벗은 채로 십자가에 못 박혀 매달렸습니다. 그러나 십자가의 수치가 선포되는 곳마다 인류에게는 축복을 하나님께는 영광을 돌리며 예수 이름의 힘과 능력과 명예도 늘 따라갔습니다.
　예수의 이름은 이 땅에서 예수님의 지위를 차지하는 것입니다. 예수님께서 이 땅위에 계실 때 행하신 모든 것들은 이제는 믿는 자 누구나 동일하게 행할 수 있습니다. 예수님께서 그 이름 안에 계십니다. 예수님이 바로 그 이름입니다. 예수님의 모든 것, 예수님이 하신 모든 일, 예수님의 존재 그 자체, 예수님의 앞으로의 모습, 이 모두가 지금 그 이름 안에 있습니다!
　우리가 예수의 이름을 사용할 때, 우리는 갈보리에서 그분께서 온전히 다 이루신 그 모습을 불러 오는 것입니다. 우리가 그 이름을 사용함으로써 살아계신 그리스도, 치유하시는 그리스도께서 나타나시는 것이며, 그것이 하나님 아버지께서 영광을 받으시게 하는 것입니다!

 나는 말씀에서 지시하는 대로 예수의 이름을 사용하여 하나님 아버지께서 영광을 받으시게 하겠다.

10월 9일

믿음의 시범

예수께서 그들에게 대답하여 이르시되 하나님을 믿으라 (막 11:22)

킹 제임스 성경의 난외주를 보면, 오늘의 본문말씀이 이렇게 되어 있습니다. "하나님의 믿음을 가져라." 헬라어 학자들은 예수님께서 여기에서 말씀하신 것을 문자 그대로 해석하면 "하나님의 것과 같은 종류의 믿음을 가져라"라고 된다고 합니다. 몇몇 현대적인 번역들 또한 이 구절을 그렇게 번역하고 있습니다.

당신이 만약 헬라어에 관해서는 전혀 모른다고 할지라도, 이렇게 해석하는 것이 옳다는 것은 쉽게 알 수 있을 것입니다. 왜냐하면 예수님께서는 자신이 그러한 종류의 믿음을 가지고 있다는 것을 제자들에게 실제로 보여주고 계시기 때문입니다. 이러한 종류의 믿음은 곧 하나님의 믿음과 같은 종류의 믿음이며, 또한 하나님께서 태초에 세상을 창조하실 때 사용하셨던 것과 같은 종류의 믿음입니다.

마가복음 11장 앞부분에서 예수님은 열매 맺지 못하는 무화과나무에게 말씀하셨습니다. 기도하신 것이 아닙니다. 단지 나무에게 말씀하셨을 뿐입니다. "이제부터 영원토록 사람이 네게서 열매를 따 먹지 못하리라"(14절).

다음날 아침, 예수님과 제자들이 같은 장소를 지나다 보니, 무화과나무가 그 뿌리부터 마른 것을 보게 되었습니다. 베드로가 생각이 나서 말했습니다. "랍비여, 보소서 저주하신 무화과나무가 말랐나이다"(21절).

예수님께서 대답하셨습니다. "하나님의 것과 같은 종류의 믿음을 가져라." 예수님께서는 하나님의 것과 같은 종류의 믿음을 우리들에게 실제로 시범을 보여주신 것입니다. 그리고 그분은 우리에게 그것을 가지라고 말씀하셨습니다.

고백 나는 나의 주 예수 그리스도께서 하나님의 것과 같은 종류의 믿음을 실제로 보여주신 것을 보았다. 예수님께서는 내가 하나님의 것과 같은 종류의 믿음에 대해 알고 그것을 가질 것을 기대하신다! 그리고 나는 그것을 가지고 있다!

10월 10일

믿음의 정의

내가 진실로 너희에게 이르노니 누구든지 이 산더러 들리어 바다에 던져지라 하며 그 말하는 것이 이루어질 줄 믿고 마음에 의심하지 아니하면 그대로 되리라 (막 11:23)

예수님께서 하나님의 것과 같은 종류의 믿음을 실제로 보여주신 바로 그 다음에, 그분은 그것을 정의해 주셨습니다. 마가복음 11장 23절은 하나님의 것과 같은 종류의 믿음에 대한 예수님의 정의입니다. 예수님은 믿음의 거장으로서 믿음을 이렇게 묘사하셨습니다. (1) 누구든 그 마음(heart)에 믿고, (2) 그 마음에 믿은 그것을 입으로 말하면, (3) 그대로 된다.

하나님께서는 태초에 세상을 창조하실 때, 그런 종류의 믿음을 사용하셨습니다. 하나님께서는 자신이 말씀하신 것이 이루어질 것을 믿고 계셨습니다! 그래서 그분께서는 "땅이 있으라"고 말씀하셨고, 그러자 땅이 생겼습니다. 사실, 그분은 해와 달과 별들과 식물들과 동물들 등, 인간을 제외한 모든 것을 자신이 말씀한 그대로 되리라는 믿음으로 창조하셨습니다. 하나님께서는 그렇게 말씀하셨고, 그러자 그대로 되었습니다. 그것이 바로 하나님의 것과 같은 종류의 믿음입니다!

 나는 "누구든지"에 포함된다. 내가 마음에 믿고 입으로 말한 그대로 이루어질 것이다. 나는 하나님의 것과 같은 종류의 믿음 안에 살아간다.

10월 11일

나누어 주신 믿음

내게 주신 은혜로 말미암아 너희 각 사람에게 말하노니 마땅히 생각할 그 이상의 생각을 품지 말고 오직 하나님께서 각 사람에게 나누어 주신 믿음의 분량대로 지혜롭게 생각하라 (롬 12:3)

"믿음! 제가 원하는 것이 바로 그거예요!" 많은 사람들이 제게 이야기합니다. "그리고 저는 하나님께 믿음을 달라고 기도하고 있어요."

만약 당신도 그러고 있다면, 그것은 시간 낭비일 뿐입니다. 하나님께 믿음을 달라고 기도하는 것은 손을 들고 빙빙 돌리며 주문을 외우는 것보다 나을 것이 없습니다. 믿음을 달라고 기도하는 것은 시간과 에너지를 낭비하는 것입니다. 왜냐하면, 신자라면 누구나 하나님의 것과 같은 종류의 믿음을 어느 정도 이미 갖고 있기 때문입니다. 그것을 가지려고 애쓸 필요가 없습니다. 달라고 기도할 필요도 없고 금식할 필요도 없습니다. 그것을 갖기 위해 앞으로 잘하겠다고 약속할 필요도 없습니다. 당신은 이미 가지고 있습니다!

로마서는 바울이 죄인들에게 쓴 것이 아니라, 신자들에게 쓴 편지입니다. 그는 이렇게 말했습니다. "[세상에 속한 모든 사람이 아니라] 너희 각 사람에게 말하노니… 하나님께서 각 사람에게 나누어 주신 믿음의 분량대로 지혜롭게 생각하라."

신자들은 모두 믿음을 가지고 있습니다! 하나님께서 이미 주셨습니다!

고백 하나님께서 믿음의 분량을 내게 주셨다. 나는 하나님의 것과 같은 종류의 믿음을 가지고 있다! 하나님께서 이미 나에게 주셨다! 나는 지금 그것을 가지고 있다!

10월 12일

믿음을 통한 구원

너희는 그 은혜에 의하여 믿음으로 말미암아 구원을 받았으니 이것은 너희에게서 난 것이 아니요 하나님의 선물이라 (엡 2:8)

당신이 구원 받은 믿음이 당신 자신에게서 나온 것이 아니라는 것을 주목하시기 바랍니다. 다른 말로 하면, 그것은 자연적인 것이 아니요, 인간의 믿음이 아니라는 말입니다. 그것은 하나님의 선물입니다! 이는 로마서 12장 3절의 말씀과도 일치합니다. "하나님께서 각 사람에게 나누어 주신 믿음의 분량대로…"

그런데도 이렇게 말하는 그리스도인들이 있습니다. "난 믿음이 하나도 없어요." 나는 늘 이렇게 대답을 해줍니다. "그러면 먼저 구원을 받으셔야겠네요. 구원 받은 사람에게는 이미 믿음이 있어요! 믿음이 없이 어떻게 구원을 받았겠어요." 믿는 자라면 모두 믿음을 가지고 있습니다.

성경에서 그렇게 말하고 있습니다! 그러나 많은 그리스도인들이 그 사실을 모르고 있습니다. 그들은 그들이 가지고 있는 믿음을 사용하지 않고 않습니다. 그들은 하나님과 "반대편"에 서서, 성경과는 반대로, 그들 자신을 거스르면서, 자신이 무엇을 하고 있는지도 모른 채, 믿음이 없다는 얘기만 계속 하고 있습니다.

하나님의 말씀은 말씀하고 계시는 하나님 본인이십니다. 하나님과 그분의 말씀은 하나입니다. 만약 하나님의 말씀이 뭔가를 말하고 있다면, 그것은 하나님께서 말씀하고 계신 것입니다. 그리고 하나님의 말씀은 하나님께서 당신에게 믿음의 분량을 나눠 주셨다고 말하고 있습니다. 그것은 하나님의 것과 같은 종류의 믿음이 틀림없습니다. 그것이 하나님께서 가지고 계신 유일한 종류의 믿음이기 때문입니다!

고백 나는 구원 받았다! 그리고 나는 믿음으로 말미암아 은혜, 즉 하나님의 선물로 구원을 받았다! 나는 하나님의 것과 같은 종류의 믿음을 가지고 있다! 나는 태초에 세상을 창조한 것과 같은 종류의 믿음을 가지고 있다! 나는 산을 움직이는 믿음을 가지고 있다.

10월 13일

믿음이 생기는 법

그러므로 믿음은 들음에서 나며 들음은 그리스도의 말씀으로 말미암았느니라 (롬 10:17)

하나님께서는 어떻게 죄인들에게 믿음을 주셔서 구원에 이르도록 하십니까? 로마서 10장을 살펴보려고 하는데, 여기서는 구원과 구원을 받기 위해 믿음을 얻는 것에 관해 말하고 있습니다. (각괄호 안의 내용은 제 의견입니다.)

"그러면 무엇을 말하느냐 말씀이 네게 가까워 네 입에 있으며 네 마음에 있다 하였으니 곧 우리가 전파하는 믿음의 말씀이라 [하나님의 말씀이 '믿음의 말씀' 이라고 불리는 것을 주목하시기 바랍니다. 왜냐하면 믿음을 세우는 것이 바로 말씀이기 때문입니다. 말씀을 향해 마음을 여는 사람에게는 믿음이 생기도록 합니다.] 네가 만일 네 입으로 예수를 주로 시인하며 또 하나님께서 그를 죽은 자 가운데서 살리신 것을 네 마음에 믿으면 구원을 받으리라 … 누구든지 주의 이름을 부르는 자는 구원을 받으리라 그런즉 그들이 믿지 아니하는 이를 어찌 부르리요 [자, 여기를 보십시오.] 듣지도 못한 이를 어찌 믿으리요 … 그러므로 믿음은 들음에서 나며 들음은 그리스도의 말씀으로 말미암았느니라"(롬 10:8-10,13,14,17)

들음이 없이는 믿을 수 없습니다. 믿음은 들음에서 납니다. 무엇을 듣습니까? 하나님의 말씀입니다!

 나는 하나님의 말씀을 듣는다. 그러면 내게 믿음이 생긴다.

10월 14일

믿음의 말씀

> 그러면 무엇을 말하느냐 말씀이 네게 가까워 네 입에 있으며 네 마음에 있다 하였으니 곧 우리가 전파하는 믿음의 말씀이라 (롬 10:8)

하나님의 말씀은 "믿음의 말씀"이라고 불립니다.

믿음은 사실에 기반을 두고 있습니다. 그것은 하나님의 말씀의 사실입니다.

불신앙은 이론들에 기반을 두고 있습니다. 저는 이론을 이렇게 정의합니다. "이론은 토론하고 있는 주제에 대한 무지 위에 세워진 가정(假定)이다." 많은 교회들이 불신앙으로 가득 차 있는 이유는 그들이 이론들을 너무 많이 들어왔기 때문입니다. 불신앙의 심리학을 기반으로 한 사역이 번성하게 되고, 불쌍한 우리 성도들은 단순히 그들이 목사님들로부터 들은 것들을 생산하고 있는 것입니다.

사람들을 실제적으로 돕는 가장 좋은 길은 그들에게 성경이 뭐라고 말씀하고 있는지 말해주는 것입니다. 사람들이 말하는 것이 아니라, 하나님의 말씀이 말씀하고 있는 그것을 그들에게 주는 것입니다. 사람은 틀릴 수도 있지만, 하나님은 결코 틀리는 법이 없습니다.

환경이 어떻든지 상관없이, 당신의 인생에 무슨 일이 벌어졌든 상관없이, 하나님의 말씀은 그 문제에 대해 뭔가 해 줄 말을 가지고 있습니다. 하나님의 말씀이 말하는 것을 찾아내십시오. 그러면 믿음이 생길 것이고, 그것은 당신에게 변화를 가져올 것입니다.

고백 하나님의 말씀, 즉 믿음의 말씀은 내게 가깝다. 그것은 내 마음에 숨겨져 있다. 나는 그것을 입으로 말한다. 그것은 믿음을 만든다. 그러면 믿음이 변화시킨다.

10월 15일

같은 믿음

기록한 바 내가 믿었으므로 말하였다 한 것 같이 우리가 같은 믿음의 마음(spirit)을 가졌으니 우리도 믿었으므로 또한 말하노라 (고후 4:13)

바울은 이렇게 썼습니다. "우리가 같은 믿음의 마음(spirit)을 가졌으니 …"
그는 "가지려고 애쓴다"라든지, "기도한다", 또는 "바란다"라고 쓰지 않았습니다. 그는 "가졌으니"라고 했습니다! 무엇을 가졌습니까? 같은 믿음의 영을 가졌습니다. 그리고 그것은 어떤 종류의 믿음입니까? 그런 종류의 믿음은 ⑴ 믿었으므로 ⑵ 말하는 믿음입니다.

이 믿음은 예수님께서 마가복음 11장 23절에서 말씀하신 것과 같은 종류의 믿음입니다. ⑴ 마음(heart)으로 믿고 ⑵ 입으로 시인하면 ⑶ 그러면 이루어지는 믿음입니다.

그것이 바로 같은 믿음의 영입니다! 그리고 고린도후서 4장 13절은 우리가 그것을 가졌다고 말하고 있습니다.

고백 나는 같은 믿음의 영을 가졌다. 나는 믿으며 그러므로 말한다. 나는 태초에 세상을 창조한 것과 같은 종류의 믿음을 가지고 있다. 나는 산을 옮기는 믿음을 가지고 있다.

10월 16일

자라는 믿음

형제들아 우리가 너희를 위하여 항상 하나님께 감사할지니 이것이 당연함은 너희의 믿음이 더욱 자라고 너희가 다 각기 서로 사랑함이 풍성함이니 (살후 1:3)

하나님께서는 모든 신자들이 거듭난 후 같은 분량의 믿음으로 동일선상에서 출발하도록 하십니다. 하나님께서는 누구에게도 다른 갓난아기 그리스도인들보다 더 많은 믿음을 주시거나 하지 않으십니다. 우리가 거듭난 후에, 우리에게 주어진 믿음의 분량을 키워가는 것은 전적으로 우리에게 달린 것입니다.

너무도 많은 사람들이 그들의 재능을 사용하지 않고 마는 것처럼, 믿음도 그러합니다. 천으로 잘 싸서 숨겨두고는 결코 사용하지 않습니다.

당신이 가진 믿음의 분량은 증가될 수 있습니다. 그것은 자랄 수 있습니다. 그러나 자라게 할 사람은 오직 당신입니다. 하나님이 아닙니다!

당신의 믿음의 분량은 두 가지 일을 함으로써 증가될 수 있습니다. (1) 하나님의 말씀을 섭취하는 것과 (2) 실제 행동에 옮김으로 훈련하는 것입니다.

고백 하나님께서는 내게 믿음의 분량을 주셨다. 나는 나의 믿음이 크게 성장하는 것이 당연하다고 여긴다. 나는 나의 믿음에 하나님의 말씀을 먹일 것이다. 나는 내 믿음을 훈련할 것이다. 나는 실제 행동에 옮길 것이다. 나의 믿음은 자라고 있다.

10월 17일

믿음은 측량할 수 있다

예수께서 들으시고 놀랍게 여겨 따르는 자들에게 이르시되 내가 진실로 너희에게 이르노니 이스라엘 중 아무에게서도 이만한 믿음을 보지 못하였노라 (마 8:10)

한 백부장이 자신의 병든 하인을 위해 예수님께 왔습니다. 예수님께서 "내가 가서 고쳐주리라"(마 8:7)라고 하셨을 때, 그 백부장은 대답했습니다. "다만 말씀으로만 하옵소서 그러면 내 하인이 낫겠사옵나이다."

예수님께서 그에게 말씀하셨습니다. "… 가라. 네 믿은 대로 될지어다"(13절).

예수님은 제자들에게 돌아서서 말씀하셨습니다. "내가 이스라엘 중 아무에게서도 이렇게 큰 믿음을 보지 못하였다"(10절). 그러므로 사람이 큰 믿음으로 계발하는 것이 가능한 것입니다.

다른 한 편 작은 믿음을 가진 예는 베드로가 물위를 걷다가 빠지기 시작했을 때 볼 수 있습니다. 예수님께서 베드로를 꾸짖으시며 말씀하셨습니다. "믿음이 작은 자여, 왜 의심하였느냐?"(마 14:31).

만약 큰 믿음이 있고, 작은 믿음이 있을 수 있다면, 믿음을 측량할 수 있다는 이야기입니다!

믿음이 측량 가능하다는 것을 증명해주는 구절들이 몇 개 더 있습니다. – 자라는 믿음(살후 1:3), 약한 믿음(롬 4:19), 견고한 믿음(롬 4:20), 풍성한 믿음(약 2:5), 충만한 믿음(행 6:5), 거짓이 없는 믿음(딤전 1:5), 파선한 믿음(딤전 1:19), 이기는 믿음(요일 5:4).

 나의 믿음은 자라고 있다. 나의 믿음은 큰 믿음, 견고한 믿음, 풍성한 믿음, 완전한 믿음, 거짓이 없는 믿음, 이기는 믿음으로 증가하고 있다. 나는 믿음으로 충만하다!

10월 18일

믿음의 양식

예수께서 대답하여 이르시되 기록되었으되 사람이 떡으로만 살 것이 아니요 하나님의 입으로부터 나오는 모든 말씀으로 살 것이라 하였느니라 하시니 (마 4:4)

여기서 예수님께서는 영적인 생각을 전달하기 위해 자연적이고 인간적인 표현들을 사용하고 계십니다. 그분은 하나님의 말씀과 영 또는 심령(heart) 또는 사람의 관계가 떡 또는 음식과 몸의 관계와 마찬가지라고 말씀하고 계십니다.

당신은 당신의 영을 먹일 수 있습니다. 당신은 당신의 믿음을 먹일 수 있습니다. 하나님의 말씀이 믿음의 양식입니다.

위대한 영국의 설교자였던 스미스 위글스워스는 믿음의 사도라고 불립니다. 그의 사역을 통해, 기록된 것만 14명의 죽은 자가 다시 살아났습니다. 그는 이렇게 말했습니다. "나는 신약 성경을 주머니에 넣지 않고서는 옷을 다 입었다고 여겨본 적이 없습니다. 나는 성경이 없이는 마치 신발을 신지 않은 것과 마찬가지입니다!"

위글스워스가 세계를 여행하면서, 그는 여러 집들에 묵었습니다. 사람들은 그가 식사를 끝낸 후에는, 레스토랑에서 식사를 했더라도, 테이블에서 물러나서는 성경을 열어 이렇게 말했다고 전하고 있습니다. "우리는 몸을 먹였습니다. 이제 속사람을 먹입시다." 그리고 위글스워스는 믿음에 관한 구절들을 읽고는 대개의 경우 짧은 믿음의 메시지로 끝맺곤 했습니다.

 나는 하나님의 모든 말씀으로 산다. 나는 나의 믿음을 먹는다. 나는 나의 속 사람을 먹는다. 나는 믿음의 양식인 하나님의 말씀을 먹인다!

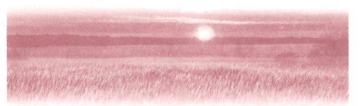

10월 19일

요구사항

믿음이 없이는 하나님을 기쁘시게 하지 못하나니 하나님께 나아가는 자는 반드시 그가 계신 것과 또한 그가 자기를 찾는 자들에게 상 주시는 이심을 믿어야 할지니라 (히 11:6)

하나님께서는 우리에게 믿음을 요구하십니다.

우리가 믿음을 갖는 것이 불가능한데도 하나님께서 우리에게 믿음을 갖는 것을 요구하신다면, 우리에게는 그분의 공의에 도전할 권리가 있습니다. 그러나 만일 하나님께서 믿음이 생기는 방법들을 우리 손에 맡기셨다면, 우리가 믿음을 갖고 안 갖고는 그 책임이 우리에게 달린 것입니다.

하나님께서는 그분의 말씀을 이미 우리에게 주셨고, 우리에게 이렇게 말씀하셨습니다. "그러므로 믿음은 들음에서 나며, 들음은 그리스도의 말씀으로 말미암았느니라"(롬 10:17)

치유에 관한 권위자이며, 유명한 책 '치유자 그리스도'의 저자인 F. F. 보스워스는 이렇게 말했습니다. "대부분의 그리스도인들은 자신들의 육체는 하루에 세 번 따뜻한 음식을 먹이면서 영은 한 주에 한 번 차가운 간식만 먹입니다. 그러면서 왜 그들의 믿음이 약한지 의아해합니다."

고백 나는 하늘 아버지를 기쁘시게 할 것이다. 나는 믿음 안에 걸어갈 것이다. 나는 하나님께서 내 손에 맡기신 믿음의 양식으로 규칙적으로 내 믿음을 먹일 것이다.

10월 20일

연습

… 너희 믿음대로 되라 (마 9:29)

만일 당신이 자연적인 음식을 규칙적으로 먹기만 하고 운동을 하지 않는다면, 당신은 살찌고 당신의 근육은 축 늘어져 버릴 것입니다. 이와 마찬가지로 당신의 믿음도 연습하지 않으면, 당신의 '믿음의 근육' 또한 축 늘어져 버릴 것입니다.

당신이 있는 수준에서 당신의 믿음을 연습하십시오. 어떤 그리스도인들은 믿음을 개발하는 데 있어서 더 앞서 있을 수도 있습니다. 당신이 믿음을 먹이고 연습할 때, 그것은 자라게 됩니다. 사다리를 올라가면서 맨 위 칸부터 올라가는 사람은 아무도 없다는 것을 기억하십시오!

어떤 사람들은 자신의 믿음의 수준 이상의 것을 믿으려고 애쓰다가 좌절해 버리고는 합니다. 그들은 믿음에 대한 가르침을 듣고는 사다리 맨 꼭대기부터 시작하려고 했던 것입니다. 그들의 믿음이 그 수준에 미치지 못했기 때문에 믿음이 역사하지 않은 것입니다. 그들은 이렇게 말합니다. "이런 믿음에 관한 것들, 아무 소용없어. 내가 시도해 봤는데 안 되더라고."

당신이 연습할 때 믿음은 역사할 것입니다. 얼마 후에는 당신이 꿈도 꾸지 못했던 것들에 대해서도 하나님을 신뢰할 수 있게 될 것입니다. 당신의 믿음대로 될지어다. 당신이 구하는 것이 하나님의 말씀에 근거한 것이라면, 그리고 당신이 하나님께서 하실 것을 믿으면, 하나님께서 그렇게 하실 것입니다.

당신이 믿음 안에서 어느 수준에 있든지, 당신의 태도를 올바르게 하십시오. 긍정적인 태도를 유지하십시오. 그리고 믿음의 스위치를 켜 두십시오. 계속해서 하나님을 믿으며 당신의 믿음을 사용하십시오.

고백 나의 믿음대로 될지어다. 나는 오늘 나의 믿음을 사용하고 있다. 나는 나의 믿음을 연습하고 있다. 나는 나의 믿음을 실행에 옮기고 있다. 나는 내 믿음이 언제나 작동되도록 한다!

10월 21일

믿음의 위치

사람이 마음(heart)으로 믿어 의에 이르고 … (롬 10:10)

… 그 말하는 것이 이루어질 줄 믿고 마음(heart)에 의심하지 아니하면 … (막 11:23)

믿음 – 즉 진정한 믿음, 성경적인 믿음은 심령(heart)에서 나오는 것이지 머리에서 나오는 것이 아닙니다.

심령(heart)으로 믿는다는 것은 무슨 뜻입니까? 사람의 심령은 무엇입니까?

몸 곳곳에 피를 펌프질해서 당신이 살아있도록 하는 내장 기관을 말하는 것이 아닙니다. 당신 육체의 손이나 눈, 귀, 코, 발로 믿을 수 없는 것처럼 당신의 심장으로도 믿을 수는 없습니다.

오늘날 "중심(heart)"이라는 표현을 어떻게 쓰고 있는지 생각해 보십시오. 우리가 나무의 "중심(heart)"에 대해 말할 때, 그 뜻은 나무의 중추, 가장 핵심을 말하는 것입니다. 우리가 어떤 주제의 "중심(heart)"에 대해 말할 때, 그 의미는 그 주제의 가장 중요한 부분을 말하며, 가장 중추적인 초점, 다른 나머지 것들에 둘러싸인 가장 중요한 부분을 의미합니다.

이와 마찬가지로, 하나님께서 사람의 "심령(heart)"을 말씀하실 때는 사람의 가장 중요한 부분, 즉 사람이라는 존재의 가장 중추적인 부분, 바로 그의 영을 말씀하시는 것입니다!

 나는 마음(heart)으로 하나님을 믿는다. 나는 마음(heart)에 의심하지 않는다. 나는 마음(heart)으로 믿는다.

10월 22일

숨은 사람

오직 마음에 숨은 사람을 온유하고 안정한 심령의 썩지 아니할 것으로 하라 이는 하나님 앞에 값진 것이니라 (벧전 3:4)

그러므로 우리가 낙심하지 아니하노니 우리의 겉사람은 낡아지나 우리의 속사람은 날로 새로워지도다 (고후 4:16)

하나님께서 마음(heart)을 뭐라고 말씀하시는지 들어봅시다. 베드로전서 3장 4절에서 하나님께서는 심령(heart)에 숨은 사람이라고 말씀하십니다.

숨은 사람이라는 의미는 육체의 감각에 숨겨진 사람이라는 뜻입니다. 당신은 그 사람을 육체의 눈으로 볼 수 없고, 육체의 손으로 느낄 수 없습니다. 그는 육체적인 존재가 아니기 때문입니다. 그는 고린도후서 4장 16절에서 말하는 "속사람"입니다.

성경에서 말하는 "속사람(the inward man)"과 "마음에 숨은 사람(the hidden man of heart)"이라는 두 가지 표현은 인간의 영에 대한 하나님의 정의를 잘 보여주고 있습니다.

고백 나는 나의 마음에 숨은 사람으로부터 하나님을 믿는다. 나는 나의 속사람으로부터 하나님을 믿는다. 나는 나의 영으로부터 하나님을 믿는다.

10월 23일

영적 존재

평강의 하나님이 친히 너희를 온전히 거룩하게 하시고 너희의 온 영과 혼과 몸이 우리 주 예수 그리스도께서 강림하실 때에 흠 없게 보전되기를 원하노라 (살전 5:23)

당신은 영입니다.
당신은 혼을 가지고 있습니다.
당신은 몸 안에 살고 있습니다.
당신의 영으로 당신은 영적인 세계에 접합니다.
당신의 몸으로 당신은 육체의 세계에 접합니다.
그리고 당신의 혼으로 당신은 지적인 세계에 접합니다.
당신이 접할 수 있는 영역은 오직 이 세 가지입니다. 더 이상은 없습니다.
사람은 영이신 하나님의 형상대로 창조된 영적 존재입니다(창 1:26, 요 4:26).
당신도 역시 영적인 존재입니다. 그리고 그렇게 생각하는 것이 당신의 믿음에 도움이 될 것입니다. 왜냐하면 믿음은 심령 또는 영 또는 속사람으로부터 말미암기 때문입니다. (사람의 "영"이라는 용어와 "심령(heart)"이라는 용어는 성경에서 서로 바꿔가며 사용되고 있습니다.) 믿음은 머리에서 생기는 것이 아닙니다. 믿음은 몸에서 생기는 것이 아닙니다. 믿음은 심령에서 생깁니다!

> **고백** 나는 영이다. 혼을 가지고 있고 몸 안에 살고 있다. 나는 하나님의 형상대로 창조된 영적 존재이다. 나는 나의 영으로 하나님과 만난다. 나는 나의 영으로 하나님을 믿는다!

10월 24일

심령 대 머리

너는 마음(heart)을 다하여 여호와를 신뢰하고 네 명철(understanding)을 의지하지 말라 (잠 3:5)

당신의 명철은 단지 당신의 관념적인 일련의 과정에 불과합니다. 당신의 인간적인 생각입니다. 다른 말로 하면 우리는 이 구절을 이렇게 볼 수 있습니다. "너는 마음(heart)을 다하여 여호와를 신뢰하고 네 머리를 의지하지 말라."

믿음은 당신의 심령(heart) 안에서 역사할 것이고, 의심은 당신 머리에서 역사할 것입니다! 많은 그리스도인들은 의심이 그들의 생각(mind)에 들어올 때 "나는 의심돼"라고 말하기 때문에 패배하고 맙니다. 그러나 예수님께서는 이렇게 말씀하지 않으셨습니다. "네 머리에 의심하지 아니하면 …" 대신 이렇게 말씀하셨습니다. "믿고 마음(heart)에 의심하지 아니하면 …"(막 11:23) 뭔가 일을 이루는 것은 심령의 믿음이지 머리의 믿음이 아닙니다.

내 인생에 일어났던 가장 위대한 기적들 몇 가지는, 내가 믿음으로 "나는 내가 나았다는 것을 심령으로 믿는다."라고 고백하기 시작할 때, 머리에서는 "그렇지 않아! 그렇지 않아!"라고 말하고 있었는데도 불구하고 일어났습니다. (나는 두 가지 심장병과 불치의 혈액병으로 인해 온 몸이 거의 마비 상태에 있었다가 치유 받았습니다.)

당신 머릿속에 무슨 고민이 있습니까? 그렇다면 (머리가 아니라) 그저 심령을 다하여 주님을 신뢰하고 당신 자신의 명철을 의지하지 마십시오!

고백 나는 심령을 다하여 주님을 신뢰한다. 나는 내 명철을 의지하지 않는다. 나는 하나님의 말씀이 말하는 것이 진리라는 것을 나의 심령으로 믿는다.

10월 25일

머리로 믿는 믿음

다른 제자들이 그[도마]에게 이르되 우리가 주를 보았노라 하니 도마가 이르되 내가 그의 손의 못 자국을 보며 내 손가락을 그 못 자국에 넣으며 내 손을 그 옆구리에 넣어 보지 않고는 믿지 아니하겠노라 하니라 여드레를 지나서 제자들이 다시 집 안에 있을 때에 도마도 함께 있고 문들이 닫혔는데 예수께서 오사 가운데 서서 이르시되 너희에게 평강이 있을지어다 하시고 도마에게 이르시되 네 손가락을 이리 내밀어 내 손을 보고 네 손을 내밀어 내 옆구리에 넣어 보라 그리하여 믿음 없는 자가 되지 말고 믿는 자가 되라 도마가 대답하여 이르되 나의 주님이시요 나의 하나님이시니이다 예수께서 이르시되 너는 나를 본 고로 믿느냐 보지 못하고 믿는 자들은 복되도다 하시니라 (요 20:25-29)

도마의 믿음은 머리로 믿는 믿음입니다. 그리고 예수님께서는 그런 도마를 칭찬하지 않으셨습니다. 예수님께서는 "네가 보았기 때문에 믿는구나."라고 하셨습니다. 그런 믿음은 성도나 죄인이나 누구나 다 가질 수 있는 것입니다. 이것은 머리로 믿는 믿음입니다. 머리로 믿는 믿음은 당신의 육체의 감각이 말하는 것을 믿는 것입니다.

예수님께서는 심령으로 믿는 믿음을 칭찬하셨습니다. "보지 못하고 믿는 자들은 복되도다." 심령으로 믿는다는 것은 당신의 육체나 혹은 육체의 감각이 지시하는 것들과는 상관없이 믿는 것을 의미합니다. 육체를 가진 사람은 육체의 눈이 보는 것, 육체의 귀가 듣는 것, 또는 육체의 감각이 느끼는 것을 믿습니다. 그러나 반면 심령은 그 육체의 감각이 뭐라고 하든 상관없이 하나님의 말씀을 믿습니다.

고백 나는 믿음 없는 자가 아니다. 나는 믿는다. 나는 내가 보는 것과 듣는 것과 느끼는 것과 상관없이 하나님의 말씀이 말하는 것을 그대로 믿는다.

10월 26일

심령(heart)으로 믿는 믿음

아브라함이 바랄 수 없는 중에 바라고 믿었으니 이는 네 후손이 이같으리라 하신 말씀대로 많은 민족의 조상이 되게 하려 하심이라 (롬 4:18)

하나님께서 아브라함과 그의 믿음에 관해 로마서 4장 18절에서 아브라함이 믿었다고 말씀하십니다. 아브라함이 무엇을 믿었습니까? 그는 "하신 말씀대로" 믿었습니다.

아브라함은 그가 보는 대로 믿지 않았습니다. 아브라함은 그가 느끼는 대로 믿지 않았습니다. 아브라함은 그의 육체 감각이 말하는 대로 믿지 않았습니다. 아브라함은 그의 생각(mind)이 말하는 대로도 믿지 않았습니다. 아브라함은 하나님께서 하신 말씀대로 믿었습니다!

이 구절을 알고 나서 나는 어려운 난관들을 통과할 수 있었습니다. 주위에서 반대하고 비판하며 "아니야, 넌 그걸 갖고 있지 않아"라고 말할 때, 나는 물러서지 않고 그 자리에 섰습니다. 나는 심령으로부터 말했습니다. "나는 하신 말씀대로 믿는다."

그리고 "하신 말씀"은 하나님의 말씀입니다!

고백 나는 하신 말씀대로 믿는다. 나는 기록된 대로 믿는다. 나는 보이는 것으로 움직이지 않는다. 나는 느껴지는 것으로 움직이지 않는다. 나는 오직 믿는 것으로만 움직인다!

10월 27일

있는 것처럼

기록된 바 내가 너를 많은 민족의 조상으로 세웠다(I have made) 하심과 같으니 그가 믿은 바 하나님은 죽은 자를 살리시며 없는 것을 있는 것으로 부르시는 이시니라 (롬 4:17)

만일 아브라함이 하신 말씀대로 믿었다면, 정확히 그 하신 말씀이 무엇입니까? 아브라함이 무엇을 믿었습니까?

주님께서 아브람(아직 아브라함으로 불리기 전에)을 부르신 것은 그의 나이가 99세였을 때였습니다. 주님께서 그에게 말씀하셨습니다. "이제 후로는 네 이름을 아브람이라 하지 아니하고 아브라함이라 하리니 이는 내가 너를 여러 민족의 아버지가 되게 함이니라(have I made)"(창 17:5) 하나님께서 "세울 것이다"라고 하지 않으셨습니다. "세웠다(I have made)"라고 하셨습니다.

하나님께서 아브라함에게 그 약속을 주셨을 때는 아브라함에게 자손이 없었을 때였습니다. 그러나 아브라함이 들은 말은 그가 앞으로 될 예정인 것(미래 시제)을 믿으라고 한 것이 아니었습니다. (늘 뭔가를 "할 것이다"라고만 말하는 사람은 아무것도 이루지 못합니다. "나는 언젠가 구원 받을 거야"라든가 "나는 언젠가 치유 받게 될거야"라고 하는 사람도 마찬가지입니다.)

그런 것이 아닙니다. 믿음은 언제나 현재 시제입니다! 아브라함은 많은 민족의 조상으로 세워졌다는 것을 믿어야만 했습니다.

당신도 알다시피 믿음은 없는 것을 있는 것으로 부릅니다. 그것이 바로 그것을 존재하도록 만드는 것입니다!

고백 나의 하늘의 아버지처럼 나도 없는 것을 있는 것처럼 부른다. 그러면 그것은 실제로 존재하게 된다! 그것은 내 것이다. 나는 그것을 지금 가지고 있다.

10월 28일

하나님을 본받는 사람

그러므로 여러분은 사랑을 받는 자녀[들이 그 아버지를 본받는 것]처럼, 하나님을 본받는 [그분을 본떠 그분의 본을 따르는] 사람이 되십시오.
(엡 5:1 확대번역)

어떤 목사님이 내게 말했습니다. "나는 내가 볼 수 없는 것은 받았다고 믿지 않을 거에요."
내가 대답했습니다, "당신에게 뇌가 있다는 것을 믿으세요?"
그가 말했습니다, "물론이지요."
내가 다시 말했습니다, "그걸 본 적 있습니까?"
아브라함은 볼 수 없던 어떤 것을 믿었습니다. 도마는 그가 볼 수 없던 어떤 것을 믿기를 거절했습니다. 히브리서 11장에 나온 믿음의 영웅들의 전시 목록에 도마의 이름은 올라 있지 않습니다. 그러나 아브라함의 이름은 그곳에 있습니다.
한 번은 다른 사람이 내게 말했습니다. "뭐, 하나님께서 없는 것을 있는 것처럼 부르시는 것은 그렇다고 쳐요. 그분은 하나님이시니까요. 그러나 우리가 그렇게 하는 건 잘못된 거예요."
만약 당신이 그렇게 하는 것이 잘못된 것이라면 하나님께도 잘못된 것입니다! 마귀의 자녀들은 마귀처럼 행동합니다. 하나님의 자녀들은 하나님처럼 행동합니다. 하나님은 믿음의 하나님이십니다. 그리고 우리는 믿음의 하나님의 믿음의 자녀이며 우리는 믿음으로 행동합니다. 그리고 믿음은 없는 것을 있는 것처럼 부릅니다!

고백 나는 믿음의 하나님의 믿음의 자녀이다. 나는 하나님, 나의 아버지를 본받는다. 나는 사랑받는 자녀답게 그분의 본을 따라간다. 나는 믿음으로 행동한다. 나는 없는 것을 있는 것처럼 부른다. 그러면 그렇게 된다.

10월 29일

견고한 믿음

[아브라함은] 믿음이 없어 하나님의 약속을 의심하지 않고 믿음으로 견고하여져서 하나님께 영광을 돌리며 약속하신 그것을 또한 능히 이루실 줄을 확신하였으니 (롬 4:20,21)

"저는 믿음이 약해요." 한 여인이 내게 말했습니다. "제 믿음이 강해지도록 기도해 주시겠어요?"

"아니요, 그럴 수 없습니다. 사실대로 말하자면 당신은 믿음 안에서 강합니다! 그걸 모를 뿐이지요. 제가 몇 가지 물어봐도 될까요?"

그녀가 말했습니다, "그럼요, 물어 보세요."

"당신은 하나님께서 약속하신 것은 무엇이든 다 이루실 수 있다는 것을 온전히 확신합니까? 정말 확신합니까?"

"물론이에요. 저는 하나님께서 하시겠다고 말씀하신 것은 무엇이든 하실 수 있다는 것을 믿어요. 그리고 저는 그분이 그렇게 하실 것을 알아요."

"당신은 '하나님께 영광'이라고 말할 수 있습니까? 그리고 하나님의 약속들로 인해 그분을 찬양할 수 있습니까?"

"물론 할 수 있지요. 매일 그렇게 하는 걸요."

"그러면 당신은 믿음 안에서 강건합니다." 내가 말했습니다. "로마서 4장 20-21절에 따르면 말이에요." 아브라함도 역시 믿음 안에서 강건했습니다. 무엇이 견고한 믿음입니까? 하나님께 영광을 돌리는 것, 그리고 약속하신 그것을 또한 능히 이루실 줄을 확신하는 것입니다. 만일 당신이 이 두 가지 요구조건을 만족시켰다면, 당신은 또한 믿음 안에서 강건한 것입니다.

고백 나는 하나님께서 약속하신 것을 능히 이루실 줄을 확신한다. 나는 하나님께 영광을 돌릴 수 있다. 나는 믿음 안에서 강건하다. 나는 아브라함이 가졌던 것과 같은 종류의 믿음을 가졌다. 나는 하나님의 것과 같은 종류의 믿음의 분량을 가지고 있다.

10월 30일

용서하지 않음

서서 기도할 때에 아무에게나 혐의가 있거든 용서하라 그리하여야 하늘에 계신 너희 아버지께서도 너희 허물을 사하여 주시리라 하시니라 (막 11:25)

예수님께서는 마가복음 11:23-24에서 놀랍고 짜릿하며 엄청나고 굉장한 말씀을 하셨습니다. "내가 진실로 너희에게 이르노니 누구든지 이 산더러 들리어 바다에 던지우라 하며 그 말하는 것이 이룰줄 믿고 마음에 의심치 아니하면 그대로 되리라 그러므로 내가 너희에게 말하노니 무엇이든지 기도하고 구하는 것은 받은 줄로 믿으라 그리하면 너희에게 그대로 되리라" (어느 누구도 이 말씀의 깊이를 재어보지 않았습니다.)

그러나 동시에 즉, 같은 장면에서 예수님께서는 연이어서 말씀하셨습니다. "기도할 때에 … 용서하라."

만일 당신에게 남을 용서하지 못하는 태도가 있다면 당신의 믿음은 역사하지 않을 것입니다! 당신의 기도는 역사하지 않을 것입니다!

용서하지 않는 것은 예수님께서 언급하신 믿음의 유일한 방해물입니다. 그러므로 용서하지 않는 것에 관한 주제는 본질적으로 매우 중요한 것입니다. (만일 내 기도와 내 믿음이 역사하지 않는다면, 내 삶에서 가장 먼저 해야 할 일은 내가 용서하지 않는 것이 있는가를 살펴보는 것입니다.)

어쨌거나 나는 어느 누구에 관해서도 용서하지 못하는 마음이 들어오는 것을 절대 허락하지 않습니다. 나는 무엇이든 악한 것은 생각하는 것조차 거절합니다. 나는 어느 누구에게도 화내는 것을 거절합니다. 그들이 내게 어떤 짓을 하든 상관없이, 나에 관해서 뭐라고 말하든 상관없이 나는 그것이 내게 영향을 미치는 것을 거절합니다.

고백 나의 기도는 역사한다. 나의 믿음은 역사한다. 나는 용서하지 않는 마음이 내게 들어오는 것을 허락하지 않는다. 나는 어느 누구에게도 적대적인 것은 아무것도 갖지 않기로 거절한다.

10월 31일

용서

그러나 만일 너희가 용서하지 아니하면 하늘에 계신 너희 아버지께서도 너희 죄들을 용서하지 아니하시리라 (막 11:26)

"해긴 목사님," 한 번은 한 여인이 내게 말했습니다. "용서하지 않는 이 오래된 영을 제게서 쫓아내 주세요. 여기 이 교회에서 어떤 여자를 적대시하게 되었는데, 그녀를 용서할 수가 없어요. 제게는 용서할 수 있는 능력이 없는 것 같아요."

내가 대답했습니다. "당신은 당신의 남편을 항상 용서하십니까?"

"아 그럼요. 저는 그를 용서해야 하고, 그도 저를 용서해야만 하지요."

"용서할 능력이 없다고 하지 않으셨나요?"

그녀는 웃으며 말했습니다. "저는 용서할 수 있어요, 그렇죠?"

"물론이지요." 내가 말했습니다. "만일 당신이 한 사람을 용서할 수 있다면, 다른 사람도 용서할 수 있지요."

그녀는 이해하고 대답했습니다. "저는 용서할 수 있어요. 나는 용서한다. 바로 그거에요!"

그렇게 간단한 것이었습니다. 용서를 복잡하게 만들지 마십시오. 예수님께서 말씀하셨습니다. "서서 기도할 때에, 용서하라." 이는 우리가 용서할 수 있다는 뜻입니다. 예수님은 우리가 할 수 없는 것을 우리에게 요구하지 않으십니다.

 나는 용서할 수 있다. 나는 순식간에 용서한다. 그리고 하늘에 계신 내 아버지께서도 나를 용서하신다.

11월 1일

심령의 사랑

… 우리에게 주신 성령으로 말미암아 하나님의 사랑이 우리 마음(heart)에 부은 바 됨이니 (롬 5:5)

"전 시어머니를 미워하고 있어요." 한 사모님이 내게 말한 적이 있습니다. "저는 제가 구원받았는지 조차도 모르겠어요. 성경에 '자기 형제를 미워하는 자는 누구나 살인자요, 살인자는 누구나 영원한 생명이 그의 안에 거하지 않음을 너희가 아느니라'(요일 3:15)라고 했잖아요."

나는 그녀가 구원 받고 성령으로 충만 받은 것을 알고 있었습니다. 그러나 나는 그녀가 마귀에게 그녀의 생각(mind)과 육체를 지배하도록 내버려 두고 있다는 것 또한 알고 있었습니다.

그래서 나는 이렇게 말했습니다. "내 눈을 쳐다보면서 큰 소리로 말해보세요. '난 시어머니가 미워요.' 이렇게 말하면서 당신 속을 점검해 보세요. 하나님의 사랑이 우리의 머리가 아닌 우리의 심령 안에 이미 부은바 되었기 때문이에요. 그리고 무슨 일이 일어나는지 내게 말해주세요."

그녀는 내가 부탁한 대로 말하고는 놀라서 이렇게 말했습니다. "내 영 가운데 뭔가 '거리낌'이 있어요!" "예, 당신 속에서 뭔가가 당신의 주의를 끌려고 애쓰고 있어요." 내가 말했습니다. "당신 영 안에 있는 하나님의 사랑이 당신을 지배하려고 하지만, 당신은 생각이 지배하도록 허락하고 있는 거예요. 거기서 그런 생각들이 생겨나는 거예요. 실제로는 당신의 심령 안에서 모든 사람들을 사랑하고 있어요." "예, 그래요." 그녀가 동의했습니다. "이제 전 뭘 해야 할까요?" "사랑 안에서 행하세요. 그리고 머리가 아니라, 당신의 심령이 당신을 지배하도록 하세요."

 나는 성령으로 인하여 내 심령 가운데 부어진 하나님의 사랑이 나를 지배하도록 한다.

11월 2일

풀어놓아진 믿음

내가 진실로 너희에게 이르노니 누구든지 이 산더러 들리어 바다에 던져지라 하며 그 말하는 것이 이루어질 줄 믿고 마음에 의심하지 아니하면 그대로 되리라 (막 11:23)

몇 년 전 하루 종일 예배당에서 기도하며 하나님을 시중들듯 기다린 후, 말씀을 읽고 묵상하며 강대상 앞의 카펫 위에 누워있었습니다. 나는 내 생각(mind)이 잠잠해지는 경지에 도달해 있었습니다. 그 때, 주님께서 늘 내가 듣던 누군가의 목소리처럼 생생하게 내 영 안에서 말씀하셨습니다.

"마가복음 11장 23절에 '말하다' 라는 단어가 세 번이나 사용된 반면 '믿다' 라는 단어는 단 한 번만 사용된 것을 알고 있었느냐?"

나는 일어나 앉아서 소리 내어 대답했습니다.

"아닙니다. 지금까지 생각도 못해봤습니다!" (내가 그 구절을 수백 번, 얼마나 많이 인용했는지는 말할 것도 없습니다.)

그러자 주님께서 말씀하셨습니다. "내 백성은 믿는 것에서 중요한 것을 놓치고 있는 것이 아니다. 그들이 놓치고 있는 부분은 말하는 것이다. 그들은 믿으라고는 배워 왔지만, 믿음은 네 입에서 나오는 말로 풀어놓아져야만 한다. 너는 네가 말하는 것을 가질 수 있다." 덧붙여 말씀하셨습니다. "사람들이 이 사실을 알도록 너는 믿는 것에 대해 가르치는 것보다 세 배는 더 많이 말하는 것에 대해 가르쳐야만 할 것이다."

 나는 내가 말하는 그것을 가졌다. 나는 말로 내 믿음을 풀어놓는다.

11월 3일

내가 말한 것

내가 진실로 너희에게 이르노니 누구든지 이 산더러 들리어 바다에 던져지라 하며 그 말하는 것이 이루어질 줄 믿고 마음에 의심하지 아니하면 그대로 되리라 (막 11:23)

예수님께서 오늘 본문에서 말씀하고 계신 것을 살펴봅시다. "… 믿고 마음에 의심하지 않으면 [즉, 그의 심령으로 믿으면] 그대로 되리라." 당신이 말한 것들은 당신의 말입니다. 당신의 고백입니다. 그 말들은 당신에게 귀신들과 질병과 환경들을 제어할 능력을 줍니다.

예수님께서 당신이 갖게 될 것이라고 말한 것이 무엇입니까? 당신이 믿는 것이 무엇입니까? 많은 사람들은 자신의 믿음이 충분히 강해야 그것이 이루어질 것이라고 생각합니다. 그러나 그러는 동시에 그들은 불신앙을 말하고 있기 때문에 그들이 구한 것은 결국 이루어 질 수 없습니다!

예수님께서는 "믿는 것은 무엇이든지 이루어지리라"라고 말씀하지 않으셨습니다. 이렇게 말씀하셨습니다. "말하는 것은 무엇이든지 이루어지리라."

당신은 당신이 말한 것을 받는 것입니다. 당신의 삶 가운데 뭔가 만족스럽지 못한 부분이 있다면, 당신이 하고 있는 말을 점검하십시오. 당신이 고백하고 있는 것을 점검하십시오. 오늘 당신이 가지고 있는 모든 것과 당신이라는 존재는 어제 당신이 믿고 말한 것들의 결과입니다!

 나는 내 심령으로 믿는다. 나는 내가 하는 말들을 믿는다.

11월 4일

말

네 입의 말로 네가 얽혔으며 네 입의 말로 인하여 잡히게 되었느니라 (잠 6:2)

많은 그리스도인들이 사실은 자신의 말로 인해 덫에 걸렸음에도 불구하고, 문제에 대해서 마귀에게만 비난을 합니다. 한 작가가 이것을 이렇게 표현했습니다.

당신은 당신이 할 수 없다고 말했다. 당신이 그렇게 말한 그 순간 당신은 채찍에 맞은 것이다. 당신은 당신이 믿음을 갖고 있지 않다고 말했다. 의심이 거인처럼 일어나 당신을 묶었다. 당신은 자신의 말들로 감옥에 갇혔다. 당신은 실패를 말하고, 실패는 당신을 사로잡는다.

우리의 말이 우리를 지배합니다. 예수님께서 마가복음 11장 23절에서 말씀하고 계신 것도 바로 그것입니다. "말하는 것이 그대로 되리라."

절대 실패를 말하지 마십시오. 절대 패배를 말하지 마십시오. 결코 한 순간이라도 하나님의 능력이 당신을 성공시킬 수 없다고 인정하지 마십시오. 당신이 만약 실패나 패배를 말하면, 그것은 바로 하나님께서 당신의 삶을 성공적으로 만들 수도 없고, 그렇게 하시지도 않는다는 것을 인정하는 것입니다.

그러나 하나님께 감사드립시다. 그분은 할 수 있으십니다! 그리고 그렇게 하셨습니다! 당신이 만약 바르게 믿고 바르게 말한다면, 당신은 실제로 그것들을 경험하며 살아가게 될 것입니다!

 나는 실패를 말하는 것을 거절한다. 나는 패배를 말하는 것을 거절한다. 하나님께서는 나의 삶을 성공적으로 만드신다.

11월 5일

말할 것

자녀들아 너희는 하나님께 속하였고 또 그들을 이기었나니 이는 너희 안에 계신 이가 세상에 있는 자보다 크심이라 (요일 4:4)

성령님께서 당신 안에서 하고 계신 일은 무엇입니까?
성령님이 그저 "영적인 무임 승차자"입니까? 단지 당신의 인생을 얻어 타고 가는 분입니까? 단지 당신 인생에 추가로 지고 가야 할 짐 같은 분입니까?
아닙니다! 성령님께서는 당신을 돕기 위해 당신 안에 살고 계십니다!
당신을 강건하게 하기 위해 당신 안에 살고 계십니다.
당신을 위로하기 위해 당신 안에 살고 계십니다.
당신의 삶을 성공적으로 만들기 위해 당신 안에 살고 계십니다.
실패나 의심을 말하는 대신에 아래와 같은 긍정적인 고백들을 하기 바랍니다.

고백 나는 내 안에 더 크신 분이 살고 계시는 것을 믿는다. 나는 그분이 마귀보다 더 크신 분이시라는 것을 믿는다. 나는 그분이 내가 만나게 될지 모르는 어떤 시험이나 시련보다도 더 크신 분이시라는 것을 믿는다. 나는 그분이 내가 통과해야할 폭풍보다 더 크신 분이시라는 것을 믿는다. 나는 그분이 나를 막아서는 문제들보다 더 크신 분이시라는 것을 믿는다. 나는 그분이 나를 꼼짝 못하도록 하는 환경들보다 더 크신 분이시라는 것을 믿는다. 나는 더 크신 그분이 질병이나 질환보다 더 크신 분이시라는 것을 믿는다. 나는 더 크신 그분이 어떤 것보다, 모든 것보다 더 크신 분이시라는 것을 믿는다! 그리고 더 크신 그분이 내 안에 거하신다!

11월 6일

악한 보고

> … 우리는 능히 올라가서 그 백성을 치지 못하리라 그들은 우리보다 강하니라 하고 이스라엘 자손 앞에서 그 정탐한 땅을 악평(evil report)하여 이르되 우리가 두루 다니며 정탐한 땅은 그 거주민을 삼키는 땅이요 거기서 본 모든 백성은 신장이 장대한 자들이며 거기서 네피림 후손인 아낙 자손의 거인들을 보았나니 우리는 스스로 보기에도 메뚜기 같으니 그들이 보기에도 그와 같았을 것이니라 (민 13:31-33)

이스라엘은 이집트에서 나와 가데쉬 바네아라고 불리는 가나안 접경지대에 도착했습니다. 그들은 12명을 보내 가나안 땅을 정탐하도록 했습니다. 성경은 그 중 10명의 정탐꾼이 돌아와 "악평"을 했다고 기록하고 있습니다.

악평이 무엇입니까? 그것은 의심으로 가득한 보고입니다. (믿는 자는 마약에 중독되는 것과 전혀 상관이 없듯이 의심에 얽매이는 것과도 전혀 상관이 없습니다!)

하나님께서는 이미 이스라엘 백성들에게 젖과 꿀이 흐르는 그 땅을 주셨다고 말씀하셨습니다. 그들은 그 땅이 정말 젖과 꿀이 흐르는 땅이라는 것을 인정했습니다. "그러나," 그들은 불평했습니다. "그 땅에는 거인들이 살고 있고, 우리는 그 땅을 취하지 못할 것입니다!"

이스라엘 백성들은 그들이 믿는 바를 고백했습니다. 그들은 그들이 성공할 수 없다고 믿었습니다. 그리고 그들은 말했습니다. "우리는 할 수 없어!" 그리고 그들은 자신들이 말 한 그대로를 받았습니다! 이스라엘은 다수의 의견을 받아들였습니다. 악한 보고를 받아들인 것입니다. 그리고 그들은 그 땅을 취할 수 없다고 말했습니다. 그래서 이스라엘은 그들이 말 한 그대로를 받았습니다. 하나님께서는 그 세대가 그 땅을 취하는 것을 허락하지 않으셨습니다.

예수님께서는 마가복음 11장 23절에서 당신이 무엇을 말하든지 그것을 갖게 될 것이라고 말씀하셨습니다.

 나는 의심에 얽매이는 자가 되는 것을 거부한다. 나는 악한 보고를 거절한다!

11월 7일

좋은 보고

갈렙이 모세 앞에서 백성을 조용하게 하고 이르되 우리가 곧 올라가서 그 땅을 취하자 능히 이기리라 하나 (민 13:30)

여호수아와 … 갈렙이 자기들의 옷을 찢고 이스라엘 자손의 온 회중에게 말하여 이르되 우리가 두루 다니며 정탐한 땅은 심히 아름다운 땅이라 여호와께서 우리를 기뻐하시면 우리를 그 땅으로 인도하여 들이시고 그 땅을 우리에게 주시리라 이는 과연 젖과 꿀이 흐르는 땅이니라 다만 여호와를 거역하지는 말라 또 그 땅 백성을 두려워하지 말라 그들은 우리의 먹이라 그들의 보호자는 그들에게서 떠났고 여호와는 우리와 함께 하시느니라 그들을 두려워하지 말라 하나 (민 14:6-9)

   여호수아와 갈렙은 좋은 보고를 한 정탐꾼이었습니다. 그들은 가나안 땅에 거인들이 사는 것을 부정하지 않았습니다. 그러나 그들은 이스라엘 백성들이 거인들을 능히 이길 수 있다고 덧붙였습니다.
   "우리가 능히 이기리라." 그들이 말했습니다. "여호와는 우리와 함께 하시느니라!" 그것이 그들의 좋은 보고였습니다.
   이와 마찬가지로, 우리 믿는 자들도 타조처럼 머리를 모래에 파묻고는 우리 삶에 실제로 존재하는 문제들과 어려움들을 부정하면 안 됩니다. "거인들"은 있습니다. 그러나 우리는 주님께서 우리와 함께 하시기 때문에 그들을 능히 이길 수 있습니다!
   당신의 삶 가운데 거인들을 만나면 부정적인 고백을 취하지 마십시오. 의심의 말을 하며 악한 보고를 하지 마십시오. 믿음은 늘 좋은 보고를 합니다!

나는 내 인생의 거인들을 능히 이길 수 있다. 주님께서 나와 함께 하시기 때문이다! 내 안에 계신 분이 세상에 있는 자보다 더 크시다.

11월 8일

느낌

… 그가 친히 말씀하시기를 내가 과연 너희를 버리지 아니하고 너희를 떠나지 아니하리라 하셨느니라 (히 13:5)

내가 예배 가운데 믿음을 가르쳤는데, 예배가 끝나자 한 여인이 내게 다가와서 말했습니다. "해긴 목사님, 저를 위해 기도해주세요!" "무슨 문제가 있습니까?" 내가 물었습니다. "주님께서 저를 버리신 것 같아요!" "무슨 심각한 죄를 저질렀기에 주님께서 당신을 떠나셨단 말입니까?" "제가 아는 한 그런 일은 하지 않았어요." 그녀가 말했습니다. "그냥 주님의 임재가 제게서 떠나 버린 것 같아요."

"성경은 우리에게 '같아요'로 말미암아 행하라고 말하지 않습니다." 나는 그녀에게 설명했습니다. "성경은 우리에게 믿음으로 행하라고 합니다. 그리고 하나님의 말씀은 주님께서 당신을 결코 떠나지도 않고 버리지도 않는다고 말하고 있습니다." "저도 알아요." 그녀가 소리쳤습니다. "그러나 그런 것 같단 말이에요." "당신이 '같아요'라고 하는 것을 믿기보다 성경을 더 믿도록 하세요."

"그러나 저는 제 느낌을 알아요!" 그녀가 거의 화가 나서 말했습니다.

"그래요. 그러나 나는 예수님을 압니다. 예수님은 그렇게 말씀하셨고, 나는 그것을 믿어요. 우리는 우리가 느끼는 것 때문에 염려할 수는 없어요."

당신이 바르게 믿고 바르게 생각하고 바르게 말하기 시작한다면, 머지않아 당신의 느낌도 따라올 것입니다!

예수님은 나를 결코 떠나지도 않으시고 버리지도 않으신다. 그분이 말씀하셨다. 나는 믿는다. 그리고 나는 말한다.

11월 9일

기도와 말하기

그러므로 내가 너희에게 말하노니 무엇이든지 기도하고 구하는 것은 받은 줄로 믿으라 그리하면 너희에게 그대로 되리라 (막 11:24)

믿음은 기도 없이 말하는 것만으로도 역사하지만(마가복음 11장 23절에는 기도에 대한 언급이 없습니다), 믿음은 또한 기도로도 역사합니다.

어쨌거나 당신이 기도할 때, 그것을 말로(고백)해야만 하기 때문입니다.

다시 한 번 말하겠습니다. 믿음은 그것을 말함으로 역사하고, 기도함으로도 역사합니다. 그러나 당신이 기도했더라도, 그것을 계속 말해야 합니다.

마가복음 11장 23절과 24절은 오래 전 병상에서 나를 일으킨 구절들입니다. 나는 기도한 후에 말하기 시작했습니다(생각만 한 것이 아닙니다). 나는 내 방에서 큰 소리로 말하기 시작했습니다. "나는 내 몸이 치유 받은 것을 믿는다." 그리고 나는 내게 이상이 있는 것들을 구체적으로 말했습니다. "나는 내 심장병이 치유 받은 것을 믿는다. 나는 이 마비증세가 치유 받은 것을 믿는다. 나는 불치의 혈액병에서 치유 받은 것을 믿는다."

그리고 뭔가 놓치는 부분이 없도록 이렇게 끝맺었습니다. "나는 내가 머리부터 발끝까지 전부 치유 받은 것을 믿는다."

한 시간 이내에 모든 육체적인 이상 증세들이 내 몸에서 사라졌고, 나는 침대 옆에 서 있었습니다. 치유 받은 것입니다!

고백 나는 무엇이든지 내가 기도할 때 구한 것은 받은 줄로 믿는다. 나는 내가 믿는 것을 고백한다. 나는 내 고백을 굳게 잡는다. 그리고 나는 응답 받는 것에 결코 실패하지 않는다.

11월 10일

믿는 것이 먼저

예수께서 이르시되 할 수 있거든이 무슨 말이냐 믿는 자에게는 능히 하지 못할 일이 없느니라 하시니 (막 9:23)

　당신이 믿는 것을 말할 때와 기도할 때의 차이는 아주 근소한 것입니다.
　마가복음 11장 23절과 24절을 다시 보기 바랍니다. 예수님께서는 "그냥 믿어라"라고 하지 않으셨습니다. 그분은 우리에게 무엇을 믿어야 할 지 정확하게 말씀하셨습니다. 말하는 믿음은 "그 말하는 것이 이루어질 줄로 믿는 것"(23절)입니다. 당신이 그 말하는 것들이 이루어질 줄로 믿을 때, 그것은 아직 이루어지지 않았습니다. 그러나 당신이 말한 그것들을 계속 믿을 때, 그것은 결국 이루어질 것입니다. 무슨 일이 벌어지는 것입니까? "그 말한 것이 그대로 되리라." 조만간 당신은 그것을 갖게 될 것입니다!
　기도하는 믿음은 이것입니다. "기도하는 것은(when you pray) 받은 줄로 믿으라"(24절). 당신이 기도할 때를 말씀하고 있습니다. 기도하고 나서가 아닙니다. 다음 주가 아닙니다. 당신이 기도할 때 바로 그 순간 믿는 것입니다. 무엇을 믿습니까? 당신이 구한 것을 받은 줄로 믿는 것입니다. 이렇게 말하기 시작하십시오. "나는 받은 줄로 믿는다." 그러면 어떤 일이 벌어집니까? "그리하면 너희에게 그대로 되리라!"
　그렇습니다. 원하는 것을 갖게 될 것입니다. 그러나 갖는 것이 먼저가 아닙니다. 믿는 것이 먼저입니다. 그러면 갖는 것은 따라 옵니다.

 나는 믿는 자이다. 나는 기도할 때, 받은 줄로 믿는다. 나는 말할 때, 내가 말한 그대로 이루어질 것을 믿는다.

11월 11일

재정을 위한 믿음

또 약속하신 이는 미쁘시니 우리가 믿는 도리[믿음의 고백]의 소망을 움직이지 말며 굳게 잡고 (히 10:23)

나는 내 삶에서 뭔가가 필요하게 되면, 언제나 마가복음 11장 23절에 근거해서 내가 그것을 놓고 하나님을 믿고 있다고 말(또는 고백)합니다. 언제나 나는 그렇게 말할 뿐, 기도하지는 않습니다.

(다른 사람들과 연관되었을 때는 어쨌든 그들이 믿는 것이 당신의 기도에 영향을 끼칩니다. 특별히 그들이 당신과 동의하지 않는 경우에는 더 그렇습니다.)

나는 수 년 동안 돈에 관계된 기도를 해 본 적이 없습니다. 그리고 돈이 모자란 적도 결코 없었습니다. 나는 언제나 이렇게 말할 뿐입니다. "돈은 내게 올지어다." 그러면 그렇게 됩니다. 필요한 어느 정도가 정해져 있을 때는 구체적으로 고백합니다. 내가 필요한 양을 구체적으로 고백합니다.

언젠가 한 번은 월 초에 1,500달러가 필요한 적이 있었습니다. 그래서 나는 그렇게 말했습니다. 그리고 계속해서 그렇게 말했습니다. 기도 시간에도 나는 그것을 위해 기도하지 않았습니다. 나는 그저 말했을 뿐입니다. "다음 달 초까지 나는 1,500달러를 갖게 될 것이다."

그리고 월 초가 되었을 때, 나는 1,500달러를 갖고 있었습니다. 주님께 찬양드립니다!

 나는 흔들리지 않고 나의 믿음의 고백을 굳게 잡는다. 약속하신 그분은 신실하시기 때문이다. 그리고 나는 내가 말한 것을 갖는다.

11월 12일

모든 분야에서

사랑하는 자여 네 영혼이 잘됨같이 네가 범사에 잘되고 강건하기를 내가 간구하노라 (요삼 2)

오래 전에 주님께서 직접 내게 재정을 위한 믿음에 대해 가르쳐 주셨습니다. 당시 나는 사역의 현장에 있었고, 심각한 재정 문제로 며칠 동안 기도하며 금식하고 있던 상태였습니다. 주님께서 내게 말씀하셨습니다. "너의 문제는 바로 너다. 너는 자신이 설교한대로 실천하지 않고 있다. 너는 믿음에 대해 설교하면서 그것을 실천하지는 않는구나."

나는 항의했습니다. "웬걸요, 주님, 저는 잘 하고 있습니다!"

"오, 너는 치유에 관해서는 믿음을 실천하고 있는데, 그것은 칭찬할 만한 일이다. 너는 너의 믿음을 구원이나 성령 세례나 치유의 분야에서는 잘 사용하고 있다. 그러나 믿음은 모든 분야에서 동일하게 역사한다. 네게 치유가 필요할 때 너는 그것을 믿음으로 요구하고 네가 치유 받은 것을 공개적으로 선포하겠지. 재정에 대해서도 너는 똑같이 행해야 한다."

"어떻게 해야 할 지 알려주마. 먼저 돈에 대해 절대로 기도하지 말아라. 다시 말해서 네가 늘 기도하던 그런 식으로 기도하지 말란 말이다. 네가 필요한 것들은 이 땅위에 있다. 나는 하늘에서 네게 돈을 비 오듯 쏟아지게 하지는 않을 것이다. 그것은 위조지폐일 수밖에 없는데, 나는 위조지폐나 만드는 자가 아니다. 네게 필요한 것은 거기 밑에 있다. 나는 땅과 그 안의 모든 것을 만들었다. 나는 마귀나 그 패거리들을 위해 만든 것이 아니다. 네게 필요한 것이 무엇이든 그것을 요구해라. 이렇게 말하기만 해라. '사탄아, 내 돈에서 손을 떼라.' 왜냐하면 사탄이 돈을 쥐고 있는 것이지 내가 그러는 게 아니기 때문이다.'"

고백 예수님께서 원수의 손에서 나를 속량하셨다. 그리고 예수님의 이름으로 나는 하나님께서 내게 공급하시겠다고 약속하신 것을 요구할 권리를 가졌다.

11월 13일

너희가 구하는 것

그러므로 내가 너희에게 말하노니 무엇이든지 기도하고 구하는 것은 받은 줄로 믿으라 그리하면 너희에게 그대로 되리라 (막 11:24)

"무엇이든지 … (네가) 구하는 것은"
무엇이든지 당신의 할아버지가 구하는 것이 아닙니다. 무엇이든지 당신의 고모가 구하는 것이 아닙니다. 무엇이든지 당신의 남편이 구하는 것이 아닙니다. 무엇이든지 당신의 아내가 구하는 것이 아닙니다.

당신은 당신이 구하는 것을 받을 수 있습니다. 물론 당신이 구하는 그것이 다른 사람이 구하는 것과 다른 경우, 당신이 구하는 바를 그 사람에게 강요할 수는 없습니다. 왜냐하면 다른 사람이 연관된 경우에는 그들의 의지가 그 상황에 작용하기 때문입니다.

당신의 믿음은 언제나 당신 자신의 삶 안에서 당신을 위해 역사합니다. 그리고 – 언제나 그런 것이 아니라 – 때로는 다른 사람들을 위해서도 당신의 믿음을 사용할 수도 있습니다.

고백 나의 믿음은 언제나 내 삶 가운데 나를 위해 역사한다. 신령한 지혜로 말미암아 언제 내가 다른 사람을 위해 내 믿음을 사용할 수 있을지 알게 될 것이다.

11월 14일

일치

진실로 다시 너희에게 이르노니 너희 중의 두 사람이 땅에서 합심하여 무엇이든지 구하면 하늘에 계신 내 아버지께서 그들을 위하여 이루게 하시리라 (마 18:19)

당신이 누군가가 살게 될 것을 믿는다 하더라도 그 사람 자신이 죽을 것을 믿고 있다면, 당신은 그 사람을 치유 받게 할 수 없습니다! 일치함이 없기 때문입니다. 다른 사람들을 위해 기도할 때에는 그들로 합심하도록 하는 것이 중요합니다.

보통, 사람들이 기도 제목을 가지고 내게 올 때 (내가 그것에 동의할 수 있을 경우에 한해서) 나는 이렇게 말합니다. "지금 손을 잡고 마음을 모으도록 합시다. 내가 기도하는 동안 잘 듣고 내 기도에 마음을 일치시키세요. 왜냐하면 우리가 동시에 기도하면서 서로에게 주의하지 않으면 당신은 이 쪽 방향으로 기도하고 나는 또 다른 방향으로 기도할 수도 있기 때문이에요."

한 번은 한 여자 분이 내게 재정적 필요에 관한 기도를 부탁하러 왔습니다. 나는 기도했습니다. "아버지, 우리는 이 가족이 다음 달 초까지 필요한 100달러에 대해 마음을 모읍니다. 우리는 다음 달 초에 이 가족이 추가로 100달러를 갖게 될 것이라고 동의합니다. 주님께서는 두 사람이 합심하여 무엇이든지 구하면 이루어 주신다고 말씀하셨습니다. 우리는 그것이 이루어졌다고 동의하며, 지금 그것으로 인하여 감사드립니다. 예수님의 이름으로 기도합니다. 아멘."

나는 그 여인을 바라보며 물어보았습니다. "이제 됐어요, 그렇지요?"

그녀는 울기 시작했습니다. "그렇게 되면 좋겠어요."

그렇게 되지 않았습니다. 일치함이 없었던 것입니다.

고백 우리 가운데 두 사람이 땅에서 합심하여 무엇이든지 하나님의 말씀에 따라 구하면 하늘에 계신 우리 아버지께서 우리를 위하여 이루어 주실 것이다.

11월 15일

영적 갓난아기

갓난아기들 같이 순전하고 신령한 젖을 사모하라 이는 그로 말미암아 너희로 구원에 이르도록 자라게 하려 함이라 (벧전 2:2)

사람들이 어떤 조건에 있을 때 그들을 도울 수 있을까요?

사람들이 순전한 갓난아기 그리스도인인 동안에는 당신의 믿음으로 그들을 돌보고 그들이 필요한 것들을 갖도록 도울 수 있습니다. 새로 그리스도인이 된 사람을 치유하는 것은 세상에서 가장 쉬운 일입니다. 그리고 신유에 대해서 배워보지 못한 그리스도인을 치유하는 것도 비교적 쉬운 일입니다. 그러나 하나님께서는 영적인 것들에 대해 알 수 있는 시간과 기회가 주어진 사람들에게는 조금 더 많은 것을 요구하십니다.

1938년 11월 결혼 당시, 아내는 감리교 신자였고 치유에 대해서는 아는 것이 하나도 없었습니다. 12월이 되어 처음으로 텍사스의 진짜 겨울바람이 불기 시작하자 아내는 인후염에 걸리고 말았습니다. 그녀는 이렇게 말했습니다. "목구멍을 세척해야만 할 것 같아요. 겨울 내내 이렇게 목이 아플 거예요. 매년 그러거든요."

그때가 바로 아내에게 신유에 관해 가르칠 좋은 기회였습니다. 나는 마가복음 11장 23절을 기억하면서 아내에게 말했습니다. "아니에요. 당신 목구멍을 세척하지 않아도 되요. 이 만성 인후염은 없어져서 다시는 재발하지 않을 거예요."

그것은 없어졌습니다. 그리고 오랜 세월이 흘렀지만, 내 아내는 그때부터 지금까지 한 번도 인후염을 앓지 않았습니다. 그러나 지금은 아내에게 그런 식으로 할 수는 없습니다. 왜냐하면 이제 그녀 자신의 믿음이 발전했고, 하나님께서는 그녀가 그것을 사용할 것을 기대하시기 때문입니다.

 나는 말씀을 사모하여 자라나 결국 다른 사람들을 도울 수 있게 된다.

11월 16일

다른 사람들을 위한 믿음

여호와의 눈은 온 땅을 두루 감찰하사 전심으로 자기에게 향하는 자들을 위하여 능력을 베푸시나니… (대하 16:9)

누군가가 내게 다급한 전화가 와있다고 알려주었습니다. 여동생인 올레타였는데, 마구 울고 있었습니다. 그녀는 그녀의 딸이 아기를 사산했다고 말했습니다. 의사가 말하기를 아기가 살아있긴 하지만 얼마 살지 못할 것이고, 만약 산다고 하더라도 뇌에 산소가 공급되지 않아서 정상적인 생활을 할 수 없을 것이라고 했던 것입니다. 의사가 가족들에게 이렇게 말했습니다. "아기 얼굴이 기형입니다. 보지 않는 것이 좋겠습니다. 아기 숨이 끊어지는 대로 저희가 처리하도록 하겠습니다." 올레타는 울면서 말했습니다. "베니[아기의 아버지]는 오빠가 기도해주기를 원해." 나는 내 가족들이 영적인 문제에 대해서는 아직 갓난아기라는 것을 알고 있었고, 마가복음 11장 23절을 생각했습니다. "올레타, 베니는 어디 있어?" 내가 물었습니다. "전화 부스 바로 밖에 있어." 그녀가 대답했습니다. "잘 들어. 전화 끊자마자 베니한테 이렇게 말해줘. '베니, 켄 삼촌이 그러는데 아기가 죽지 않고 살 거래. 아기는 괜찮을 거래.'" "그렇게 생각해?" "아니, 그렇게 생각하는 게 아니야. 나는 알아. 나는 여기 적용되는 예수님의 말씀을 가지고 있어." 그리고 10분 후, 간호사가 달려 나와서 그들에게 말했습니다. "아기를 보셔도 좋아요! 아기가 괜찮아요. 우리가 아기를 보고 있었는데, 마치 풍선이 부풀듯이 아기 얼굴의 함몰된 부위가 복원되었어요!"

당신이 하나님을 믿는다면 그분을 가로막는 것은 불가능합니다.

나는 하나님을 믿는다. 나는 하나님께서 나를 위해 능력을 베풀기 원하신다는 것을 믿는다.

11월 17일

말씀을 보내어

그가 그의 말씀을 보내어 그들을 고치시고 위험한 지경에서 건지시는도다 (시 107:20)

한 번은 삼촌들 중에서 구원받지 못한 삼촌 하나가 어머니에게 연락을 해 왔습니다. 그는 나의 어머니를 통해 내게 그의 죽어가는 딸을 위해 기도해주기를 부탁했습니다. 나는 어머니에게 삼촌이 다시 전화하면 그 딸이 죽지 않고 살 것이라고 내가 그러더라고 전해달라고 했습니다.

"얘야, 주님으로부터 그런 말씀을 들었니?" 어머니가 물었습니다. (어머니는 주님께서 내게 여러 번 말씀하셨다는 것을 알고 있었습니다.) "예, 주님으로부터 들었어요. 그녀는 죽지 않고 살 거예요." 내가 단언했습니다. "주님을 찬양합니다. 잘 됐구나." "주님께서 마가복음 11장 23절에서 말씀하셨다고요." "아!" 어머니의 목소리는 실망으로 잦아들었습니다.

사람들은 말씀보다 뭔가가 나타나는 것에 더 큰 관심을 두고 있습니다. 그러지 마십시오. 말씀을 우선에 두십시오.

내가 어머니께 삼촌에게 그 말을 전해달라고 다시 말했을 때, 어머니는 말씀하셨습니다. "너는 그게 효과가 있을 거라고 생각하니?"

분명 효력이 있습니다! 구구단 공식은 유효합니까? 아무도 이렇게 말하지 않을 것입니다. "나는 내가 구구단에 대한 믿음을 가지고 있는지 잘 모르겠어." 만일 당신이 구구단 공식을 활용하면 그것은 제대로 된 결과를 산출해 낼 것입니다. 그리고 당신이 마가복음 11장 23절을 활용하면, 그것도 역시 제대로 된 결과를 만들어 낼 것입니다. 그렇게 하는 것은 바로 말씀입니다. 사람들이 놓치는 부분이 바로 그것입니다. 그들은 자신들이 뭔가를 이루어야만 할 것이라고 생각합니다. 아닙니다. 하나님께서 하십니다. 우리는 단지 말씀이 우리에게 하라고 시키는 일만 하면 됩니다.

 하나님의 말씀은 역사한다. 나는 말씀에 근거해서 행하고, 그러면 말씀은 나에게 역사한다.

11월 18일

성장

이는 우리가 이제부터 어린 아이가 되지 아니하여… (엡 4:14)

나는 나중에, 어머니께서 삼촌에게 내가 내 사촌이 회복될 것이라고 했던 말을 전한지 몇 분이 지나지 않아 그 딸이 갑자기 눈을 뜨더니 완전히 회복되었다는 것을 알게 되었습니다! 그녀는 세 명의 의사에게 둘러싸여서 집중 치료를 받고 있었고, 수석 외과의사는 그녀가 결코 깨어나지 않을 것이라고 말했었습니다.

나는 그녀가 나을 것이라는 것을 전혀 의심하지 않고 있었는데, 마가복음 11장 23절이 그렇게 말씀하고 있기 때문이었습니다. 오랜 세월동안 나는 친척들 각 사람마다 한 번 씩 말씀이 역사하도록 해서 초자연적인 일들이 그들에게 벌어지도록 할 수 있었습니다. 그러나 반복적으로는 할 수 없었습니다. 당신도 알다시피, 그런 역사들은 그들에게 말씀이 분명 역사한다는 구체적인 증거들을 주었습니다. 그러나 그들이 내게 돌아와서 두 번째를 부탁했을 때, 나는 더 이상 내 믿음으로 그들을 도울 수 없었습니다. 하나님께서는 다음번에는 그들에게 조금이지만 뭔가를 기대하셨습니다. 적어도 내게 동의하는 것 말입니다.

말씀이 다른 사람들을 위해 늘 역사하도록 만들 수는 없습니다. 자연적으로 부모가 그들의 자녀들을 평생 돌볼 수 없는 것과 마찬가지로, 영적으로 사람들을 평생 돌보는 것도 옳지 않습니다. 언젠가는 그들이 스스로의 힘으로 빠져 나올 때가 오는 것입니다. 그리고 하나님께서 이렇게 말씀하실 때가 오는 것입니다. "다 큰 아이는 내려놓고 스스로 걷게 해라!"

고백 나는 영적으로 성장하고 있다. 나는 믿음 안에서 성장하고 있다.

11월 19일

감사

여호와의 인자하심과 인생에서 행하신 기적으로 말미암아 그를 찬송할지로다 감사제를 드리며 노래하여 그가 행하신 일을 선포할지로다 (시 107:21,22)

우리 미국의 선조들은 매년 하루를 이 새로운 땅에서 그들을 축복하신 하나님께 감사하는 날로 구별하였습니다. 하나님께서는 그들을 영적으로도 물질적으로도 모두 축복하셨습니다.

우리도 역시 하나님께서 우리의 인생 가운데 우리에게 부어주신 영적, 물질적 축복에 대해 감사드려야 할 것입니다. 그리고 우리는 하나님께서 우리에게 주신 사랑의 보호와 돌봄에 대해 감사드려야 할 것입니다.

이번 추수 감사 절기에는, 하나님께서 "감사를 드림"에 대해 뭐라고 하셨는지 말씀을 찾아보도록 합시다. 우리는 신약을 볼 것입니다. 왜냐하면 우리는 새로운 언약 아래 살고 있기 때문입니다. 새 언약이 우리에게 감사드려야 할 것들이 무엇이라고 말씀하는지 살펴보도록 합시다.

고백 주님의 선하심을 찬양합니다. 감사제를 드리며 기쁨으로 그가 행하신 일을 선포합니다. 내 인생에 주신 영적, 물질적 축복들로 인해 주님께 감사드립니다. 하나님의 보호와 관심에 감사드립니다.

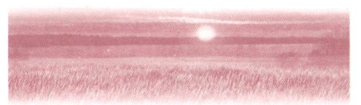

11월 20일

무엇보다 먼저

그러므로 내가 첫째로(first of all) 권하노니 모든 사람을 위하여 간구와 기도와 도고와 감사를 하되 임금들과 높은 지위에 있는 모든 사람을 위하여 하라 … (딤전 2:1,2)

하나님의 말씀이 지시하는 바를 따라 가장 중요한 것을 최우선에 둘 때, 우리는 그 성과를 얻게 됩니다. 이것은 특히 오늘 본문 말씀에 관한한 사실입니다. 우리가 지시를 따라 가장 중요한 것을 최우선에 둘 때, 우리는 하나님께서 우리에게 이미 주신 것들을 그분으로부터 받게 되리라고 기대할 수 있습니다.

"무엇보다 먼저"는 말 그대로 어떤 것보다도 먼저라는 의미입니다.

그러나 또한 말씀에, 간구와 기도와 중보와 더불어 "감사를 하되"라고 되어 있는 것을 주목하기 바랍니다.

우리로 하여금 더욱 정확히 이해하도록 하기 위해, 바울은 계속해서 이 "모든 사람"이 누구인지 확실히 말하고 있습니다. "임금들"은 대통령, 통치자, 그리고 국가의 다른 지도자들을 포함할 것입니다. "높은 지위에 있는 모든 사람"은 도, 시, 군 등의 지도자 들을 포함할 것입니다.

만약 우리가 하나님을 기쁘시게 하기 원하는 그리스도인들이라면, 우리의 기도와 감사 제목에서 가장 첫 번째로 놓아야 할 사람이 누구이겠습니까? 우리 자신들? 우리의 자녀들? 우리의 손자, 손녀들? 아닙니다. 만일 하나님을 기쁘시게 하기 원한다면, 우리는 하나님께서 말씀하신 대로 정확히 해야만 할 것입니다. 우리는 무엇보다 먼저 권세를 가진 높은 지위에 있는 모든 사람들을 위해 기도와 감사를 드려야 할 것입니다.

주님, 우리의 대통령으로 인해 감사드립니다. 권세를 가진 높은 지위에 있는 모든 사람들로 인해 감사드립니다.

11월 21일

감사드리기

그러므로 내가 첫째로(first of all) 권하노니 모든 사람을 위하여 간구와 기도와 도고와 감사를 하되 임금들과 높은 지위에 있는 모든 사람을 위하여 하라 …
(딤전 2:1,2)

하나님의 말씀은 이 문제에 대해 명확합니다. 많은 그리스도인들이 이 성경 구절대로 어느 정도 실천하고는 있지만, "감사를 드리는 것"에 있어서는 무시하는 경향이 있는 것 같습니다.

하나님께서는 우리가 그분께 감사드리기를 원하십니다. 그리고 우리는 하나님께 감사드릴 것이 많이 있습니다!

그러나 우리나라의 잘못된 것들을 늘 비판하고 있는 그리스도인들이 너무나 많습니다. 성경은 우리가 그리스도인으로서 그렇게 하라고 말씀하고 있지 않습니다.

대신에 그리스도인으로서 우리의 지도자들을 위해 간구와 기도와 중보, 그리고 감사를 하라고 권면하고 있습니다. (우리가 그들을 비판하고 있으면서 동시에 그들을 위한 기도가 응답되는 것은 불가능합니다.)

 하나님의 말씀에 따라 우리나라의 지도자들로 인해 감사드립니다. 이 위대한 나라로 인해 감사드립니다.

11월 22일

목적

… 이는 우리가 모든 경건과 단정함으로 고요하고 평안한 생활을 하려 함이라 이것이 우리 구주 하나님 앞에 선하고 받으실 만한 것이니 하나님은 모든 사람이 구원을 받으며 진리를 아는 데에 이르기를 원하시느니라 (딤전 2:2-4)

하나님의 말씀은 더할 것이 없이 완전합니다. 그분은 목적을 품고 계십니다. 우리는 권세를 가지고 있는 높은 지위의 사람들을 위해 기도해야 하는데, 이는 그리스도인인 우리가 고요하고 평안한 생활을 하기 위해서입니다. 하나님께서는 우리를 생각해서 그러시는 것이고, 권세를 잡은 그들이 그리스도인이 아닐 지라도, 하나님께서는 우리를 위해 역사하실 것입니다.

하나님의 궁극적인 목적은 우리가 복음을 자유롭게 전파할 수 있게 되는 것입니다. 우리가 안정된 정부 아래 살고 있지 않다면, 복음 전파는 방해를 받게 됩니다. 예를 들어, 정치적인 격변이나 전쟁, 여행 제한, 또는 다른 여러 제한들은 복음의 전파를 방해합니다. 예수님께서 말씀하셨습니다. "이 천국 복음이 모든 민족에게 증언되기 위하여 온 세상에 전파되리니 그제야 끝이 오리라"(마 24:14). 마귀는 이것이 이루어지는 것을 막기 위해 최선을 다해 시도할 것입니다. 그러므로 우리나라를 이끄는 지도자들을 위해 중보기도와 간구와 감사를 드리라고 권면하고 있는 것입니다.

고백 아버지, 우리의 지도자들로 인해 감사드립니다. 아버지께서 기도를 들으시고 또한 응답하시는 것으로 인해 감사드립니다. 아버지께서는 나를 위해 일하고 계시기 때문입니다.

11월 23일

아버지, 감사합니다

우리로 하여금 빛 가운데서 성도의 기업의 부분을 얻기에 합당하게 하신 아버지께 감사하게 하시기를 원하노라 그가 우리를 흑암의 권세에서 건져내사 그의 사랑의 아들의 나라로 옮기셨으니 그 아들 안에서 우리가 속량 곧 죄 사함을 얻었도다 (골 1:12-14)

새 언약은 우리에게 아버지께 감사하는 것이 마땅하다고 말하고 있습니다. 아버지께서 우리로 무언가에 동참하는 자가 되게 하셨기 때문입니다. 무엇에 동참한 것입니까? "빛 가운데서 성도의 기업"입니다!

확대번역 성경을 보면 13절이 이렇게 되어 있습니다. "[아버지께서] 우리를 흑암의 억압과 지배에서 건져내서 그분 자신께로 이끄사…"

하나님 자신께서 우리를 사탄의 억압에서 건져내셨습니다! 사탄의 왕국은 흑암의 나라입니다. 하나님의 왕국은 빛의 나라입니다. 아버지께서 우리로 빛 가운데서 성도의 유산에 동참한 자가 될 수 있도록 만드셨습니다. 아버지께서는 우리를 흑암의 억압과 지배 아래에서 건져내셨습니다. 사탄은 우리를 마음대로 할 수 없습니다. 그는 우리를 지배할 수 없습니다.

그리고 그것으로 인해 하나님께 감사드리라고 우리에게 말씀하고 있습니다.

고백 아버지, 우리로 하여금 빛 가운데서 성도의 기업의 부분을 얻기에 합당하게 해 주셔서 감사드립니다. 우리를 흑암의 권세에서 건져내 주셔서 감사드립니다. 저를 당신의 사랑의 아들의 나라, 즉 빛의 나라로 옮겨 주셔서 감사드립니다.

11월 24일

주인이 바뀜

죄가 너희를 주장하지 못하리니 이는 너희가 법 아래에 있지 아니하고 은혜 아래에 있음이라 (롬 6:14)

오늘 성경 구절의 다른 번역은 이렇습니다. "죄가 너희에게 주인 노릇을 하지 못하리니."

죄와 사탄은 동의어로 사용됩니다. 그러므로 우리는 이 구절을 이렇게 읽을 수 있습니다. "사탄이 너희를 지배하지 못하리니," 또는 "사탄이 너희에게 주인 노릇을 하지 못하리니."

사탄이 당신의 주인 노릇을 하지 못하는 이유는 골로새서 1장 13절에서 찾을 수 있습니다. 아버지께서 사탄의 억압과 지배 아래에서 당신을 건져내셨기 때문입니다.

당신이 거듭나서 그리스도 예수 안에서 새로운 피조물이 된 순간, 예수님께서 당신의 주인이 되십니다. 이제 당신을 지배하는 분은 그분이십니다. 사탄은 더 이상 당신의 주인이 아닙니다. 당신이 거듭났을 때, 사탄의 지배는 끝이 났고 예수님의 지배가 시작된 것입니다!

그리고 사탄에게서 오는 것은 무엇이든 – 질병이든 나쁜 습관이든 무엇이든 – 더 이상 당신에게 주인 노릇을 하지 못합니다.

고백 예수님이 나의 주님이시다. 아버지 감사합니다. 나를 사탄의 지배에서 건져주셔서 감사합니다. 사탄이 더 이상 내게 주인 노릇을 하지 못하게 된 것으로 인하여 감사드립니다. 질병이나 나쁜 습관들이 더 이상 나의 주인 노릇을 하지 못하게 된 것으로 인하여 감사드립니다. 사탄이 나를 지배할 수 없게 된 것으로 인해 감사드립니다.

11월 25일

위대한 계획

> 그리스도께서 우리를 위하여 저주를 받은 바 되사 율법의 저주에서 우리를 속량하셨으니 기록된 바 나무에 달린 자마다 저주 아래에 있는 자라 하였음이라 (갈 3:13)

골로새서 1장 12-14절에서 말한 대로 유산에 동참하게 된 우리가 아버지께 감사해야 할 것은 "그의 피로 말미암은 속량"(14절)입니다.

우리는 무엇으로부터 속량 받았습니까? 율법의 저주로부터입니다. 그러면 율법의 저주는 무엇입니까? 그것을 알아낼 수 있는 유일한 방법은 율법으로 가서 율법이 저주를 뭐라고 말하고 있는지 보는 것입니다.

신약에서 볼 수 있는 "율법"이라는 용어는 성경의 처음 다섯 권인 모세오경을 말합니다. 그곳을 읽으면서 우리는 하나님의 율법을 범했을 때 당하는 저주 또는 형벌이 3중적이라는 것을 알 수 있습니다.

1. 영적 죽음 (창 2:17)
2. 가난 (신 28:15-68)
3. 질병 (신 28:15-68)

갈라디아서 3장 13절은 그리스도께서 우리를 율법의 저주에서 속량하셨다고 말씀하고 있고, 골로새서 1장 12-14절은 그것으로 인하여 하나님께 감사드리라고 말씀하고 있습니다! 우리는 아버지께서 세우시고 주 예수 그리스도를 보내셔서 완성하신 위대한 속량의 계획에 대해 아버지께 감사드려야 할 것입니다!

고백 아버지, 아버지께서 세우시고 주 예수 그리스도를 보내셔서 완성하신 위대한 속량의 계획에 대해 감사드립니다! 나를 죽음에서 속량하여 주셔서 감사합니다! 나를 가난에서 속량하여 주셔서 감사합니다! 나를 질병에서 속량하여 주셔서 감사합니다! 아버지, 감사합니다!

11월 26일

성령 충만

술 취하지 말라 이는 방탕한 것이니 오직 성령으로 충만을 받으라 시와 찬송과 신령한 노래들로 서로 화답하며 너희의 마음으로 주께 노래하며 찬송하며 범사에 우리 주 예수 그리스도의 이름으로 항상 아버지 하나님께 감사하며 (엡 5:18-20)

"의무적으로 하나님께 감사할 수는 없어요." 어떤 사람들은 말했습니다.
그러나 에베소서 5장 18-20절에 있는 바울의 충고를 따른다면 당신은 할 수 있습니다. "성령으로 충만을 받으라." 그리고 오순절 사람들에게 이러한 충고를 하자마자, 바울은 성령 충만을 유지하는 어떤 방법을 전해주고 있습니다. "시와 찬송과 신령한 노래들로 서로 화답하며, 너희의 마음(heart)으로 주께 노래하며…"
넘쳐나는 당신의 심령이 증거가 될 것입니다! 당신의 잔은 가득 차 넘쳐날 것입니다! 당신 심령 안에서 노래가 나올 것입니다!
"범사에 항상 감사하며." 감사하는 심령이 될 것입니다. 당신은 하나님의 모든 축복에 감사드릴 것입니다. 당신은 모든 시험에도 감사할 수 있습니다. 마귀가 한 일에 대해 감사하는 것이 아니라, 말씀에 대해 감사하고, 하나님의 역사를 볼 기회로 인해 감사하고, 하나님께서 모든 것들이 당신을 위해 합력하여 선을 이루도록 하실 수 있다는 사실을 당신이 보게 될 것으로 인해 감사하는 것입니다.

고백 나는 성령 충만을 유지한다. 나는 성령 안에서 말한다. 나는 성령 안에서 노래한다. 나는 내 심령 안에서 주님께 노래를 만들어 드린다. 그리고 나는 감사한다.

11월 27일

올바로 감사하기

그리스도의 말씀이 너희 속에 풍성히 거하여 모든 지혜로 피차 가르치며 권면하고 시와 찬송과 신령한 노래를 부르며 감사하는 마음으로 하나님을 찬양하고 또 무엇을 하든지 말에나 일에나 다 주 예수의 이름으로 하고 그를 힘입어 하나님 아버지께 감사하라 (골 3:16,17)

범사에 감사하라 이것이 그리스도 예수 안에서 너희를 향하신 하나님의 뜻이니라 (살전 5:18)

어제의 구절과 오늘의 구절이 매우 유사하다는 것에 주목하기 바랍니다.
심령 안의 노래와 감사드리는 것은 늘 함께 있는 것입니다.
그리고 만약 당신이 성령으로 충만하게 되어 있다면, 당신은 이러한 찬양과 감사를 경험하게 될 것입니다.
만일 그렇지 않다면, 당신은 단지 성령으로 충만하지 않은 것입니다. 충만함을 받으십시오! (요 7:37-39; 14:16-17; 행 1:4-5; 2:4; 8:14-17; 10:44-46; 19:1-3,6을 보십시오.) 그러면 찬양과 감사의 영을 받게 될 것입니다.

고백 나는 그리스도의 말씀이 내 안에 풍성히 거하게 한다. 시와 찬송과 신령한 노래에 관한 가르침과 권면은 내게 유익하다. 내 심령 안의 은혜로 주님을 찬양한다. 내가 무엇을 하든지 말에나 일에나 주 예수의 이름으로 한다. 나는 그를 힘입어 하나님 아버지께 감사한다.

11월 28일

충만함을 받으라

방언을 말하는 자는 사람에게 하지 아니하고 하나님께 하나니 이는 알아듣는 (understand) 자가 없고 영으로 비밀을 말함이라 … 내가 만일 방언으로 기도하면 나의 영이 기도하거니와 나의 마음(understanding)은 열매를 맺지 못하리라 그러면 어떻게 할까 내가 영으로 기도하고 또 마음(understanding)으로 기도하며 내가 영으로 찬송하고 또 마음(understanding)으로 찬송하리라 그렇지 아니하면 네가 영으로 축복할 때에 알지 못하는 처지에 있는 자가 네가 무슨 말을 하는지 알지(understand) 못하고 네 감사에 어찌 아멘 하리요 너는 감사를 잘하였으나[올바로 감사하였으나] 그러나 다른 사람은 덕 세움을 받지 못하리라 (고전 14:2, 14-17)

하나님께서는 그분과 교통할 수 있는 신령하고 초자연적인 수단을 교회에 주셨습니다! 하나님은 영이십니다. 우리가 방언으로 말할 때, 우리의 영은 영이신 하나님과 직접 접촉하는 것입니다! 우리는 신령하고 초자연적인 수단으로 그분께 말하고 있는 것입니다. 이로 인해 우리는 "영으로 축복"할 수 있습니다. 그리고 우리는 "올바로 감사"를 드릴 수 있습니다.

바울이 "알지 못하는 처지에 있는 자"라고 표현한 것은 영적인 것들을 배우지 못한 사람들을 일컫는 것입니다. 만일 당신이 나를 저녁에 초대해서 식사 기도를 해 달라고 했을 때, 내가 방언으로 기도한다면, 당신은 내가 무슨 말을 했는지 알지 못할 것입니다. 당신은 세움을 받지 못할 것입니다. 그러므로 바울은 그런 경우에는 알아들을 수 있게 기도하는 것이 더 좋다고 말했습니다.

그러나 하나님의 말씀은 분명히 방언으로 기도하는 것이 올바로 감사를 드리는 완벽한 방법이라고 분명히 밝히고 있습니다.

고백 나는 영으로 하나님을 축복할 것이다. 나는 올바로 감사를 드릴 것이다.

11월 29일

한밤중의 찬양

한밤중에 바울과 실라가 기도하고 하나님을 찬송하매 죄수들이 듣더라 (행 16:25)

노래와 찬양과 감사는 모두 함께 있는 것입니다.

바울과 실라가 많이 맞은 후에 그 발에 차꼬를 차고 감옥에 던져졌습니다. 그러나 한밤중에 그들은 기도하고 하나님을 찬양했습니다. 큰 소리로 말입니다. 다른 죄수들이 그것을 듣고 있었습니다!

이러한 처지에서 대부분의 사람들은 환경에 대해 투덜대며 불평을 했을 것입니다. 만약 그들이 현대의 그리스도인들과 같았다면, 실라는 이렇게 말했을 것입니다. "바울, 아직 거기 있소?" 그러면 바울이 대답했겠지요. "그럼 내가 어디 딴 데 가겠소?"

실라는 이렇게 불평할 수도 있었습니다. "난 말이요, 내 등이 너무너무 아프다오. 나는 왜 하나님께서 우리를 이렇게 인도해서 이런 일이 벌어지게 하시는지 이해할 수가 없소. 그분은 우리가 그분을 섬기려고 애쓰며 최선을 다한다는 것을 아실 텐데 말이요!"

그런 종류의 기도는 바울과 실라가 풀려나는 대신 더 오래 잡혀 있게 했을 것입니다! 하나님께서 그들을 감옥에 집어넣은 것이 아닙니다. 마귀가 한 것입니다. 그러나 우리가 한밤중에 있을 때, 즉 시험과 시련과 인생의 폭풍이 다가올 때 우리를 도와줄 진리와 교훈이 여기에 있습니다. 그 때가 바로 하나님께 기도하고 찬양하며 노래하고 감사를 드릴 때입니다!

고백 나는 어떠한 때에도 하나님께 찬양하고 감사한다. 나는 결코 "나는 참 불쌍하구나"하는 태도를 갖지 않는다. 나는 언제나 찬양하는 태도를 유지한다.

11월 30일

경배

주를 섬겨 금식할 때에 성령이 이르시되 내가 불러 시키는 일을 위하여 바나바와 사울을 따로 세우라 하시니 (행 13:2)

주님을 섬기는 것은 경배의 기도를 말합니다.
　하나님께서 우리에게 신경을 쓰고 계신 것은 틀림없습니다. 그분은 우리에게 관심이 있으시고, 우리의 필요를 채워주기 원하십니다. 그런데 그분은 우리에게 구하라고 말씀하셨습니다. 그러나 내가 관찰한 바로는 우리의 기도 중 너무나 많은 부분을 그저 "주세요, 주세요, 주세요."하며 채우고 있다는 것입니다.
　개인적인 기도생활에서나, 모임에서나, 또는 교회에서 우리는 하나님을 기다리며 주님을 섬기는 시간을 가질 필요가 있습니다. 이러한 분위기 속에서 하나님은 역사하실 수 있습니다. 그들이 주를 섬겨 금식할 때 성령님께서 자신을 나타내셨습니다!
　하나님께서는 자신의 기쁨을 위해 인간을 창조하셨는데, 누군가와 교제를 하고 싶으셨기 때문입니다. 그분은 우리 아버지이십니다. 우리는 하나님께로부터 났습니다. 이 땅의 부모들이 자녀들과 교제 나누는 것을 즐기듯이, 하나님께서는 그분의 아들, 딸들과 교제하는 것을 즐기십니다.
　주님을 섬기는 시간을 가지십시오. 기도하십시오. 하나님을 시중들듯 기다리십시오. 당신이 그분을 얼마나 사랑하는 지 말씀드리십시오. 찬양하십시오. 그분의 선하심과 자비에 대해 감사드리십시오.

당신 스스로의 고백을 만들어 보십시오. 주님을 섬기면서 오늘 배운 것을 실천하십시오.

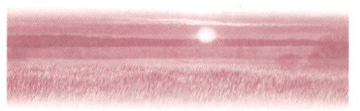

12월 1일

엘샤다이

아브람이 구십구 세 때에 여호와께서 아브람에게 나타나서 그에게 이르시되 나는 전능한 하나님이라 너는 내 앞에서 행하여 완전하라 (창 17:1)

구약 성경 구절의 히브리어 원문에는 하나님께서 "나는 '엘샤다이' 다(I am El Shaddai)"라고 하셨다고 되어 있습니다. 하나님께서는 스스로를 언약의 이름 7개로 이스라엘에게 드러내셨는데, 그 중의 하나가 바로 엘샤다이입니다. 이를 문자 그대로 해석하면, "차고 넘치는 분(more than enough)" 또는 "모든 것에 풍족한(All-Sufficient One)"이란 뜻입니다. 하나님을 "차고 넘치도록 주시는 분"으로 생각하는 것은 당신의 믿음에 도움이 될 것입니다!

구약 전체에 걸쳐 하나님께서는 스스로를 엘샤다이, 차고 넘치도록 주시는 하나님이라고 계시하고 계십니다. 예를 들어 하나님께서 노예로 있던 이스라엘 백성들을 애굽에서 이끌어 내실 때, 바로의 병사들은 그들을 다시 붙잡아 노예로 부리려고 그들을 추격했습니다. 이스라엘 백성들의 한 쪽은 광야였고, 다른 한 쪽은 산이었습니다. 그들 앞에는 홍해가 가로막고 있었습니다. 상자에 갇힌 꼴이 되었지만, 차고 넘치도록 주시는 하나님을 바라보았습니다. 그러자 하나님께서는 바다를 가르셨습니다! 그분은 깊은 물이 바다 한가운데서 엉기도록 하셨습니다!(출 15:8) 그분은 물을 얼려버리셨습니다! 물이 양쪽에 벽처럼 쌓였고, 이스라엘은 걸어서 맞은편으로 건너갔습니다. 우리 하나님은 차고 넘치도록 주시는 분입니다!

고백 나의 아버지는 엘샤다이, 차고 넘치도록 주시는 하나님이시다. 그분은 내 우편의 어떤 산보다 더 크신 분이다. 그분은 내 뒤의 어떤 적보다 더 크신 분이다. 그분은 내 앞의 어떤 장애물보다 더 크신 분이다. 그분이 내 친아버지이시다. 그리고 그분은 엘샤다이, 차고 넘치도록 주시는 하나님이시다!

12월 2일

차고 넘치도록

태양이 머물고 달이 멈추기를 백성이 그 대적에게 원수를 갚기까지 하였느니라 야살의 책에 태양이 중천에 머물러서 거의 종일토록 속히 내려가지 아니하였다고 기록되지 아니하였느냐 (수 10:13)

우리는 가나안 땅에서 이스라엘과 함께 계시는 엘샤다이를 볼 수 있습니다. (그런데, 가나안은 천국의 모형이 아닙니다. 그럴 수 없습니다. 천국에는 싸워야 할 전투도 없고, 취해야 할 성도 없으며, 정복해야할 원수들이나 거인들도 없습니다. 그것들은 여기 이 세상에 있습니다. 가나안은 성령 세례의 상징이며 그리스도 예수 안에서 우리가 가진 권리와 특권의 모형입니다.) 이스라엘이 가나안에서 어려움에 당면했을 때, 지도자 여호수아는 하나님께 기도합니다. 그리고 하나님께서는 단지 하나님의 사람 한 명이 기도했기 때문에 모든 우주를 정지시키셨습니다! 하나님께서는 그렇게 하실 수 있습니다. 그분은 차고 넘치도록 주시는 하나님이십니다!

구약 성경 내내 우리는 엘샤다이께서 사람들과 선지자들과 제사장들과 왕들의 삶 가운데 역사하고 계시는 것을 볼 수 있습니다. 그러나 그분은 단지 '어제'의 하나님이 아닙니다. 그분은 '현재'의 하나님이십니다! 그분은 자신을 가리켜 "차고 넘치도록 '주시던' 하나님"이나 "차고 넘치도록 '주실' 하나님"이라고 하지 않으셨습니다. 우리는 너무나 자주 모든 것을 과거나 미래로만 돌려 버리곤 합니다. "오, 하나님께서 그런 일을 하셨던 그 시절로 돌아가면 얼마나 좋을까?" 또는 "우리가 천국에 가면 모든 것들이 멋질 거야." 아닙니다. 당신이 차고 넘치도록 주시는 그 하나님을 신뢰하기만 한다면, '지금', '여기에서' 모든 일들이 달라질 것입니다!

고백 나는 하나님을 믿는다. 나는 지금 하나님을 신뢰한다. 그분은 오늘 차고 넘치도록 주시는 하나님이시다! 그분은 내가 마주치는 어떤 상황도 이기고도 남는 분이다. 그분은 내게 차고 넘치도록 주시는 분이다.

12월 3일

그분이 건지신다

… 그가 나를 사랑한 즉 내가 그를 건지리라… (시 91:14)

"내가 하리라(I will)," 또는 "내가 하겠다(I shall)"라는 표현은 영어로 할 수 있는 가장 강한 표현입니다. 그리고 시편 91편의 마지막 부분에는, 차고 넘치도록 주시는 하나님께서 자기를 사랑하는 자들에게 하시겠다고 하신 7가지 일이 기록되어 있습니다. (하나님, 감사합니다. 나는 하나님을 사랑합니다. 당신도 그렇습니까?)

하나님께서는 이렇게 말씀하지 않으셨습니다. "내가 그럴지도 모른다," 또는 "내게 기운이 남아있다면, 그렇게 하마." 아닙니다! 그분은 모든 것이 풍족한 분입니다. 그분이 이렇게 말씀하셨습니다. "내가 그렇게 하리라."

먼저 하나님께서는 "내가 그를 건지리라"라고 하셨습니다. 차고 넘치는 이 하나님은 건지시는 하나님이십니다. 그분은 아브라함에게 하신 약속을 지키셨고, 이스라엘을 건지셨으며 그분은 오늘도 여전히 구원자이십니다.

우리 하나님은 억압하는 분이 아니라 건져내시는 분입니다! 사도행전 10장 38절을 보면 분명합니다. 사탄이 인류를 억압하는 자입니다. 그러나 예수님은 우리를 건지시는 분입니다!

고백 나는 하나님을 사랑합니다. 그러므로 그분은 나를 건지신다. 그분은 건지시는 하나님이시다. 그리고 하나님은 차고 넘치도록 주시는 분이시다. 그분은 지치는 법이 없으시다. 힘이 모자라는 법이 없으시다. 하나님은 하시겠다고 말씀하신 것은 모두 하시는 분이다. 그분은 모든 것에 풍족한 분이고 그분은 그렇게 하실 것이다!

12월 4일

그분이 응답하신다

… 그가 나를 사랑한 즉 … 그가 내게 간구하리니 내가 그에게 응답하리라…
(시 91:14-15)

너는 내게 부르짖으라 내가 네게 응답하겠고 네가 알지 못하는 크고 은밀한 일을 네게 보이리라 (렘 33:3)

너희가 기도할 때에 무엇이든지 믿고 구하는 것은 다 받으리라 하시니라 (마 21:22)

그러므로 내가 너희에게 말하노니 무엇이든지 기도하고 구하는 것은 받은 줄로 믿으라 그리하면 너희에게 그대로 되리라 (막 11:24)

그 날에는 너희가 아무 것도 내게 묻지 아니하리라 내가 진실로 진실로 너희에게 이르노니 너희가 무엇이든지 아버지께 구하는 것을 내 이름으로 주시리라 지금까지는 너희가 내 이름으로 아무 것도 구하지 아니하였으나 구하라 그리하면 받으리니 너희 기쁨이 충만하리라 (요 16:23-24)

이것은 기도라는 주제에 관한 성경 구절의 전부가 아닙니다. 그러나 이 구절들만으로도 우리의 마음에 기도의 불을 붙이기에는 충분합니다. 우리가 기도를 시작하는 데에는 이들만으로도 충분합니다. 왜냐하면 엘샤다이께서 우리에게 "내가 응답하리라"라고 말씀하셨기 때문입니다. 전능하신 하나님, 차고 넘치도록 주시는 분께서 그분을 사랑하는 사람들에게 응답하겠다고 약속하셨습니다!

고백 나는 나의 사랑을 전능하신 하나님께 드렸다. 그러므로 그분은 내게 응답하신다. 내가 그분을 부르면 그분은 내게 응답하신다. 내가 구하면 그분은 내게 주신다. 내가 찾으면 그분은 내가 발견하도록 하신다. 내가 두드리면 그분은 내게 열어 주신다. 바라는 무엇이든 내가 기도할 때 받은 것을 믿으면, 하나님께서는 내가 그것을 갖도록 하신다. 내가 예수님의 이름으로 무엇이든지 구하면 전능하신 하나님께서 내게 주신다. 나의 기쁨은 충만해진다.

12월 5일

그분이 해결책

> … 그가 나를 사랑한 즉 … 그들이 환난 당할 때에 내가 그와 함께 하여 그를 건지고… (시 91:14-15)

하나님께서는 당신이 어떤 환난도 당하지 않게 될 것이라고 말씀하지 않으셨습니다. 사실은 오히려 그리스도인이라는 이유로 환난을 당하게 될 것이라고 하셨습니다! 세상은 당신을 핍박할 것이고, 당신을 헐뜯으며 험담을 할 것입니다. 원수가 당신을 대항하여 전투대열로 배치되어 있습니다. 이 세상 신(고후 4:4)은 기회가 있을 때마다 당신을 압박할 것입니다.

어떤 사람들은 어려움을 주는 분이 하나님이라고 생각하지만, 그렇지 않습니다. 예수님께서는 그분께서 하시는 일과 마귀의 일을 대비하여 이렇게 설명하셨습니다. "도둑이 오는 것은 도둑질하고 죽이고 멸망시키려는 것뿐이요 내가 온 것은 양으로 생명을 얻게 하고 더 풍성히 얻게 하려는 것이라"(요 10:10). 하나님은 도둑이 아닙니다. 도둑질하고 죽이고 멸망시키는 것은 마귀입니다. 하나님이 아닙니다.

하나님께서는 이렇게 말씀하셨습니다. "의인은 고난이 많으나 여호와께서 그의 모든 고난에서 건지시는도다"(시 34:19). 여기서 "고난(afflictions)"이라는 단어는 시험과 시련을 의미합니다. 그리고 그것이 바로 당신의 환난입니다. 그러나 주님께서는 당신을 얼마나 많은 고난에서 건지시겠다고 약속하셨습니까? 절반? 아닙니다! '모든' 고난에서 입니다! 주님께서는 당신이 환난을 당할 때 함께 계시겠다고만 약속하시고 거기서 멈춰 서신 것이 아닙니다. 주님께서는 당신을 그 환난에서 건지시기 위하여 거기 계신 것입니다. 그리고 그분은 차고 넘치도록 주시는 분입니다!

고백 나는 하나님께 사랑을 드렸다. 그러므로 어떤 시험이나 시련에서도 나는 엘샤다이께서 나와 함께 계셔서 나를 건지시는 것을 안다. 그리고 그분은 차고 넘치도록 주시는 분이다!

12월 6일

그분이 영화롭게 하신다

… 그가 나를 사랑한 즉 … 내가 그를 높이리라 … 영화롭게 하리라
(시 91:14-15)

나는 이 세상이 줄 수 있는 어떤 갈채보다 하나님께서 나를 영화롭게 하시는 것을 선택하겠습니다.

나폴레옹에 관한 일화가 있습니다. 어느 날 나폴레옹이 그의 군대를 돌아보고 있는데, 그가 탄 말이 날뛰기 시작했습니다. 한 젊은 신병이 나서서는 고삐를 잡고 말을 진정시켰습니다. 나폴레옹이 말했습니다. "고맙네, 대위." 그래서 그 신병은 바로 대위로 진급하게 되었습니다. 그러나 다른 장교들은 그 젊은이를 따돌렸습니다. 그들은 자기의 계급을 얻기 위해 많은 노력을 했지만, 이 젊은이는 그냥 쉽게 얻었던 것입니다. 나폴레옹이 이 일을 알게 되자 온 군대의 사열을 소집했습니다. 그는 그 젊은이를 자기 옆에 말을 태워 함께 연병장을 돌았습니다. 그러자 다른 장교들이 "저 친구는 나폴레옹이 총애하는 사람이구나"라고 말하기 시작했습니다. 그리고 그들은 그의 환심을 사려고 하기 시작했습니다.

세상은 알지 못하지만, 우리가 만왕의 왕이요, 만주의 주이신 분의 총애를 받는 자라는 사실을 그들이 알게 될 날이 다가오고 있습니다. 그리고 그들은 우리의 환심을 사고 싶어 하게 될 것입니다. 예수님께서 직접 말씀하셨습니다. "이기는 그에게는 내가 내 보좌에 함께 앉게 하여 주기를 내가 이기고 아버지 보좌에 함께 앉은 것과 같이 하리라"(계 3:21). 예수님의 은총은 이 세상이 줄 수 있는 어떤 것보다 훨씬 밝게 빛날 것입니다.

고백 나의 사랑을 하나님께 드렸으므로, 그분은 나를 높이실 것이다. 그분이 나를 영화롭게 하실 것이다. 나는 만왕의 왕이요, 만주의 주이신 분의 총애를 받는 자이다. 나는 차고 넘치도록 주시는 하나님의 총애를 받는 사람이다!

12월 7일

장수

… 그가 나를 사랑한 즉 … 내가 그를 장수하게 함으로 그를 만족하게 하며…
(시 91:14, 16)

"그러나, 해긴 목사님. 제가 아는 한 분은 훌륭한 주님의 종이었는데, 42세의 나이로 돌아가셨어요." 어떤 사람이 말했습니다.

그렇다고 해서 내가 젊은 나이에 죽어야 한다는 것은 아닙니다. 나는 그 목사님이 무엇을 믿었는지 알지 못합니다. 그러나 나는 내가 믿는 것은 압니다. 그리고 나는 차고 넘치도록 주시는 하나님께서 "내가 그를 장수하게 함으로 그를 만족하게 하겠다"라고 말씀하신 것을 알고 있습니다.

또 다른 누군가가 이렇게 말할 수도 있을 것입니다. "그것은 우리가 천국에서 영원히 살게 될 것이라는 의미일 뿐이에요." 아닙니다. 죄인들도 영원히 살게 될 것입니다. 그들은 한 장소에서 영원히 살게 될 것이고, 우리는 다른 한 곳에서 영원히 살게 될 것입니다. 이 성경 구절은 여기 이 땅에서 우리가 장수함을 누리는 것에 관해 말씀하고 있습니다.

잠언을 읽어보면, 하나님의 말씀에는 어떤 일들은 당신의 수명을 늘리는 반면, 또 어떤 일들은 수명을 줄인다고 되어있는 것을 알게 될 것입니다. 에베소서 6장 1-3절에는 자녀들에게 부모를 공경하라고 하면서 "이로써 네가 잘되고 땅에서 장수하리라"라고 말씀하고 있습니다. 베드로는 시편을 인용하여 이 약속들이 우리에게 속해 있다는 것을 확증하였습니다(벧전 3:10; 시 34:12).

우리의 약속된 수명은 70년 내지 80년입니다(시 90:10). 그러나 양보하지 마십시오. 하나님의 약속보다 부족한 것에 만족하고 주저앉지 마십시오. 그리고 당신이 할 수 있는 한 하나님을 믿으십시오!

고백 나는 하나님께 사랑을 드렸으므로, 엘샤다이께서 나를 장수하게 하여 나를 만족시키실 것이다. 내가 죽기 전에 주님께서 재림하시지 않는 한, 나는 하나님을 섬기며 내게 주어진 수명을 다 살 것이다. 나는 이 땅을 향한 하나님의 의지를 수행하며 하나님과 동역하며 살아갈 것이다.

12월 8일

구원

… 그가 나를 사랑한 즉 … [내가] 나의 구원을 그에게 보이리라 (시 91:14,16)

내가 C. I. 스코필드 박사의 관주성경에 나온 모든 관주에 동의하는 것은 아니지만, 로마서 1장 16절에 관한 주석에서 "구원"에 대해 설명한 부분은 정말 훌륭합니다. 헬라어 학자이며 히브리어 학자인 스코필드 박사는 이렇게 썼습니다:

구원이라는 헬라어와 히브리어 단어들은 건져냄, 안전, 보존, 치유, 그리고 건전함[건강]이라는 개념을 내포하고 있다.

엘샤다이(El Shaddai)께서는 우리에게 건져냄, 안전, 보존, 치유, 그리고 건강을 보이시겠다고 약속하셨습니다. 우리에게 그분의 구원을 보이시겠다고 약속하셨기 때문입니다.

고백 나는 하나님께 사랑을 드렸으므로, 차고 넘치도록 주시는 하나님께서 내게 그분의 구원을 보이셨다. 그분은 나로 하여금 구원에 이르는 하나님의 능력인 예수 그리스도의 복음(롬 1:16)을 알게 하셨다. 이 복음은 나를 건져낸 하나님의 능력이다. 이 복음은 나를 안전하게 하는 하나님의 능력이다. 이 복음은 나를 보존하는 하나님의 능력이다. 이 복음은 나를 치유하는 하나님의 능력이다. 이 복음은 나의 건강을 지켜주는 하나님의 능력이다. 그리고 이 복음은 충분하고도 남는다!

12월 9일

영광의 왕관

주의 손가락으로 만드신 주의 하늘과 주께서 정하시고 세우신 달과 별들을 내가 보며 생각해 볼 때, 사람이 무엇이기에 주께서 그를 생각하시며 [이 땅에 태어난] 인자가 무엇이기에 주께서 그를 돌보시나이까? 그를 하나님 [또는 하늘의 존재들]보다 조금 못하게 하시고 영광과 존귀로 왕관을 씌우셨나이다. 주의 손으로 만드신 것을 그로 다스리게 하시고… (시 8:3-6 확대번역)

하나님은 죽음을 위해 사람을 창조하지 않으셨습니다! 죽음, 죄, 질병, 증오, 복수 같은 이 땅의 모든 이런 비극적인 조건들은 창조주의 원래 계획에는 들어 있지 않았습니다. 그 대신 인간은 기쁨과 행복과 평화를 위해 창조되었습니다.

인간은 하나님과 영원한 교제를 갖도록 설계되었습니다. 인간은 하나님의 모양과 형상을 따라 창조되었습니다(창 1:26-27). 인간은 기쁨과 행복과 평화를 위해 창조되었습니다. 그리고 인간은 하나님께 기쁨을 드리도록 창조되었습니다(계 4:11).

하나님께서는 인간에게 그분의 모든 피조물 가운데 그분 자신 다음으로 두 번째 높은 자리를 주셔서 멀리 우주까지 통치하도록 하셨습니다(시 8:3-6; 창 1:26-28). 아담은 자신 뿐 아니라 모든 피조물과 사탄까지도 다스리는 주인이었습니다. 아담은 어쩔 수 없이 죄를 지었던 것이 아닙니다. 그가 선택했던 것입니다.

고백 나는 내가 설계된 본래의 의도대로 행할 것이다. 나는 하나님과 교제를 가질 것이다. 나는 그분께 기쁨을 드릴 것이다. 성경에는 믿음이 없이는 하나님을 기쁘시게 하는 것이 불가능하다고 되어있다(히 11:6). 그러므로 나는 믿음 가운데 살아간다. 나는 죄, 질병, 두려움, 의심, 그리고 마귀로부터 비롯된 다른 어떤 것에도 지배되지 않을 것이다. 나는 하나님과 동행하기로 선택한다.

12월 10일

영광으로부터의 단절

모든 사람이 죄를 범하였으매 하나님의 영광에 이르지 못하더니 (롬 3:23)

　인간은 상상을 초월하는 일을 했습니다! 하나님의 손으로 만드신 모든 것들을 지배하는 권세를 받은 아담은 원래 이 세상의 신이었습니다. 그러나 아담은 의도적으로 하나님을 대적하여 하나님께서 원래 그에게 주셨던 통치권을 사탄에게 팔아버림으로써 엄청난 반역죄를 저질렀습니다. 아담의 반역은 하나님이 아담과 맺으신 계약을 파기할 수 없다는 법적인 근거에서 행해졌고, 아담과 맺으신 그 계약은 사탄에게로 넘어가 버렸습니다. 그러므로 아담이 아닌 사탄이 이 세상의 신이 되었습니다(고후 4:4). 이와 같이 사탄의 파괴적인 지배가 시작된 것입니다.

　그러므로 인간은 영적인 죽음, 즉 하나님으로부터 분리되게 되었습니다. 그 날 서늘할 때에 하나님께서 아담과 거닐며 대화를 나누시려고 내려오셨을 때, 하나님께서 "아담아, 네가 어디 있느냐?" 부르셨고, 아담은 "내가 숨었습니다"라고 대답했습니다. 그는 하나님으로부터 분리되었던 것입니다!

　또한 인간은 영적인 죽음의 다른 한 측면인 사탄의 본성을 갖게 되었습니다. 마귀가 인간의 영적인 아비가 되었습니다. 예수님께서 바리새인들에게 말씀하신 것을 주의하여 보십시오. "너희는 너희 아비 마귀에게서 났으니"(요 8:44) 인간은 영적으로 마귀의 자녀입니다. 인간은 그의 아비의 본성을 부여받았습니다. 이는 왜 인간이 행위로 구원을 받을 수 없는지를 설명해 줍니다. 인간은 있는 그대로 하나님 앞에 설 수 없는데, 그 안에 그의 아비 마귀의 본성을 갖고 있기 때문입니다. 인간이 구원받기 위해서는 누군가 그의 죄에 대한 형벌의 댓가를 지불하고, 새로운 본성을 부여함으로써 구원을 받아야만 합니다.

　아버지, 제게 새로운 본성을 주셔서 감사합니다. 아버지, 제가 "신성한 성품에 참여하는 자"가 되게 하여 주셔서 감사합니다(벧후 1:4).

12월 11일

위대한 계획!

내가 너로 여자와 원수가 되게 하고 네 후손도 여자의 후손과 원수가 되게 하리니 여자의 후손은 네 머리를 상하게 할 것이요 너는 그의 발꿈치를 상하게 할 것이니라 하시고 (창 3:15)

인간은 타락했습니다. 그러나 하나님께서는 속량이라는 거대한 계획을 가지고 있었습니다! 하나님께서는 인간의 죄악이라는 빚을 떠맡으시고, 사탄의 지배에서 인간을 속량하셨습니다. 하나님께서는 인간에게 생명을 되돌려주려는 계획을 가지고 계셨습니다. 하나님의 계획은 인간의 본성이 다시 회복되어 하나님의 본성과 조화를 이루도록 하는 것이었습니다.

하나님은 인간의 죄악을 무시할 수 없습니다. 정의는 인간의 범죄의 값이 지불될 것을 요구합니다. 그러나 인간 스스로는 그것을 갚을 수가 없었습니다. 인간이 스스로를 구원할 수 없기 때문에 하나님께서 속량자를 보내야만 했습니다.

인간이 원수 사탄의 지배 아래로 떨어지자마자 하나님께서는 오실 그 분에 관한 당신의 계획에 관하여 말씀하기 시작했습니다. 이는 여자의 후손이며 (자연적인 출산과는 별개로 여자가 아이를 낳을 것이 예언된 것입니다) 그가 인간을 지배하는 사탄의 통치를 부수게 될 것이다! 그가 인간을 자유케 할 것이다! 그가 뱀의 머리를 부수게 될 것이다!

동양의 언어에서 "머리를 부수다"라는 말은 다스리는 자의 권세를 파괴한다는 의미입니다. 하나님께서 창세기 3장 15절에서 사탄에게 이런 말씀들을 할 때, 사탄은 원래 인간의 것이었던 통치권을 이제 막 취한 후였습니다. 그러나 하나님께서는 여인에게서 난 그의 놀라운 씨(Wonderful Seed)가 사탄이 주인노릇하는 것을 부수러 오리라는 것을 말씀하셨습니다.

 아버지, 위대한 속량의 계획을 세워주시고, 주 예수 그리스도를 보내셔서 그 계획을 이루어 주셔서 감사합니다.

12월 12일

임마누엘

이사야가 이르되 다윗의 집이여 영원하건대 들을지어다 너희가 사람을 괴롭히고서 그것을 작은 일로 여겨 또 나의 하나님을 괴롭히려 하려느냐 그러므로 주께서 친히 징조를 너희에게 주실 것이라 보라 처녀가 잉태하여 아들을 낳을 것이요 그 이름을 임마누엘이라 하리라 (사 7:13-14)

하나님께서는 그의 선지자를 통하여 속량자가 오셔서 사탄의 지배를 깨뜨리고 인간에게 그 잃어버린 권세를 회복시켜 주리라는 약속을 말씀하기 시작하셨습니다.

예를 들어 선지자 이사야는 시간을 따라 내려가 750년 후에 약속된 속량자가 태어나게 될 다윗 가문의 한 딸을 지목하였습니다.

"주께서 친히 징조를 너희에게 주실 것이라." 이사야가 예언했습니다. "그는 너희에게 기적과 이사와 범상치 않은 것들을 보여주실 것이다."

그것이 무엇이겠습니까?

처녀가 잉태하여 아들을 낳을 것입니다. 처녀가 초자연적인 방법으로 아들을 낳을 것입니다.

그의 이름은 임마누엘이라고 불릴 것인데, 그 뜻은 "우리와 함께 계시는 하나님" 또는 "성육신"이라는 뜻입니다. 하나님께서 신성과 인성의 결합을 제안하신 것입니다.

고백 주님께서 친히 징조와 이적을 주셨다. 처녀가 잉태하여 아들을 낳았다. 그 이름은 임마누엘, 우리와 함께 계신 하나님이시다. 그분은 우리를 속량하기 위하여 오셨다. 아버지, 위대한 속량의 계획을 직접 세워주시고, 임마누엘을 보내어 그 계획을 완성해 주셔서 감사합니다.

12월 13일

씨

… 여호와가 새 일을 세상에 창조하였나니 곧 여자가 남자를 둘러싸리라 (렘 31:22)

아담은 창조되었습니다. 아담을 제외한 모든 인류는 자연적인 과정을 통해서 태어났습니다. 만약 예수님이 자연적인 출산으로 태어나셨다면, 그분 역시 타락한 영적 존재였을 것입니다.

그러나 로마서 5장 12절은 이렇게 말하고 있습니다. "그러므로 한 사람으로 말미암아 죄가 세상에 들어오고 죄로 말미암아 사망이 들어왔나니 이와 같이 모든 사람이 죄를 지었으므로 사망이 모든 사람에게 이르렀느니라."

인간은 사망, 즉 마귀에게 굴복하게 되어 있습니다. 그러므로 인간의 씨는 오직 타락한 또 한 사람의 인간을 만들어 낼 수 있을 뿐입니다.

그러므로 속량자는 죽음에게 굴복하는 자가 될 수 없었습니다. 약속된 그 씨는 사탄이 더 이상 법적으로 주장하거나 권세를 부릴 수 없는 분이어야만 했습니다. 그분은 하나님의 능력의 특별한 역사로 말미암아 태어나야만 했습니다. 그분은 성령으로 말미암아 잉태되어야만 했습니다!

하나님께서 선지자 예레미야를 통하여 하신 말씀을 문자 그대로 번역하면 이렇게 해석될 수 있습니다. "여자가 한 남자 아이를 둘러쌀 것이다." 처녀의 자궁은 그가 태어날 때까지 단지 거룩한 씨를 둘러쌌던 그릇이었던 것입니다.

고백 아버지, 위대한 속량의 계획으로 인하여 감사드립니다. 새 일을 세상에 창조하여 주셔서 감사합니다. 우리를 속량하기 위하여 거룩한 씨를 보내 주셔서 감사합니다.

12월 14일

영원 전부터

베들레헴 에브라다야 너는 유다 족속 중에 작을지라도 이스라엘을 다스릴 자가 네게서 내게로 나올 것이라 그의 근본은 상고에, 영원에 있느니라 (미 5:2)

유다의 가문에 태어나 이스라엘을 다스리는 자가 될 자에 대한 이 주목할 만한 예언은, 그의 근본이 오래전부터, 영원 전부터라고 말하고 있습니다. 그분은 영원부터 영원까지 종횡무진하시며 여러 시대에 발자국을 남겨 놓으셨습니다!

사람들은 예수님의 탄생에 대해 육체적인 면만 보며, 그분이 갓난아기로 태어난 모습만 바라보는 경향이 너무 심합니다. 그러나 실제로 그분은 태초부터 아버지와 함께 존재하던 분입니다.

우리가 지금 예수 그리스도로 알고 있는 그분은 성삼위 하나님의 한 분이십니다. 하나님이신 그분은 시작이 없으신 분입니다.

고백 그리스도, 나의 주님의 근본은 오래전부터, 영원 전부터이다. 하나님이신 그분은 시작이 없으신 분이다. 그러나 그분께서 나를 사탄의 지배에서 속량하시려고 이 세상에 나셨다. 나는 내 삶을 다해 이 영원하신 분을 신뢰할 수 있다.

12월 15일

묵상을 위하여

이는 한 아기가 우리에게 났고 한 아들을 우리에게 주신 바 되었는데 그의 어깨에는 정사를 메었고 그의 이름은 기묘자라, 모사라, 전능하신 하나님이라, 영존하시는 아버지라, 평강의 왕이라 할 것임이라 (사 9:6)

예수님을 지칭하는 신성한 이름(divine names)과 칭호는 그분이 본질상 하나님이시며(divine), 하나님의 본체(Godhead)시라는 것을 증명하고 있습니다.

임마누엘(마 1:23) ⋯ 하나님(요 1:1) ⋯ 주(눅 19:34) ⋯ 만유의 주(행 10:36) ⋯ 영광의 주(고전 2:8) ⋯ 기묘자, 모사, 전능하신 하나님, 영존하시는 아버지, 평강의 왕(사 9:6,7) ⋯ 주의 그리스도(눅 2:26) ⋯ 하나님의 아들(롬 1:4) ⋯ 그 아들(요 3:16-18) ⋯ 내 아들(마 3:17) ⋯ 독생자(요 1:18) ⋯ 알파와 오메가, 처음과 마지막, 시작과 마침(계 22:13) ⋯ 주(행 9:17) ⋯ 지극히 높은 이의 아들(눅 1:32) ⋯ 하나님의 떡(요 6:33) ⋯ 하나님의 거룩한 자(막 1:24) ⋯ 거룩한 종 예수(행 4:30) ⋯ 만왕의 왕, 만주의 주(계 19:16) ⋯ 주 되신 구주(벧후 3:2) ⋯ 하나님의 말씀(계 19:13).

고백 예수님은 나의 주님이시고, 나의 주님은 임마누엘, 하나님, 만유의 주, 영광의 주, 기묘자, 모사, 전능하신 하나님, 영존하시는 아버지, 평강의 왕, 주의 그리스도, 하나님의 아들, 그 아들, 독생자, 알파와 오메가, 처음과 마지막, 시작과 마침, 주, 지극히 높은 이의 아들, 하나님의 떡, 하나님의 거룩한 자, 거룩한 종 예수, 만왕의 왕, 만주의 주, 주 되신 구주, 하나님의 말씀이라고 불리는 분이다. 바로 그분이 나의 주님이시다! 당연히 사탄은 나를 지배하지 못한다!

12월 16일

더 깊은 묵상을 위하여

아버지께서는 모든 충만으로 예수 안에 거하게 하시고 (골 1:19)

하나님의 말씀은 우리의 속량자가 하나님이라는 것(divine)을 분명하게 밝히고 있습니다.

이러한 신성한 직임(divine office)들이 그분을 묘사하고 있습니다.

창조자(골 1:16) … 중보자(딤전 2:4,5) … 교회의 머리(골 1:16-24) … 구원자(벧후 3:2) … 심판자(딤후 4:1) … 상속자(히 1:1-3) … 영생을 주는 분(요 10:28) … 주와 그리스도(행 2:36) … 부활이요 생명(요 11:25)

그리스도의 신령한 성품(divine character)이 그리스도를 묘사하고 있습니다. 보통의 인간은 본질상 죄인이지만, 그리스도 예수께서는 보통의 사람이 아닙니다. 그분은 이런 분입니다.

나면서부터 거룩한 분(눅 1:35) … 의로운 분(사 53:11) … 신실한 분(사 11:5) … 진리(요 14:6) … 공정한 분(요 5:30) … 결백한 분(벧전 2:22) … 죄 없는 분(고후 5:21) … 흠 없는 분(벧전 1:19) … 순결한 분(마 27:4) … 악이 없는 분(히 7:26) … 이 땅의 부모에게 순종하는 분(눅 2:51) … 열심인 분(요 2:17) … 온유한 분(마 11:29) … 마음이 겸손한 분(마 11:29) … 자비로운 분(히 2:17) … 인내하시는 분(사 53:7) … 오래 참으시는 분(딤전 1:16) … 동정심 많은 분(마 15:32) … 인정 많은 분(행 10:38) … 사랑하는 분(요 15:13) … 자기를 부인하는 분(고후 8:9) … 겸손한 분(빌 2:5-11) … 순종하는 분(눅 22:42) … 용서하는 분(눅 23:34).

고백 예수 그리스도는 합당한 분이다. 하나님, 합당한 분을 주셔서 감사합니다. 이 신령한 분을 주셔서 감사합니다. 하나님, 창조자이면서 중보자, 교회의 머리, 구원자, 심판자, 상속자, 영생을 주는 분, 주와 그리스도가 되기 위하여 영광에서 이 땅으로 오신 분으로 인하여 감사드립니다. 그리고 하나님, 그 합당하신 분이 나의 주님이 되셔서 감사합니다.

12월 17일

겸손

> 그는 근본 하나님의 본체시나 하나님과 동등됨을 취할 것으로 여기지 아니하시고 오히려 자기를 비워 종의 형체를 가지사 사람들과 같이 되셨고 사람의 모양으로 나타나사 자기를 낮추시고 죽기까지 복종하셨으니 곧 십자가에 죽으심이라 (빌 2:6-8)

그리스도께서는 하나님의 형태로 늘 존재하던 분이었습니다. 그러나 그분은 자신을 비워 종의 형체를 취하셔서 사람들과 같은 모습이 되셨습니다.

이것은 자연적인 출산과는 완전히 다른 독특한 과정, 즉 기적을 통해서 이루어져야 한다는 의미입니다. 하나님께서는 그리스도를 하늘의 하나님의 본체에서 취하셔서 처녀의 태중에 두셔서 독특한 방식으로 잉태되어 육체와 연합하게 하셨습니다.

그러므로 주께서 세상에 임하실 때에 이르시되 하나님이 제사와 예물을 원하지 아니하시고 오직 나를 위하여 한 몸을 예비하셨도다(히 10:5).

하나님께서는 하나님의 아들이라 불리는 아주 특별한 몸을 준비하셨습니다. 성육신을 통하여 그리스도께서 인간이 되셨습니다!

고백 예수님, 자신을 비우시고 사람들과 같이 되어주셔서 감사합니다. 그것만이 우리의 유일한 희망이었습니다. 자신을 낮추시고 죽기까지 복종하여 십자가에 올라 주셔서 감사합니다. 그리고 아버지, 그를 높이 올리사 모든 이름 위에 뛰어난 이름을 주셔서 감사합니다. 그 이름 앞에 내 무릎을 꿇으며 내 입은 예수 그리스도가 주님이라고 고백하여 하나님 아버지께 영광을 돌려 드립니다(빌 2:9,10).

12월 18일

성육신

태초에 말씀이 계시니라 이 말씀이 하나님과 함께 계셨으니 이 말씀은 곧 하나님이시니라 … 말씀이 육신이 되어 우리 가운데 거하시매 우리가 그의 영광을 보니 아버지의 독생자의 영광이요 은혜와 진리가 충만하더라 (요 1:1,14)

웹스터는 성육신을 이렇게 정의했습니다. "예수 그리스도 안에서 신성과 인성의 연합."

성육신은 인간 문제의 유일한 해결책이었습니다. 인류가 하나님과 다시 연합하기 위한 유일한 소망이었습니다. 나사렛 예수의 성육신을 부정하는 어떤 종교도 거짓입니다!

임마누엘(우리와 함께 계신 하나님, 또는 예수 그리스도)이라고 불리는 이 영원한 존재는 여기서 말씀이라고 불립니다. 말씀은 태초부터 존재했습니다. 말씀이 하나님과 함께 계셨는데, 그것은 하나님과 교제하며 함께 있으면서 그분과 함께 일하기 위해서였습니다. 하나님은 말씀을 통해서 세상을 창조하셨습니다(히 1:2, 요 1:3).

그리고 이 영원한 존재는 하나님이셨습니다! 그는 동일한 본성을 가졌습니다. 그는 하나님과 동일한 형태로 존재하셨고, 동등한 위치에 있었습니다(빌 2:6).

그리고 이 존재는 육신이 되셨습니다! 말씀이 사람이 되어서 우리 가운데 사셨습니다. 그는 인간이 되셨습니다. 마치 그가 처음부터 인간이었던 것처럼 사람이 되셨는데, 그렇다고 원래의 모습을 잃어버리지도 않았습니다. 말씀이 우리 안에 거하시니, 우리는 하나님의 영광을 보았습니다(골 1:15, 히 1:3).

고백 예수님은 내가 아버지와 영원히 연합하게 되도록 육신의 모습으로 이 땅에 와서 거하셨다. 예수님은 내가 그분과 같이 될 수 있도록 나와 같이 되셨다. 나는 성육신이 나로 가능하도록 만든 실제 가운데 살아갈 것이다. 나는 아버지와 다시 연합하였다!

12월 19일

중보자

하나님은 한 분이시오 또 하나님과 사람 사이에 중보자도 한 분이시니 곧 사람이신 그리스도 예수라 (딤전 2:5)

인간의 처지가 성육신을 필요로 했습니다. 인간은 영적으로 죽게 되어 하나님께 다가갈 수 없게 된 것입니다. 신성과 인성이 함께 한 성육신은 인간의 중보자로서 설 수 있는 한 분을 우리에게 주었습니다. 한편으로는 하나님과 동등하시고, 또 다른 한 편으로는 인간과 연합한 이 한 분은 인간의 반역죄에 대한 대가를 떠맡고 공의가 요구하는 모든 것들을 만족시켜 결국 하나님과 인간 사이의 단절된 틈에 다리가 되셨습니다.

하나님은 인간을 자신의 형상대로, 자신보다 단지 아주 조금 못하게, 그러나 하나님과 거의 흡사하게 창조하셨습니다. 그래서 하나님과 인간이 영원토록 한 개인 안에서 연합되는 것이 가능하게 하셨습니다! (그리스도께서 인간이 되셔서 성육신으로 육체를 입었을 때, 그것은 영원히 그렇게 된 것입니다. 그러므로 성육신의 결과로 하나님이자 인간이 되신 그분은 지금도 하늘나라 하나님의 오른편에 계십니다.) 하나님과 사람은 연합하게 되는 것이 가능했습니다!

하나님은 우리 인간의 육체 가운데 거하실 수 있으며, 우리의 영에 자신의 생명과 본성을 부여할 수 있습니다. 그것이 바로 새로운 탄생에서 일어나는 일입니다. 영적인 죽음은 영으로부터 제거되고 하나님께서는 사람에게 자신의 생명을 주십니다!

고백 지금 아버지의 오른 편에는 하나님이자 동시에 인간인 우리의 중보자 예수 그리스도께서 계신다. 예수님은 갈라진 틈에 다리가 되셨다. 그분은 영적 죽음이 내 영에서 떠나고 하나님의 바로 그 생명과 본성이 나의 영에 자리 잡는 것이 가능하도록 하셨다. 그러므로 하나님께서 지금 내 영 가운데 거하신다. 하나님께서 내 안에 사신다!

12월 20일

구원하러 오셨다

아들을 낳으리니 이름을 예수라 하라 이는 그가 자기 백성을 그들의 죄에서 구원할 자이심이라 하니라 (마 1:21)

속량의 첫 번째 단계는 그리스도께서 우리 인간과 동일시되는 것이었습니다. 성육신 가운데 이 일이 일어났습니다. 그리스도께서 육신이 되셨습니다(요 1:14). 히브리서 2장 14절은 이렇게 말씀합니다. "자녀들은 혈과 육에 속하였으매 그도 또한 같은 모양으로 혈과 육을 함께 지니심은 죽음을 통하여 죽음의 세력을 잡은 자 곧 마귀를 멸하시며."

그러나 예수님이 성육신할 때 인간의 영을 다스리던 그 본성을 부여 받은 것은 아니었습니다. 만약 그 때 그랬다면, 그가 이 땅에서 사역하는 동안 내내 그는 영적으로 죽어있었어야만 합니다! 그러면 그는 아버지의 뜻을 행하여 그분을 기쁘시게 해 드릴 수 없었을 것입니다. 아닙니다. 그분이 인간의 영과 동일시된 사건은 십자가에 못 박히기 전에는 일어나지 않았습니다.

하나님은 십자가에서 실제로 예수 그리스도를 우리를 대신하여 죄로 삼으셨습니다(고후 5:21). 그리스도께서 영적 죽음이 인류에게 가져 온 그 모든 것이 되셨을 때 우리의 죄의 본성이 예수 그리스도께 지워졌습니다. 하나님이 보시기에는 예수 그리스도가 십자가에 매달린 것이 아니라, 바로 모든 인류가 십자가에 달렸던 것입니다. 그러므로 우리 각 사람은 바울과 같이 "내가 그리스도와 함께 십자가에 못 박혔다"라고 말할 수 있습니다.

고백 예수님께서 나를 나의 죄에서 구원하기 위하여 오셨기 때문에, 나는 갈라디아서 2장 20절의, "내가 그리스도와 함께 십자가에 못 박혔나니 그런즉 이제는 내가 사는 것이 아니요 오직 내 안에 그리스도께서 사시는 것이라 이제 내가 육체 가운데 사는 것은 나를 사랑하사 나를 위하여 자기 자신을 버리신 하나님의 아들을 믿는 믿음 안에서 사는 것이라"라는 말씀을 주장할 수 있다.

12월 21일

아들이 되게 하시려고

때가 차매 하나님이 그 아들을 보내사 여자에게서 나게 하시고 율법 아래에 나게 하신 것은 율법 아래에 있는 자들을 속량하시고 우리로 아들의 명분을 얻게 하려 하심이라 너희가 아들이므로 하나님이 그 아들의 영을 우리 마음 가운데 보내사 아빠 아버지라 부르게 하셨느니라 그러므로 네가 이후로는 종이 아니요 아들이니 아들이면 하나님으로 말미암아 유업을 받을 자니라 (갈 4:4-7)

성육신의 목적은 인간에게 하나님의 자녀가 되는 권세를 주시기 위해서였습니다(요 1:12).

사람은 오직 하나님의 본성을 받음으로써만 하나님의 자녀가 될 수 있습니다. 그러므로 인간이 영생을 얻을 수 있도록 그리스도께서 오신 것입니다(요 10:10; 요일 5:11,12).

그리고 사람은 사탄의 권세로부터 법적으로 속량 받은 후에만 영생을 받을 수 있습니다(골 1:13,14).

고백 하나님께서 우리를 속량하기 위해 아들을 보내신 것은 우리로 하나님의 아들이 되게 하신 것이다. 나는 그리스도를 영접했다. 그러므로 나는 생명을 가졌다. 나는 하나님의 아들이다. 그리고 나는 아들이기 때문에, 하나님께서 내 심령 가운데 아들의 영을 보내셔서 "아빠 아버지"라 부르게 하셨다. 나는 더 이상 종이 아니요 아들이다. 나는 그리스도를 통하여 하나님의 상속자이다.

12월 22일

그분을 나타내시려고 오셨다

본래 하나님을 본 사람이 없으되 아버지 품 속에 있는 독생하신 하나님이 나타내셨느니라 (요 1:18)

예수님은 이 땅에서 이루어야 할 그분의 임무가 그의 아버지의 진정한 본성을 드러내는 일과 연관되어 있다는 것을 깨닫고 그 진가를 알고 계셨습니다! 어떤 유명한 성경학자가 성육신에 관하여 이렇게 설명했습니다. "우리는 이제 하나님이 예수님 안에서 본 바와 같은 분이시라는 것을 알고 있습니다. 그분은 그리스도 같은 분입니다. 그렇다면, 그분은 좋은 하나님이시고 믿을만한 분입니다. 온 우주의 배후에 있는 분의 마음이 어떤 제한이나 조건 없이 이런 온화한 마음이라면 말입니다. 나는 하나님께서 그리스도처럼 사셨을 것이라고 말하는 것이 하나님에 관한 최고의 찬사라고 생각합니다 … 한 사람이 우리 가운데 사셨고 우리가 하나님을 생각할 때 이 사람과 연관하여 그분을 생각하면서도 그분이 선하지 않다고 여기는 것은 이상한 일입니다. 우리는 하나님을 향한 우리의 생각 가운데 한 점의 손실이나 저하도 없이 예수님의 모든 도덕적 특성을 모두 하나님께도 적용할 수 있을 것입니다. 오히려 그분을 예수님과 연관하여 생각하면 우리가 하나님을 바라보는 시각을 높이게 됩니다. 그분을 다른 관점으로 바라보려고 시도하는 사람들은 모두 그분에 대한 우리의 개념을 낮추고 저하시키게 됩니다."

고백 예수님께서는 내게 아버지를 나타내셨다. 나는 하나님이 어떤 분인지 안다. 그분은 예수님 같은 분이다! 하나님은 좋으신 하나님이고, 나는 그분을 신뢰한다.

12월 23일

계시자의 성육신

예수께서 이르시되 빌립아 내가 이렇게 오래 너희와 함께 있으되 네가 나를 알지 못하느냐 나를 본 자는 아버지를 보았거늘 어찌하여 아버지를 보이라 하느냐 (요 14:9)

사탄의 지배를 받고 있는 세상 가운데 태어난 사람은 선천적으로 그의 창조주를 알지 못합니다. 아담의 죄 이래로 사람이 영적으로 죽었을 때 하나님과 사람은 영적으로 분리되었습니다.

사람은 성육신이 너무나 필요했습니다. 예수 그리스도의 성육신, 즉 하나님이 육체 가운데 나타나심으로 세상은 하나님의 본성에 대한 진정한 지식을 갖게 되었습니다.

영적으로 죽은 사람들은 창조주로부터의 계시가 없이는 그분의 본성을 알 수 없었습니다. 하나님은 별나고, 잔인하고, 기괴하고, 부도덕하고, 쌀쌀맞은 신으로, 혹은 어쩌면 비인격적인 에너지라고 여겨졌을 뿐, 사랑의 하나님으로, 사랑하는 하늘의 아버지라고는 전혀 생각되어지지 않았습니다.

"그는 정말 어떤 사람인가?" 사람들은 어떤 영화배우나 탤런트나 정치인 등에 관해 이렇게 물을 수 있습니다. 그리고 때로는 그 저명인사와 가까운 사람들이 그를 인터뷰하여 그가 정말 어떤 사람인지 알리려고 할 수도 있습니다.

"하나님은 정말 어떤 분인가?" 사람들은 이것을 알고 싶어 합니다.

친구 여러분, 하나님이 정말 어떤 분인지 알기 원한다면, 그저 예수님을 보면 됩니다!

고백 나는 하나님의 말씀의 계시 가운데 예수님을 보았다. 그러므로 나는 아버지를 본 것이다. 나는 아버지께서 어떤 분인지 안다. 그분은 예수님과 똑같은 분이다! 그분은 사랑의 하나님이시다. 그분은 아버지 하나님이시다. 그리고 예수님 덕분에 그분은 나의 친아버지가 되셨다. 나는 그분의 친자녀이다. 세상을 향한 아버지에 관한 계시를 포함한 이 위대한 속량의 계획으로 인하여 감사드립니다.

12월 24일

그의 영광

> 말씀이 육신이 되셨다. 그리고 우리 가운데 천막을 치셨다. 우리가 그의 영광을 주목하여 보니 그 영광은 은총과 진리가 충만하였다 (요 1:14 로더햄)

나는 요한복음 1장 14절의 로더햄 번역을 좋아합니다. 매우 아름답기 때문입니다.

우리는 그리스도께서 이 땅에 오심을 생각할 때, 오직 그가 영광을 떠나 자기를 부인하는 면만 보든지, 아니면 이 땅에서의 고난에 관해서만 보는 경향이 있습니다. 그러나 나는 자신의 창조자를 결코 알지 못했던 소외된 인간에게 하늘의 아버지에 대한 올바른 개념을 전해주기 위해 우리 가운데 "자신의 천막을 치는" 것이, 사람을 그토록 사랑하시고 사람과의 교제를 그토록 원하시던 그리스도께는 기쁨이었을 것이라고 믿습니다.

천사들이 목동들에게, 그리고 도처의 모든 사람들에게 전해준 것은 큰 기쁨의 좋은 소식이었습니다. 4000년 동안 하나님을 떠나 있던 인간은 하나님의 영광을 응시할 수 없었고, 하나님을 볼 수 없었지만 이제 하나님이 어떤 분이신지 알 수 있으며 이제 그분과 다시 연합할 수 있게 되었습니다!

천사가 이르되 무서워하지 말라 보라 내가 온 백성에게 미칠 큰 기쁨의 좋은 소식을 너희에게 전하노라 오늘 다윗의 동네에 너희를 위하여 구주가 나셨으니 곧 그리스도 주시니라(눅 2:10-11).

말씀이 육신이 되셨습니다!

고백 수많은 천군 천사들처럼 나 역시 하나님을 찬양합니다. 큰 기쁨의 소식을 보내주신 하나님께 찬양을 드립니다! 구원자를 보내주신 하나님께 찬양을 드립니다! 주 되신 그리스도로 인하여 하나님께 찬양을 드립니다! 우리가 그의 영광을 볼 수 있도록 해주신 하나님께 찬양을 드립니다.

12월 25일

사랑이 그 아들을 보내 구원하게 했다

··· 그에게 잉태된 자는
성령으로 된 것이라.
아들을 낳으리니
이름을 예수라 하라.
이는 그가 자기 백성을 그들의 죄에서 구원할 자이심이라

하나님이 세상을 이처럼 사랑하사,
독생자를 주셨으니,
이는 그를 믿는 자마다
멸망하지 않고,
영생을 얻게 하려 하심이라.

하나님이 그 아들을 세상에 보내신 것은
세상을 심판하려 하심이 아니요,
그로 말미암아 세상이
구원을 받게 하려 하심이라.

― 마 1:20,21; 요 3:16,17 ―

12월 26일

우리 아버지

… 구하기 전에 너희에게 있어야 할 것을 하나님 너희 아버지께서 아시느니라 그러므로 너희는 이렇게 기도하라 하늘에 계신 우리 아버지여 … (마 6:8,9)

하나님께서 영적으로 죽은 사람들에게 할 수 있는 한 최대한 명확하게 자신에 관한 계시를 전달했던 이스라엘마저도 하나님을 정말로 알지는 못했습니다. 그들은 예수님께서 그들 가운데 서 계셨는데도, 육체 가운데 나타나신 하나님을 알아차리지 못했습니다. (구약 아래에서는 하나님의 임재가 지성소에만 갇혀 있었습니다.)

그러므로 예수 그리스도께서 오셨을 때는 공의가 엄격하고 엄정하게 적용되던 분위기였습니다. 그 당시의 유대인들은 그분을 이해하지 못했습니다. 예수님은 하나님에 대해 자신의 아버지라고 얘기했습니다. 그는 그분께 속한 자들을 향한 아버지의 사랑과 관심에 대해 얘기했습니다! 그것이 그들을 어리둥절하게 했습니다. 예수님께서 하나님을 사랑의 하나님 아버지라고 소개했을 때, 그의 말씀은 대부분 아무 반응 없이 사람들의 귓전을 스칠 뿐이었습니다.

우리도 하나님의 사랑에 관한 예수님의 말씀을 묵상할 때, 하나님의 거듭난 자녀들이라 할지라도 하나님의 사랑의 측면을 보는 것에 실패할 때가 있다는 것을 인정할 수밖에 없습니다. 이스라엘은 그것을 전혀 파악하지 못했습니다. 그들은 예수님께서 말씀하고 있는 그분이 어떤 분인지 이해하지 못했습니다. 그들에게는 생소한 것이었습니다. 사실대로 말하면, 오늘날 대부분의 교인들에게도 여전히 생소한 것입니다! 그들은 하나님을 두려워하라고 배웠고 공의의 하나님으로부터 뒷걸음을 치라고 배웠습니다. 그들은 예수님께서 오셔서 드러내신 하나님의 사랑의 측면은 한 번도 제대로 본 적이 없습니다.

고백 이로써 나는 예수님께서 오셔서 드러내신 하나님의 사랑의 측면을 보고 알기로 작정한다. 나는 내가 하나님을 사랑의 하나님, 나의 아버지로서 제대로 알게 될 때까지 하나님에 관한 예수님의 계시를 묵상할 것이다.

12월 27일

아버지의 몫

그러므로 염려하여 이르기를 무엇을 먹을까 무엇을 마실까 무엇을 입을까 하지 말라 이는 다 이방인들이 구하는 것이라 너희 하늘 아버지께서 이 모든 것이 너희에게 있어야 할 줄을 아시느니라 너희는 먼저 그의 나라와 그의 의를 구하라 그리하면 이 모든 것을 너희에게 더하시리라 그러므로 내일 일을 위하여 염려하지 말라 내일 일은 내일이 염려할 것이요 한 날의 괴로움은 그 날로 족하니라 (마 6:31-34)

너희에게 더하시리라! 뺏어가는 게 아닙니다! 이는 아버지께서 그분께 속한 사람들을 돌보신다는 증거입니다.

다른 번역은 이렇게 되어 있습니다. "그러므로 내일을 위하여 근심하지 말라." 당신도 알다시피 하나님께서는 당신의 자녀들이 염려하거나 걱정하는 것을 바라지 않으십니다. 하나님께서 여기에서 말씀하시는 것은 이런 뜻입니다. "걱정하지 마라, 초조해하지 마라, 염려하지 마라. 왜냐하면 내가 너의 하늘의 아버지이기 때문이다. 나는 네가 이런 것들이 필요하다는 것을 알고 있다. 그러나 너는 먼저 그 나라와 그 의를 구하라. 그리하면 이 모든 것이 네게 더해질 것이다."

그것이 바로 하나님 우리 아버지께서 말씀하고 계신 바입니다! 만약 하나님이 당신의 아버지라면, 당신은 그분이 아버지의 입장에서 자신의 몫을 다 하시리라는 것을 확신할 수 있을 것입니다. 만약 하나님이 당신의 아버지라면, 당신은 그분이 당신을 사랑하시며 당신을 돌보시리라는 것을 확신할 수 있을 것입니다. 하나님께 찬양 드립니다. 하나님께서 나의 아버지이십니다! 당신에게도 마찬가지입니까?

고백 나는 무엇을 먹을까, 무엇을 마실까, 무엇을 입을까 걱정하지 않는다. 내 하늘에 계신 아버지께서 내게 이 모든 것들이 필요하다는 것을 알고 계신다. 나는 먼저 하나님의 나라와 그의 의를 구한다. 그러면 이 모든 것이 내게 더하여진다.

12월 28일

아버지의 사랑

나의 계명을 지키는 자라야 나를 사랑하는 자니 나를 사랑하는 자는 내 아버지께 사랑을 받을 것이요 나도 그를 사랑하여 그에게 나를 나타내리라 가룟인 아닌 유다가 이르되 주여 어찌하여 자기를 우리에게는 나타내시고 세상에는 아니하려 하시나이까 예수께서 대답하여 이르시되 사람이 나를 사랑하면 내 말을 지키리니 내 아버지께서 그를 사랑하실 것이요 우리가 그에게 가서 거처를 그와 함께 하리라 (요 14:21-23)

오늘의 본문에서는 두 가지가 강조되고 있습니다.

1. "나의 계명을 지키는 자라야" 예수님께서 말씀하셨습니다. 예수님의 계명이 무엇인지 유념하십시오. 예수님께서는 "새 계명을 너희에게 주노니 서로 사랑하라 내가 너희를 사랑한 것 같이 너희도 서로 사랑하라"(요 13:34)라고 말씀하셨습니다. 다른 계명에 대해서 걱정할 이유가 전혀 없습니다. 사랑 안에서 행하는 것이 모든 일을 아우르는 것입니다. 하나님의 말씀에 "사랑은 율법의 완성이니라"(롬 13:10)라고 했습니다. (당신이 만약 예수님의 계명을 지킨다면, 당신은 나머지 계명들도 완성하게 될 것입니다.)

2. "내 아버지께 사랑을 받을 것이요" 당신이 사랑 가운데 행한다면, 당신은 하나님의 영역 안에서 행하고 있는 것입니다. 왜냐하면 하나님은 사랑이시기 때문입니다. 하나님은 사랑이시기 때문에, 그 본성이 그분으로 하여금 우리를 돌보고 보호하며 지켜주도록 만듭니다!

고백 나는 예수님의 계명을 가지고 있고, 또한 그것을 지킨다. 하나님께서 나를 사랑하셨듯이 나도 다른 사람들을 사랑한다. 나는 내 형제들을 향해 사랑 안에서 행한다. 나는 예수님의 계명을 지킴으로 그분을 향한 나의 사랑을 보여드린다. 나는 아버지의 사랑을 받는 자이다!

12월 29일

하물며

너희가 악한 자라도 좋은 것으로 자식에게 줄 줄 알거든 하물며 하늘에 계신 너희 아버지께서 구하는 자에게 좋은 것으로 주시지 않겠느냐 (마 7:11)

당신은 부모로서 당신의 자녀들을 향해 가난에 치이고, 아프고, 짓밟히고, 풀이 죽고, 무일푼에 혹사당하는 그런 인생을 살도록 하는 계획과 목적과 뜻을 가지겠습니까? 아닙니다! 결단코 아닙니다!

내 동생은 교육을 받는데 큰 어려움이 있었습니다. 내 동생이 6개월 되었을 때 아버지가 떠나버렸던 것입니다. 동생이 고등학교를 졸업한 시기는 대공황의 시절이라 밤 11시부터 아침 7시 교대 시간까지 그 지역의 면화 공장에서 밤새 일하고 일이 끝나자마자 학교에 가서 공부해야만 했습니다.

세월이 흘러 동생이 결혼을 하고 아들을 낳았으며 매우 성공한 사업가가 되었습니다. 그가 내게 말하기를 – 나는 이것이 바로 내 동생의 인생에서 추진력으로 작용했다고 생각합니다 – "내 아들이 내가 겪었던 것들을 겪게 하느니 차라리 지금 죽게 할거야. 나는 아들이 나처럼 힘들게 살지 않도록 하려고 애쓰고 있어."

내 동생은 그가 자랐던 환경보다 더 좋은 삶을 그의 가족에게 제공하기 위하여 열심히 일했습니다. 단순히 자연적인 관점에서 보더라도 그는 가족을 사랑했기 때문에 이 모든 일들을 했던 것입니다. 그리고 예수님께서 육신의 아버지라도 좋은 것으로 자식에게 줄 줄 알거늘, 하물며 우리를 사랑하시는 하늘의 우리 아버지께서 구하는 자에게 좋은 것으로 주지 않으시겠냐고 말씀하실 때 의미하신 것이 바로 그것입니다.

 좋은 아버지도 자녀들에게 좋은 것들을 줄 줄 압니다. 그렇다면 하물며 하늘에 계신 내 아버지께서 내가 구할 때 좋은 것으로 주시지 않겠는가?

12월 30일

농부

나는 참포도나무요 내 아버지는 농부라 (요 15:1)

하늘에 계신 내 아버지는 돌보는 분이시다.
그는 보호자이다.
그는 방패이다.
그는 지지대이다.
그는 조련사이다.
그는 교육자이다.
"농부"라고 번역된 헬라어는 위에 열거한 모든 뉘앙스를 포함하고 있습니다. 농부가 포도나무의 가지들을 다듬듯이, 하나님께서도 그리스도의 몸에 속한 가지들을 다듬으십니다.
그리고 기억하십시오. 하나님은 사랑이십니다!

고백 예수님은 참 포도나무이시다. 나는 가지이다. 나의 아버지는 농부이시다. 그분은 나를 돌보는 분이시며, 나의 보호자, 나의 방패, 나의 지지자, 나의 조련사, 나의 선생님이시다. 나는 더 많은 열매를 맺을 것이다!

12월 31일

사랑하시는 분

이는 너희가 나를 사랑하고 또 내가 하나님께로부터 온 줄 믿었으므로 아버지께서 친히 너희를 사랑하심이라 (요 16:27)

아버지께서 친히 당신을 알고, 사랑하며 축복하기 원하신다는 사실보다 더 강력하고 위안을 주는 것은 없습니다!

사실, 요한복음 17장 23절은 하나님께서 예수님을 사랑하듯이 우리를 사랑하신다고 말하고 있습니다. 이 얼마나 엄청난 말입니까! 그러나 이것은 사실입니다! 예수님이 그렇게 말씀하셨습니다.

하나님 아버지께서 당신의 아버지이십니다! 그분은 당신을 좋아하십니다. 그분은 개인적으로 당신에게 관심을 갖고 계십니다. 단지 집단으로서, 신자들 중의 한 사람으로서, 혹은 교회로서만 그런 것이 아닙니다. 하나님은 그분의 자녀 각 사람에게 관심이 있으시고, 우리 각 사람을 동일한 사랑으로 사랑하십니다.

아버지의 말씀을 통해서 그분과 친숙해지도록 하십시오. 하늘에 계신 당신의 아버지에 관해, 그분의 사랑과 그분의 본성과 그분이 얼마나 당신을 좋아하시고 사랑하시는지에 관해 당신이 배워야 할 것들은 그분의 말씀 안에 있습니다. 하나님은 그의 말씀이 말하는 그런 분이십니다. 말씀이 하나님께서 하실 것이라고 말씀하신 대로 모든 일을 하실 것입니다.

고백 나는 예수님을 사랑하며, 그분이 하나님으로부터 오신 것을 믿는다. 그러므로 아버지께서 친히 나를 사랑하신다. 하나님께서 나를 아신다. 그분은 나를 좋아하신다. 그분은 나를 축복하고 싶어 하신다. 그분은 내가 잘 사는 것에 관심을 갖고 계신다. 나는 말씀을 통하여 그분과 친숙해진다. 하나님은 말씀이 그분에 관하여 말씀하는 바 전부이다. 그분은 하시겠다고 말씀하신 그대로 행하실 것이다.

믿음의말씀사 출판물

구입문의 : 031-8005-5483 http://faithbook.kr

■ 케네스 해긴의 「믿음 도서관」 책들
- 새로운 탄생
- 재정 분야의 순종
- 나는 지옥에 갔다 왔습니다
- 하나님의 처방약
- 더 좋은 언약
- 예수의 보배로운 피
- 하나님을 탓하지 마십시오
- 네 주장을 변론하라
- 셀 모임에서 성령인도 받기
- 안수
- 치유를 유지하는 법
- 사랑은 결코 실패하지 않습니다
- 하나님께서 내게 가르쳐 주신 형통의 계시
- 왜 능력 아래 쓰러지는가?
- 다가오는 회복
- 잊어버리는 법을 배우기
- 위대한 세 단어
- 하나님의 은사와 부르심
- 그 이름은 "놀라우신 분"
- 우리에게 속한 것을 알기
- 성령을 받는 성경적인 방법
- 하나님의 영광
- 은혜 안에서의 성장을 방해하는 다섯 가지
- 사랑 가운데 걷는 법
- 바울의 계시: 화해의 복음
- 당신은 당신이 말하는 것을 가질 수 있습니다
- 그리스도 안에서
- 말
- 방언기도의 능력을 풀어 놓으라
- 옳은 사고방식 틀린 사고방식
- 속량 – 가난, 질병, 영적 죽음에서 값 주고 되사다
- 네 염려를 주께 맡겨라
- 예언을 분별하는 일곱 단계
- 절망적인 상황을 반전시키기
- 당신의 믿음을 풀어 놓는 법
- 진짜 믿음
- 믿음이란 무엇인가
- 그리스도께서 지금 하고 계시는 일
- 충분하고도 넘치는 하나님 엘 샤다이
- 금식에 관한 상식
- 하나님의 말씀 : 모든 것을 고치는 치료제
- 가족을 섬기는 법
- 조에
- 당신이 알아야 하는 신유에 관한 일곱 가지 원리
- 여성에 관한 질문들
- 인간의 세 가지 본성
- 몸의 치유와 속죄
- 크게 성장하는 믿음
- 하나님 가족의 특권
- 기도의 기술
- 나는 환상을 믿습니다
- 병을 고치는 하나님의 말씀
- 영적 성장
- 신선한 기름부음
- 믿음이 흔들리고 패배한 것 같을 때 승리를 얻는 법
- 믿음의 선한 싸움을 싸우는 법
- 하나님의 계획과 목적과 추구
- 예수 열린 문
- 믿음의 계단
- 당신을 향한 하나님의 계획
- 역사하는 기도
- 기름부음의 이해
- 내주하시는 성령 임하시는 성령
- 재정적인 번영에 대한 성경적 열쇠들
- 어떻게 하나님의 영으로 인도받을 수 있는가?
- 마이더스 터치
- 치유의 기름부음
- 그리스도의 선물
- 방언
- 믿는 자의 권세(생애기념판)
- 믿음의 양식
- 승리하는 교회

■ E. W. 케년
- 십자가에서 보좌까지 무슨 일이 일어났는가?
- 두 가지 의
- 놀라우신 그 이름 예수
- 하나님 아버지와 그분의 가족
- 나의 신분증
- 두 가지 생명
- 새로운 종류의 사랑
- 그분의 임재 안에서
- 속량의 관점에서 본 성경
- 두 가지 지식
- 피의 언약
- 숨은 사람
- 두 가지 믿음
- 새로운 피조물의 실재

■ 스미스 위글스워스
- 스미스 위글스워스의 천국
- 스미스 위글스워스의 매일묵상
- 위글스워스는 이렇게 했다
- 스미스 위글스워스의 능력의 비밀

■ T. L. 오스본
- 행동하는 신자들
- 기적 - 하나님 사랑의 증거
- 새롭게 시작하는 기적 인생
- 좋은 인생
- 성경적인 치유
- 능력으로 역사하는 메시지
- 100개의 신유 진리
- 24 기도 원리 7 기도 우선순위
- 하나님의 큰 그림
- 긍정적 욕망의 힘
- 당신은 하나님의 최고의 작품입니다

■ 잔 오스틴
- 믿음의 말씀 고백기도집
- 하나님의 사랑의 흐름
- 견고한 진 무너뜨리기
- 초자연적인 흐름을 따르는 법
- 당신의 운명을 바꿀 수 있습니다
- 어떻게 하나님의 능력을 풀어놓을 수 있는가?

■ 크리스 오야킬로메
- 여기서 머물지 말라
- 이제 당신이 거듭났으니
- 당신의 인생을 재창조하라
- 이 마차에 함께 타라
- 그리스도 안에 있는 당신의 권리
- 성령님과 당신
- 성령님이 당신 안에서 행하실 일곱 가지
- 성령님이 당신을 위해 행하실 일곱 가지
- 기적을 받고 유지하는 법
- 하나님께서 당신을 방문하실 때
- 올바른 방식으로 기도하기
- 당신의 믿음을 역사하게 하는 법
- 끝없이 샘솟는 기쁨
- 기름과 겉옷
- 약속의 땅
- 하나님의 일곱 영
- 예언
- 시온의 문
- 하늘에서 온 치유
- 효과적으로 기도하는 법
- 어떤 질병도 없이
- 주제별 말씀의 실재
- 마음의 능력

■ 앤드류 워맥
- 당신은 이미 가졌습니다
- 은혜와 믿음의 균형 안에 사는 삶
- 하나님의 참된 본성
- 하나님은 당신이 건강하기 원하십니다
- 영·혼·몸
- 전쟁은 끝났습니다

- 믿는 자의 권세
- 새로운 당신과 성령님
- 노력 없이 오는 변화
- 하나님의 충만함 안에 거하는 열쇠
- 더 좋은 기도 방법 한 가지
- 재정의 청지기 직분
- 하나님을 제한하지 마라
- 하나님의 뜻을 발견하고 따라가며 성취하라
- 하나님의 참 본성

■ 기타 「믿음의 말씀」 설교자들
- 성령의 삶 능력의 삶
- 복을 취하는 법
- 주는 자에게 복이 되는 선물
- 믿음으로 사는 삶
- 붉은 줄의 기적
- 당신이 말한 대로 얻게 됩니다
- 예수-치유의 길 건강의 능력
- 성령 안의 내 능력
- 믿음과 고백
- 임재 중심 교회
- 성령충만한 그리스도인의 지침서
- 열정과 끈기
- 제자 만들기
- 어떻게 교회를 배가하는가
- 운명
- 모든 사람을 위한 치유
- 회복된 통치권
- 그렇지 않습니다
- 당신의 자녀를 리더로 훈련하라

■ 김진호·최순애
- 왕과 제사장
- 새로운 피조물의 실재
- 믿음의 반석
- 새 언약의 기도
- 새로운 피조물 고백기도집(한글판/한영대조판)
- 성령 인도
- 복음의 신조
- 존중하는 삶
- 성경의 세 가지 접근
- 말씀 묵상과 고백
- 그리스도의 교리
- 영혼 구원
- 새로운 피조물
- 믿음의 말씀 운동의 뿌리
- 1인 기업가 마인드